À l'heure où les ombres s'allongent

R.-L. BRUCKBERGER

À l'heure où les ombres s'allongent

MÉMOIRES

Albin Michel

22, rue Huyghens, 75014 Paris

ISBN 2-226-03619-9

À
Pierre Arnold
Patrick Fonjallaz
Bernard Nicod

Par grâce, je vis de leur travail,
Ce qui confère à mon propre travail
La saveur de la gratitude
Que je leur exprime ici.

« Tu as navigué d'une âme furieuse loin de la demeure paternelle, franchissant les doubles rochers de la mer, et tu habites une terre étrangère. »

EURIPIDE *(Médée)*

I

Opération à cœur ouvert

COMME on jette un lapin vivant dans la cage en verre d'un boa, au seuil de ce livre, je lance un aveu pour l'assouvissement d'une curiosité légitime : on sait ce qui attend le lapin. Mais peut-être qu'après, le boa, animal paresseux, sera pris du sommeil de la digestion, le temps pour moi de m'expliquer et d'aller plus loin dans les aveux. Quand, au printemps 1958, j'ai quitté la grande Amérique sur un rafiot qui allait me ramener au berceau de toutes les odyssées, la Grèce antique et maternelle, je n'étais pas seul. Il y avait avec moi Barbara.

— Était-elle ma maîtresse ?

— Oui !

— Depuis longtemps ?

— Non !

— Étais-je conscient que je manquais ainsi gravement au vœu de chasteté qui lie la conscience d'un prêtre catholique latin, et plus strictement encore la conscience d'un moine et d'un moine dominicain ?

— Pleinement !

— Comment me sentais-je, je veux dire comment m'arrangeais-je avec moi-même, avec ma conscience ?

— Mal !

Nous voici entrés dans le vif du sujet. Le vif, c'est moi. Et le sujet, c'est moi. Quand je parle d'« entrée », c'est d'une opération chirurgicale qu'il s'agit. Écrire ses Mémoires est une opération à cœur ouvert, où il faut que le patient soit tellement lucide que, par un jeu de miroirs, il suive tout le processus de l'opération, car il est aussi le chirurgien. Surtout pas d'anesthésie, ni partielle ni totale, il importe au plus haut point que la main qui tient le scalpel ne tremble pas. Que le patient reste ferme et immobile à toutes les étapes de la vivisection dont il est l'agent et l'objet.

Une seule chose pourrait me faire trembler. Aujourd'hui encore, après si longtemps, et maintenant que je ne sais plus rien d'elle, ni où elle est, ni si elle est vivante ou morte, ce n'est qu'à elle que je pense en écrivant ces pages sur un ton mineur. Je ne voudrais pas lui faire du mal, froisser en elle quelque chose de fragile et de fugitif, elle qui n'était que fragilité et fuite vers des destinations qui lui étaient tout aussi inconnues qu'à moi. Comme les grands migrateurs, elle obéissait à des appels lointains. Encore aujourd'hui, je considère comme un miracle de l'avoir un moment rencontrée, qu'en plus elle m'ait aimé, « et pas qu'un peu », comme elle disait, elle qui parlait si peu, que je l'aie moi-même aimée d'un grand amour fougueux, coupable et désespéré. Je ne peux que l'en bénir. Il m'est impossible de m'en repentir. Non ! je ne le peux pas. Même devant Dieu, seul à seul avec Dieu, je ne le peux pas, je ne le pourrai jamais. Je crois même qu'il ne me le demandera pas.

Qu'ai-je dit là ? Notre langage est à ce point corrompu, les références chrétiennes sont à tel point reniées, que, pour être « dans le vent », qui ne choisirait d'être un « pécheur » et même un « grand pécheur », plutôt que d'être un « juste » ? Hélas ! il n'y a pas pire conformisme, conformisme plus confortable que celui du péché. Rien n'est plus facile que de bafouer les dons de Dieu et que de les bafouer impunément. Rien n'est plus original au contraire, et finalement plus héroïque, que de se repentir d'avoir offensé Dieu, directement ou indirectement dans sa communication avec les hommes, dans l'image que nous avons de lui, dans l'image que nous sommes de lui. Pour être précis, et quelles que soient les contradictions que cela paraisse impliquer — je ne serai jamais à une contradiction près —, je m'efforce de me repentir d'avoir offensé Dieu, d'avoir failli à la parole que je lui avais donnée, d'avoir enfreint mon vœu, je m'efforce de lui en demander pardon. Mais me repentir d'avoir aimé est au-dessus de mes forces, il me semble même que cela n'entre pas dans les exigences de Dieu à mon endroit.

L'âge de Barbara ? Je n'ai jamais voulu le savoir, il me semble qu'elle avait autour de vingt-cinq ans. Son portrait ? Un Modigliani : visage et corps du modèle préféré de Modigliani, familiers aujourd'hui à tous ceux qui fréquentent les plus grands musées du monde. Barbara était ce Modigliani-là, sa chevelure, son corps de liane, les pommettes un peu hautes, les yeux légèrement en amande, les prunelles vert tendre. La ressemblance reste si saisissante qu'aujourd'hui encore où je suis un vieil homme, il m'est impossible de me trouver devant telle ou telle toile de Modigliani sans que mon cœur batte la chamade et que je n'aie qu'une peur : m'évanouir, là, en plein musée. « Ce n'est pas étonnant, dira-t-on autour de moi, il a eu un malaise. C'est un si vieil homme ! » Ils appelleront « malaise » le mal d'amour d'un cœur encore trop jeune, un cœur candide, un cœur qui croit à l'amour, qui y croit de toutes ses forces, incapable de renier dans sa longue vie tout ce qui fut amour. Même un amour dans le péché ? Ce n'est pas à moi de faire le tri dans ma propre vie, dans mon propre cœur, de ce qui fut le bon grain et de ce qui fut l'ivraie, il y a une parabole de l'Évangile qui nous donne cette assurance. Je ne sais même pas si dans mon cœur il y a du bon grain. Et même si mon grenier est vide, quelle différence ? Je ne serai jamais sauvé que par raccroc, l'accroc en Dieu de la pitié.

Barbara a été ma maîtresse. Mais au cours des quelque dix ans où elle a partagé ma vie, je ne peux pas dire que je l'aie possédée vraiment. Elle n'est la propriété de personne en ce monde, même pas d'elle-même d'ailleurs. C'est l'être le plus libre que j'aie jamais rencontré, et libre, elle l'est à tel point que du matin au soir d'un même jour, du soir au matin de la même nuit, je ne sais jamais avec certitude si je la retrouverai encore, si le baiser que je viens d'échanger avec elle n'est pas le dernier. Elle a toujours refusé de faire chambre commune avec moi. Elle ne dort pas aux mêmes heures que moi. Elle a une autre gravitation cosmique que la mienne. Elle est libre comme l'oiseau de haute altitude.

Quand elle n'est pas là, j'ai beau aller, venir, travailler, à l'intérieur de moi, je ne suis qu'immobilité de l'attente dans l'espoir qu'elle viendra se poser de nouveau près de moi et qu'elle me reconnaîtra. Quand elle est là, si légère, si fugitive, je tremble de ce bonheur qui m'est fait. Pas une fois je n'ai refermé la main sur elle pour la retenir, pas une. Sa présence m'est une grâce qui ne cesse de me surprendre, de m'éblouir ; son absence, même momentanée, un déchirement qui me fouaille.

Qu'ai-je fait de ce bonheur sans égal auquel je m'étais voué : aimer Jésus-Christ « *super omnia* », au-dessus de tout, au-dessus de tous ? J'en suis à jamais privé : avoir renié une fois sa promesse ne s'efface plus. Mais de là à faire mien ce cliché si répandu parmi les bonnes âmes que « l'œuvre de chair », comme elles disent, ne soit que délices, je ne le puis. À moins de plonger dans l'animalité à la simple recherche du plaisir, dès lors que dans l'étreinte des corps on force la bête pour aller jusqu'au bout de cette expérience du désir et de son aveuglement, on est moins en quête de la jouissance que de la saveur du néant qui est au fond. Très justement, on l'appelle « la petite mort ». Être l'amant de Barbara est plus un tourment qu'une satisfaction : elle n'est jamais plus absente, enfuie, hors de portée, qu'après l'amour. Elle ne se refuse pas, elle ne refuse rien, elle ne s'écarte pas, elle est de l'autre côté du monde, hors de portée de la voix comme du désir. De sorte que j'en viens à me demander si je n'ai pas étreint un fantôme, le fantôme d'un être que je ne cesse de désirer, que je ne cesse de sentir m'échapper. Plus que la chasteté de ma jeunesse monastique, l'amour de Barbara, aussi docile qu'elle soit à mon désir d'elle, m'est une longue torture. Dans sa réalisation, cet amour n'a pas dépassé le stade de la promesse d'autre chose, d'une autre chose inaccessible, creuset et creusement d'angoisse toujours recommencée.

Pourtant Dieu, qu'elle est belle! Aussi belle à l'intérieur d'elle-même qu'au-dehors, dans l'éblouissement. Je ne me sens pas digne d'une telle beauté, mon amour pour elle a pris spontanément les formes et le cérémonial d'un culte, même si par maladresse, par grossièreté, j'ai commis bien des fautes dans cette liturgie au centre de laquelle je la mets, et qui parfois menace de basculer dans la folie. Je ne dis pas cela par vanité, mais pour émettre un vœu : que les vrais prêtres qui n'ont jamais démérité de leur sacerdoce éprouvent quelque pitié des amoureux, de ceux qui subissent le mal d'amour : ils sont seuls, ils sont maladroits, ils sont désarmés dans le monde présent qui en vérité hait l'amour, qui n'a plus ni temps ni espace pour l'amour, n'importe quel amour. Par le culte même dont j'entoure la beauté de Barbara, je sais que je me la rends sinon inaccessible, du moins lointaine. Mais c'est cette beauté hiératique que j'aime. Une Barbara prosaïque et certaine dissiperait instantanément ma dévotion pour elle. Et pourtant, il y a dans sa beauté quelque chose qui m'épouvante. Serait-ce cela le bonheur? J'en parle à tâtons, comme je peux. Dix ans, elle a été ma joie. Dix ans, elle a été mon tourment. Je n'ai d'elle aucune photographie, aucune lettre. Je suis incapable de la définir. Elle me restera toujours présence et absence cruelles. Nul mieux qu'elle ne m'a fait sentir que je ne suis pas de ce monde, parce qu'elle n'était pas de ce monde. Même maintenant, je ne conçois pas un monde où je pourrais être heureux et où elle ne serait pas, même si elle ne doit pas m'y reconnaître. Nul plus qu'elle, et sans ouvrir la bouche, ne m'a interrogé sur moi. Qui suis-je ? Ces gouffres, ces abîmes en moi, cette chute libre de moi en moi dans l'infinitude d'un espace qui est moi où je ne pressens aucune borne, aucune limite, cette saveur de fin du monde... Est-ce moi ? Vertige d'échapper à l'espace et au temps, car elle-même se meut dans un non-espace et un non-temps, qui est celui de la beauté. Est-elle Néfertiti ? Est-elle cette femme de Modigliani qui s'est suicidée avec lui ? Elle garde son secret qui pose une question éternelle.

Taisez-vous ! Disparaissez ! Rentrez dans le rang ! Rentrez dans le mur ! Tous ? Oui, tous ! Je ne peux plus vous voir ! Dieu seul peut encore quelque chose pour moi. Que peut-il ? Me l'enlever, m'enlever Barbara. Il me l'enlèvera en effet. Il sait qu'il peut y aller, qu'il ne risque rien, que devant lui, devant lui seul, je baisserai ma garde, je déposerai les armes :

Adieu, ma vie,
Adieu, mon cœur,
Adieu, mon espérance !
Puisqu'il vous faut servir le Roi,
Séparons-nous d'ensemble !

Je n'ai pas connu, je n'ai même pas imaginé être plus fugace. Elle apparaît, elle disparaît de ma vie, de mon horizon, de tout, elle est hors de toutes circonstances. Le plus étrange est que je ne me reconnais pas moi-même. Je ne réagis en aucune façon comme j'ai réagi avec la première femme dont j'ai été si éperdument amoureux, amour qui m'avait plongé dans le bain acide de la jalousie jusqu'à l'envie du meurtre. Oui, plus encore que par obéissance à mes supérieurs, c'est pour ne pas devenir meurtrier que je me suis enfui au cœur de l'Afrique, puis de l'Amérique. Avec Barbara, je ne suis pas jaloux. Elle part sans m'avertir, me quitte pendant des semaines, parfois des mois, revient de même. Au détour d'une conversation, j'apprends qu'elle est allée en Crète, c'est seule à seul qu'elle a voulu rencontrer le Minotaure. Une autre fois, elle me téléphone de Californie d'où elle veut repartir au plus vite. À son retour, je ne lui pose aucune question. Sa présence, quand présence il y a, est absolue de toute continuité, je la savoure d'autant plus qu'elle s'affirme, s'impose à moi, dans la plénitude de son intensité. À chaque fois, c'est l'étonnement pur qu'un être si étrange, un corps et un visage si parfaitement beaux, une âme si poétique, existent et que je sois admis à leur rendre hommage. Je ne pense pas que dans aucun monde le mot « transports » aif eu un sens plus concret, tantôt terrifiant, tantôt délicieux : elle semble née pour l'aviation, à sa façon quasi instantanée d'aller d'un bout à l'autre de la planète. Quand elle est là, avec moi, chez moi, je sais qu'elle n'est là que pour le bonheur, par hasard, littéralement comme l'oiseau qui se pose sur une branche. Plongé dans le désespoir devant ses départs, aucun d'eux ne me surprend. Aucun de ses retours imprévisibles qui ne me comble de bonheur. Ai-je été un imbécile ? Si vous saviez combien je m'en moque.

Deux fois, deux seules fois, j'ai eu la témérité de faire des projets. Je lui avais fait promettre qu'elle serait là. La première remonte à un 14 juillet, jour de son anniversaire. Elle était née un 14 juillet, ce jour que les Américains appellent « *Bastille Day* ». Mais, au contraire de toutes les bastilles, Barbara était imprenable. De longue date, j'avais retenu une table au restaurant de la Tour Eiffel. Je ne reçus aucun message d'elle. Moi-même je n'avais aucune adresse où lui envoyer un message. Elle ne vint pas.

Puis, une autre fois, pour un soir de Noël. Je préparais le film de « *Marie-Madeleine* », habitais un charmant cottage au bord de l'eau, près de Montfort-l'Amaury. Elle avait promis d'être là. Elle n'était pas là. Vers vingt heures, je reçois un coup de téléphone du Prince Alexandre de Yougoslavie : il y a chez lui la Reine Élisabeth de Belgique et sa fille, la Reine Marie-José d'Italie. On m'invite pour la soirée. Les deux reines reviennent de Chine, d'où elles ont rapporté d'étonnantes photos sur ce pays alors fermé au reste du monde. Elles ont tellement de choses intéressantes à dire. Je décline l'invitation. Au diable, la Chine ! Que m'importent ces deux reines qui furent parmi les femmes les plus admirables de leur temps ! Au téléphone, j'ai même une défaillance de la voix que je me reproche encore : rien n'est plus vulgaire que l'attendrissement sur soi-même et d'en laisser paraître le moindre signe. À la vérité, plus que tout, mon chagrin m'est cher et il n'est qu'à moi, je n'en veux être distrait par rien ni par personne, je ne l'abandonnerais pour rien au monde, comme une femme reste auprès de son enfant nouveau-né, mort. Rien ne m'appartient de Barbara que le silence de ce chagrin que j'ensevelis au sein de moi-même : je n'en finis pas d'y creuser sa tombe.

Quand je revois Barbara, une telle beauté, une telle grâce, une telle gravité dans la candeur, l'idée ne m'effleure plus de lui demander pourquoi elle m'impose de si intolérables souffrances, ni où elle était, ni ce qu'elle a fait. Je perds tout souvenir de la peine de son absence, sensible jusqu'à l'affolement au bonheur de la voir, de l'entendre ; comme on dit d'une aiguille aimantée qu'elle a perdu le nord, qu'elle est affolée, Barbara détraque mon horloge. Sitôt que j'entre dans son champ magnétique, je ne me contrôle plus, je suis dans une zone de turbulence et de délire. Je reste toujours conscient que je suis hors de ma loi, hors de mes vœux, hors de mes promesses les plus solennelles, tout en goûtant avec une ferveur intacte toutes les délices d'un enchantement, une épouvantable sécurité contre la vilenie. Elle m'a jeté un sort contre toutes les ignominies de la laideur, elle est là, et je ne suis qu'exultation.

Est-elle heureuse ? Je n'en saurai jamais rien. Est-elle faite pour le bonheur ? Au fait, pour quoi a-t-elle été faite, créée et mise au monde ? Nul être qui m'ait donné davantage l'impression d'une si parfaite inutilité, et qui tout à la fois atteint les sommets d'une perfection totalement vouée à n'être que ce qu'elle est, comme la fleur au creux du rocher, comme une aurore boréale, un arc-en-ciel, une étoile brillante du plus vif éclat, et qui est peut-être déjà un astre mort au moment où sa lumière nous parvient. Quelle qu'ait été notre intimité, jamais ne s'est abolie entre nous une distance infinie, que je sais infranchissable. Même quand Barbara est près de moi, je la sais, je la sens, sur l'autre rive, inaccessible, interdite. Comme cet amour est étrange, qui en moi dérègle tout et m'apaise aussi, m'affole et me réoriente immédiatement. Je n'ai jamais connu être plus indépendant, y compris de moi : les harmoniques qui la gouvernent ne m'inspirent qu'une révérence sacrée. Comment me comprendrait-on ? Le souci de m'expliquer ne m'effleure pas. Aventure pure, elle ne peut servir à quiconque en vue de quelque jugement. Apprenez que Barbara ne sert à rien, exquise folie, doux délire, toutes lois en suspens.

« Si Dieu t'était à ce point nécessaire, tu serais un saint, mon ami ! » écrit Valéry à propos d'une autre femme. La présence de Barbara me comble d'un excès de ferveur, comme son absence d'un excès de tourment. J'ai fait ce chemin. De toutes mes forces, je regrette d'avoir offensé Dieu. Il m'est impossible de regretter d'avoir fait ce chemin. Allez vous y retrouver ! Qui a dit qu'il fallait s'y retrouver ? Le Fils de l'homme n'est pas venu pour sauver les justes, mais ce qui est égaré, et je suis un spécialiste de l'égarement. Maintenant encore, où je ne vais plus tarder à comparaître devant Celui qui sonde les reins et les cœurs et qui juge en vérité, maintenant encore il m'est impossible de me repentir d'avoir tant aimé, d'avoir tant souffert d'avoir tant aimé.

Lorsque je songe à ces dix années, qui furent les plus tourmentées de ma vie — j'avais de cinquante à soixante ans —, curieusement ce ne sont pas les moments de délire sexuel qui me reviennent en mémoire. Je sais qu'ils ont été et que je m'y noyais, mais je ne les imagine plus, ils sont comme extérieurs à moi. À moins que je m'en souvienne plus profondément que je ne le crois, comme l'Amérique du Sud se souvient géologiquement de l'Afrique, du temps où ces deux masses ne formaient qu'un seul continent. Aucune distance ne nous délivrera, elle ni moi, de cette mémoire paléontologique inscrite dans les strates profondes de nos deux personnalités. Peut-être en effet ai-je cette mémoire sédimentaire de Barbara, il me semble parfois que je l'ai. Mais il y eut bien autre chose.

L'exercice de la prière assidue et des aridités spirituelles prédispose aux amours patientes et définitives. J'enveloppais Barbara d'une liturgie quotidienne en hommage à sa beauté, attendant, sans l'exiger jamais, quelque révélation éblouissante d'elle-même. Je savais qu'une telle révélation ne m'était pas due, qu'aussi rares qu'elles fussent, ces apparitions avaient le caractère absolument gratuit et fugace de la grâce. Mais notre séparation définitive était aussi fatale, inexorable que la dérive des continents. C'était une nécessité cosmique, à laquelle, ni elle ni moi ne pouvions nous opposer. Nous étions ainsi que deux corps célestes pris dans la même gravitation : il semblait que rien ne pouvait briser notre orbite sans désintégration de l'un et de l'autre. Rien, je veux dire nulle personne au monde ne pouvait me la ravir ou me ravir à elle, nul excepté Dieu qui domine toutes les gravitations et à qui rien n'est impossible, rien.

C'est exactement ce qui advint. En ce temps-là, j'avais quitté la Grèce et m'étais installé dans un chalet, au flanc de la montagne, dominant le fond du lac Léman et la trouée du Valais, entouré du cirque harmonieux et fier des sommets alpins. Quand il m'arrivait d'aller à Paris, Barbara y restait seule. Je ne crois pas qu'elle s'y ennuyât. À la vérité, je ne me posais pas de question à ce sujet, pas plus que je ne me pose la moindre question sur le pourquoi une mouette reste indéfiniment sur le mât d'un voilier au repos dans le petit port de Vevey, ou même sur le chapeau melon de la statue de Charlot sur la promenade des quais.

Elle était donc seule en ce chalet. Que se passa-t-il en elle ? Les mouvements profonds de son cœur m'étaient aussi obscurs et imprévisibles que de la mouette et du corbeau. Elle alla vers ma bibliothèque et, parmi des centaines de livres, elle prit la petite édition reliée, imprimée sur papier bible, de la traduction en français des œuvres complètes de saint Jean de la Croix. Si j'admire, vénère le

Docteur par excellence de la théologie mystique, c'est parce que l'Église doit avoir ses raisons à elle de l'avoir canonisé et proclamé docteur, des raisons qui malheureusement m'échappent parce que l'écrivain ne me touche pas. Il est trop subtil, trop raffiné pour l'homme grossier que je suis. Ne connaissant pas la langue espagnole, je ne peux le lire qu'en français, et alors sa poésie me paraît s'être évaporée, en tout cas ne me parle pas. Il n'a pas l'attrait picaresque de la grande Thérèse d'Avila. Jean de la Croix est le Mallarmé de la mystique catholique, aussi détaché qu'il se peut de ses passions et de ses émotions ; le cartographe de cet univers à explorer de la rencontre avec le Dieu vivant. Comment cette petite juive américaine, née dans l'Indiana, fut-elle subjuguée par une lecture si austère, qui m'avait, moi, rebuté ? C'est une des énigmes de Barbara, qui pour moi n'aura laissé derrière elle que des énigmes. Quand je rentre, la catastrophe de sa séparation d'avec moi est consommée, la dérive continentale est amorcée. J'ai toujours su que je la perdrais un jour, même de vue. Je savais que telle était la volonté de Dieu. Et je n'allais pas m'insurger contre cette volonté.

Je suis ce que je suis. J'ai été ce que j'ai été. Ce n'est pas aujourd'hui que je vais renier ou refuser d'assumer mon passé, mon présent, mon avenir, car je suis déjà l'homme que je serai au jour du Jugement. Rien ne me paraît plus lâche que la conception moderne, qui est celle de tant d'avocats et des plus prestigieux, que l'homme qui est devant les assises n'est pas le même homme que celui qui a commis le crime qui lui est reproché. Mon honneur est d'être celui qui a vécu ma vie, toute ma vie, lui et pas un autre. Le tribunal qui peut m'absoudre n'est pas de ce monde : seul celui qui a créé le ciel, la terre et l'histoire, est à hauteur de mon jugement, seul il peut apprécier ce qui se passe aussi bien dans un cœur d'enfant que dans le cœur de Hitler, dans celui de Staline, dans le mien. Même et surtout en ce qui me concerne, je lui abandonne le jugement. Comme le disait David, à qui une fois fut laissé le choix : « Mille fois mieux tomber entre les mains de Dieu qu'en celles des hommes ! » Ici, où j'essaie de voir et revoir, sans présumer du jugement, peut-être que, plus que le miracle de sa propre résurrection, la preuve de la divinité de Jésus-Christ me paraît être les paroles qu'il a prononcées sur la croix : « Mon Père, pardonnez-leur ! Ils ne savent pas ce qu'ils font. » Quelle autorité singulière fut celle de cet homme pour avoir osé dire cela, en un tel moment où sa défaite temporelle était consommée ? Je ne savais peut-être pas très bien ce que je faisais, mais le peu que j'en sais, je le sais, et j'y tiens, c'est bien moi qui ai fait ce que j'ai fait. J'ai manqué à mon vœu de chasteté, à la promesse que j'avais faite à Dieu d'un bien meilleur. De tout le poids de mon être, je refuse d'être déculpabilisé. Les « justifications » des psychanalystes, des sociologues, des psychologues, sont pour moi une diabolique tentation. À celle-là au moins je ne céderai pas. Je refuse d'être déculpabilisé. J'ai besoin d'être pardonné. Je suis le mendiant de ce pardon.

À l'instant, Barbara a créé un infranchissable fossé entre nous. Comme d'habitude, muette ainsi qu'un animal qui n'écoute que son instinct, elle fait ses valises, me laisse à mon tour seul dans mon chalet, s'en va à Paris. Peu après, elle se fera baptiser au sein de l'Église catholique romaine. Puis un jour, repartira pour l'Amérique. Il y a de cela plus de vingt ans. Elle était juive espagnole par son père — et c'est à coup sûr cette part de gènes qui dominait au profond d'elle —, juive russe par sa mère. Barbara, qui est le seul prénom que j'aie connu d'elle, n'était pas son vrai prénom. Il en est d'elle comme des oiseaux qui ne laissent aucun sillage derrière eux dans l'espace qu'ils traversent. Je pressentais qu'entre nous cela se terminerait ainsi, un événement aussi bref qu'étrange m'avait alerté.

Je ne me suis jamais senti digne d'être prêtre et dominicain, on y est appelé et c'est un fardeau qui vous est posé sur les épaules. À l'intérieur de moi j'ai toujours tremblé au moment de célébrer le sacrifice de la messe. Le curé d'Ars disait : « Si on savait ce que c'est, ce que c'est vraiment, on mourrait ! » Je n'en suis pas mort, c'est donc que je ne sais pas très bien ce qu'il en est, mais je le pressens. Je ne me suis jamais senti digne, ni de mon sacerdoce ni de ma vocation dominicaine, mais cette fois mon indignité était publique, flagrante. Je ne célébrais plus la messe, je ne fréquentais plus les sacrements, en éprouvais l'exil et la nostalgie, la révérence sacrée. En Grèce, le dimanche, nous allions fréquemment à la messe, le plus souvent à la messe orthodoxe : rien n'est plus beau, plus familier, plus vivant que la messe de Pâques et la célébration du feu nouveau à Athènes, dans la petite église au flanc de l'Acropole. Un soir de Noël, je vais avec Barbara assister à la messe de minuit à la cathédrale catholique d'Athènes. Barbara se complaisait dans le voisinage du sacré. Perdu avec elle dans l'assistance, je prie comme je peux. Il n'est interdit à personne de prier. Si Jésus-Christ faisait comme les princes de la terre qui interdisent à ceux qui les ont offensés d'avoir accès auprès d'eux, il serait l'homme le plus seul de l'histoire de l'humanité. Le silence de Barbara à mes côtés est un abîme encore plus insondable qu'à l'ordinaire.

Vers la fin de la messe, au moment de la communion, ceux qui désirent communier s'approchent de la sainte table. Barbara n'est plus là. Je l'aperçois dans la file, qui avance pas à pas. Dois-je la rattraper, lui dire qu'elle n'est pas chrétienne, qu'elle ne doit pas participer à des mystères qui ne sont pas siens ? De quel droit ? C'est elle, elle seule qui est en cause, elle et ce Quelqu'un qu'elle ne connaît pas et dont la présence l'attire irrésistiblement. Je la vois recevoir l'hostie à son tour, revenir à mes côtés, abîmée dans un recueillement qui n'est pas de ce monde. Ce corps à corps, ce cœur à cœur avec Jésus-Christ, je sais qu'il est plus total, plus intime, plus saisissant que l'étreinte de deux amants. Car je sais que Jésus-Christ est là, sous ces apparences infiniment modestes, avec son corps, avec son âme, avec son sang, avec sa divinité, et vivant pour l'éternité. Je sais que, sur le plan souverain qui est le sien, il est désormais mon rival dans le cœur de Barbara, je sais aussi que je ne lèverai pas le petit doigt contre lui pour la lui disputer. Je sais qu'elle me sera un jour enlevée selon cette parole de l'Écriture: « Je l'emmènerai au désert, et je lui parlerai au cœur ! »

Il me reste néanmoins trois objets qui pourraient me rappeler Barbara. Chez un brocanteur d'Athènes, je suis tombé nez à nez avec un buste en marbre qui est la copie exacte du buste de cette Coré de l'Acropole qu'on appelle la Boudeuse. Je l'ai acheté. Fidèle image de Barbara, que je ne peux encore regarder sans gêne, tellement c'est elle, son énigmatique regard, son sourire au coin des lèvres.

Le second souvenir m'est plus cher encore : c'est l'unique cadeau qu'elle m'ait fait : au retour d'une de ses fugues, elle me rapporte, soigneusement enveloppée, agrandie, la copie du sceau de la ville de Gubbio, représentant saint François d'Assise et le loup, qui fait la célébrité de ce bourg de Toscane. Barbara a fait faire cette copie unique exprès pour moi, a trouvé l'artisan pour la faire. C'est par le biais de ce cadeau que j'apprends qu'elle est allée à Assise et à Sienne : qu'elle a fait à ma place les pèlerinages que je n'ai pas pu faire, que d'elle-même elle est allée se mettre sous la protection de François d'Assise et de Catherine de Sienne, dont j'ai toujours senti auprès de moi le haut patronage.

À Ravenne, nous avons acheté ensemble une petite céramique rectangulaire, une colombe blanche sur fond de nuit, détail d'une des fameuses céramiques qui ornent les hauts murs des basiliques. La colombe a l'air de marcher mais on sent tellement qu'elle a des ailes, qu'elle va s'envoler n'importe quand vers n'importe où. Cette colombe est le seul objet qu'elle m'ait réclamé, insistante, y revenant maintes fois, en me quittant, après m'avoir quitté. J'ai eu la mesquinerie de m'obstiner à la lui refuser. Cette colombe est pour moi le témoignage de l'indubitable réalité de ce que j'ai vécu avec Barbara. Dieu même ne peut faire que ce qui a été n'ait pas été.

Mais Dieu peut nous dépouiller de ce qui nous attache trop en ce monde. Par les hasards de mon destin, à l'heure où j'écris ces lignes, la Coré d'Athènes, le sceau de Gubbio et la colombe de Ravenne me sont inaccessibles, enfermés dans un garde-meubles.

En même temps que j'ai connu Barbara, j'ai fait la connaissance de Kolia, il va y avoir trente ans de cela. Avec Kolia, je garde le sentiment, que j'ai eu aussitôt et qui ne m'a plus quitté, d'avoir été admis dans le cercle intime d'un fastueux seigneur, d'un maharajah, d'un Roi Mage, d'un Prince des Mille et une Nuits. Sans avoir à le proclamer, dans l'absence de tout effort sur lui-même ou pour s'imposer autour de lui, il vivait pleinement la souveraineté, n'a jamais subi l'esquisse d'une défaite. Du moins, dans l'exercice de la domination qui était le sien, pour lequel il était si visiblement né, n'en laissa-t-il rien paraître.

De toutes les personnalités que j'ai rencontrées, seul Einstein et De Gaulle, en des domaines bien différents du sien, il est vrai, m'ont produit cet effet d'être effectivement nés pour l'empire et d'en jouir par droit de nature. Depuis l'âge le plus tendre et, semblait-il, depuis la nuit des temps, Kolia était l'inséparable compagnon de Barbara : « Ce n'est pas moi qui l'ai choisi, disait-elle. C'est lui qui est venu vers moi et m'a commandé de le prendre. »

Kolia était un chat siamois, d'une beauté comme je n'en ai jamais vu, même dans les expositions de chats où figurent les plus superbes, mais je n'en ai découvert aucun qui eût une telle autorité. Le sculpteur Arp a fait une statue de chat, assis sur son train arrière et dressé sur ses pattes de devant. Cette statue me paraît l'expression la plus savante de la sculpture moderne : les formes y sont réduites à une telle simplicité qu'elles frôlent l'abstraction tout en révélant l'intensité d'une présence indéchiffrable : on peut tourner indéfiniment autour de ce chat, il vous regarde toujours en plein dans les yeux, vous perce de part en part sans livrer la moindre parcelle de son mystère. Tel était Kolia. Il n'avait pas besoin de tourner la tête, je me sentais épié, deviné, évalué, mis à nu, soupesé, jugé par lui. Ce n'était pas en ma faveur. À ses yeux, je ne faisais sûrement pas le poids. Je crois même qu'il a commencé par me détester, sans s'abaisser jamais au plus infime coup de griffe, dont je n'étais même pas digne. Il ne me pardonnait pas d'aimer Barbara, et moins encore d'être aimé d'elle. Sa magnanimité l'empêchait d'en rien manifester à celle qui était sa maîtresse avant d'être la mienne. Entre lui et moi, ce ne fut pas moi qui marquais les distances, ce fut toujours lui et lui seul. J'étais de son fait l'objet d'un véritable apartheid : s'apercevoir seulement que j'existais lui eût été une déchéance.

Il était rompu aux usages. Dans sa tête de chat, il avait démonté tous les rouages de la vie des hommes en société et avait remonté la mécanique pour sa seule utilité. Il marchait à la laisse mieux qu'un chien, mais avec dignité et sans trace de la fébrilité curieuse qu'ont les chiens. Il marchait toujours d'un pas en avant de Barbara, comme un grand chambellan. Il avait gardé du fauve le mouvement harmonieux de la musculature, l'œil, l'oreille aux aguets sans y paraître, une promptitude d'attaque foudroyante. Barbara m'a raconté qu'une nuit où un cambrioleur s'était introduit dans la maison, Kolia seul avait détecté cette présence insolite, et bondi au visage de l'inconnu qui réveilla tout le monde par ses cris : Kolia avait ancré ses griffes dans le cuir chevelu du malheureux, les pattes de derrière perçant son vêtement à la hauteur des épaules. Le voleur, aveuglé, lacéré par les griffes de Kolia n'était plus qu'une clameur aiguë. Il fallut que Barbara et sa mère le délivrent avec précaution et pansent ses blessures...

À notre arrivée à Athènes, comme je ne connais rien de la ville, que je n'y connais personne, pour me donner le temps de me retourner, je demande au taxi de nous conduire dans un bon hôtel. Il nous mène au *Grande-Bretagne.* L'Archevêque Makarios y réside: en 1958 c'est un héros national, dans les contestations au sujet de Chypre, il tient tête aux Turcs et aux Anglais. Au moment où le taxi s'arrête devant l'hôtel, l'Archevêque s'apprête à en sortir, le tapis rouge descend du perron jusque sur la rue où attend une rutilante Rolls Royce. Une foule s'est massée pour voir et acclamer le héros. Barbara, avec son chat dans les bras, et moi, attendons sagement le moment opportun pour pénétrer dans l'hôtel. L'Archevêque apparaît: visage émacié, barbe noire soigneusement peignée, yeux sombres et ardents, cette étrange toque que portent les popes en Orient, soutane ample sur laquelle brille la croix pectorale, la prestance du prélat est impressionnante: il est grand, appuie sa dextre sur le pommeau en argent de la masse qui, dans l'Église orthodoxe est, avec l'anneau pastoral, signe de prélature. De l'ensemble se dégage une image d'austérité et de luxe, de deuil et de fortitude. Immobile au sommet du perron, l'Archevêque jouit un moment de sa popularité.

Soudain, Barbara a disparu, n'est plus à mes côtés. Et je vois, je vois de mes yeux, Kolia, la queue raide, dressée comme la crosse d'un évêque latin, gravir solennellement le perron, avec Barbara en bout de laisse. Les acclamations se sont tues. Tous, y compris le prélat, regardent, médusés, défiler devant eux ces deux éblouissantes créatures, le chat et sa maîtresse, celle-ci vêtue de la robe légère d'une Diane chasseresse, et entrer sous le porche monumental. Le charme de l'Archevêque est rompu: je ne crois pas que jamais ait été volée à un acteur sur une scène, si promptement et si totalement, la vedette. Dans ce pays, encore très proche de la fable antique, s'était laissée entrevoir une apparition mythologique devant laquelle l'image ecclésiastique moderne, plus contestable parce que moins incroyable, s'éclipsa instantanément. Le silence, plus profond encore qu'un instant plus tôt, et que pas un murmure de protestation ne troubla, en fut le témoignage éclatant.

J'ai ceci de commun avec Kolia, c'est que la seule présence de Barbara nous comble, lui comme moi. Il a cet avantage sur moi que, lorsqu'elle disparaît, elle l'emmène toujours avec elle. Il est rompu aux voyages, aux passages en douane : son passeport est un volumineux dépliant couvert de visas et de certificats de vaccination. Nous sommes rivaux mais j'ai aussi des privilèges que lui n'a pas. Tel que je le connais, il doit les considérer comme jeux de manant. Il finira pourtant par me supporter, c'est-à-dire par me domestiquer, par m'attribuer une fonction précise, à son service, ce qui du coup m'intègre à son empire. Cela s'est fait soudainement, encore qu'à coup sûr, en conclusion d'une longue méditation de chat, comme un bouton de rose n'éclôt qu'après le long passage de l'hiver qui aura préparé l'éclosion. J'ai tout lieu de croire que la traversée de La Nouvelle-Orléans à Patras, malgré les escales, a été une rude épreuve mal supportée par Kolia. Vivre sur un Liberty Ship, en métal et qui bouge tout le temps sur la mer, soumis à des magnétismes inconnus, avouez que pour un chat qui n'a vécu que sur le plancher des souris et des chats, il y a sans doute de quoi devenir fou. Kolia n'est pas devenu fou, c'est l'être au monde le moins susceptible de devenir fou : il est l'équilibre même, dans sa constance et sa perpétuelle instantanéité. C'est néanmoins à cette épreuve que j'attribue le changement subit qui se produit dans nos rapports mutuels.

À la fin du voyage, Barbara et moi, tout autant que Kolia, en avions d'ailleurs assez du Liberty Ship. Nous décidons de le quitter à Patras et de prendre le train pour Athènes. La passerelle descendue, dès que nous mettons pied à terre, je sens un poids léger me tomber sur les épaules. C'est Kolia, abordant la patrie de la fable, pressentant sans doute que sur cette nouvelle terre où il y a une faune qui lui est inconnue, des Centaures, des Nymphes, des Satyres, il éprouve le besoin de dominer la situation. Il a résolu que je lui servirais désormais de monture, ce que j'ai fait très exactement jusqu'à la fin de sa vie. Hors de la maison, quelle qu'elle soit, où il règne et où nous ne sommes jamais que chez lui, mes épaules lui serviront de promontoire pour regarder et apprécier cette vieille Europe, qui n'est après tout que l'appendice de l'Asie, dont il est lui aussi originaire, puisqu'il est siamois et qu'il ne l'oublie pas. Les chats n'oublient rien.

Ma revanche sur Kolia fut tout involontaire. Il est mort, d'une crise d'urémie. Pendant deux jours et deux nuits, sa maîtresse ne l'a pas quitté, le tenant sur ses genoux. Quand au matin du troisième jour, je me réveille, Barbara est debout au pied de mon lit. Je lui demande aussitôt des nouvelles de Kolia : « Maintenant, il est très bien ! » dit-elle. Elle me mène au salon dont les volets et les rideaux sont restés clos. Kolia est étendu sur un grand coussin blanc, endormi pour toujours, beau comme il est resté dans ma mémoire, avec sa fourrure soyeuse, sa tête et ses extrémités toutes noires, son corps dégradé dans les gris et les blancs mats. Deux bougies sont allumées de part et d'autre : c'est la chapelle ardente de Kolia. Barbara est tranquille, calme des pieds à la tête et jusqu'au fond de l'âme, comme si elle avait reçu l'assurance d'avoir à ses côtés une présence tutélaire qui ne la quitterait plus.

Je l'ai dit à propos de Warum, mon chien briard, qui fut le compagnon de ma plus grande solitude au Sahara, je le redis ici à propos de Kolia, il arrive, du moins est-ce mon sentiment, qu'un chien soit plus qu'un chien, qu'un chat soit plus qu'un chat. Je crois que le cerf, qui nous rendait visite chaque matin au long de l'interminable hiver de Winona, était plus qu'un cerf. Je crois que notre ange gardien peut emprunter la forme et le comportement de notre animal familier, que s'il y a des possessions diaboliques, il peut y en avoir d'angéliques. Je l'ai ressenti avec une particulière vivacité quand j'ai constaté la sérénité de

Barbara devant le petit cadavre de Kolia, qui avait occupé une si grande place dans sa vie : à l'évidence ce gentleman-chat avait été quelqu'un de plus que ce qu'il paraissait être. L'apparence disparaissait. Restait l'Ange.

De toutes les forces de ma fidélité catholique, je pense qu'il faut, qu'il est impérieusement nécessaire de se garder d'imaginer l'autre monde, l'au-delà. Moi, je sais qu'il existe, cet au-delà, je le crois sur la parole de Jésus-Christ, qui en est venu et qui y est retourné. Par sa révélation, nous savons que c'est un univers plein d'anges mais qu'en est-il de la présence d'une faune ? La révélation judéo-chrétienne ne nous en dit rien. Ce sont les poètes qui ont pris le relais des prophètes : tant d'imagiers, tant de sculpteurs, qui n'ont pas séparé un saint de son ou de ses animaux préférés (François d'Assise et son loup de Gubbio) en sont l'éclatante illustration. Ce loup aussi fut plus qu'un loup. Je sais aussi que l'énergie créatrice, qui fonde tout vivant dans sa singularité absolue est une force recréatrice, qui peut reproduire en « corps spirituel » comme dit saint Paul n'importe quel vivant dans son entière singularité. Si elle peut le faire pourquoi ne le ferait-elle pas pour faire plaisir à l'un de ses élus ? Je crois que Barbara retrouvera Kolia tel qu'en lui-même l'aura refait l'éternité. J'espère que je retrouverai Warum.

Il n'y eut ni deuil ni larmes pour Kolia, j'en fus très impressionné. Mais il eut des funérailles dignes de lui. Barbara et moi habitions un appartement à Toromino. Il surplombait la mer, près du Yacht-Club. Un des plus admirables endroits du Pirée. Sous nos fenêtres, à une encablure, il y a une petite île rocailleuse. C'est là que nous décidons d'enterrer Kolia. Dans l'après-midi, une barque quitte à la rame le petit port. Barbara est à l'arrière, assise, le cadavre de Kolia sur les genoux, une brassée de fleurs à ses pieds. Je suis assis à une certaine distance d'elle, la regarde. Jamais elle n'a autant ressemblé à la Coré de l'Acropole ; pâle, le buste droit, les yeux clos sur elle-même, sa longue chevelure soigneusement peignée encadrant strictement un visage d'une perfection qui m'éblouit, ce pli au coin des lèvres qui souligne l'énigme, son énigme. Que ressent-elle ? Et par-delà toutes les questions qui me viennent, qui est-elle ? Deux hommes du port nous accompagnent. Ils creuseront la minuscule tombe au sommet de l'île. Nous y ferons un lit de fleurs, déposerons en silence la dépouille de Kolia qu'à son tour nous couvrirons de fleurs. On refermera la tombe avec de la terre, on la scellera avec du ciment pour qu'elle reste anonyme et inviolable. Nous mettrons encore des cailloux dessus. Nous avons repris la mer avant le coucher du soleil.

Je suis un lève-tôt. Au petit matin j'ouvre mes volets. C'est la saison de l'année où le soleil aussi se lève tôt. Je regarde notre île : elle est couverte de mouettes, de centaines de mouettes, piaillant, voletant, qui posent sur toute l'île un linceul effervescent et mouvant. Je réveille Barbara pour qu'elle voie ce spectacle qui risque de se dissiper d'un moment à l'autre. Elle regarde sans un mot, sans le moindre étonnement, comme si elle-même était à l'origine d'un si étrange cérémonial. De toute la journée, l'essaim blanc demeurera et Barbara restera à la fenêtre à le regarder jusqu'à ce qu'au coucher du soleil les mouettes se soient envolées pour ne plus revenir. De tout le jour, sans rien manifester d'autre que l'intensité de sa contemplation, Barbara n'aura pas quitté la fenêtre. C'est la seule fois que nous ayons vu sur cette petite île un tel concile de mouettes.

Kolia était enseveli depuis une semaine. Au milieu de la nuit, Barbara fait subitement irruption dans ma chambre, l'éclaire, me réveille, et me dit très distinctement ces trois mots : « I hate you ! » (Je vous hais !) Elle referme la porte et va se recoucher. Ce qui me frappe est qu'elle ait employé sa langue maternelle. Entre nous, nous ne parlons que français. Le lendemain, choisissant mon moment, et le plus doucement que je peux, je lui propose de nous séparer, qu'elle me laisse en Grèce et qu'elle retourne en Amérique. Elle me regarde avec terreur, comme si le sol se dérobait sous elle. On parle toujours trop, et nous ne savons vraiment pas ce que nous faisons.

Longtemps après, avec ce ton de lassitude extrême qui à chaque fois me fait croire que, dans quelque recoin de mon cœur, je ne peux être qu'un traître et un déserteur, elle me dit : « Pourquoi, après la mort de Kolia, m'avez-vous proposé de nous séparer et de me renvoyer en Amérique ? » À mon tour, tout m'abandonne en même temps et je doute de ma propre existence. Je lui rappelle la scène nocturne où elle m'a dit qu'elle me haïssait. Elle ne s'en souvient pas, absolument pas, le trou noir. Elle a fait ce qu'elle a fait, dit ce qu'elle a dit dans un état second. Je reste frappé de stupeur. « Peut-être suis-je folle ? » dit-elle pensivement et sans la moindre émotion. Plus que jamais il me semble qu'au plus léger effleurement elle va se dissoudre, détachée qu'elle est jusqu'à un point de non-retour de son propre destin. Elle flotte sur lui sans gouvernail ni boussole. Pourtant nul être au monde plus qu'elle ne me donne l'impression d'être marqué par une fatalité inéluctable : elle ne m'appartient pas, elle ne s'appartient pas. D'où est-elle ? Où va-t-elle ? Je ne suis qu'un lieu de passage pour elle. Dix ans de vie avec elle tissés du tourment de ces questions, auxquelles aujourd'hui encore je n'ai pas de réponse, sinon une seule : je l'aimais et cet amour occupait tout le champ de ma conscience. Se peut-il que les êtres les plus chers, ceux pour qui vous sacrifieriez en riant tout et la vie même, vous soient à ce degré inconnus, inaccessibles au temps même de votre engagement le plus fou ?

Quel malentendu que l'amour humain ! Combien ceux qui pouvaient me regarder vivre de près, comme mon ami François Parlier, devaient me juger lâche, traître à mes vœux, inconsistant, faible ! Je l'étais. J'étais emporté dans le vertige d'une dialectique autre que celle de la vie ordinaire, autre que celle de mon propre caractère. Qui établira ce dossier ? Qui le classera en cotes ordonnées ? Qui le rendra intelligible et en premier à moi-même ? Qui le plaidera et devant quel juge ? Si je pense à Jésus-Christ ?

Si je pense aux grands saints de l'Ordre auquel j'appartiens ? J'affirme que je n'ai pas un instant cessé d'y penser. J'y pense comme un noyé voit surgir là-bas, lointain, proche, dans son intense réalité, le port aux eaux calmes, où naguère il avait jeté l'ancre et que de toute son âme il voudrait rejoindre. Je suis le naufragé de moi-même. Un naufrage qu'il m'est impossible de maudire. Même aujourd'hui, où je suis si près de la mort, je ne puis le maudire.

La seule réalité à la mesure de la misère humaine et de nos contradictions, c'est la pitié de Dieu.

❧

Il semble que je sois destiné depuis toujours à contempler les choses finissantes. J'ai connu la France d'avant 1939, encore auréolée de sa victoire de 1918. La France d'après 1940 n'a plus été la même, absolument plus. J'ai fait la traversée Le Havre-New York sur l'*Île-de-France*, c'était la fin des transatlantiques. Lorsque j'arrive à Athènes, au début de juin 1958, la Grèce est encore pure de cette lèpre envahissante qu'est devenu le tourisme international. À quelques automobiles et à quelques hôtels près, c'est le même pays que Chateaubriand a visité, qu'il a décrit dans « *Itinéraire de Paris à Jérusalem* ». À présent, cette Grèce aussi est engloutie. Je me demande si le tourisme industriel ne lui a pas été aussi fatal que, pour la France, l'invasion de 1940. Je n'ose plus y revenir, de peur de ne pas reconnaître son cher visage, glorieux de lumière, de silence, de solitude. J'ai eu la chance de connaître la Grèce au temps du silence des pierres, en un temps où il fallait courtiser longuement la Grèce pour mériter, par une série d'épreuves initiatiques, d'entrer dans la chambre nuptiale. Il fallait être patient, à l'affût, pour ne pas laisser échapper ce qui émane de fugitif, et tout à la fois si présent, de ce pays magique. De nos jours, n'importe qui et tout le monde « connaît » la Grèce, du moins le temps d'une « passe ».

Tout cela était hier et, comme le dit Victor Hugo, « cela se passait en des temps très anciens ».

La conjoncture, la conjonction, le conjointement de l'espace avec le temps et les événements qui s'y déroulent, l'expérience qui vit ces événements, la mémoire qui les revit, contribuent fortement à définir la saveur que procurent de telles rencontres. Je découvre la Grèce au moment même où, en France, De Gaulle revient au pouvoir ; pour moi, la Grèce, ma Grèce, est le décor propre où s'est effectué ce retour. Pour moi, les deux miracles ne font qu'un, je titube de l'un à l'autre, et je ne crois à l'un et à l'autre que parce qu'ils sont vrais. Je n'en reviens pas ! Ainsi la Grèce, ça existe ! Ainsi la France, mon pays, enlisée sans espoir dans la médiocrité, peut encore se remettre debout, un genou, puis l'autre, puis toute la stature levée, et toutes les nations du monde la voient de nouveau avec son vrai visage. La France, Pallas Athéné, l'Aurige de Delphes, De Gaulle, toutes ces images se superposent, se confondent à mes yeux qui me donnent à voir ce que j'espérais confusément sans plus y croire.

Le lendemain de notre entrée fracassante dans l'hôtel *Grande-Bretagne*, à la barbe, c'est le cas de le dire, de l'Archevêque Makarios, Barbara, Kolia et moi prenons un taxi pour nous rendre à l'Acropole que nous n'avons aperçue que de loin. Il est tôt, tant nous avons hâte de voir, de toucher. Je crois bien que nous sommes à peu près seuls. Nous franchissons les grilles, gravissons lentement ce mont chauve, couvert de ruines, que couronne le Parthénon. Plus aucun de nous ne dit mot. En cette saison, le soleil est déjà haut dans le ciel. Toute cette beauté, apurée jusqu'à l'inimaginable, a, sur une échelle monumentale, les formes strictes et nombrées d'un sonnet : par la jointure de l'âme, c'est la pénétration d'une épée infaillible : ô délicieuse défaite de la raison selon des règles qui n'enfreignent nulle part la raison ! Je m'aperçois tout à coup que mon visage ruisselle de larmes, je n'étais pas prêt à supporter un tel choc. Pourquoi ces larmes ? C'est maintenant seulement que je me le demande. Notre pente naturelle est à l'incrédulité. Il faut que j'aie le Parthénon devant moi, que je m'appuie à l'une de ses colonnes parfaites, pour admettre enfin que si grande harmonie soit possible. J'ai vu deux fois la France rouler au fond de l'abîme, un premier abîme, celui du déshonneur en 1940, un autre, celui de la médiocrité au cours des années cinquante, et la voilà qui reparaît une nouvelle fois, avec son visage irréfutable et singulier, que toutes les nations attendent et qui les surprendra toujours. Et moi, me voilà ici, où je me trouve incongru, car je sais à peu près qui je suis, que je ne suis pas digne d'être là, sur cette montagne, témoin d'un des miracles les plus inouïs, celui de la beauté absolue d'un site, alliée à celle, absolue elle aussi, et conçue par des hommes, sortie de mains d'hommes.

Enfin, cette femme à côté de moi, avec, en bout de laisse, son chat impérial. Eux, comme le ciel, comme le Parthénon, tiennent du miracle. D'eux, comme du ciel, du Parthénon, je me sens indigne qu'ils me soient offerts, pourtant ils sont vrais, je les ai touchés, je les touche, comme je touche la colonne du temple de Pallas Athéné, construit par Phidias, sous Périclès, au ve siècle avant Jésus-Christ.

Je pleure comme je n'ai jamais pleuré. Mes larmes me viennent-elles de mon espoir de la prochaine résurrection de la France ? Du bouleversement que je ressens devant tant de beauté ? De la présence de Barbara qui s'y intègre, comme si de toute éternité elle avait été faite pour un aussi prodigieux décor ? Ou mes larmes me viennent-elles de l'écho assourdi qui me parvient à travers les siècles de l'émotion religieuse qui animait Phidias et m'atteint encore sur les ruines éparses de son œuvre ? Ou de la mer au loin qui brille tel un lac de feu ? Mon cœur est cependant au repos. Mais je le sens qui vibre comme résonne sous l'archet le corps du violon.

Nous avons le temps, tout notre temps. Nous nous laissons imprégner du miel de cette civilisation, qui fut si exaltante et légère, sans aucun tiraillement de l'esprit, le contraire de ce que je l'avais ressenti au Mexique. Barbara, Kolia et moi, nous acheminons en contrebas vers le musée de l'Acropole. Nous voulons voir les Corés. C'est une série de statues de femmes, qui appartenaient à l'ancien temple d'Athéné, celui qui avait précédé le Parthénon de Phidias. Comme tout ce qui avait appartenu à la déesse était sacré et ne pouvait quitter son Acropole, Phidias avait fait creuser une tranchée, tout près du Parthénon, et les y avait pieusement déposées. La tranchée a été découverte récemment : les statues sont là, désormais debout, dans ce petit musée, figées dans leur hiératisme et leur méditation. Elles sont, plus que le Parthénon, proches d'une révélation originelle, de ce premier âge de l'humanité, dont parle Thomas d'Aquin, où la mémoire était encore fraîche de la création du monde. Il y a dans leur raideur, leur archaïsme, une présence muette, chargée d'énigmes.

Tout à coup, Barbara s'écrie :

— Il en manque une ! Et justement la Boudeuse ! Où est la Boudeuse ? Je veux voir la Boudeuse.

Oh, ce n'est pas un tohu-bohu, tel qu'en pourrait provoquer Consuelo de Saint-Exupéry, c'est au contraire une opération de charme, tout en douceur, mais d'une rapidité foudroyante. Comme tous les pays du Moyen-Orient à l'époque, la Grèce est encore imprégnée de l'influence française. J'imagine que Barbara sait que son exquis ramage en notre langue ajoute encore au charme de son exceptionnelle beauté. Cela commence par les gardiens du musée qui, devant une lacune aussi catastrophique que l'absence de la Boudeuse, sont peu à peu conditionnés, mis dans un état d'urgence, comme s'il s'agissait d'un vol, d'un incendie. Cette atmosphère se répand de proche en proche, jusqu'à ce que le directeur du musée lui-même apparaisse, reste médusé devant Barbara, comme devant une visiteuse formidable, inattendue et redoutée, qui le subjuguerait. C'est un homme qui se demande soudain s'il rêve, si ce qu'il voit n'est pas dû à une hallucination : « Madame, dit-il à Barbara, dans un français châtié, sur le ton du maître d'hôtel qui présente les excuses de la Princesse, maîtresse des lieux, madame, la Boudeuse a eu besoin de je ne sais quel traitement exigé par les spécialistes, mais je vais vous mener auprès d'elle. »

Il y a un brin de superstition dans son empressement, il a même l'air de regarder Barbara avec crainte, comme on regarde un revenant. Nous sommes introduits dans une salle basse que l'électricité éclaire durement. Sur une table haute, une forme humaine est recouverte d'un sac. Le conservateur retire le sac, c'est la Boudeuse : « C'est bien elle ! » dit à voix basse Barbara. On se croirait dans une morgue au cours d'une enquête policière. Le regard du conservateur va du visage de la Boudeuse à celui de Barbara, il fait le va-et-vient plusieurs fois. Dans ce silence, qui est quasi sépulcral, je fais de même. L'une est la copie de l'autre : je reconnais le même sourire énigmatique sur chacun des visages, celui de pierre, celui de chair et qui, l'un et l'autre détiennent le même secret incommuniquable, la même beauté, la même apparence de sérénité, le même port de tête, la même droiture de tout le corps. Ici et là, les yeux sont ouverts, mais la prunelle des yeux n'est pas la même. Les yeux de Barbara ont une lumière vivante. Les yeux de la Boudeuse sont sombres, déjà enténébrés par la mort : la Boudeuse vient de mourir, personne ne lui a encore fermé les yeux.

Le face à face de la vivante et de la morte se prolonge dans un silence qui m'est de plus en plus insoutenable. Un cri monte au fond de ma gorge mais qui n'en sortira pas, le même cri qu'a dû pousser Orphée quand, ayant tiré Eurydice des enfers, il se retourne et la perd pour toujours. Je baisse les yeux, n'ose plus regarder l'une ou l'autre. Sur mes épaules, seule la fourrure de Kolia me protège de la glaciation qui m'envahit. Dans la Cabale, il est dit que nul ne peut rencontrer son double, sans mourir à l'instant. Lentement, en silence, nous sortons de ce caveau, et je retrouve Barbara, ma Barbara, son gazouillis, son éclatante beauté. Je la contemple avec ce mélange de désir et d'angoisse que je ressens toujours envers elle. Plus que jamais je sais qu'elle ne m'appartient pas, qu'elle m'est un délicieux hasard, plus que jamais, je la découvre marquée d'un signe à la fois funèbre et sacré.

Plus tard, lorsque je trouverai chez un brocanteur d'Athènes le marbre, copie très fidèle de la Boudeuse, j'installerai ce marbre chez nous en bonne place. Barbara n'a émis aucun commentaire, n'a plus fait la moindre remarque à son propos, devant moi, je ne crois pas qu'elle l'ait regardé une seule fois. Elle agira avec la Boudeuse exactement comme Kolia devant le miroir. Alors qu'il n'était qu'un jeune chat, je l'ai surpris, découvrant pour la première fois son image. Un long moment, il chercha à taquiner de la patte cet autre lui-même. Puis il se mit à aller et venir l'œil en coin, à s'immobiliser à l'affût, sautant brusquement devant le miroir, s'en éloignant d'un bond. Après quelques minutes, il abandonna le jeu et depuis lors ne remonta plus sur le buffet bas au-dessus duquel le miroir était fixé. Je crois qu'il trouvait indigne de lui d'être confronté à ce chat vivant, et mort puisqu'insaisissable : les miroirs sont là pour nous rappeler le caractère gratuit et fugace de notre apparition ici-bas.

Je ne me suis jamais séparé de la Boudeuse. Un jour, longtemps après que Barbara m'eut quitté, je ne pus supporter la peinture dont le copiste l'avait recouverte et qui n'était plus qu'un maquillage de l'absence. J'ai porté le marbre sur une table du jardin, j'ai mis des gants de caoutchouc, de grosses lunettes pour me protéger des fumées mortifères, je l'ai soigneusement lavé avec de l'acide sulfurique. Il est devenu tout blanc, virginal, et ces yeux qui n'étaient pas ses yeux à elle se sont définitivement clos, fermés sous des paupières habitées, celles que j'ai connues, Barbara endormie. Maintenant que les émanations de la cheminée et de la tabagie l'ont patinée, la Boudeuse est vraiment Barbara, belle inconnue, porteuse d'un message indéchiffrable, que je ne lirai qu'après ma mort.

Je n'aime pas les faux-semblants. Je n'aime pas faire semblant de comprendre, je n'aime pas non plus éteindre les feux d'un amour qui m'assiège tout entier. Je veux vivre, comprendre, étreindre ce que j'aime, habiter avec l'objet de mon amour, le hanter, comme on dit de maisons qu'elles sont hantées, comme moi-même je reste hanté par ce que j'ai aimé. J'ai hanté la Grèce comme j'avais hanté l'Amérique. L'Amérique et la Grèce ont élu domicile en moi encore plus que je ne les ai faites miennes. Je suis le donjon hanté de tous les pays que j'ai habités, des femmes que j'ai véritablement aimées. Après tout, elles ne sont que trois comme les Grâces. Et je ne compte pas la guerre qui est aussi un pays bien étrange. Et la prison? Et le désert? Et la misère quand j'étais enfant? Et la peur, un continent à elle seule? J'ai habité plus de maisons que Cadet Rousselle, beaucoup plus même que le fastueux Marquis de Carabas.

Croyez-vous qu'à mon âge, il soit indifférent d'avoir passé les vingt premières années de ma vie en France mais comme un étranger, d'avoir vécu deux ans au Sahara, huit en Amérique, quatre en Grèce, plus de vingt-cinq ans en Suisse dans le Pays de Vaud? Il y a beaucoup de fantômes en moi. Je m'en accommode gaiement parce que je suis gai. Ils me regardent vivre. Ils m'aident à vivre. Dans l'ensemble, je les trouve plutôt obligeants, aucun ne fait partie de «l'Armée du Salut», aucun ne me fait la morale. Il n'en faudrait d'ailleurs pas davantage pour que celui qui s'y hasarderait soit flanqué à la porte. Par chance, ils sont muets: c'est le sommet de la sagesse au monde des fantômes. Je les sens d'autant plus attentifs et même sentencieux. C'est vrai qu'ils portent des sentences qu'aucun greffier n'enregistre et il me suffit d'un coup d'œil sur eux pour savoir s'ils sont d'accord ou pas, s'ils m'approuvent ou me désapprouvent. Derrière leur air indifférent, je lis dans leurs pensées. La plupart du temps, j'en tire un grand réconfort. J'espère qu'ils seront tous à mon chevet au moment de mon agonie, je les interpellerai. Les autres, les vivants, ces personnages bizarres, inconsistants, insaisissables, baisseront la voix, chuchoteront à l'oreille l'un de l'autre que je délire, alors que de ma vie je n'aurai été plus sérieux. Mourir doit être une opération très difficile, très grave, quoique forcément improvisée. On verra quand ça arrivera. Ça finit toujours par arriver. Heureusement !

O mort, vieux capitaine, il est temps, levons l'ancre !
Ce pays nous ennuie, ô mort, appareillons !

Je préfère Delphes. Barbara Olympie. C'est ma mémoire nietzschéenne qui préfère Delphes, l'attraction entre ces deux pôles contraires qui sont Apollon et Dionysos, et aussi l'escarpement de l'endroit. Monter à Delphes est une escalade, surtout à l'époque. Et puis à Delphes, il y a l'Aurige. Cet Aurige est peut-être Apollon lui-même. On n'a rien retrouvé ni du char ni du quadrige sacré. Tout a disparu sauf le conducteur : le reste on l'imagine, on le rêve, on le voit, avec les yeux de l'âme. Le reste est cette part de non-dit qui environne d'une aura particulière tous les chefs-d'œuvre. L'homme en tunique longue s'offre, absolument droit sans aucune raideur, les yeux fixés sur la ligne d'arrivée qu'il est seul à percevoir ; toute la force de cet homme, toute son intelligence, toute son audace irrésistible sont concentrées dans ce regard et dans la main droite qui tient les rênes dont il ne reste plus que des lambeaux.

À Delphes, j'achète une photo de l'Aurige que j'envoie à De Gaulle qui vient d'être investi par l'Assemblée nationale des pleins pouvoirs en vue de sauver une deuxième fois la République. De Gaulle est l'Aurige de la France. Cette main ferme, ce regard assuré fixé sur un horizon qu'il est le seul à percevoir, et le quadrige se reconstituera dans son élan vainqueur, j'en suis sûr. Ceux qui considèrent le retour de De Gaulle au pouvoir comme un coup d'État me font l'effet de naïfs qui se couvrent la face d'un voile épais d'hypocrisie. Sans ce regard, sans cette main, la France de 1958 se fût fracassée, quadrige dont les chevaux se seraient emballés.

Après l'exil au Sahara où il n'y a rien que le désert, après huit ans en Amérique où tout surgit d'une terre vierge, instantanément, j'ai besoin de retrouver une terre de mémoire plusieurs fois millénaire, j'ai besoin de symboles qui soient les jalons visibles de mon slalom intérieur. Moi aussi, je me sens disloqué. J'ai besoin d'être ressaisi. Ces symboles, ces jalons, la Grèce me les a donnés à profusion.

D'une antiquité très haute sont les masques d'or des Princes mycéniens, à l'entrée du musée d'Athènes. Dans les sociétés primitives, bien avant l'invention de la monnaie, l'or, métal incorruptible, avait le caractère sacré d'un symbole d'immortalité. Sur le visage du Prince mort on posait son masque, comme une espérance d'éternité, peut-être même de résurrection de la chair et de transfiguration. À chaque pas, l'antiquité grecque nous offre ce pathétique pressentiment. Rome n'a rien eu de tel. Toute l'histoire du peuple hébreu est une parabole prophétique du Christ et de sa révélation. Tout l'art le plus antique de la Grèce en est le pressentiment.

Rien n'est plus chargé d'interrogation que ces masques aux yeux clos, qui ont pourtant un regard fixe. De ces visages esquissés, presque abstraits, figés dans l'or éteint, émane une question qui me harcèle jusque dans mes retranchements les plus intimes. Chaque semaine, Barbara et moi allons les contempler puis, après un long moment, nous nous rendons vers quelque compartiment du vaste musée que nous n'avons pas exploré. Nos visites commencent par cette savoureuse initiation, un peu terrifiante, devant les masques mycéniens.

Durant un millénaire et demi, tout un peuple a vécu parmi des expressions de lui-même qui répétaient indéfiniment que la nature n'est là que pour suggérer une réalité plus haute qu'elle-même, que chaque homme, chaque femme est, selon une antique épitaphe « un enfant de la terre et du ciel » et « la mesure du cosmos ».

Tous les artistes, tous les penseurs de ce peuple n'ont jamais dit que cela, Homère aussi bien que Platon, Sophocle autant qu'Aristote, les présocratiques et l'art des Cyclades, les « mystères » d'Eleusis comme la Victoire de Samothrace, les Panathénées comme les multiples acropoles. Car il y a des acropoles partout. Aux soirs de pleine lune, elles sont accessibles au tout-venant, tant la nuit y est claire. Barbara, Kolia et moi y demeurons de longues heures, silencieux, attentifs à nous laisser imprégner de cette autre clarté qu'est la clarté nocturne, si blanche et intense en Grèce, immobiles au milieu des hautes colonnes tutélaires. Kolia est superbe de tranquillité. C'est bien connu, les chats ont un pacte avec la lune. Il ne ronronne pas, d'ailleurs Kolia ne ronronne jamais : il dédaigne cette expression de contentement de ses congénères, il doit la trouver vulgaire.

La Grèce d'alors est un pays très pauvre. On y sent les ravages de la guerre, de l'occupation nazie qui y fut particulièrement féroce, de la guerre civile qui a suivi l'occupation : parti communiste interposé, Staline avait chaussé les bottes de Hitler. C'est un pays pauvre et fier, que n'a pas encore avili le tourisme, surtout dans les îles, innombrables.

Un été, nous avons loué pour quatre sous une maison à Lindos, dans l'île de Rhodes, sous l'Acropole, dominant directement la mer. Nous avons envers la Grèce une jalousie d'amants clandestins, attendons patiemment dix-huit heures où chaque jour les cars de touristes — encore peu nombreux mais déjà en service — quittent le village pour rentrer dans les hôtels confortables de Rhodes. Lindos est à nous, avec son Acropole déserte, ses petites rues pleines de chats, ses maisons des chevaliers, construites par les Francs et qui servent d'écuries pour les ânes, et tout en bas, sa plage de sable fin au-delà de laquelle s'étend à l'infini l'énigmatique, la quasi inconcevable transparence des eaux de la mer.

Barbara nage à la perfection, fluide elle-même, et j'ai conscience que ce ne sont pas mes mains maladroites, mes doigts gourds, qui pourront retenir un élément aussi subtil. Dans toutes mes amours, j'ai toujours fait très grande la part de l'inconnaissable et finalement laissé à un Autre celle du lion. Ici, en Grèce, où l'antique Nécessité est perpétuellement présente, je sais que cette part est grande et que le lion viendra. Tant de beauté d'ailleurs est-elle possible ? Oui, sans doute puisque Barbara est là ; que la Grèce est là. Nous baignons tous deux dans la Grèce antique comme un double fœtus dans les eaux maternelles. D'un commun accord biologique, nous nous faisons de plus en plus silencieux, dociles, intensément attentifs à l'étonnement qui nous saisit où que nous allions. La Grèce, c'est l'attente et l'étonnement.

En quelque endroit que ce soit, Delphes, Olympie, Délos, Mykonos, Lindos, et tant et tant d'autres, nous n'allons jamais pour voir et passer, mais pour y vivre, y séjourner plusieurs jours comme en retraite en un lieu tenu hors du monde. Je ne suis pas un érudit de la Grèce antique. J'ai seulement vécu avec elle, auprès d'un être beaucoup plus sensible et affiné que moi, cette attente douce, obstinée, qui s'est manifestée pendant presque deux millénaires, d'un mystère que la culture grecque ignorait mais dont elle préparait le berceau et les langes avec une tendresse maternelle. Le peuple hébreu est un peuple impatient, qui s'impatiente même à l'égard de son Dieu avec lequel il a un pacte. Les Grecs antiques furent un peuple patient, qui cultiva amoureusement la beauté dont il pressentait qu'elle était porteuse de mystère, en faisait le réceptacle approprié, le réceptacle de ce qu'il ne connaissait pas encore. Les Grecs d'alors se résignaient à tout, même à cette inconnaissance à laquelle ils portaient respect, vénération, comme si d'avance ils avaient su qu'ils en auraient un jour et par surcroît la révélation. Ils ne savaient même pas s'ils en étaient dignes, mais ils vivaient dans l'attente de ce qui viendrait peut-être, et qui a trouvé son premier nom dans leur langue : « *Karis* », la grâce.

De toutes les blessures reçues en ce pays où la magie circule comme l'eau des sources, Barbara et moi garderons les cicatrices pour le temps et l'éternité. Mais il n'en fut pas de plus pénétrante, semblable au coup de lance en plein cœur, que la découverte du temple de Bassae, au centre du Péloponnèse. Qu'en est-il aujourd'hui ? Je ne peux l'imaginer sans frémir : une route carrossable, des hôtels, des tavernes, peut-être des boîtes de nuit ? En ce temps-là, le temple est encore dans une solitude quasi inviolable. Pour y accéder, il faut le vouloir fortement. Et Barbara, si flexible, si fluctuante, est soudain habitée par une volonté impérieuse, irréductible. Elle veut voir, elle verra le temple de Bassae. Dans le bourg en bord de mer où nous nous sommes arrêtés, je me mets en peine d'un véhicule approprié et d'un chauffeur qui veuille nous conduire. Je remue ciel et terre, la municipalité, le corps médical, il me faut une jeep. Je finis par en découvrir une, laissée pour compte il y a plus de quinze ans au moment de la libération de la Grèce. Ce n'est pas qu'en cet endroit du Péloponnèse les montagnes soient escarpées ou qu'il y ait d'effroyables précipices, non ! Simplement, il n'y a pas de routes, rien que des pistes pour les chariots ou des sentiers pour les ânes.

Le trajet sur une jeep tout-terrain ressemble à une navigation sur des vagues figées que sont les rochers. Nous arrivons rompus. Seul, Kolia est frais comme l'œil. Sous un ciel éblouissant, toute la campagne, soigneusement cultivée, est couverte de blés et de céréales à la veille de la moisson : du jaune, ce jaune intense du blé mûr qui produit cent pour un. Nous allons de colline en colline, descendant, remontant les pentes, seuls, perdus dans ce paysage où s'allient le travail de l'homme, les saisons, avec la lumière du ciel, pour créer la merveille. « C'est pour bientôt ! » dit le conducteur du véhicule. Soudain, sur le plus haut mamelon, rond, parfait comme le sein d'une jeune fille, le temple. Il est là, intact, violet, dans le soleil couchant, détaché sur le fond de la moisson prochaine : du jaune et du violet sous le ciel bleu du Péloponnèse, des couleurs nettes, des lignes précises, l'harmonie dans les plus violents contrastes, comme dans les tableaux de Van Gogh auquel on pense immédiatement. Auprès de moi, Barbara, dans une robe mauve, soyeuse, et qui ressemble plus que jamais à un Modigliani ou même à un Matisse, avec cette flamme vacillante au fond de ses yeux verts. Kolia, toujours cérémonieux dans son habit strict des grands jours, dans les blancs cassés, les gris et les noirs. Trop de beauté ensemble à me rompre le cœur. Je voudrais mourir ici, subitement, au creux profond du miracle.

Le temple a été construit au temps de Périclès, voué à je ne sais plus quel dieu, qu'importe ? L'architecte qui l'a construit a construit ensuite, sous l'autorité de Phidias, le Parthénon d'Athènes. D'ailleurs c'est exactement le même temple, mais ici de dimensions bien moindres. Ce sont les mêmes proportions, la même disposition des colonnes et des lieux. C'est un Parthénon bucolique. Il n'est pas en marbre mais dans un granit violet que le temps a patiné, et il est intact. Sa solitude, sa simplicité l'ont sauvé de la vénalité des Turcs et de la cupidité des Anglais. Car il n'est orné ni de bas-reliefs ni de statues. Sa pauvreté monumentale a été l'écrin de sa gloire à laquelle nul n'a porté atteinte, associée dans la solitude aux travaux indéfinis et nourriciers de l'homme : le labourage, les semailles, le blé qui lève, la moisson.

Une autobiographie est confidence à tous risques. Me replonger dans ce passé, et précisément celui-là, me fait l'effet d'avoir traversé une boule de feu, j'en ai l'âme harassée. Cela promet sur ce qui m'attend au Jugement dernier. Que nous soyons jugés sur l'amour ne me rassure pas. L'appareil de la justice humaine, pourtant terrible, me paraît tellement moins redoutable que l'appareil de l'amour divin. Et pourtant, je ressens aussi une allégresse.

L'homme ayant une indéniable propension à se poser des questions stupides, j'émets l'hypothèse, absurde par définition puisque le déjà vécu est à jamais nécessaire et aboli : si l'on m'offrait le choix de revivre telles que je les ai vécues mes dix années avec Barbara ou bien d'être tiré aux quatre membres par quatre chevaux, je crois que je choisirais le supplice de l'écartèlement. À cela, je reconnais que, par-delà tous les autres symboles dont est tissée ma vie, j'appartiens d'abord à la croix.

II

Malentendus de famille

« Rhodes (Grèce), le 7 février 1959

« MON cher Maritain, certes j'aimerais vous croire. J'aimerais croire que, dans ma Province au moins, je suis compris et aimé. La vérité est qu'ils me traitent depuis longtemps comme si j'étais mort. À part le seul Père Lavaud, le seul, ils ont tous agi à mon égard comme des hurluberlus ou de beaux lâcheurs. De 1948 à 1958, cela fait dix ans d'exil, dont deux au Sahara, cinq à Winona, Minnesota, un exil dont je ne voyais pas plus la fin que les raisons. Si, dans ma Province, on m'avait soutenu, on aurait peut-être fait cesser plus tôt cette pénalité sans sentence et sans attendus.

« Quand mon livre, *Marie-Madeleine,* a été mis à l'Index, j'ai envoyé les premiers chapitres de ma « *Vie du Christ* » à la *Revue thomiste,* pour être publiés. Comme cette revue était au mieux en Cour de Rome, j'ai pensé qu'on ne pouvait pas me rendre un plus grand service, dans la circonstance, que de montrer publiquement que, dans mon Ordre, dans ma Province, et dans une revue pour laquelle j'avais jadis un peu travaillé, je n'étais pas un galeux. Je sais que mon texte a été reçu, je le sais indirectement, car je n'ai jamais reçu le moindre accusé de réception, et, malgré mon insistance, non seulement on n'a pas publié mon texte, mais on ne m'a jamais dit les raisons pour lesquelles on ne le publiait pas.

« J'ai la colère prompte, facile, oublieuse. Je pardonne très vite parce que j'oublie les difficultés passagères. Mais j'ai l'exaspération lente, terriblement lente, glacée, définitive. Vous me dites que c'est trop tard, qu'à cinquante ans on ne change pas. C'est sûrement vrai. Mais Dieu me pardonne! si je devais pour sûr mourir dans huit jours, je préférerais mourir tout seul dans un fossé, avec l'assistance d'un pauvre prêtre de rencontre, que de mourir entre leurs mains.

« Je préfère m'arrêter. J'en ai sans doute déjà trop dit. Je ne voudrais pas que vous pensiez que je tente de me justifier. Je sais que je suis injustifiable. Tout simplement, je n'en peux plus. Je sais très bien aussi le sort réservé aux traînards. Cela m'est égal.

« Tout vôtre. »

Tout récemment, au hasard de mes innombrables déménagements, triant mes archives, j'ai retrouvé la copie de cette lettre. J'avais oublié que je l'avais écrite, témoin de mon angoisse d'alors, du sentiment d'impuissance où j'étais devant le rejet que n'avait cessé d'avoir envers moi depuis la guerre et l'après-guerre l'Ordre dominicain. C'est un fait, j'ai fini par rompre les ponts. Non content de violer mon vœu de chasteté, j'allais violer mon vœu d'obéissance, celui qui m'a constitué essentiellement dans mon état monastique et dominicain. Et cela est infiniment plus grave.

Pourra-t-on se défendre de penser que la vraie raison pour laquelle j'ai pris mes distances avec les Dominicains français est en réalité Barbara? À l'intérieur du monde ecclésiastique comme chez la plupart des gens, « cherchez la femme » est une réaction immédiate, une formule automatique, quasiment un slogan. Si ancré, qu'on est prêt à réduire la révolte de Luther, et toutes les formidables questions d'ordre spirituel qu'il a soulevées au sein de l'Église, au désir véhément que cet homme au sang bouillant avait de prendre femme.

C'est vrai, Barbara existait et je crois n'avoir en rien dissimulé la faiblesse où j'étais devant elle. Mais c'est vrai aussi que les conflits que j'ai eus avec les Dominicains français à propos du « *Dialogue des Carmélites* » remontaient à des années et bien avant ma rencontre avec Barbara.

Dans la tradition dominicaine, la chasteté monastique est intimement liée à l'étude de l'Évangile et de son expression comme s'il s'agissait pour un Dominicain de drainer, de sublimer toutes les puissances du concupiscible vers le désir des choses divines. À cette dimension de la chasteté dominicaine je n'ai cessé d'être très sensible, même quand j'y ai manqué. L'étude est, pour un Dominicain, à la fois l'orientation de sa vocation et le rempart destiné à préserver sa chasteté telle qu'elle doit être vécue : vouée à Dieu.

Reste un dernier élément, et qui devrait aller de soi dans une communauté monastique, l'amour fraternel. Les premières lignes de la règle de saint Augustin qui régit l'Ordre dominicain chantent à mon oreille : « *Ante omnia, fratres carissimi...* » « Par-dessus toutes choses, frères bien-aimés, il faut aimer Dieu et aussi le prochain : commandements qui nous ont été donnés comme principes mêmes de notre pensée, de notre action afin de régler au plus profond les mouvements de nos cœurs. » L'homme ne peut pas vivre sans amour, ce n'est pas moi qui le dis, c'est Thomas d'Aquin. Comment l'homme, et plus encore l'homme voué à Dieu, qui sait qu'il porte en lui le germe de l'Amour, vivrait-il s'il ne se sentait enveloppé du fil de soie d'un cocon d'amour ?

La communauté de base a laquelle appartient un moine bénédictin, c'est son abbaye. La communauté de base à laquelle appartient un Dominicain, c'est sa Province. J'appartiens à la Province de Toulouse où on ne m'aime pas, ou, pour être précis, on ne m'aime plus depuis la guerre. Me reproche-t-on d'avoir eu l'intrépidité, le tempérament de choisir le bon camp ? Peut-être. Le fait est que je ne voulais plus ni vivre ni mourir au milieu de frères qui ne m'aimaient plus, qui me suspectaient lors de chacun de mes voyages à Paris de je ne sais quelles dépravations. Cette suspicion insupportable, ne parvenant pas à la désarmer, je l'ai du coup alimentée de toutes les manières possibles, du moins en apparence. L'amour ne va pas sans la compréhension de l'autre, sans un engagement, solide comme le roc, à ses côtés. Cela faisait dix ans que dans ma Province je n'étais même plus vu comme un absent, mais traité comme si je n'existais plus. Peut-être — je ne dis pas sûrement —, si je m'étais senti aimé, et donc soutenu, n'y eût-il jamais eu de Barbara dans ma vie? Cette question me restera à jamais fichée dans le cœur sans que je puisse y répondre.

La crise de l'impératif de la chasteté dans l'Église au cours des années soixante, les désertions qui s'ensuivirent, qui ébranlèrent si fortement l'Église latine a été, est encore une crise de la charité fraternelle: nombre de prêtres, tout comme moi, se sont sentis mal aimés, et en premier par les leurs, par leurs évêques comme par les autres prêtres. On peut se sentir appelé à la prêtrise sans être capable de se hausser jusqu'à la sainteté. « Mon amour te suffit! » dit le Christ à l'oreille de chaque cœur. Je n'ai eu ni le courage ni la force de m'engager sur cette voie royale.

Que j'étais loin d'un tel courage. Pris comme dans un vent de tempête, je l'étais aussi par une autre tentation: celle du ressentiment, de la haine, du mépris. À celle-là, du moins, je ne voulais pas céder. Mon exaspération devint telle que je ne vis d'autre issue que la fuite...

Le climat de la Grèce me convenait. Où d'ailleurs je n'étais pas hors d'atteinte. Dans l'Évangile, il y a une parabole où le berger quitte son troupeau à la recherche de la brebis perdue. Habitant Rhodes, je n'aurais pas été surpris de voir débarquer un jour mon Provincial de Toulouse. En deux heures, il m'eût localisé dans l'île où on me connaissait. Je suppose qu'une telle visite ne vint à l'esprit de personne. Je voulais l'isolement. On m'y a laissé... Certaines réconciliations ne peuvent-elles s'effectuer que dans l'autre monde?

La guerre ne va pas sans ruses, ni précautions. Il faut avant tout que l'adversaire sache qu'on est décidé à la faire et qu'on en a les moyens. À la fin de mon séjour en Amérique, j'avais mis mes archives en ordre, j'avais rassemblé les documents témoignant qu'à l'intérieur de l'Ordre, je n'étais pas l'assaillant mais l'assailli, qu'une guerre sourde et non déclarée était menée depuis de longues années contre toutes mes entreprises. L'ai-je fait par pure vindicte, pour me justifier? Plus ou moins sans doute mais pas seulement. Toute critique fondée peut être profitable, même s'il s'agit de l'Église. Sous le titre « *Lettres aux Jacobins* », je fis imprimer « *pro manuscripto* », à deux ou trois cents exemplaires, les documents les plus significatifs de cette bataille. Et d'où il ressortait l'impression d'une part d'une persécution systématique contre mon film, d'autre part ma résolution de surmonter tous les obstacles mis sur mon chemin. L'art suprême de la guerre est de la gagner sans la faire, c'était mon but. Les « *Lettres aux Jacobins* » représentaient un moyen d'atteindre ce but.

Je connais comme ma poche le monde ecclésiastique français. Sainte-Beuve a raison, le jésuitisme l'a entièrement contaminé. Dans ce monde-là, chacun avance masqué, toute sa force est dans le masque. Le masque arraché, toute résistance s'effondre. Jusqu'ici, je n'ai pas publié les « *Lettres aux Jacobins* » : nul, cependant, ne pouvait dire que je le prenais en traître : j'envoyais un exemplaire au Maître Général de l'Ordre, à chacun des Provinciaux français de l'Ordre, à mes amis, qu'ils fussent dans la hiérarchie ecclésiastique ou non. Cette distribution au compte-gouttes eut un effet prodigieux.

Bien plus tard, j'ai appris qu'il y eut à Rome une réunion à la Maison Généralice où ma situation fut évoquée. Par chance, le Père Paul Philippe, qui n'était pas encore Cardinal, y assistait. Il était de mes amis. On évoqua à mon propos un précepte formel. Ce qu'on appelle dans l'Ordre « précepte formel » est le commandement le plus solennel qui puisse être fait à un sujet. Il doit être écrit et signé, et l'autorité qui l'émet doit le faire au nom de « la sainte obéissance et par l'autorité de l'Esprit-Saint ». J'avoue que devant un tel commandement, j'eusse sans doute été accablé, peut-être même terrorisé. Le Père Philippe me connaissait bien : il avait lu les « *Lettres aux Jacobins* », il était celui qui pouvait le mieux en percevoir la signification et même la menace. Il sut faire valoir que pendant plus d'un quart de siècle j'avais surabondamment donné des preuves de mon obéissance, de mon dévouement à l'Ordre, que certaines coteries en avaient probablement abusé, qu'en somme les torts n'étaient pas tous de mon côté et qu'il serait dangereux de me pousser à toute extrémité. De son côté, la lettre que j'avais écrite à Maritain porta-t-elle ses fruits ? Le milieu ecclésiastique est un sol plein de ramifications souterraines, les informations y circulent comme dans les services secrets. Quoi qu'il en soit, il fut décidé qu'il était urgent d'attendre.

En outre, rien ne pouvait m'être plus bénéfique que le retour de De Gaulle au pouvoir. On me savait un de ses fidèles, l'affection réelle qu'il me portait n'était pas ignorée, ou pour le moins on la soupçonnait. Les puissances ecclésiastiques nourrissent comme malgré elles un respect superstitieux pour le pouvoir politique en place.

Toujours est-il que nous ne sommes plus au temps où saint Ambroise tenait tête à l'Empereur.

De passage à Paris, je demande un rendez-vous à Roger Frey, qui est alors ministre de l'Intérieur. Il me reçoit à huit heures du matin, avant sa journée de travail. Je lui expose la situation. L'épiscopat ne me pardonne pas d'avoir contribué à faire interdire, le 26 août 1944, au Cardinal Suhard l'accès de sa cathédrale de Paris. Je ne peux compter sur aucune bienveillance dans les instances supérieures de l'Église de France. Il me serait nécessaire, au moins jusqu'à la sortie du film, de neutraliser l'animosité du clergé parisien à mon égard, et jusque parmi les Dominicains qui, eux non plus, ne me portent pas dans leur cœur. Je m'en remets à la bonne volonté du ministre, à son savoir-faire. Quelle bonne idée j'ai eue ! Sur-le-champ et devant moi, Roger Frey téléphone au Secrétariat Général de l'épiscopat français, demande à parler personnellement à son chef, Mgr Etchegaray. Celui-ci se rendra chez le ministre dès le lendemain à huit heures du matin, lui aussi. Le lendemain, après cette visite , je reçois à mon bureau un coup de téléphone de Roger Frey : « C'est fait, me dit-il, et sans la moindre difficulté. Vous aurez une paix royale jusqu'à la sortie de votre film ! » Je n'en demande pas davantage.

Il paraît que j'ai beaucoup d'ennemis. Ils ne doivent pas lire mes livres. S'ils les lisaient, mes tirages seraient plus importants. Dans un sens, c'est dommage qu'ils ne les lisent pas, même pour eux, parce qu'ils verraient, en particulier dans ce livre-ci, que je ne suis pas loin de penser de moi ce qu'ils pensent. Que ce serait agréable, à mon âge, de pouvoir me réconcilier avec mes ennemis, de convenir eux et moi que je ne vaux pas grand-chose. Je me perds en conjectures pour deviner ce qu'ils détestent en moi. Mes défauts ? J'ai cessé de le croire : ils sont tellement évidents, je prends si peu soin de les dissimuler. J'en viens à me demander si ce qu'on ne me pardonnera jamais, c'est que je connais si bien l'appareil ecclésiastique français, ses ressorts secrets, où n'entre plus la moindre charité évangélique, que je me comporte en conséquence, que je m'en protège. Le masque : les curés français ne supportent pas qu'on leur ôte leur masque. Quand je dis « les curés » il va de soi que je ne parle pas de tous, de la piétaille qui se tue à la tâche, et souvent si admirable de vertus évangéliques, j'évoque les chefs. En Amérique, au sein du clergé irlandais, j'ai appris que dans la vie on gagne beaucoup à paraître ce que l'on est en réalité, même et surtout lorsqu'on appartient à l'Église. Vivre à visage découvert demande du courage pour tout le monde, et particulièrement pour un prêtre dès lors qu'il n'accède pas à la sainteté. Rien de plus tonifiant que le courage, il exerce sur les autres la plus efficace des émulations.

Pourquoi n'ai-je pas quitté l'Ordre ? Pourquoi ne me suis-je pas dégagé, une fois pour toutes, de vœux que j'ai si ostensiblement enfreints ? Depuis mon départ d'Amérique, la question me harcèle, m'est posée par mes ennemis, mais aussi par mes amis, souvent en biaisant, parfois avec une extrême brutalité. Néanmoins, même si personne au monde ne me l'avait posée, moi, je me la pose, et ne cesserai de me la poser. Elle est ma croix, je mourrai dessus, tiraillé aux quatre extrémités de cette interrogation qui fait craquer l'armure de l'âme.

Je vais pourtant essayer d'y répondre sans être sûr que ma réponse soit rationnellement satisfaisante. Je ne crois pas que la vie soit faite pour résoudre les questions, elle est faite pour les vivre. D'ailleurs le mot « question » a un sens secondaire, que mon vieux copain, le *Petit Larousse*, définit ainsi : « Torture infligée aux accusés pour leur arracher des aveux : soumettre quelqu'un à la question ».

La barbarie prend tant de formes ! Écrire ses Mémoires, qu'est-ce d'autre que d'infliger à l'accusé — et ici l'accusé c'est moi ! — une torture pour lui arracher des aveux. Je suis moi-même mon propre bourreau, un comble ! D'ailleurs, je ne connais pas d'écrivain, digne de ce nom, ni d'artiste, qui n'ait lucidement assumé ce rôle de bourreau de soi-même pour tirer de lui des aveux qui le déchirent et presque toujours le condamnent. Tout combat pour l'expression est un combat contre le Diable, qui vous porte à falsifier vos aveux, à vous trouver des justifications qui s'opposent à ce plus haut vers lequel s'efforce tout artiste authentique, dans l'expression la plus achevée de son œuvre.

À leur aune, à leur jauge, quelques-uns ont répondu pour moi, se disant et disant que je tenais à garder le label social « *Père Bruckberger, Dominicain* », parce que ce label ajoutait à mon prestige, à mon statut dans le monde. C'était bien mal connaître le milieu dans lequel je vivais, celui de l'édition, maintenant du cinéma. Qu'on se souvienne de la réflexion de Camus, comme quoi il est impossible d'être à la fois Pascal et dominicain. Qui sait si dans un certain sens il n'avait pas raison ? Chez Gallimard, il est indéniable que mon label de « Dominicain » me portait tort : on eût très bien pris que je l'abandonne, comme Grosjean qui, en effet, avait renoncé à son état ecclésiastique. Il faut bien que je me rende à l'évidence que de nos jours l'appareil structurel de l'Ordre dominicain, du moins en France, est curieusement utilisé pour s'opposer à toute entreprise culturelle, au sens le plus noble du mot : à travers l'art ou la diffusion de l'art. J'en avais déjà fait l'amer constat lorsque je me suis trouvé être à l'origine du film « *Les Anges du péché* », lorsque j'ai fondé puis dirigé « *Le Cheval de Troie* », revue littéraire dont j'ose prétendre qu'elle était de haute tenue. En Amérique, l'Ordre eût fait bloc avec moi, autour de moi. En France, je dépensais plus de temps, plus d'efforts à vaincre les résistances de l'Ordre, et durant un temps à chercher à convaincre celui-ci du bien-fondé de mes entreprises, qu'à la réalisation de ces entreprises. La dernière en date avait pourtant à elle seule de quoi m'effrayer. Mettre en route, poursuivre, achever, en tant que maître d'œuvre le film « *Le Dialogue des Carmélites* », dans un tel contexte, n'était pas une petite affaire. J'étais torturé d'angoisse.

Le film réalisé eut un grand succès public malgré une campagne de presse contre lui. L'article qui me fit le plus mal parut dans « *Télérama* », revue fondée par les Dominicains. L'article était signé par un des Dominicains les plus célèbres de Paris.

Soit. C'était une guerre qui n'aurait pas de fin. J'eus à en soutenir une autre presque aussi déchirante. Ceux qui aujourd'hui se félicitent que Bernanos ait achevé sa vie et son œuvre après qu'il eut rédigé l'essentiel, sinon la totalité du texte « *Dialogues des Carmélites* », texte unique dans notre littérature, proprement sublime, ignorent pour la plupart que sans mon acharnement ce texte n'eût pas existé. Et ceux qui le savent, m'en accordent-ils quelque crédit ? Du tout. Dans l'interminable suite de procès, auxquels cette œuvre a donné lieu, là encore je me suis trouvé seul, trahi par les miens. De tous côtés, je ne pouvais que prendre mes distances, j'y étais littéralement contraint.

D'avoir eu à me battre de divers côtés, à me battre contre l'Ordre, contre ceux décidés à m'évincer du film pour le faire à ma place, contre ceux qui, le film fait, m'en déniaient la paternité, est-ce que cela m'aurait privé de cet ultime courage de rompre avec l'Ordre, de le quitter ? Je ne le crois pas, comme je ne crois pas davantage y être resté pour tenir tête à ceux qui cherchaient à m'acculer à la désertion.

Par deux fois, j'ai enfreint mes vœux : celui de chasteté, celui d'obéissance. Mais autre chose est d'enfreindre la règle, autre chose de renier la règle. Je l'ai enfreinte, je ne l'ai à aucun moment reniée. Ma souffrance de l'enfreindre, accablante pourtant, n'a pas réussi à m'amener à la remettre en cause, même une seconde. Souffrance supplémentaire puisque même jusque parmi mes amis, certains jugeaient ma situation comme une situation de scandale, ce qu'elle était, mais en plus, et c'était pire, la qualifiaient d'hypocrite. Je laissais dire, ne bougeais pas. J'avais fait mienne, je fais encore mienne cette exclamation de Cendrars : « Vivez ! Ah ! vivez donc ! Et qu'importe la suite ? Vous n'êtes pas Juge ! » Dieu nous a tout donné de ce que nous sommes : l'être et l'agir, le vouloir et le faire, mais il y a une chose qu'il ne nous a jamais cédée, qui reste l'attribut de son fils Jésus-Christ, c'est le jugement dernier, selon l'article du Credo : il viendra au dernier jour du monde pour « juger les vivants et les morts ». O mystérieuse responsabilité devant un juge au-delà du monde ! O merveilleuse espérance aux yeux bandés ! O délicieux tourment de l'âme ! Nul ne sait s'il est digne d'amour ou de haine. Je chasse constamment sur cette ancre de miséricorde, sans que je sache si, ni où, elle accrochera vraiment pour me retenir. Je précise que les mots « ancre de miséricorde » ne sont pas là pour un effet littéraire, que j'utilise le langage technique des marins : « la plus forte du navire », dit le dictionnaire Robert.

Pris dans la tourmente, dans mon tourment, dans mes tourments, j'ai eu une chance : choisir et en plus devoir dire en quelques mots ce qui m'avait incliné à ce choix au plus intime de moi-même. C'était au milieu du dernier Concile, me semble-t-il. Paul VI venait d'être élu pape. Il démobilisait à tour de bras les phalanges de l'Église catholique romaine. Avec une facilité extrême, il « réduisait à l'état laïc » les prêtres qui en faisaient la demande. Je n'eus jamais l'idée d'une telle requête. On y pensa pour moi. Je ne sais sur la suggestion de qui, ni à propos de quoi — les motifs ne manquaient pas hélas ! Le Maître Général de l'Ordre, le Révérendissime Père Fernandez, un Espagnol, m'écrivit une lettre, d'ailleurs amicale, pour me proposer de régulariser ma situation à l'intérieur de l'Église, d'effectuer de moi-même la demande de ma « réduction à l'état laïc », qu'il se faisait fort, ajoutait-il, d'obtenir pour moi sur-le-champ.

Sa lettre me bouleversa, me fit l'effet instantané d'un catalyseur tombant dans un milieu chimique approprié. Je répondis au Maître Général par une lettre manuscrite, très courte. Je n'en ai pas gardé copie par respect pour le successeur de saint Dominique. Elle doit être classée à Rome dans les archives de la Maison Généralice. Je ne peux donc en reproduire les termes exacts, mais je me souviens de leur sens, qui était des plus clairs : « Mon Révérendissime Père, je suis prêtre pour l'éternité. Je suis de même fils de saint Dominique. Je le resterai quoi qu'il arrive. Je suis sans doute votre plus mauvais sujet : vous êtes en droit de juger que je suis un mauvais prêtre, un Dominicain rebelle, un fils révolté. Si l'Ordre ne me chasse pas, jamais je ne le quitterai de moi-même. Même s'il m'arrivait le malheur d'en être chassé, jamais je ne cesserai de frapper à sa porte et de mendier la miséricorde de Dieu et la vôtre. »

Les choses en restèrent là. Je ne reçus pas non plus de « précepte formel ». On ne me chassa pas de l'Ordre. Quelques mois après, le Maître Général Fernandez lui-même me recevait paternellement, avec grande affection, au cours d'une de ses visites à Paris, au 222, rue du Faubourg-Saint-Honoré. Il n'exigea même pas de moi d'aller saluer le Provincial de Paris, qui était le maître des lieux, devinant sans doute que c'eût été au-dessus de mes forces. Ce dont je ne suis pas autrement fier, maintenant que je revois tout cela avec mes yeux de vieillard, que je suis à l'âge des réconciliations, à l'âge où la demande du Pater devient si douce à la bouche de qui la prononce : « Pardonnez-nous nos offenses, comme nous pardonnons à ceux qui nous ont offensés ! » Le grand mystère de la communion des saints et des pécheurs, n'est pas que Dieu pardonne les offenses qui lui ont été faites à lui, mais qu'il ait pouvoir de pardonner celles que nous avons faites aux autres, même à ceux à qui nous ne pouvons plus demander pardon parce qu'ils sont morts. Vivants ou morts, nous sommes les fils du même Père qui détient à lui seul l'honneur de tout le clan. L'imploration du Pater nous met dans la situation de notre mort prochaine, où tout sera joué.

Je n'ai donc pas quitté l'Ordre dominicain. Je n'en ai pas été chassé. La question n'en demeure pas moins, bien que j'y aie apporté une première réponse dans ma lettre au Maître Général Fernandez. Une réponse vraie, trop succincte. C'était un cri plutôt qu'une réponse. Alors, pourquoi ? Je crains de ne pas me faire comprendre parce que je ne me comprends pas très bien moi-même. Ainsi que l'a écrit Henri Fesquet, dans « *Le Monde* », c'est vrai que je suis un incoercible fugueur, que je suis la chèvre de Monsieur Seguin, il suffit que je me sente attaché au piquet pour que je tire sur la corde jusqu'à la rompre et que je m'enfuie au hasard des mauvaises rencontres — « et au matin le loup la mangea » —, c'est vrai que pour moi, les liens du sang me paraissent moins forts que ceux du combat, de l'amour, de l'amitié ; je n'ai que peu l'esprit de famille et je déteste l'esprit de corps comme l'esprit de clocher ; c'est vrai aussi que le secours — celui qui vous sauve du désastre moral ou matériel — ne m'est quasiment jamais venu de ceux dont il était raisonnable que je l'attendisse, qu'il m'est au contraire presque toujours venu de manière imprévue, voire imprévisible, de ceux qui m'étaient éloignés et dont le moins que je puisse dire est qu'ils ne me devaient rien. Mais qu'est-ce qui m'attachait donc si profondément par le cœur et par l'âme à cet Ordre dominicain, dans lequel je suis entré il y a maintenant soixante ans ? Une affaire de cœur, une affaire d'âme, d'amour. J'en ai assez vécues de ces affaires d'amour pour savoir ce que c'est : on ne s'en remet jamais.

Pendant la guerre, tout de suite après la guerre, lorsque je pris pleine et claire conscience du phénomène de rejet dont j'étais l'objet dans l'Ordre, en France, j'ai été sérieusement tenté de me faire transférer chez les Chartreux. J'étais jeune alors, plein de courage, il me semble que j'en aurais eu la force. Finalement, je n'ai pas pu m'y résoudre. La raison ? Elle m'est si personnelle que je crains qu'on ne la trouve risible ou n'éveille qu'incrédulité, pitié peut-être. Si je n'ai pas quitté l'Ordre dominicain, c'est à cause de ses saints, que j'aimais d'une tendresse éperdue. Par-dessus tous, le Patriarche Dominique, doux, réfléchi, violent ; le bon géant Thomas d'Aquin, mi-latin, mi-germanique comme moi, pour qui un oui est un oui, un non est un non, dont l'intelligence disperse à tous vents les semences du salut ; la frêle et inflexible Catherine de Sienne, qui parlait aux papes un langage de feu et drainait derrière elle une troupe de peintres, de poètes, de troubadours ; tout particulièrement Marie-Madeleine, patronne spéciale de l'Ordre, comme elle fut patronne de la chevalerie et des Croisades ; par-dessus tous et toutes, la Vierge Marie, sous les traits où on la vénère dans l'Ordre, la Dame au grand manteau, la Tour d'ivoire, le Trône de la Sagesse éternelle. Mais d'une manière pressante et constante, Marie-Madeleine, sous la protection de laquelle je suis entré dans l'Ordre en 1929.

Quand les Dominicains de ma Province ont abandonné le couvent royal de Saint-Maximin, avec sa basilique et les reliques de Marie-Madeleine, j'étais en Amérique, j'en fus épouvanté. J'ai été pris du même chagrin, d'un chagrin de la même race de chagrins, que celui que j'ai éprouvé en 1940, avec dans la bouche un goût de honte et de trahison, devant la défaite de la France. Par chance, j'étais en Amérique, au milieu de la virile fraternité des Dominicains américains, et dont je découvrais qu'une telle fraternité pouvait exister. Sans eux, je ne l'aurais pas connue.

Les saints sont vivants, auprès d'eux c'est nous qui sommes des fantômes. Si indigne que je sois de leur haute compagnie, je marche au milieu d'eux, je ressens leur présence, parfois je constate leur intervention tangible, humoristique et discrète, à l'égal de celle des Anges. Comme l'écrivait Bernanos, dans « *Le Cheval de Troie* », « notre Église est l'Église des saints », et l'Ordre dominicain est, avant d'être celle des Dominicains contemporains, la maison des saints dominicains. C'est ma famille à moi. Même si on est l'enfant prodigue qui a dilapidé sa part d'héritage, on reste l'enfant de la famille, et la maison paternelle reste éternellement « la maison ».

Si les Maîtres Généraux de l'Ordre auxquels j'ai eu affaire m'ont parfois désavoué, je leur dois cet hommage de dire qu'ils ne m'ont jamais poussé à bout, qu'ils ont évité de m'acculer au plus total désespoir, bien qu'ils en eussent largement le pouvoir. Sauf le Père Brown, qui n'est qu'un épisode saugrenu, eux qui résidaient à Rome, si peut-être ils n'ont pas réussi à me comprendre, du moins l'auront-ils toujours essayé, attentifs à ne pas se départir d'une grande réserve dans leur jugement envers moi. J'en viens même à me demander s'ils ne m'ont pas protégé de mes ennemis au sein de l'Ordre. Un jour que nous parlions de ces choses, mon ami François Parlier, qui me voit vivre depuis plus de cinquante ans, lui-même protestant de première souche, me dit, avec cet œil narquois qu'il a quand il ne veut pas trop se laisser déborder par ses sentiments : « Moi, je regarde ça de l'extérieur. Tout compte fait, je trouve que tes supérieurs ont été bons princes avec toi, très patients, et finalement très intelligents ! »

Il a raison.

III

Le Dialogue des Carmélites

JULES Borkon, patron de « Champs-Élysées Productions », désormais producteur par contrat de mon film, est un échalas, à tous les sens du mot : le tuteur, un solide tuteur pour mon film et pour moi. Il fait ses comptes mais ne pleurniche pas sur l'argent. Comme pour moi, autant que pour moi, le film seul existe pour lui, absorbé qu'il est par ce projet : limier sur la piste d'un gibier de choix, plus aucun obstacle ne l'en détournera, au contraire, les difficultés le galvanisent. Son aspect d'échalas lui donne l'allure de Grock, le célèbre clown suisse. De l'ensemble de sa personne émane l'impression que donne le plus dingue des collages surréalistes : on n'y croit que parce qu'on l'a devant soi. De longs membres de primate évolué, un crâne chauve qu'il a pris soin de faire raser entièrement, et si dolicocéphale qu'on s'attend à ce qu'il en enlève la moitié, comme le clown dans sa loge ; petits yeux de cochon d'Inde ; de profil, un nez surprenant par son incongruité. Il y a quelque chose de définitivement raté dans l'assemblage. Le tout est si long, si mince, qu'on est forcé de penser au personnage de Dickens, dans son conte de Noël, où il est dit que lorsqu'on le regarde de face on voit à travers lui les boutons arrière de sa redingote. Si bizarre, si inattendue que soit son apparence, il jouit d'une qualité de présence exceptionnelle, tout à la fois concentrée et spontanée comme la vie même. Il s'habille avec recherche, à Rome, va voir son tailleur comme on va chez la cartomancienne, entourant ces visites de mystère. Son tailleur romain est celui qui pourrait en dire le plus sur son compte, et d'abord sur les mensurations exactes de ce corps dont on se demande s'il n'est pas le produit d'une hallucination tellement il paraît irréel et s'impose pourtant. D'ailleurs, pourquoi Borkon est-il si attaché à son tailleur romain ? Il ne flotte pas dans son vêtement : c'est son vêtement qui flotte et s'enroule autour de lui comme un drapeau autour de sa hampe. J'ai beau les observer, les formes et les couleurs de ce drapeau ne me révèlent aucune appartenance identifiable. On ne peut pas plus situer Jules Borkon qu'on ne peut remonter la filière d'une contrebande, à un moment ou un autre un maillon manque et la piste se perd. Quelles sont ses origines, son histoire ? D'où vient-il ? Mystère. Peut-être ne le sait-il plus et n'en a-t-il aucune idée lui-même. On le dit Juif, et sans doute l'est-il par son intrépidité dans les affaires, son culot à miser gros, à jouer quitte ou double, sa ténacité et sa fidélité à ceux qu'il a choisis, son autorité dont il ne tolère pas qu'elle soit discutée, qui, d'ailleurs, ne l'est pas, sa candeur puérile qui m'amuse énormément. Dans ses immenses bureaux des Champs-Élysées, sa secrétaire personnelle, une complice de longtemps, est un véritable chien de garde. Son cabinet à lui, est à l'autre bout de là où elle se tient : ils communiquent par téléphone. Très vite je devine que sous les pieds de Borkon il y a deux boutons : l'un qui déclenche un voyant vert sur le bureau de la secrétaire : « Donnez suite à mon appel ! » L'autre, qui déclenche un voyant rouge : « Je vous ai demandé d'appeler M. Meyer à Hollywood, rappelez-moi pour me dire qu'il s'est absenté, me joindra chez moi, qu'à l'avance je veuille bien l'excuser de l'heure incongrue de son appel à cause du décalage dans les fuseaux horaires. » Je ne suis pas dupe de cette comédie. Mais il y prend si grand plaisir. Il est trop fin pour ne pas deviner qu'elle m'amuse, moi aussi. Et ce doit être plus fort que lui : il ne peut pas s'empêcher de jouer devant un visiteur son numéro de puissance planétaire. Pourquoi gâcherais-je son plaisir, le mien ? Je ne suis pas dans son bureau pour l'empêcher de jouer avec un cerf-volant imaginaire, mais pour faire mon film.

Il est naturalisé français, très fier de l'être, ce qui me rapproche de lui. D'où vient-il à la fin du compte ? Nul ne le sait. De la profonde Russie? D'un État balte? Qu'importe ! Il parle un français petit nègre, vif, primesautier, surprenant par sa rapidité. Jules Borkon est un fantôme, gai et même facétieux. Un jour, au cours d'un déjeuner chez Laurent, avec François Parlier en tiers, je lui dis :

— À cause de vous, je me suis brouillé avec la moitié de Paris !

La réponse est instantanée, raide comme balle :

— C'est que l'autre moitié ne vous connaît pas !

Par un nouveau paradoxe de son personnage, dans la conversation, son français est grammaticalement approximatif et cependant d'une remarquable précision. Ce qu'il dit, on se demande comment, vise dans le mille. Ses lettres sont impeccables, mises en forme par sa dévouée secrétaire. Il a le génie inné du spectacle, l'infaillibilité du jugement sur ce qui fait, dans les détails et dans l'ensemble d'une mise en forme, un spectacle. Quand il décide de faire un film, il le décide dans la passion et du même coup avec une résolution inflexible de mener à terme son projet mais — ce qui est des plus rares dans ces métiers —, son choix s'effectue selon des critères intérieurs à l'œuvre dès lors qu'elle l'a séduit, et dans le but de lui conférer, tout en la respectant, sa pleine valeur de spectacle. Dans l'élaboration du « *Dialogue des Carmélites* », j'ai eu avec lui le même rapport de travail et de critique que j'avais eu avec Giraudoux, puis avec Bernanos. Il saisit d'instinct ce qui va vers le but de l'œuvre et ce qui s'en écarte. Mon antériorité dans la réalisation de ce film ne le freine en rien, il s'y investit, comme on dit aujourd'hui, avec autant de ferveur et aussi totalement que moi.

De mon côté, j'ai une vision claire, et même très élaborée des ressorts propres au théâtre, au cinéma, et en particulier à la tragédie sous l'une ou l'autre de ces deux formes. J'ai longuement médité sur la préface de « *Mithridate* » de Racine : « On ne peut prendre trop de précautions pour ne rien mettre sur le Théâtre *qui ne soit très nécessaire.* Et les plus belles scènes sont en danger d'ennuyer, du moment qu'on peut les séparer de l'action, et qu'elles l'interrompent au lieu de la conduire vers la fin. » Ceci vaut tout autant pour le théâtre que pour le cinéma, et même le roman ou le récit. J'en ai fait ma règle d'or pour ce film et c'est ce qui m'a amené à faire sauter sans hésitation tout le début des dialogues de Bernanos qui, malgré leur indéniable beauté formelle, leur poésie, étaient en danger de retarder l'action au lieu, dès la première réplique, de la précipiter vers son terme. Cette règle, plus que racinienne, universelle, Bernanos, qui avait le génie de la concentration tragique, l'eût appliquée lui-même s'il n'était mort entre temps, et n'avait laissé de ses dialogues qu'un brouillon, et de plus inachevé. Un dialogue de film ne parvient à son achèvement qu'au moment du tournage.

Shakespeare, les Élisabéthains, John Webster en particulier, m'ont aussi appris bien des choses, surtout ce qu'on appelle en anglais, au moment de la plus extrême tension dramatique, le « *comic relief* » ; néanmoins reste fondamentale à mes yeux, dans toute construction dramatique, la règle majeure du « *très nécessaire* », si clairement et si modestement énoncée par Racine. Nos grands classiques requièrent de leurs lecteurs une vigilante attention : ils jettent toujours le voile de la modestie du ton sur ce qu'ils disent de plus important, sur les acquisitions à tout jamais valables qu'ils ont faites des règles de leur art, de l'art.

Jules Borkon n'a pas lu la préface de « *Mithridate* », je n'y ai jamais fait référence devant lui. Le plus extraordinaire chez cet homme si évidemment, si candidement inculte, c'est que cette règle, il la sent d'instinct, il l'a dans le sang. D'où les assises inébranlables de notre complicité, de notre entente au cours de ce travail.

Dans mon instruction dramatique, je mets sur le même plan l'influence de Racine et celle de Camus. Nous parlions souvent, lui et moi, de la nature de la tragédie. Il racontait un épisode de l'exécution de Louis XVI : dans la charrette qui le menait à la guillotine, le roi demande au bourreau de se charger d'un message pour Marie-Antoinette. Le bourreau répond : « Je ne suis pas là pour faire vos commissions, mais pour vous mener à l'échafaud ! » Qui adapte une œuvre, la met en scène au théâtre, au cinéma, a le rôle du bourreau ; il n'est pas là pour faire des commissions, pas même celles de l'auteur ; il est là pour mener à un rythme défini le ou les héros au bout de leur chemin tragique. Et combien c'était vrai pour moi qui devais mener mes héroïnes, elles aussi, à l'échafaud. Mes « messages », mes « commissions », tout autant que ceux de Bernanos ou de Gertrud von Lefort ne devaient en aucun cas être pris en compte.

Camus insistait aussi sur un autre point : au terme de la tragédie, tous les héros, tous les protagonistes du conflit doivent être, chacun dans son ordre et d'une certaine manière, « *justifiés* » pour, qu'à travers eux tous, se révèlent la fatalité et souvent l'absurdité du destin. C'est en cela que la tragédie est une tragédie, c'est ce qui la hausse radicalement au-dessus du drame ou pire, du mélodrame. Une féroce intransigeance est nécessaire pour s'y conformer. J'en userai. C'est précisément aussi à cet égard que mon film différera du texte de Bernanos — une fois encore, inachevé.

L'antagonisme dans la nouvelle de Gertrud von Lefort comme dans le film est celui du Carmel face à la Révolution française : deux mystiques s'affrontent, deux conceptions de la vie et de la mort. Chacune des deux, sur son plan propre, se justifie. Si l'on se réfère à la réalité historique, Créon était vraisemblablement une brute bestiale et sanguinaire : Sophocle n'en a pas fait un monstre, mais au contraire un humain, et c'est parce qu'il reste humain dans Sophocle qu'il nous touche, qu'il hausse, à lui seul, toute l'action au niveau de la tragédie pure.

J'ai tenté de faire ce que Bernanos et moi aurions fait de conserve s'il n'était mort avant que l'œuvre commune ne fût achevée. Mais l'âme d'un mort ne meurt pas avec lui : pendant que s'effectuait cet énorme travail, la certitude de sa présence vigilante ne m'a jamais quitté. Qui sait si elle ne m'a pas prodigieusement aidé ?

Une œuvre d'art a sa vie propre, son destin singulier, son système immunitaire à elle et ses phénomènes de rejet, elle est un organisme vivant avec un estomac très délicat : elle vomit ce qui ne lui convient pas. Constatation banale, que j'ai faite, vécue, dans le bon et le mauvais sens avec « *La Dernière à l'Échafaud-Dialogue des Carmélites* ». Œuvre forte, elle a rejeté ceux qui ne lui convenaient pas, assimilé ou vomi ce qui lui était offert : c'est moins Jules Borkon qui a choisi de produire « *Le Dialogue des Carmélites* » que ce film qui a cherché et élu Jules Borkon, lui et non un autre, comme un chat dans un pré cherche et trouve l'herbe qui lui convient. Il en fut de même pour moi, pour Bernanos : il nous appartenait d'entrer dans cette œuvre et de la servir. Ce fut une grâce et une gloire. Qui dira jamais les rapports de la grâce et de la gloire ?

Avant de signer à Chicago le contrat de réalisation de mon film, le nom même de Jules Borkon n'avait jamais été prononcé devant moi. Les caprices de l'œuvre d'art sont aussi fantaisistes que ceux de la grâce — du moins en apparence. Jules Borkon, qui n'est pas chrétien, qui vient de nulle part, et qui se laisse conquérir par « *Le Dialogue des Carmélites* », qui engage jusqu'à ses propres biens pour sa réalisation, qui servira l'œuvre de toute sa ferveur, voilà qui était plus surprenant que tout ce que je pouvais imaginer. Je savais pourtant, et de longue date, que, dans la vie, tout arrive, même le plus improbable.

Borkon s'est fait un nom en France dans le domaine du spectacle aux... « Folies-Bergère » , dont il a organisé pendant des années les tournées internationales. Il n'est pas impossible que nous nous soyons déjà croisés sur les quais de La Havane, où « *Les Folies-Bergère* » faisaient une tournée au moment où j'y étais. Il devait être là avec son cheptel de jolies filles, dites « parisiennes », dont il lui fallait compléter la troupe constamment, tant les défections étaient fréquentes à chacune des escales. Bifurquant par la suite vers la production cinématographique, il produira un film tiré d'un livre de San-Antonio, poursuivra sa carrière de producteur avec le film « *Papa, Maman, la Bonne et Moi* », avec lequel il fera fortune. Et le voilà à présent berger d'un autre troupeau, celui des Carmélites de Compiègne, guillotinées sous la Terreur. À la manière des grands joueurs, il ira jusqu'à hypothéquer, et jusqu'à la garde, sa demeure de Maisons-Laffitte pour son troupeau de Carmélites, pour faire passer à l'écran l'un des plus profonds mystères du catholicisme : la communion des saints !

Étrange parcours que le sien. Par quel biais le producteur des tournées internationales des « Folies-Bergère », activité qui s'apparente plus à celle d'un marchand d'esclaves qu'à celle d'un marguillier de paroisse, cet homme a-t-il été fasciné, subjugué par les Carmélites de Gertrud von Lefort, de Bernanos, par les miennes ? Y aurait-il moins de distance qu'on le croit entre des Carmélites et des « girls » des « Folies-Bergère » ? À l'époque, la jeune Mme Lassaigne, revenant d'un séjour en Suède, me raconta que dans ce pays, deux professions étaient considérées comme absolument dégradantes pour la femme : la prostitution et l'état de Carmélite. Elle m'expliquait que par l'une ou l'autre voie, par en bas ou par en haut, la femme échappe au sort commun de la femme : anomalie inadmissible. Aux temps de profonde décadence spirituelle, le conformisme social remplace le sacré : comme lui, il engendre des tabous chargés de foudre. Les Carmélites de Compiègne, ce paquet de femmes, jugées hors la loi et qu'on mène à la mort, passionnent Borkon. Cet ensemble de femmes ; la mort ! Quel sujet ! Et puis moi aussi, ce drôle de moine qu'il a sollicité pour faire un film. Tout, dans cette affaire, l'intrigue, le remue, l'amène peu à peu à éprouver de l'affection pour moi.

Il y a, en Borkon, de profondes traces de cette sensibilité slave, superstitieusement dévouée aux « *starets* », qui s'attend toujours à ce que le meilleur comme le pire sorte des monastères : Raspoutine ou un grand saint, le Royaume de Dieu ou la révolution. J'aurai des conflits avec cet homme, ils sont inévitables entre réalisateur et producteur, il ne me manquera jamais de respect, tout comme il respectera mon rôle dans l'élaboration de ce film : celui de son unique interlocuteur. Lui et moi partageons l'entière responsabilité de ce film. En vérité, nous avons tous deux pour lui la même ambition : l'élever à sa dignité de tragédie, le situer dans son espace propre, l'espace spirituel, tout en réussissant à éviter d'en faire une œuvre mièvre ou « *sulpicienne* ».

D'autres motivations animent Borkon, accessoires mais impérieuses. Il a soif de considération et d'honneurs. Il sait qu'il ne peut franchir certaines barrières sociales. Veut les forcer. Il est excédé qu'on ne cesse de l'affubler de l'étiquette : « *Jules Borkon des Folies-Bergère* » , aspire à ce qu'on dise un jour : « *Jules Borkon, des Carmélites* ». Je ne puis en effet m'expliquer autrement son attachement à ce titre absurde de « *Dialogue des Carmélites* » qui n'est d'ailleurs pas de Bernanos, mais de Béguin. J'aurais voulu qu'on ressuscitât pour ce film le titre antique « *Les Suppliantes* ». Borkon ne lâchera pas d'un pouce là-dessus. En outre, nous sommes en 1958-59, De Gaulle est revenu aux affaires, comme il disait. Borkon, qui sait mon attachement pour le Général, mes liens d'amitié avec plusieurs ministres, en attend merveilles. Pour lui, la merveille des merveilles serait la Légion d'honneur.

Il produira le grand film qu'il ambitionnait de produire. Quant à la Légion d'honneur, c'était mal connaître De Gaulle de croire qu'il suffirait de lui en faire la demande pour l'obtenir. De Gaulle décidera au contraire d'en faire une denrée des plus rares. Borkon mourra avec une boutonnière vierge.

Il mourra peu après la réalisation du film qui, à la fois, remboursera ses dettes et l'enrichira. Mais pour si peu de temps. Ce film a tué beaucoup de monde. Bernanos, pour qui il a été l'œuvre ultime à tous les sens du mot ; Gaspard de Cugnac qui eut, semble-t-il, comme suprême et dernière mission de mettre ce film en route, en confiant à ma demande, les dialogues à Bernanos. Albert Béguin, qui a joué dans toute l'affaire un rôle douteux, s'appropriant ce qui ne lui appartenait pas. Désormais, je suis le seul survivant de ce film et de l'œuvre commune.

Jules Borkon est mort à la manière d'un personnage de Dostoïevski, qu'il était. Si je l'avais su malade, je serais allé le voir. Il s'abstint de m'en informer. Lui aussi, sans doute, attendait l'Ange, cet Ange dont j'ai si souvent manqué les rendez-vous. Il s'est vu mourir, lentement, en la seule compagnie de sa femme qui m'a raconté ses derniers jours. Il a été secoué de crises interminables de remords ostentatoire, de confessions publiques, il se voyait comme le plus vil des hommes. Je ne peux pas croire que de l'autre côté du guichet de saint Pierre, les vraies Carmélites de Compiègne, béatifiées par Pie X, ne l'aient pas attendu, accompagnées de Bernanos, à tout jamais débarrassé de ses cannes. La mort n'est pas une fin, c'est le commencement des surprises, même pour un homme qui connaissait autant que Borkon, et si admirablement, tous les ressorts de la surprise, des coups de théâtre.

Giraudoux m'avait livré une clef : « Il faut surprendre le spectateur avec ce qu'il attend, avec ce qu'on lui a fait attendre. » J'avais gardé en mémoire quelques axiomes de cette sorte, glanés ici, là, ou issus de ma propre réflexion :

— Un film historique, après quelques plans généraux qui situent l'action dans le temps, doit se dérouler près des visages des acteurs. Le visage humain est de tous les temps, il est le véhicule privilégié des émotions suscitées dans une situation donnée.

— Dans un film, ce qui ne se dit pas, mais qui se voit, peut être plus important que ce qui se dit et se voit. En tous les cas, ce qui est vu ne doit pas se dire. Aristote assignait deux buts à la tragédie, la terreur et la compassion. La Passion de Jésus-Christ a donné une troisième dimension à la tragédie, l'espérance. Si, tour à tour ou simultanément, le spectateur doit éprouver terreur, compassion, espérance, le metteur en scène se doit de rester à distance de ces sentiments, comme le bourreau, cher à Camus : « Je ne suis pas là pour faire vos commissions, mais pour vous mener à l'échafaud ! »

— Un jour qu'on demandait à William Faulkner, quelles sont les règles de l'œuvre d'art : « Il n'y en a qu'une, répondit-il, tuez vos chéris ! » « *Kill your darlings !* » Lorsque je regarde un film, il m'arrive de penser : « Ce plan, le réalisateur l'a fait pour se faire plaisir à lui. Il a oublié le spectateur. Il a oublié l'action. Il a oublié son devoir de tueur ! » Ce que Cocteau confirmait à sa façon : « Un poète a toujours trop de mots dans son vocabulaire, un peintre a toujours trop de couleurs sur sa palette, un musicien trop de notes sur son clavier. » Matériellement, un film est une suite d'images sonores. Si on croit les trouver facilement, on risque fort d'être un mauvais cinéaste. Dans un esprit d'austérité, d'acharnement, il faut les chercher avec obstination. C'est seulement alors qu'on trouve mieux. Mais quoi donc ? Une signification indéchiffrée, qu'on apprivoise doucement et qui vient on ne sait d'où.

De tous ceux qui ont travaillé avec moi à l'adaptation cinématographique de « *La Dernière à l'Échafaud* » de Gertrud von Lefort, c'est naturellement de Bernanos que j'étais le plus près. Sa sensibilité artistique faisait qu'il comprenait à demi-mot toutes mes préoccupations. Mais je le connaissais trop bien, lui et son angoisse mortelle, pour ne pas savoir qu'il fallait le laisser en paix, ne pas le mêler aux soucis quotidiens, aux négociations, aux difficultés sans nombre auxquelles on se heurte dans ce travail qui n'est plus celui de l'écrivain solitaire devant sa feuille, mais un travail d'équipe qui épuise celui qui en a pris la direction. Quoique Bernanos vivant, je n'étais pas encore aux prises avec l'obsession que l'on a, en cours de tournage, du temps imparti qu'il ne faut pas dépasser, à moins de ruiner le producteur. Mais j'avais alors une autre obsession : que Bernanos finisse au plus tôt ses dialogues. Je voyais bien qu'ils seraient trop longs pour le film. Ne m'en inquiétais pas. On pourrait toujours couper. L'essentiel était que Bernanos donnât au film la coloration de son génie singulier. Il s'était glissé dans le sujet de la nouvelle de Gertrud von Lefort, dans mon scénario, comme la main se glisse dans son propre gant.

Mais plus encore qu'au théâtre, les éléments d'un film ne parviennent à achèvement — scénario, dialogues, adaptation, musique — que lorsque le film est tout entier achevé. C'est la loi de l'art, c'est aussi la loi de la vie. Tous les organes d'un bébé ne sont en état de fonctionnement qu'au terme de la gestation, coûte que coûte il faut faire en sorte qu'ils atteignent ce terme. Bernanos en vie, nous aurions travaillé de conserve, sans le moindre heurt jusqu'à l'achèvement du film, tout comme je n'en ai eu aucun avec Giraudoux au cours de l'élaboration des « *Anges du Péché* », dont il modifia les dialogues constamment en cours de tournage. Bernanos disparu, je n'avais d'autre choix que d'effectuer ces modifications et ces compléments moi-même.

En 1958, lorsque je reprends, pour la mener jusqu'à sa réalisation, l'œuvre commencée en 1946, elle n'est qu'à peine sortie de terre. Le scénario existe — qui sera forcément retravaillé. À l'époque, j'avais fait appel à Agostini pour m'aider dans cette première ébauche. À l'époque aussi, Gaspard de Cugnac me suggéra Georges Lampin comme metteur en scène adjoint, qui mit comme condition de son concours le remplacement de Bernanos pour les dialogues. J'avais refusé. Par la suite, un autre producteur voulut m'imposer Georges Clouzot comme collaborateur pour la mise en scène. Clouzot avait de bons films à son actif. De plus, il était très « commercial ». Je le connaissais assez pour savoir qu'il lui serait impossible d'entrer dans l'esprit de l'œuvre de Gertrud von Lefort, tout comme dans ce qui distingue si hautement celle de Bernanos, et, dans leur orientation, mes propres ouvrages. En outre, lui manquait le sens de la tragédie. C'est patent, en particulier dans « *La Vérité* ». J'écartai Clouzot et du même coup ce nouveau producteur.

C'était le moment même où apparut dans le cinéma français ce qu'on appela « *la nouvelle vague* ». À distance, il ne semble pas qu'elle ait comblé toutes les espérances qu'elle a tout d'abord suscitées. J'eusse volontiers pris un de ces jeunes nouveaux cinéastes mais je doute qu'eux eussent voulu de moi, de la place de second que j'étais en devoir de leur imposer. Partageant tous les préjugés à l'égard de la religion et des prêtres que nourrissaient alors les intellectuels parisiens, ils se fussent crus déshonorés de n'être pas seuls maîtres à bord. Avec « *la nouvelle vague* », une manière d'arrogance était née dans le cinéma, en France. À Paris, on confond souvent, pour un temps, arrogance et génie.

Soutenu autant qu'on peut l'être par Borkon, dans mon rôle de responsable de cette réalisation, au plus haut niveau, il me donne confiance en moi, je me sens de taille à véritablement l'assumer, et choisis de nouveau Agostini. Il connaît le métier, à moi de veiller à n'être pas trahi dans mon propos. J'y parviendrai, mais pas aussi complètement que je l'eusse souhaité. Un exemple, cinématographiquement grave : au début du film, lorsque Blanche de La Force (Pascale Audret) prend l'habit du Carmel, c'est Marie de l'Incarnation (Jeanne Moreau) qui lui coupe les cheveux. Je veux, j'exige, et le dis à l'avance de la manière la plus claire, qu'au moment où Marie de l'Incarnation coupe les cheveux de Blanche, on fasse un gros plan, très rapproché sur le visage de Jeanne Moreau, penchée sur le cou gracile de Pascale Audret et, entre les deux, l'éclat d'acier des ciseaux préfigurant le couperet de la guillotine. Artistiquement, c'est un plan capital. Je ne l'obtiendrai pas. Agostini fera un plan d'ensemble, sans signification autre que celle d'une séance chez un coiffeur sans talent. Je me ronge de rage. Pourquoi Agostini a-t-il refusé de tenir compte de mes directives ? N'a-t-il pas compris l'importance de l'enjeu, jugeant qu'il ne s'agissait que d'un détail ? Mais en art, c'est précisément le détail qui compte. L'ignorait-il, ou au contraire voulut-il me contrer pour le seul plaisir de me contrer, affirmer son rôle de chef de plateau ?

Avec le décorateur, un malheureux tâcheron que Borkon m'avait imposé (pour des raisons externes au film), j'eus aussi des déboires. Rien de plus difficile que d'intégrer un médiocre dans un projet de quelque envergure qui le dépasse. Pour la première fois (et je crois bien la seule fois de sa vie), il lui était donné de signer le décor d'un grand film. Il ne laissera pas passer une telle occasion de prouver son génie : ce décor doit être *son* décor et accessoirement celui du film.

Le Carmel de Compiègne sera tout entier construit en studio : nous sommes donc libres de construire ce que nous voulons, comme nous le voulons. J'ai là-dessus des idées très précises. Un Carmel est une demeure de femmes, complètement fermé au monde, et dont aucun homme ne peut franchir le seuil. Or, dans le film, la Révolution entrera dans ce Carmel, et représentée en premier lieu par qui ? Par un homme : le Commissaire de la République. Je veux donner à cette intrusion de la Révolution, dans le Carmel de Compiègne, l'image d'un forcing, en réalité celle d'un viol, le viol de toutes ces femmes qui y sont cloîtrées. J'expose, puis répète à mon décorateur ce que je veux, le détail auquel je tiens par rapport au décor, lui laissant toute liberté d'ailleurs dans sa réalisation en général.

Ce que je veux, c'est que toutes les portes du Carmel, toutes, aient des dimensions calculées de telle sorte qu'une femme en sandales plates puisse aisément les franchir, mais tout juste les franchir. Qu'en revanche, un homme grand, assez corpulent, ne le puisse sans se baisser, se contorsionner. L'affrontement entre le Carmel et la Révolution s'incarne dans le conflit qui oppose Marie de l'Incarnation au Commissaire de la République. Jeanne Moreau est petite, voire toute petite sans talons. Le Commissaire de la République, Pierre Brasseur, est grand, massif, énorme. Je le veux encore plus impressionnant, lui fais faire des chaussures à semelles surélevées, exige pour lui un chapeau à plumes tricolores qui, lorsqu'il le met, et ses chaussures aux pieds, lui vaut la taille impressionnante de 2,20 m. Jeanne Moreau ressemble à une souris devant ce Raminagrobis. Je l'imagine contraint de se découvrir, encombré de son couvre-chef monumental dont il ne sait que faire, piaffant comme un taureau devant chaque porte, pliant les genoux, rentrant le ventre pour la passer, s'y cognant, fou de rage, ordonnant qu'on en élargisse une à coups de masse. Je l'imagine, je ne le verrai pas. Mon gros pataud de décorateur, avec ses fortes moustaches et son costume en velours côtelé m'aura écouté avec respect, m'aura dit oui à tout avec un empressement de courtisan, solidement cramponné à l'idée qu'il se fait lui, du décor, qui n'a rien à voir avec mon film, mais destiné à ses yeux à faire valoir son sens esthétique, celui qu'il a de l'équilibre des masses. Il se croit un grand décorateur.

Je m'étais méfié pourtant. J'avais demandé à voir ses plans. Il m'en avait présenté avec des dimensions truquées. Je suis sur le chantier chaque matin à neuf heures, en même temps que lui. Devant les dimensions monumentales de ce qui se prépare, je m'alarme : « Et les portes, dis-je. Vous n'oubliez pas les dimensions des portes et ce que vous m'avez promis ? » Il m'écarte d'un geste auguste de la main, s'impatiente de ma présence sur un chantier où il est le patron : « Les portes, dit-il, vos portes, je ne pense qu'à elles. Quand tout sera fini, vous serez très content ! » Il pense même que je serai ébloui. Le tout monté, les portes étaient comme le reste : monumentales. Je l'aurais étranglé, mon décorateur fastueux. Dans un texte célèbre, Paul Valéry a écrit : « Les faits sont têtus ! » Le rêve d'un médiocre est infiniment plus têtu que les faits. J'avais souhaité comme décorateur Léon Barsacq ou Georges Wakhévitch. Pour des raisons inavouées, Borkon refusa l'un et l'autre. Un budget de cinéma est une rose des vents : outre les décors de ce film, il comptait aussi que ce budget couvrirait la restauration, la décoration, l'ameublement de sa demeure de Maisons-Laffitte, l'arborisation de son petit parc. Il avait cherché, trouvé un décorateur disposé à le seconder dans ses projets personnels. Alors, mon idée de portes et de viol ne fut que plume dans le vent.

Avant et pendant le tournage, je me suis aussi heurté à un ennemi sournois, incroyablement encombrant parce que, pour la plupart, la seule attitude qui convienne est de s'incliner devant lui : le document authentique. Or, neuf fois sur dix, tout comme « les chéris » de Faulkner, il faut le trucider, le faire disparaître au nom de l'esprit du film. J'eus grand mal à y parvenir et n'y parvins pas toujours.

Jean Hugo m'avait raconté une histoire très significative de ce que j'entends par là. Tout le monde connaît la « *Jeanne d'Arc* » de Dreyer. C'est un archétype du film historique, de plus un chef-d'œuvre. Jean Hugo en avait été le décorateur. Pendant des mois, Dreyer et lui se sont cassé la tête pour la reconstitution historique de la scène du bûcher où des soldats anglais firent office de bourreaux. Les casques anglais de l'époque ne pouvaient être utilisés tant ils étaient laids : des casseroles, voire des tuyaux de poêle difformes. Jean Hugo eut l'idée d'adopter purement et simplement le casque anglais de la guerre de 14-18, le fameux « plat à barbe ». Ce fut parfait : les soldats qui entouraient le bûcher de Jeanne d'Arc eurent sans conteste l'air anglais. Aucun critique ne releva, ne décela même l'anachronisme. Il ressort de cette anecdote que dans un film historique il faut tenir compte moins de la réalité documentaire brute, que de l'image que le public se fait (inconsciemment) de l'événement présenté. Le spectateur doit se sentir plongé dans l'époque où se déroule l'histoire qu'on lui présente : l'évoquer sous tous ses aspects et pourtant, par rapport à certains détails oser enfreindre cette réalité, ce qui nécessite une longue, une profonde réflexion, où ne vous guide que l'œuvre, la transposition indispensable pour tout projet artistique destiné à rendre une réalité à travers un autre mode d'expression que celui d'où on le tire. Pagnol disait : « Il faut mentir vrai. »

C'est ce que je fais pour mes Carmélites dont je dessine et définis moi-même le costume. Tel qu'il est, le costume des Carmélites est laid, étriqué : j'en garde le contraste : cape blanche sur du brun ; et en gros la forme. Le brun passe mal à la photo, on le remplace par un gris foncé, soutenu, pour la tunique. Quant à la cape, je l'allonge considérablement, double son ampleur : au lieu de la découper dans un demi-cercle, je la découpe dans un cercle entier, et dans un tissu souple et précieux. La beauté, l'ampleur de ce manteau blanc du Carmel prendra toute sa signification au pied de l'échafaud lorsque la Prieure recouvre Blanche de La Force de ce manteau. Pour la coiffe, je me rappelle que les actrices des « *Anges du Péché* » ont beaucoup souffert des coiffes amidonnées des Dominicaines. À l'époque du tournage du « *Dialogue* », les filles portent des pulls en jersey, à l'encolure si longue qu'elle leur couvre les oreilles et la moitié de la tête. Je commande des jerseys blancs de ce type. Pour compléter la coiffe sur le front, je leur mets à chacune un mouchoir blanc qui barre le front à la pirate. Par-dessus le tout, un voile noir encore beaucoup plus long, plus ample que celui des Carmélites réelles. À l'exception des Carmélites elles-mêmes, et pour cause, personne ne soupçonnera l'artifice. L'effet que je voulais obtenir est obtenu : la beauté du costume accentue le jeu des actrices, attache le regard des spectateurs aux visages, aux émotions qui s'y dessinent, à la noblesse de l'allure de chacune des Carmélites.

Borkon s'enchante. Il comprend au quart de tour. Pour la petite figuration, il exige que toutes les Carmélites soient belles, même les vieilles : « Mais dans un Carmel, objectera le régisseur, toutes les religieuses ne sont pas forcément belles ! — À l'écran, répondra Borkon, dans le public, personne n'a envie de perdre deux heures avec un laideron qui n'est pas sa grand-mère ! »

Tout comme Gertrud von Lefort, à la fin de l'histoire, j'attache la plus grande importance au personnage qui incarne l'actrice Rose Ducor. Je la veux habillée comme une « *Incroyable* » du Directoire : après tout il n'y a que quelques semaines entre la fin de la Terreur et le Directoire, et chacun sait que les actrices devancent et lancent les modes. Rose Ducor doit être à peu près nue sous les voiles. Il n'est pas indifférent qu'une jeune femme, habillée, ou plutôt voilée de manière provocante, soit mêlée à la fin de cette histoire de piété héroïque, de sang et de mort. Dans toutes les époques tragiques, au plus fort de la cruauté, la sensualité exaspérée se mêle à l'horreur. La rencontre, dans un boudoir raffiné d'actrice, d'une femme vouée au plaisir avec deux Carmélites traquées, qui vont mourir, est un point d'orgue. Je veux un film dur, sans aucune sentimentalité. Je veux que le choc des contraires ne vous remue pas qu'en surface, mais en profondeur. On ne me suivra pas. Je serai mis devant le fait accompli. Rose Ducor n'est pas habillée ainsi que je l'avais demandé, et naturellement au nom du document authentique.

Fort heureusement, ma vision du film a, dans l'ensemble été respectée. La scène du mime au Palais-Royal, en présence de Blanche et de Rose Ducor fut une réussite et fait ma fierté.

De tout le film, la scène finale est la plus difficile à réaliser, avec ses seize femmes guillotinées les unes après les autres. Les auteurs de la pièce de théâtre l'ont évoquée par seize coups sourds dans la coulisse, censés reproduire le bruit du couperet qui décapite les suppliciées. Dénouement et pivot de cette tragédie, je la voulais plus suggestive encore, plus impressionnante. Mais comment faire? Je ne pouvais montrer à l'écran l'abominable fonctionnement à la chaîne de la guillotine. Néanmoins, il était impératif que le spectateur assistât au déroulement de cette sorte de mise à mort. L'idée me vint de la parodier. Parodie qui précéderait d'un rien l'exécution réelle, dont le spectateur, encore marqué dans tous ses détails par ce qu'il vient de voir, et qui l'a préfiguré, ressentira alors toute l'horeur.

Au Palais-Royal se déroulera la scène où Jean-Louis Barrault mimera avec tout son talent et sa force expressive, l'exécution par guillotine d'un aristocrate. Blanche de La Force, malgré elle encore toujours hantée, terrorisée par l'exécution de son père, assiste à cet insoutenable simulacre, préludant à ce qui va se produire dans les minutes qui vont suivre: la montée, l'une après l'autre, de toutes les Carmélites sur l'échafaud. L'héroïsme, le sacrifice de Blanche qui, enfin, spontanément, dominant sa terreur, prendra sa place dans la file, conférera au film sa dimension pleinement tragique: confrontation entre la peur de la mort et la foi, l'envie de fuir la mort et la plus haute espérance. Au lieu de subir la mort à laquelle elle ne peut plus échapper, Blanche de La Force s'offre à elle dans un mouvement irrésistible de communion avec ses sœurs et avec Dieu.

Cette scène m'a valu un étrange sentiment de plénitude, celui qu'on éprouve sous l'effet d'une invention, d'une création en art qui s'avère être de l'art.

Le choix du compositeur pour la musique du film sera un épisode divertissant. Jules Borkon et Pierre Laurent voudraient Daniel Lesur, qui a écrit de la belle musique sacrée. Je refuse. Borkon croit tellement à ses Carmélites, il a une telle dévotion pour ce film, qu'il s'obstine. Je le prends à la blague : « Voyons, monsieur Borkon, réveillez-vous, nous ne sommes pas dans une église, nous n'assistons pas à la grand-messe. Nous faisons un film, monsieur Borkon, un film ! Et vous n'êtes pas évêque. Vous êtes producteur ».

— Qui voulez-vous ?

— Jean Françaix ! C'est un compositeur qui porte bien son nom : il sait traiter les thèmes graves sur un ton léger. L'atmosphère de ce film, si nous la réussissons, sera tellement dure, parfois opprimante, qu'il faut absolument que la musique l'allège, permette de la supporter, lui donne un espace, je dirai même un au-delà, où le film trouvera sa signification définitive.

Borkon a pigé : « Ce sera Jean Françaix ! »

Nous n'eûmes qu'à nous en féliciter. J'avais conçu la grande scène du Palais-Royal comme un « *comic relief* » au sens élisabéthain des mots. Françaix l'accompagnera en brodant sur « *Cadet Rousselle* », qui est une chanson de l'époque. Il se surpassera, haussera le film jusqu'au sommet de sa signification dans le long passage où la charrette porte les Carmélites vers l'échafaud. Bien entendu, le compositeur voit le film avant l'enregistrement de la musique. Devant cette scène, Jean Françaix est très ému : « Je vous en prie, lui dis-je, oubliez cette scène et prenez-la à contre-pied. Observez rigoureusement le minutage qui vous est imparti, et composez-moi tout le contraire de ce que cette scène représente. Je veux qu'à l'intérieur de ce minutage, vous me composiez à la lettre une marche triomphale comme pour le couronnement d'un Roi, et faites une progression de volume comme dans « *Le Boléro* » de Ravel. » Il l'a fait, et mieux encore que je ne pouvais l'espérer. C'est superbe. La terreur et la compassion du spectateur comme aspirées vers plus haut qu'elles laissent place à l'espérance.

« *Le Dialogue des Carmélites* » aura occupé quarante ans de ma vie, autant dire la moitié, entrecoupés de périodes de répit, certes, mais perpétuellement suivies d'autres, longues, revenant sur le devant de la scène, batailles, tourments, mon amitié, ma vénération pour Bernanos remises en question comme si je les avais trahies, bafouées. Ce film est aussi la moitié de mon être. J'y ai mis comme nulle part ailleurs ce que je suis : ma foi, ma vocation la plus profonde par rapport à ma foi, à mon état de Dominicain, au meilleur du sens que j'ai de l'art, dont je ne puis douter qu'il est ancré en moi, indéracinable. Et que ma réflexion constante à son propos, mes amitiés, mes lectures, mes conversations m'ont aidé à développer. Mon amitié avec Bernanos, Giraudoux, Camus, nos discussions ont eu un rôle prépondérant pour moi de ce point de vue.

Cendrars, avec qui j'ai été longtemps aussi très lié, me disait : « Un artiste n'est jamais cerné, il n'est jamais réduit à se rendre, son ultime défense n'est jamais conquise, il peut toujours inventer une nouvelle parade en créant. Un poète n'a de bouclier que son œuvre. »

La mort de Bernanos fut un malheur pour sa famille. Pour mon film, ce fut une catastrophe : les complications successorales me rendirent plus ardue encore la gestation du film, y introduisant des éléments parasitaires, plus acharnés que le ténia, qui contrariaient cette gestation. C'était à Bernanos, et non à sa succession, que j'avais demandé les dialogues de ce film.

Au moment de la mort de Bernanos, ce film n'était qu'en élaboration, pas encore sorti du mélodrame et cela est aussi frappant dans mon scénario que dans les dialogues : la Révolution y a toutes les caractéristiques du « vilain » des westerns. Par rapport à l'étape bernanosienne (1948), la réalisation définitive de ce fim en 1960, le scénario, les dialogues, la mise en scène, etc., passent du mélodrame à la tragédie. Le conflit entre la Révolution et les Carmélites s'est hissé au plan de la sérénité tragique : Antigone (les Carmélites), a raison ; mais Créon (la Révolution), n'a pas tort. Le Commissaire de la République n'est pas ignoble, même si son comportement l'entraîne à des excès. On est devant le conflit de deux mystiques incompatibles : celle du Carmel, celle de la Révolution ; le conflit atteint sa plus intense expression dans la scène du jugement et de la condamnation à mort des Carmélites de Compiègne : scène qui n'existe pas dans les dialogues de Bernanos parce qu'elle n'existait pas encore dans le scénario d'origine sur lequel il a travaillé.

LA PRIEURE — Nous avons aussi une autre patrie !

FOUQUIER-TINVILLE — C'est une de trop ! Heureuse êtes-vous d'avoir trouvé, dans cette patrie que vous avez trahie, un tribunal pour vous entendre et vous juger, et ce soir une terre pour vous recueillir.

LA PRIEURE — Que la volonté de Dieu soit faite ! Pour le reste que Dieu nous pardonne nos péchés, comme nous vous pardonnons, mon fils !

Dans le film, le regard que la Prieure pose sur Fouquier-Tinville, le désarroi de Fouquier-Tinville qui semble chavirer, leur bref affrontement ont été cités dans un jugement de Cour, lequel dit expressément qu'ils sont dignes du plus haut Bernanos. Comment d'ailleurs penser que Bernanos ne m'eût pas suivi dans cette évolution, lui pour qui un tel cheminement était si familier ? Si on peut encore déceler quelque mélodrame dans « *Sous le Soleil de Satan* », il n'y en a plus trace dans « *L'Imposture et la Joie* », dans « *La Nouvelle Histoire de Mouchette* », tragédie pure. Quant à « *Monsieur Ouine* », c'est un condensé de tragédie : nul n'est allé plus loin dans l'ellipse tragique. Bernanos lui-même ne pouvait aller plus loin. C'est bien pourquoi après « *Monsieur Ouine* », il n'a plus écrit de romans. Que j'aie continué sur sa lancée ? Certes. Encore fallait-il le faire. Tout comme de remanier ses dialogues en cours de tournage.

Les deux moments les plus déterminants de la mise en scène sont au début la « distribution » — à qui confier chacun des rôles —, et, à la fin, le montage. Pour des raisons qui lui sont personnelles, Agostini n'aura aucune part dans la distribution, ni dans le montage, pas plus qu'il n'en eut dans le choix du dialoguiste et du musicien. En revanche, il assurera la part la plus lourde du tournage proprement dit : direction des techniciens et des acteurs sur le plateau, responsabilité et signature du plan de tournage. De ce point de vue je n'avais pas grand-chose à dire. Ce fut le contraire pour la distribution et pour le montage, responsabilité qui m'incombait avec Borkon, bien entendu. La distribution sera brillante : Madeleine Renaud, Jeanne Moreau, Alida Valli, Pascale Audret, Anne Doat, Judith Magre, Pierre Brasseur, etc.

Ce qui me tourmente, c'est l'attribution du rôle de Marie de l'Incarnation, rôle majeur. Selon la nature et les dons de l'actrice qui le jouera, le film prendra ou non ce qu'on appelle une tonalité « Saint-Sulpice », risquera d'être « édifiant », ce que j'ai en exécration et que je veux éviter à tout prix. Grâce aux dialogues de Bernanos, un grand point est acquis : pas de langue de bois, trop fréquente parmi les ecclésiastiques.

J'éprouve la plus grande admiration pour Michèle Morgan : sa beauté, sa « présence » sur l'écran ont un rayonnement exceptionnel. Il est question d'elle. D'emblée, pourtant, je l'écarte, parviens à convaincre Borkon de me suivre. Michèle Morgan est un personnage trop simple et trop pur, ses yeux bleus constamment présents feront basculer le film dans l'azur : on perdra le contrôle du sens de l'œuvre comme d'un ballon qui a rompu son amarre.

Borkon m'amène à la fenêtre de son bureau, au quatrième étage, d'où l'on plonge sur les Champs-Élysées, me montre un cinéma de l'autre côté de l'avenue. On y joue « *Les Amants* » de Louis Malle, le film qui est en train de mettre sur orbite Jeanne Moreau. « J'aimerais que vous alliez voir ce film, me dit Borkon, pensif, comme intimidé par sa proposition, de crainte peut-être qu'elle ne me choque ; il est ce qu'il est, mais regardez bien Jeanne Moreau. Peut-être pourrait-elle être Marie de l'Incarnation... » Je le quitte sur-le-champ, traverse l'avenue, entre dans le cinéma. Je n'attendrai même pas la fin du film — cet homme a décidément le génie du spectacle —, me précipite de nouveau dans son bureau : on ne peut rêver meilleure « Marie de l'Incarnation » que Jeanne Moreau !

— Bon ! dit-il, il faut faire vite. Je fais immédiatement déposer chez elle le texte de l'adaptation du film. Je la connais : elle le lira dans la nuit. Je vous ménage un rendez-vous pour que vous la rencontriez chez elle dès demain. Ce sera à vous de la convaincre, d'emporter le morceau. Je suis sûr que vous vous comprendrez.

Le lendemain, dans l'après-midi, à l'heure qu'elle m'a fixée, je la rencontre chez elle, à Versailles. Elle m'impressionne par la simplicité de son accueil, sa diction parfaite, ce quelque chose de fondamentalement ambigu qui émane d'elle, me confirme dans ma certitude qu'elle doit être « Marie de l'Incarnation ». Elle a lu l'adaptation, qui la passionne, et la passionne plus encore le personnage de Marie de l'Incarnation. Elle ne me pose qu'une seule question, dont je devine qu'elle en fait une clause suspensive : « Qui jouera le rôle de la seconde Prieure ? » Ce sera Alida Valli. Elle se détend, visiblement soulagée, rassurée. Alida Valli, vedette en perte de vitesse et même presque oubliée malgré « *Le Troisième Homme* », ne fait plus le poids, ne peut l'éclipser. Il n'empêche, elle veut consulter quelques amis. Nous nous reverrons chez elle, le lendemain à la même heure. Je rentre à Paris, enthousiaste. Borkon l'est moins : « Dans le cinéma, vous êtes un bleu. Comment ne lui avez-vous pas fait signer tout de suite un engagement ?

J'ai peur que l'affaire n'échoue. J'aurais dû vous prévenir. »

Le lendemain, c'est à une Jeanne Moreau pleine de réticences que j'ai affaire. Les « amis » sont passés par là. Je ne les connais pas mais les imagine sans difficulté : des copains de la « *nouvelle vague* » : « Non, mais, Jeanne, tu es tombée sur la tête ? Un film de curé et de bonnes sœurs ? Tu te vois en Carmélite ? Tout le monde rigolera. Tu vas flanquer ta carrière en l'air, Jeanne ! » Je mettrai deux heures à remonter la pente.

— Écoutez, madame Moreau, je ne suis pas si novice qu'il y paraît. Le danger qui guette tout comédien, c'est qu'on l'enferme une fois pour toutes dans le même emploi. Vous avez joué « *Les Amants* », où vous vous déshabillez. Vous venez d'achever le tournage des « *Liaisons dangereuses* », où vous jouez Madame de Merteuil, femme sensuelle, perverse et fatale. Craignez qu'on ne vous enferme dans cette sorte de rôle et de ne plus en sortir. Au point où vous en êtes de votre carrière, que devez-vous souhaiter, sinon élargir votre éventail, montrer que vous pouvez tout faire avec succès, tout, et le contraire de tout ? Que pouvez-vous redouter le plus, sinon d'avoir à rejouer toujours le même personnage ou presque, et dans des situations similaires, ce qui, pour vous, serait un désastre, une amputation suicidaire ? D'évidence, vous avez un registre autrement plus large !

Elle se laisse convaincre. Contrairement au conseil de Borkon, je ne lui fais rien signer, lui demande simplement de me donner sa parole. Elle le fait. Je sais qu'elle la tiendra. Elle l'a tenue.

Je suis aux anges. Non seulement Jeanne Moreau a des qualités de comédienne hors du commun, mais avec le caractère trouble et flou de sa personnalité, mon film échappera au ton curé, au style Saint-Sulpice. C'est un personnage fascinant en même temps qu'angoissant, dont je pressens qu'il incarnera de façon magistrale le masque énigmatique du Destin. Car tel est le rôle de Marie de l'Incarnation, qui pousse inexorablement les autres au supplice alors qu'elle-même y échappe. En face de Blanche, elle est comme un serpent qui fascine l'oiseau, l'attend, la gueule ouverte. Elle est au centre de toute l'action tragique. Jeanne Moreau jouera de façon éblouissante l'œil du cyclone. Quand on la voit se mouvoir, parler au milieu de toutes ces femmes de plus en plus terrorisées, nul ne peut deviner sa motivation inavouée, profonde, et il faut qu'il en soit ainsi. Cette motivation est-elle une inclination homosexuelle refoulée, l'orgueil d'imposer sa volonté, un sens aristocratique et trop humain de l'honneur, un mépris de classe pour la Révolution, le dévouement total à la mystique du Carmel, l'amour pur et désintéressé de Dieu ? Le spectateur n'est pas clairement conscient de ces questions mais il en ressent l'enchevêtrement. Ce n'est que le dévouement et la mort qui délivreront ces femmes de la puissance d'envoûtement qu'exerce Marie de l'Incarnation sur elles.

D'une certaine façon, le rôle que je proposais à Jeanne Moreau, sous un habit de Carmélite, était très proche de celui qu'elle venait de tourner, de Madame de Merteuil. Je ne le lui ai pas fait remarquer, plongée comme elle devait l'être dans une situation tellement inédite pour elle. Et où l'ambiguïté de son rôle incluait une tout autre dimension que dans ses films précédents.

On dit de tel metteur en scène : « Il aime les acteurs ! » ou : « Il ne les aime pas ! » Réflexion qui n'a pas grand sens. Un véritable metteur en scène, passionné par son métier, aime forcément d'une manière ou d'une autre les acteurs qui incarnent autant qu'il le souhaitait, parfois mieux, les rôles qu'il leur a assignés. Et s'ils les incarnent de façon insatisfaisante, il doit s'en prendre à lui-même parce qu'il les a mal choisis. Pour ma part, en la circonstance, j'ai été comblé. Tout au long de la réalisation j'ai eu des surprises heureuses, tant le visage, la voix, le comportement des acteurs ajoutaient le choc du concret à ce que j'avais imaginé.

Jeanne Moreau m'a stupéfié de bout en bout. Par les hasards du plan de travail, le premier jour où elle est apparue dans le film, à Compiègne, on tournait la séquence finale, celle de l'exécution des Carmélites. Le tournage commence à onze heures. Elle est là dès neuf heures, se livre aux mains des habilleuses, des maquilleuses. Je viens la saluer. « Mon Père, me dit-elle, je suis désolée de commencer mon travail dans ce film par une requête, qui peut même paraître une exigence. J'ai lu, relu, répété, le dernier dialogue entre l'Aumônier et moi. Il ne passe pas, je n'arrive pas à le faire passer. Vous serait-il possible de le changer ? » Je la regarde. Une seconde, je me demande si elle n'a pas décidé de commencer sa participation au film par une épreuve de force avec moi. Mais non ! Je relis mon dialogue. Elle a raison : il ne « passe » pas. Je saute en voiture, m'enferme dans une chambre que j'ai à dix minutes de là, dans une hôtellerie, dans la forêt. Je suis un homme d'urgence, de contrainte, d'imagination instantanée sous l'empire de la nécessité. Dix minutes avant le tournage, je reviens avec un dialogue entièrement nouveau, que je fais dactylographier, et distribuer sur le plateau. La satisfaction de Jeanne Moreau m'est une joie. Elle y sera admirable.

Mais elle ne fait que commencer de m'étonner. L'interprétation d'un acteur est de nos jours à l'« *underplaying* » : jouer sur un registre d'un rien « en dessous du ton normal ». Jeanne Moreau joue cette scène, la dernière du film, comme à mi-voix, avec une maîtrise d'elle-même, une retenue telles que je me demande, non sans alarme, comment il lui sera possible d'introduire une progression dans les scènes qui, en fait, précèdent celle-ci et que, selon le plan de travail, elle jouera après. Elle y est pleinement parvenue et apparemment avec une aisance stupéfiante. Ce qui suppose une réflexion sur son métier, une intelligence de son rôle, une possession de ses moyens d'expression qui tiennent pour moi du plus grand art.

Un jour, comme il arrive, le travail sur le plateau a été particulièrement difficile, long, éprouvant pour les nerfs de chacun, l'ambiance est tendue, il semble que toute la machine se détraque, rien ne va jamais tout à fait, c'est un mauvais jour. Il est déjà dix-neuf heures, tous, nous avons hâte d'en finir pour aujourd'hui. La séquence qu'on tourne, que je revois encore, a déjà été tournée quatorze fois. Il fallait inlassablement la reprendre, soit pour la lumière, soit pour le son, soit pour je ne sais quoi. On tourne une quinzième fois : les techniciens sont satisfaits. Il y a quinze actrices sur le plateau. Je me dis que je ne peux obtenir mieux. Jeanne Moreau se tourne vers moi : « Comment était-ce, mon Père ? — Ça peut aller. — Cela veut dire qu'on pourrait faire mieux ? — Exactement ! » Jeanne Moreau regarde tour à tour les autres comédiennes, les techniciens, Agostini, moi-même : « Eh bien, on s'y met tous, on va faire mieux ! »

« Silence ! Lumières ! Moteur ! Partez ! » La scène a été enlevée à l'arraché, comme un avion en pleine charge décolle enfin, pointe vers le ciel. C'est une des meilleures scènes du film. On la doit à Jeanne Moreau qui, un bref moment, prit le commandement du film. Les grands artistes se reconnaissent à leur insatisfaction de l'à-peu-près, leur détestation du médiocre.

De son côté, Alida Valli éleva jusqu'au plus sublime tragique le rôle de la seconde Prieure. Avant le tournage, qui eût pu le prévoir à ce degré ?

Je garde le souvenir de l'altercation que j'eus sur l'aérodrome de Rhodes avec Philippe Agostini, venu me voir, que je sens chancelant dans la fidélité qu'il me doit :

— Je vous ai introduit dans ce film, lui dis-je, pour que vous m'aidiez, non pas pour qu'en sous-main vous sapiez mon autorité.

Il me regarde avec ses yeux bleus, éclatants de candeur, me répond en toute simplicité :

— Sachez que, dans ce métier, chacun essaie de jeter l'autre par-dessus bord, pour prendre sa place.

Il me semble que je lui sais gré d'énoncer aussi clairement la règle du jeu de la jungle cinématographique. On est encore bien loin de la fin du film. Je me tiens pour averti.

Aujourd'hui, où je suis près du terme, la vie, ma vie, me fait l'effet d'une guerre menée sur plusieurs fronts à la fois et, comme le disait Rimbaud, le combat spirituel est encore plus brutal que les batailles d'hommes. Il y en eut de plus importantes que d'autres mais les moindres nécessitent tout de même que l'on se mobilise pour y faire face. « *Le Dialogue des Carmélites* » figure parmi les plus longues, les plus usantes, ponctuée d'autant de défaites que de victoires.

Grand succès populaire, ce film fut doublé en plusieurs langues, particulièrement dans les pays latins, curieusement aussi en Scandinavie.

Par hasard, alors que je suis de passage à la *Société des Auteurs*, rue Ballu, le représentant pour l'Espagne de la Société, apprenant ma présence, demande à me parler. C'est un homme fin, simple, pauvre, qui porte le tout avec cette fierté espagnole que j'admire.

— J'ai une petite maison à Madère, me dit-il, où je vais passer mes vacances avec ma femme et mes enfants. Par économie, nous prenons des places de pont sur un bateau qui fait la liaison entre Lisbonne et Madère. De toute façon, l'été, la nuit est plus douce sur le pont. Le passage ne coûte pas cher, la plupart des passagers sont des ouvriers agricoles, des saisonniers, souvent illettrés. La traversée dure trente-six heures, c'est-à-dire qu'on passe une nuit à la belle étoile, c'est délicieux. Comme sur tous les bateaux du monde, à la tombée de la nuit, il y a une projection de film. Je jette un coup d'œil sur l'affiche. Ce soir, ce sera « *Le Dialogue des Carmélites* » en portugais. Pardonnez-moi, mon Père, mais j'ai eu une réaction imbécile. J'avais vu le film à Madrid dans de tout autres conditions, bien entendu. Je me dis : « Gertrud von Lefort, Bernanos, Bruckberger, ça va passer par-dessus la tête de tous ces pauvres gens ! » Mais comme sur un bateau, on n'a pas le choix des distractions, le soir, tous les passagers sont devant l'écran, sur le pont, et nous, nous sommes perdus dans cette petite foule. Sous le ciel sombre, percé d'étoiles, je m'aperçois tout à coup que le silence du début s'est approfondi, est d'une intensité, d'une densité extraordinaires, qui vont croissantes. Le seul fond sonore est le bruit que fait l'étrave qui déchire la mer. À la fin du film, je suis saisi moi-même par une émotion si forte, que je m'étonne ne pas l'avoir ressentie à ce point à Madrid. Le pont s'éclaire. Je regarde autour de moi. Tout le monde, hommes, femmes, enfants, pleure. Je voulais vous le dire.

Les films sont les chansons de geste des temps modernes, le cinéaste, un troubadour qui raconte des histoires à travers le monde, et qui a le don d'ubiquité. Il est partout à la fois, avec en plus le don des langues. J'aurai eu la grâce d'amener les publics les plus dispersés, les plus divers à se trouver confrontés, pendant deux heures, avec les principaux mystères chrétiens : la communion des saints et des pécheurs, des vaillants et des lâches, la valeur suprême du sacrifice et de la mort consentie, la souveraineté de l'Esprit-Saint sur le chaos des choses humaines.

Où étais-je, moi ? Que faisais-je, pendant ces deux heures, au milieu de la nuit où de pauvres Portugais pleuraient sur le destin sanglant de Blanche de La Force ? Dans un dîner parisien ? Dans mon lit, en train de dormir ? À ma table de travail, à écrire un chapitre de « *L'Histoire de Jésus-Christ* » ?

Le cinéma : une prédication à la mesure de notre temps, à la portée des croyants, des incroyants, des riches, des démunis, des illettrés. Si je ne l'avais pas cru de toute la force de ma foi, je ne me serais pas battu comme je me suis battu pour faire ce film.

IV

Retrouvailles

J'AIME Rhodes, sa cité des Chevaliers, j'aime surtout son port, alors tout petit mais sûr, sa jetée, sa grosse tour, ses moulins à vent, sous un ciel limpide. Tout y a l'aspect débonnaire qu'ont les choses très anciennes qui sont depuis très longtemps témoins de l'agitation des hommes, de leur hâte, de leurs victoires, de leurs défaites, où rien ne semble plus devoir troubler le clapotis monotone de la mer, altérer la douce patine des pierres. Je ne me sens pas différent de tant d'hommes, marins ou soldats, qui, au cours des millénaires ont abordé ces rivages avec leurs inquiétudes ou leurs espoirs, leur intrépidité, leur crainte, leur ruse.

En cette fin d'après-midi du mois d'août 1958, je me promène seul sur la jetée, l'air est doux après l'écrasante chaleur du milieu du jour. Je regarde le va-et-vient des bateaux qui portent des destins d'hommes et qui dansent sur la mer, tant ces destins sont légers. À la pointe du goulet du port, surgit un grand voilier qui vient de la haute mer : le capitaine a mis le moteur en marche pour manœuvrer, accoster en douceur. Le bateau grandit, approche. À l'arrière, bat son pavillon : il est français ! Mon cœur bondit dans ma poitrine. Voilà dix ans que je vis en exil. Un Français de France ne peut comprendre le choc émotif ressenti par un exilé à la vue de nos couleurs nationales. J'approche lentement du lieu d'accostage. Je veux voir de près les visages des passagers. Mon émoi m'emplit de crainte, je m'attends a être un peu déçu. Quelles gueules vais-je voir apparaître? Des silhouettes s'agitent sur le pont, vives, agiles. Des gens jeunes. Au moins ça! Lorsque le bateau s'amarre à quai, qu'il s'immobilise sur l'eau profonde, qu'est jetée la passerelle, je suis tout près. Une émotion soudaine m'étreint, la même que celle du téléspectateur regardant s'égrener une à une les boules gagnantes du loto, et qui s'aperçoit qu'il a gagné le gros lot!

Je ne peux y croire. Là, devant moi, à quelques mètres, je vois sauter du bateau, dans je ne sais plus quel ordre, s'ébrouer sur le quai comme de jeunes chiens qui s'éveillent, Camus, Michel Gallimard, Prassinos, Janine Gallimard, Maria Casarès, Io Prassinos, Anne Gallimard. Ce sont eux! Je me secoue. Ce n'est pas possible. Et ce n'est pas possible que je me trouve justement là? Et que ce soient eux!

Je veux bien que le hasard soit le maître d'œuvre de nos destins, ou, comme le dirait Camus que nos destins soient absurdes, qu'ils ne racontent rien d'intelligible. Mais en certaines circonstances, le destin arrange les choses avec une si précise justesse que les mots « hasard », « absurde » ne sont qu'une manière de donner sa langue au chat, de supprimer la question pour éviter d'y répondre. Je préfère l'explication des Anges. On ne les voit pas plus que les électrons, cela ne les empêche pas d'exister et d'organiser les rencontres mieux que nous ne saurions le faire, tellement mieux! Le refus de la merveille, des Anges, d'une sollicitude qui nous dépasse, de la fatalité aussi, nous empêche de goûter au meilleur de ce que nous offre la vie. L'inattention à ce qui vient de plus haut que soi rend l'existence rugueuse. Je suis bouleversé de joie. Après dix ans d'exil, en quelques secondes, à deux mille kilomètres de Paris, se seront renoués, comme nulle part ailleurs, ni en d'autres circonstances, les liens d'amitié qui nous avaient si fortement attachés pendant la guerre, Camus, Michel Gallimard, Prassinos, leurs femmes et moi. Ils ne m'ont pas encore vu. Fou de joie, je crie:

« Michel, Camus, Prassinos, c'est moi, Bruck ! » Ils sursautent, écarquillent les yeux, se précipitent. En un éclair, tout redevient comme avant, dix ans d'exil abolis. Saisissement. Embrassades. Rires. La même complicité. Tout est simple, inaltérablement simple.

Si l'étonnement est initiation à la sagesse, d'étonnement en étonnement, je devrais être un monument aussi patiné de sagesse qu'un vieil ivoire jauni.

Je ne leur présenterai pas Barbara. Je vais la prévenir que je rentrerai tard dans la nuit. J'ai trop d'ennemis, ne tiens pas à ce que dans l'immédiat le Tout-Paris littéraire ait connaissance de la présence de Barbara auprès de moi, et la commente. Une autre chose, encore plus déterminante me retient d'amener Barbara avec moi ; je connais bien Camus : en présence d'une femme très belle, il ne peut s'empêcher de déployer tous ses charmes. Et il est là avec Maria Casarès, dont je devine, à une certaine lumière dans ses yeux, qu'elle vit sans doute les plus beaux jours de son existence. Pour rien au monde, je ne veux apporter le trouble au milieu de nous, être pour Maria Casarès occasion de peine. Nous nous retrouvons au bateau. Ils s'apprêtent à visiter la ville, à faire le marché. Vais-je me joindre à eux ? Non. Camus veut rester seul avec moi jusqu'à leur retour, après quoi nous irons tous ensemble dans une auberge du port, où l'agneau sent le thym, où le poisson est frais comme dans nulle autre. Ils partent, nous laissent. Tout naturellement, nous nous mettons, Camus et moi, à arpenter la jetée. Je rencontrerai Camus d'autres fois. Mais ce sera la dernière conversation intime que j'aurai avec lui. Elle se prolongera pendant trois heures au moins.

Camus me donne des nouvelles de Paris et de la France, de l'évolution de mon pays durant les dix années où j'ai été absent. Je retrouve un Camus de plus en plus méditatif, intériorisé jusque dans sa manière de parler. Son ascension foudroyante, la gloire, l'ont laissé tel qu'en lui-même il a toujours été. Ni vertige ni infatuation. Mais il est conscient que sa responsabilité s'est considérablement alourdie, que tout ce qu'il écrit, dit, a désormais un retentissement mondial. Je suis frappé de son aisance à s'être chargé de ce fardeau pour lequel il semble être né. Il y a dix ans, il avait encore quelque chose d'inachevé, un relent d'adolescence. Sa gravité n'est plus anxieuse, c'est aujourd'hui une lucidité attentive, tout en profondeur, extraordinairement fraternelle, qui échauffe le cœur de celui vers qui elle se tourne. Sartre a toujours eu quelque chose de hâtif et de frivole. Camus est gai au sens où Nietzsche parle de « gai savoir », et il a la main légère, il sait d'instinct que l'homme est ce qu'il y a au monde de plus précieux et de plus fragile. Camus a une qualité de l'âme tout à fait singulière que je n'ai observée que chez quelques très vieux prêtres et chez des artisans en matière précieuse, il a une âme manuelle si j'ose dire, une âme artisanale, appliquée aux travaux les plus délicats et les plus précis dans l'ajustement des choses de l'esprit. Je connais, ici, à Vevey, un artisan orfèvre qui a les mêmes soucis, la même minutie d'application, la même angoisse intérieure dont il se garde de faire porter le poids aux autres, la même sûreté de main dans l'exécution. Il me rappelle beaucoup Camus. Je tiens « *La Chute* » pour l'un des tout grands chefs-d'œuvre de notre littérature nationale, avec « *La Nouvelle Histoire de Mouchette* » de Bernanos. Si je pouvais définir mon amitié pour Camus, elle est de même nature que celle que je ressens pour les artisans, les vrais, qui ont une qualité de l'âme affinée jusqu'à la transparence dans l'application à l'ouvrage bien faite, et à la vie.

Sur cette jetée, dans la splendeur du crépuscule qui n'en finit pas, le discours assourdi de Camus se déroule comme un tapis moelleux sous nos pieds. Je ne pose pas de questions. C'est lui qui parle, il fait le point sur les dix ans que nous avons vécus loin l'un de l'autre. Dix ans plus tôt, nous étions encore assourdis par le fracas de l'effondrement du grand Reich hitlérien. Depuis, nous avons entendu le bruit de bien d'autres effondrements. Nous sommes une génération vouée au spectacle des ruines, à voir s'écrouler autour de nous tant et tant d'édifices dont nous avions cru qu'ils étaient indestructibles et qu'ils braveraient le temps. Les déracinés, c'est nous. Non que nous ayons été arrachés de terre comme nombre d'autres, c'est le sol où nous avions pris racine qui s'éboule. Souffrance insidieuse à laquelle on ne sait comment faire face. Camus a une voix grave, douce, il me parle avec tranquillité. Et loin, très loin, au-delà de cette voix familière, il me semble entendre l'écho assourdi des trompettes de l'Apocalypse. L'univers va plier bagage, comme un nomade dans le désert plie hâtivement sa tente, la charge sur le chameau et disparaît derrière la dune. Le soleil se lèvera sur la solitude des sables.

Il y eut l'Indochine, maintenant l'Algérie. L'Algérie que l'on dit « française » parce qu'on a décidé de la croire telle. Camus n'a pas partagé cette illusion. Telle qu'elle est, l'Algérie est sa patrie à lui, la patrie de son âme espagnole, éprise de contrastes et de contradictions, de blanc et de noir, du *Todo y Nada*, sa patrie qui lui sert de père et de mère, comme disent les Slaves quand ils parlent de la terre nourricière, sa patrie improbable mais vraie où tout est incompatible avec tout mais dont, lui, Camus, a le besoin impérieux, que cela tienne ensemble pour qu'il puisse continuer de respirer, de vivre. Le Général vient de revenir au pouvoir. Ce retour lui est un gage, mais qu'il sent fragile, que tout n'est pas encore perdu, qu'il pourra revenir en Algérie en restant ce qu'il est : fraternel, ouvert à tous. Il veut encore croire que le cauchemar de cette guerre va s'effacer comme par enchantement, qu'il va se réveiller pour de bon d'un moment à l'autre sur les plages d'Oran où courent les belles filles dorées.

À mon étonnement, Camus me parle longuement de l'Église de France. Il reçoit un nombre effarant de lettres de prêtres : « Ils me demandent de les rassurer. Les rassurer ? Moi ? Ils se confessent à moi. Ils me voudraient pour directeur de conscience. Vous ne trouvez pas qu'ils intervertissent les rôles ? Que se passe-t-il dans l'Église de France ? Quand le troupeau a perdu son berger, c'est déjà très grave. Mais quand les bergers ne savent plus eux-mêmes où ils en sont, quand ils sont eux-mêmes égarés, qu'advient-il du troupeau ? Notre époque a ceci d'affreux que tout y conspire à pousser chacun à la démission de sa charge propre, voire au reniement de soi-même. » C'est là, sur ce quai désert, dans la nuit qui tombe où retentissent nos pas mêlés, que j'entrevois pour la première fois dans son étendue, sa profondeur, la crise que traverse le clergé français.

Au long de cette conversation amicale, paisible, me vient, poignant, le sentiment que moi aussi, je cherche à redéfinir à tâtons ma patrie et pas seulement à cause de mon exil. Je le savais, je le sais maintenant plus encore. Je suis en quête du visage de ma patrie comme l'amant, au réveil étend un bras vers le corps familier et ne trouve que le vide, subitement rejeté dans sa solitude. Ce n'est sûrement pas pour susciter en moi un tel sentiment que Camus me parle ainsi. Il ne veut rien, ni m'impressionner ni m'influencer. Tout naturellement, notre amitié, renouée comme si nous nous étions quittés de la veille, l'a incliné à exprimer ce qu'il a de plus profond en lui : une détresse. Lui, autant que moi dans mon exil, sent que le sol de la patrie va se dérober sous lui, qu'il va se retrouver suspendu dans le vide, les racines à l'air, des racines bien propres, aseptisées, nettoyées au jet et à l'insecticide, bien nettes, telles qu'on les voit sur les planches d'un livre de botanique, qui décrit chaque plante abstraction faite du sol où elle est plantée et de tout le reste. Tout le reste sans quoi elle ne peut se nourrir, respirer, grandir, se reproduire, vivre.

Lorsque je le rencontre à Rhodes, Camus pressent ce qui se prépare, qui est dans le droit fil de la fameuse « *tabula rasa* » de Descartes, de l'esprit de la révolution, qui est moins un « esprit » qu'une volonté de rompre « *cet accord de la terre et du pied* » dont il est parlé dans « *Cali-*

gula», une résolution de destruction même du sol où s'enraciner: la tradition, le langage, la famille, la patrie. Il en frémit, pourtant espère encore contre tout espoir, d'où son enthousiasme un peu factice pour De Gaulle. Au plus profond de lui-même, il sait qu'il ne se trompe pas, se sait déjà à la fois vaincu et coupable, puisque notre époque revendique le redoutable privilège que ceux qu'elle écrase doivent eux-mêmes s'avouer criminels. Notre façon à nous de fausser par le poids de l'épée la balance de la justice et de traduire l'antique « Malheur aux vaincus ! »

Tout à la joie de ces miraculeuses retrouvailles, je me laisse bercer par la voix de Camus. Maintenant que je reviens sur ce passé, je saisis mieux que Camus se sent déjà marqué d'un signe inexorable, il l'a même écrit sans détour: « Pour qui est, comme Chamfort, tenté par l'absolu, et incapable de s'en délivrer au moyen de l'homme, il ne reste qu'à mourir. »

L'amitié d'un grand écrivain pour moi ne m'a jamais été un réconfort, encore moins une gloriole. Autant elle me fascinait, autant elle me valait de me sentir toujours débordé, au-desssous des devoirs qu'elle m'imposait, je n'étais pas à la hauteur. Si peu que ce fût, je ne savais pas y répondre comme je l'eusse dû. Camus s'est beaucoup confié à moi, et de façon peut-être rare, exceptionnelle. Qui sait si mon silence aux grandes questions qu'il se posait, pétri d'attention et d'impuissance à la fois à répondre, n'a pas été la trame de son amitié pour moi ? Dans une lettre, du 30 août 1943, à Francis Ponge qui lui reprochait âprement d'être venu me rendre visite dans mon couvent de Saint-Maximin, il a écrit: « J'ai des amis catholiques, et pour ceux d'entre eux qui le sont vraiment, j'ai plus que de la sympathie, j'ai le sentiment d'une partie liée. C'est qu'en fait ils s'intéressent aux mêmes choses que moi. À leur idée, la solution est évidente, elle ne l'est pas pour moi... Mais ce qui nous intéresse, eux comme vous, c'est l'essentiel» (Pléiade, *Essais*, p. 1596). J'ai dû mal m'expliquer avec Camus, pour moi la solution n'est pas « évidente ». Saint Augustin a dit: « Qu'y a-t-il d'étrange à ce que tu ne comprennes pas. Si tu comprends, ce n'est pas Dieu!» C'est vrai, pourtant, que je ne saurais trouver meilleure définition à l'amitié, entre Camus et moi, que celle d'une «*partie liée*».

Par ailleurs, nous liait aussi un comportement commun, qu'il a défini: «Dans les luttes du siècle, je me suis toujours senti solidaire des obstinés, de ceux, en particulier, qui n'ont jamais pu désespérer d'un certain honneur. J'ai partagé et je partage beaucoup des délires contemporains. Mais je n'ai jamais pu me résoudre à cracher, comme tant d'autres, sur le mot d'honneur. Sans doute parce que j'avais et j'ai conscience de mes faiblesses d'homme et de mes injustices, parce que je savais et sais instinctivement que l'honneur est comme la pitié, cette vertu déraisonnable qui vient prendre le relais de la justice et de la raison devenues impuissantes. Celui que son sang, ses folies, son cœur infirme livrent aux faiblesses les plus communes, il faut bien qu'il s'aide de quelque chose pour parvenir à s'estimer et donc à estimer les autres. C'est pourquoi je déteste une certaine vertu contente d'elle-même, je déteste l'affreuse morale du monde, et je la déteste parce qu'elle aboutit, exactement comme le cynisme absolu, à désespérer les hommes et à les empêcher de prendre en charge leur propre vie avec son poids de fautes et de grandeur» (Pléiade, *Essais*, pp. 1899-1900).

Dans toute l'œuvre de Camus, cette page est celle que je voudrais avoir moi-même écrite, tant elle définit la parabole idéale de mon destin, tant elle trace d'une main sûre cette lignée qui me rattache à la France, non seulement à ses soldats et Jeanne d'Arc, mais à une certaine race de ses écrivains depuis les chansons de geste jusqu'à Pascal, Molière, Chateaubriand, Péguy, Bernanos. Pour ce qui me concerne, j'irai plus loin. Le mystère central du christianisme est celui de l'incarnation du Fils de Dieu, Parole créatrice et recréatrice. Ce mystère, je le résume ainsi: en nous donnant son Fils, Dieu nous a, une fois pour toutes, donné sa parole d'honneur, la parole d'honneur de l'hospitalité, pour peu que nous répondions à sa parole par la nôtre. C'est ce que nous appelons la foi.

Les femmes étaient prêtes, bien peignées, parfumées, bijoutées, élégantes. Il est étonnant qu'une cabine de bateau, si exiguë, contienne tant de colifichets. Le repas puis le retour vers le bateau, tard dans la nuit, sont la fête des retrouvailles. La conversation est légère, futile, avec cette insouciance et cette gentillesse que nous avons toujours eues entre nous, la rosserie parisienne laissée au vestiaire. On vivait. On riait, jouissant à plein de la minute présente, de sa grâce, de la douceur de la nuit hellénique. Que notre joie est juste, sonne juste ! Avant de se quitter, on se promet, on se jure, de refaire cette réunion à Paris, avec les mêmes, rien que les mêmes, pas un de plus, pas un de moins. Quand ? On a bien le temps d'y penser. Non ! on n'a plus le temps. Avant dix-huit mois, Camus et Michel Gallimard seront morts.

Cette ultime rencontre sur le port de Rhodes a eu sur-le-champ, et pour moi plus encore par la suite, quelque chose de tout à fait miraculeux. Décidément, ici-bas, nous ne voyons jamais que l'envers d'une tapisserie, interminable comme celle de Bayeux, et dont l'endroit ne se dévoile que le temps d'un éclair : brefs et épars coups de projecteur sur mon destin, et qui restent la plupart du temps indéchiffrables. Toute ma vie est tissée de rencontres fortuites et majeures.

Sur son métier d'écrivain, Camus avait une maxime qui lui était familière : « On parle de poètes "maudits". Hors des circonstances de l'histoire, cette expression n'a aucun sens. Il est historiquement vrai qu'au cours de l'âge bourgeois, les artistes n'ont pas eu la vie facile. Il suffit d'évoquer chez nous Gérard de Nerval, Baudelaire, Verlaine, Van Gogh, Modigliani, bien d'autres. Il n'en a pas toujours été ainsi. Ce n'était pas vrai au temps de Périclès, ni au Moyen Âge, ni même au temps des rois. Le délaissement et en conséquence la misère qui pèsent sur les artistes est un phénomène moderne, qui tient au fait que la bourgeoisie est essentiellement allergique à la beauté ; en cela d'ailleurs il y a continuité essentielle entre régime bourgeois et régime communiste. Il n'empêche qu'à toutes les époques, même à la nôtre, où le poète a toutes les raisons de se sentir seul, l'artiste jouit d'un privilège singulier de justice rendue instantanément. Aussi dépourvu qu'il soit, aussi isolé qu'il soit, un véritable artiste est toujours reconnu par deux ou trois de ses pairs, il est reconnu à sa vraie valeur. À dix-huit ans, Rimbaud savait qu'il était l'un des plus grands poètes français, Verlaine le lui avait dit. Même si le monde entier l'ignorait, quelle fabuleuse récompense ! Sur terre, le royaume de l'art est le seul où règne une justice immédiate. »

Bernanos mort, c'est pour Camus que je poursuis la réalisation de mon film. Une pensée m'habite, qui ne me quitte pas : la réalisation terminée, organiser une projection privée pour lui, pour lui seul, où il sera seul, sans personne autour de lui, pendant que moi, torturé d'angoisse, je serai assis à l'écart dans la salle obscure, sans même pouvoir regarder son visage, dans l'attente de son verdict, les lumières rallumées. Ce soir-là ne vint jamais.

Le 7 janvier 1960, je suis en fin de tournage. La veille, après le visionnage des « rushes », je suis rentré chez moi à Versailles et me suis couché au plus tôt pour être sur le plateau le lendemain à neuf heures. Le 7, j'arrive au studio, comme d'habitude en avance sur les autres. Je vais boire un café à la cantine. Un journal traîne sur une table : en première page, un titre : Camus a été tué dans un accident de la route. Michel Gallimard conduisait. Il est lui-même mourant.

Rien comme la mort pour vous révéler les liens qui vous rattachent à un être. Camus est mort. Mon premier réflexe : je prie aussitôt pour lui. Depuis l'enfance, j'ai ce réflexe devant la mort. Je sais qu'elle n'est qu'une mutation décisive, et, à vrai dire, je n'éprouve aucune inquiétude pour Camus : s'il y a jamais eu au monde un homme de bonne volonté, l'un de ceux à qui fut promise la paix, c'est bien lui. Il se disait animé d'une « incroyance passionnée ». Je suis moi-même possédé par une foi passionnée. Quelle surprise pour lui d'avoir subitement changé de registre : plus d'espace, plus de temps, plus de catégories rationnelles dont il s'est toujours méfié, mais l'âme toute nue, comme on est nu à la naissance, et recueillie en des mains maternelles. « *La chute* », « *L'exil* », « *Le Royaume* », ce qui n'était pour lui que mythes littéraires, tout cela maintenant a pris son poids de réalité, la réalité d'un monde autre. Pour lui, quel choc ! J'éprouve exactement ce que Faulkner a éprouvé : « Tout le monde raconte que Camus s'est tué contre un arbre ; il a rencontré Dieu ! » J'ai ressenti le contrecoup de ce choc. Dans la ténèbre de cette mort soudaine, il m'a semblé saisir pour la première fois l'âme de Camus comme l'éclair révèle dans un miroir l'image fugitive du reflet d'un autre.

Depuis trois mois, je travaille dans ce studio, j'en connais tous les coins, recoins, tous les acteurs et les techniciens. On y achève de tourner mon film, pour lequel j'ai tant bataillé. Subitement, je m'en sens comme dépossédé, bien plus, étranger à ce lieu, aux gens qui s'y meuvent. Autour de moi, chacun évoque la mort de Camus, mais comme d'une catastrophe qui s'est produite à l'autre bout du monde pendant que pour moi c'est un creusement à l'infini dans les abîmes de mon cœur. Un besoin irrépressible de fuir me prend à la gorge. Je regarde le plan de travail, tout peut continuer pour aujourd'hui sans moi. J'avertis Agostini et m'en vais.

Où suis-je allé d'abord ? Je n'en ai pas gardé trace de souvenir. Mais précis, terrible, me reste celui de mon attente, en début d'après-midi, dans l'antichambre de Malraux, rue de Valois. Il n'est pas encore revenu à son bureau, c'est l'heure du déjeuner. Je connais Malraux depuis la fin de la guerre, après la libération de Paris, je le considère comme un ami. Il m'a toujours reçu lui-même, hors de tout protocole. Je sais ce que Malraux a représenté pour Camus : une admiration de l'adolescence, une légende dorée. Je ne doute pas une minute que Malraux partagera mon deuil. De plus, il est ministre de la Culture. À ce titre, j'ai quelque chose à lui demander:

— Camus est mort. Vous comme moi, nous perdons un ami. Ce n'est pas pour me lamenter avec vous que je suis venu. Dans le monde entier, et dans notre pays même, Camus a été pour la jeunesse un porte-étendard par sa langue, par la tonalité de son œuvre. La moindre de ses paroles écrite ou recueillie a désormais un retentissement universel, un retentissement très singulier dont vous connaissez comme moi la nature: son langage est exactement le contraire de la « langue de bois » qui nous menace tous. Il y a une telle intensité de présence dans ce qu'il dit, une telle adéquation entre ce qu'il est, au plus profond de lui-même, et ce qu'il exprime; dans son écriture une absence si totale de camouflage et d'inflation verbale qu'il en a acquis une autorité universelle. J'en ai été témoin en Amérique lorsqu'il a reçu le Nobel; j'ai été témoin du frisson de joie fraternelle qui a saisi la jeunesse de ce grand pays. Camus est actuellement l'un des écrivains qui font le plus honneur à la France. C'est même, à l'heure présente, pratiquement le seul qui ait trouvé le chemin des cœurs de toute une jeunesse dans le monde. Aujourd'hui, elle est en deuil. Ce n'est pas à l'ami de Camus que je m'adresse mais au Ministre de la Culture. La France doit à la mémoire de Camus un hommage solennel, le même genre d'hommage qu'elle a rendu à Valéry. Donnez la possibilité et l'emplacement convenables, le cérémonial proportionné pour que la jeunesse de France puisse se recueillir dans la conscience de ce qui lui a été donné; et une suprême occasion de se ressouvenir de cette voix qui lui est allée droit au cœur.

De surcroît Malraux excelle dans la mise en scène d'une semblable cérémonie. Trois ans plus tard, il réussira admirablement celle faite en l'honneur de Braque, dans la cour d'honneur du Louvre. À sa mort, lui-même, et il s'en doute, aura droit à un hommage de cet ordre. Mais Braque était un peintre, il ne portait pas ombrage à Malraux ; Camus, c'est une tout autre affaire. Ma démarche est une erreur sur la personne.

Pour Malraux, il n'y a qu'un écrivain en France qui compte, qui aurait dû avoir le Nobel, qui mérite la gloire d'une réputation mondiale, un seul écrivain qui soit devant le monde entier la voix de la France, unique, génial : c'est Malraux soi-même, un point c'est tout. Faiblesse d'homme, excusable, mais inexcusable de la part du Ministre chargé du rayonnement culturel de la France. Malraux est trop fin renard pour n'avoir pas deviné ce que je suis venu lui demander, il en mesure tout le bien-fondé, c'est même cela qui le dérange, le hérisse. Mais ce foudre de guerre n'a pas le courage de me le dire en face. Pour la première fois il me ferme sa porte, me fait recevoir par Pierre Moinot qui est un ami de longue date, qui éprouve d'ailleurs un vrai chagrin devant la mort de Camus. Je quitterai la rue de Valois sans avoir vu Malraux.

Par chance pour lui, il sera parfaitement secondé par Francine Camus qui, avec la hâte des veuves, s'emparera de la dépouille de Camus et le fera enterrer comme à la sauvette dans le Luberon. Je reconnais, il est vrai, que ces obsèques intimes et précipitées correspondent en fin de compte à la modestie foncière de Camus. Plus d'un quart de siècle a passé : de tous les écrivains français contemporains, Camus est toujours le plus lu en France et dans le monde. À Paris, une telle obstination dans la gloire ne se pardonne pas.

Mon entrevue manquée avec Malraux, je me retrouve dans la cour du Palais-Royal, qui n'est pas encore ornée des fameuses colonnes tronquées si parfaitement expressives de la décapitation du génie francais : chaque époque a exactement les symboles qu'elle mérite. J'ai plus que jamais besoin de partager mon chagrin. Par un mouvement à demi aveugle, une poussée instinctive, je vais rue de Vaugirard sonner à la porte de Maria Casarès. C'est la première fois que je m'y rends. La cameriste me dit que Madame ne reçoit pas, ne veut recevoir personne : « Dites à Mme Casarès que c'est le Père Bruckberger. » La camériste revient et m'introduit dans la chambre de Maria Casarès qui vient de passer une robe de chambre, elle a le visage ravagé. Nous nous embrassons en pleurant comme des enfants perdus. Nous sommes restés assis sur le lit, l'un près de l'autre. Je crois bien que nous n'avons pas échangé dix mots. Combien de temps suis-je resté ? Une heure ? Deux heures ? Il faisait nuit noire quand, ce soir-là, je suis rentré à Versailles sans dîner.

Je n'ai jamais revu Maria Casarès. Je suis sûr qu'elle se souvient comme moi de ce long moment passé ensemble. Ni l'un ni l'autre, pour des raisons différentes, ne pouvions aller aux obsèques de Camus. Ceux qui enterrent le mort ne sont pas forcément ceux qui en ressentent le plus vivement l'absence. Maria Casarès et moi sommes brutalement amputés. Nous savons qu'aucune prothèse ne dissimulera jamais cette amputation. Qu'il nous faudra vivre et mourir avec.

Je n'ai été ni l'aumônier de De Gaulle, ni même un de ses familiers. Nous eûmes cependant des rapports, que je crois pouvoir qualifier de grande confiance, de ma part bien sûr, mais de la sienne aussi. Au cours de mon séjour en Amérique, il m'écrivit, dans une lettre datée du 8 novembre 1955 : « Mon Révérend Père, il n'y a pour notre pays qu'une seule espérance et une seule question, refaire sa propre substance, matérielle bien sûr (natalité, richesse) mais surtout morale (fraternité et capacité de souffrir). Pour ceux qui vous aiment et vous respectent, pour moi, il est pénible évidemment de vous voir loin d'ici et de vous sentir dans l'épreuve. Mais l'exemple que vous donnez dans l'acceptation et, je le crois, les trésors que vous accumulez dans votre éloignement, sont plus précieux que tout. Laissez-moi vous dire, par exemple, que vos encouragements venus de là où vous les formez, auront compté et comptent pour beaucoup dans ce que je peux moi-même vouloir, et, peut-être, valoir.

« Tout mon grand respect, toute ma fidèle affection vont à vous, mon Révérend Père. Je vous demande votre prière. C. de Gaulle. »

Lettre d'un exilé à un exilé. De Gaulle était à Colombey, mais exilé de la France autant que moi à six mille kilomètres d'elle. Peut-être ne m'aurait-il pas parlé ainsi si je n'avais été si loin. C'est une loi de l'univers de l'esprit que plus la distance s'accroît, meilleures sont les conditions de la confidence. Le christianisme pourrait se définir par une confidence sans aucune réserve de Dieu faite à chacun de nous par son Fils à la fois semblable à nous et si fantastiquement loin, au-delà, au-dessus de nous.

La lettre de De Gaulle a cette singularité de donner une définition exhaustive du gaullisme : refaire la substance de la France par la natalité et la prospérité, mais aussi et surtout par la fraternité et la capacité de souffrir. La capacité de souffrir étant la condition de tout le reste : peut-on imaginer que la France redevienne riche sans ardeur dans le travail ? Qu'elle refasse des enfants sans générosité ? Qu'elle redevienne fraternelle sans que chacun assume dans la dignité son propre destin, lui confère, quel qu'il soit, une dignité ? Toutes choses qui ne vont pas sans capacité de souffrir. Combien de ceux qui se réclament aujourd'hui du gaullisme comprennent, comme il devrait l'être, un tel langage ?

J'écrivais de temps en temps à De Gaulle, surtout quand le spectacle de la déchéance de mon pays, vu de loin, me harassait l'âme ; il me répondait. Quel bonheur eût été le mien de recevoir une lettre du même ton émanant de l'un de mes supérieurs dominicains français. De ce côté-là, je n'attendais plus que le silence ou la foudre. Pour remettre un homme ou un peuple debout, il n'est qu'un moyen : lui assigner un but ardu (la capacité de souffrir), le convaincre qu'il ne perd pas son temps ni sa peine, lui dire qu'y tendre lui vaudra plus encore que les biens matériels, votre respect, votre amour et par-dessus tout, le respect et l'amour de soi sans lesquels il n'y a ni solidarité, ni fraternité, ni rien de ce qui peut nous rendre cette vie sur terre moins dure. Un tel langage est le propre d'un chef, d'un père. De Gaulle se comportait en chef, toujours et partout, même quand il s'abandonnait à un mouvement d'amitié. Le respect, l'affection dont De Gaulle eut la générosité de m'assurer, je les ressentais bien évidemment au centuple pour lui tant pour son action passée que pour l'espérance que je mettais en lui pour l'avenir : sur la pente où mon pays glissait inexorablement, lui seul me paraissait capable de se mettre au travers, de s'arc-bouter, de retenir à lui seul toute la masse.

Je priais pour lui. J'essayais de saisir les motifs qui animaient cette grande âme. J'ai pratiqué De Gaulle, je l'ai observé du temps où nous nous écrivions comme du temps où j'ai pu le rencontrer. Si je ne parlais pas de lui, au moins un peu, ce serait trahir tout ce qu'il m'a apporté, à moi, mais surtout à la France. Il est vrai que si je suis gaulliste c'est à la manière dont je suis dominicain, en franc-tireur. Comme chacun, je regarde avec mes yeux, j'écoute avec mes oreilles, je juge avec ma tête, j'aime ou méprise avec mon cœur. Le De Gaulle que j'ai connu, que je crois avoir connu, ne sera pas celui que d'autres ont connu.

De Gaulle, n'aurait-il pas lui-même égaré ses lecteurs, quand, à la première page de ses Mémoires, il parle d'« une certaine idée de la France » ? À partir de là, il était facile de faire de lui un maniaque, l'homme possédé par une idée fixe, un fou de la France, et qu'il fallait traiter comme tel. Je pense que Roosevelt a eu cette image de De Gaulle, que c'était aussi celle que se faisait un réaliste politique comme Pierre Laval en 1940. Il est vrai qu'en 1940, et pratiquement jusqu'en 1943, la disproportion était telle entre les moyens dont disposait De Gaulle et le but qu'il s'était assigné (faire participer la France à la victoire finale), qu'il a pu longtemps apparaître comme une sorte de Don Quichotte, à la poursuite d'une chimère. Au départ, son entreprise frappait par son invraisemblance : elle ne devint vraisemblable qu'en devenant vraie, en se réalisant. Il y eut d'autres cas semblables dans l'histoire, mais ils sont rares, et frappent les peuples de stupeur : Jeanne d'Arc. Dans son histoire de Charles XII de Suède c'est ce qui stupéfie Voltaire, qui stupéfie les contemporains de Napoléon. La défaite finale a une saveur particulière dans le deuil, cette saveur qu'à un degré plus ou moins accentué nous portons tous en nous, celle de la merveille évanouie.

De Gaulle n'est pas un maniaque, c'est le contraire d'un mégalomane, d'un fou. Essentiellement, il est un stratège : ce qui est le plus remarquable, dans son appel de juin 1940, c'est qu'il n'invoque que la froide et rationnelle analyse stratégique. À aucun moment il ne s'adresse à l'honneur des Français — lui qui en avait un sens si aigu. Aucune allusion non plus à la parole donnée par la France au Royaume-Uni. On a le sentiment que, par-delà tous les soldats et marins français, tous, auxquels il s'adresse directement, De Gaulle parle surtout et peut-être uniquement aux quatre ou cinq chefs militaires qui détiennent encore les lambeaux de notre puissance guerrière : notre flotte intacte et armée, nos immenses territoires coloniaux. Et que dit De Gaulle à ces chefs de guerre ? Il ne leur dit pas : « En ne continuant pas le combat, vous vous déshonorez ! » Il leur dit : « Prenez garde de ne pas miser sur le mauvais cheval. Analysez correctement la situation. Il est clair qu'à la fin des fins, l'Allemagne sera vaincue. »

« La France a perdu une bataille ! La France n'a pas perdu la guerre ! *Cette guerre est une guerre mondiale !* Dans l'univers libre, des forces immenses n'ont pas encore donné. Un jour, ces forces écraseront l'ennemi. Il faut, ce jour-là, que la France soit présente à la victoire ! Tel est mon but, mon seul but ! »

L'homme qui a fait l'appel du 18 juin n'est pas tellement l'homme d'une idée, que l'homme d'un raisonnement stratégique, dont au fil des mois, les faits viendront confirmer la justesse. Telle est sa grandeur et sa solitude puisqu'à ce moment-là, il est seul à tenir ce langage, à faire ce raisonnement. Au fur et à mesure que se déroulera la guerre, point après point, les faits lui donneront raison. D'où la rage qui ira s'accroissant d'un Weygand, d'un Darlan, d'un Boisson, d'un Laborde, d'un Noguès contre De Gaulle : dès le départ il leur avait démontré qu'ils étaient des imbéciles, des incapables, et que leurs galons n'y changeaient rien. Stratégiquement, lui seul s'était montré à la hauteur de la situation, l'avait analysée correctement. Ce sont là choses qui ne se pardonnent pas au sein d'une confrérie.

Entre De Gaulle et la Résistance intérieure, il me semble qu'il y eut aussi un malentendu. Chez Claude Bourdet, à Vence, et dès le mois d'août 1940, j'ai vu se dessiner les premiers linéaments de la Résistance intérieure pour ce qu'on appelait « la zone libre ». Au début du moins, le raisonnement stratégique n'y eut aucune part. D'ailleurs, nous n'avons connu que tardivement le texte intégral de l'appel de juin 1940 : pour ce qui me concerne, je crois ne l'avoir lu qu'en 1943. Je parle ici pour moi, mais aussi pour ceux que je rencontrais, et qui ont véritablement fondé la Résistance en zone sud. Notre attitude ne procédait aucunement d'un raisonnement stratégique, mais d'une révolte de l'honneur contre le fait accompli. Nous n'acceptions pas, nous préférions crever l'un après l'autre plutôt que d'accepter la défaite et l'humiliation de la France. Le fait que la déchéance de la France soit cautionnée par un Maréchal de France, jusque-là couvert de gloire, ne faisait qu'aggraver le poids de la honte. Avant d'avoir raison, De Gaulle était pour nous le symbole intact de l'honneur français. Ce n'est que peu à peu que nous prîmes conscience que nous avions pour chef, non seulement un soldat de droiture, mais aussi la seule tête qui avait pensé cette guerre lucidement, avec un génie stratégique incomparable.

Il se trouva aussi que le déroulement concret des faits conféra à notre lente découverte de la personnalité du Général le caractère d'une progression dramatique. S'il est vrai qu'il faut surprendre le spectateur avec ce qu'on lui fait attendre, l'histoire de la France s'est alors déroulée avec une précision théâtrale absolue. Voilà un homme, séparé de nous par la mer, dont, à travers les brouillages et parfois avec péril, nous avons avidement écouté la voix pendant quatre ans, sans jamais le voir. Il nous parlait de la France libre et en guerre, sur les champs de bataille, alors que nous étions aux mains de l'ennemi. Ceux d'entre nous, comme Morandat, qui allaient et venaient entre lui et nous, nous paraissaient des êtres aussi mystérieux que des Anges, porteurs d'une révélation forcément parcellaire, dont nous ne pouvions saisir tout le sens, mais qui suffisait à nous affermir dans l'espérance. Ils apparaissaient d'ailleurs et disparaissaient comme des Anges. Et puis à la fin, lui, le 25 août 1944, est arrivé à Paris, nous l'avons vu, vu de nos yeux, il nous a serré la main. Nous en sommes restés déconcertés, presque incrédules, tant la réalité de sa personne était décalée par rapport à une attente si longue, si impatiente. Seuls, ceux d'entre nous qui furent très attentifs au déroulement de l'action, pressentirent que cet homme, dont pendant quatre ans nous avions fait un mythe, était plus et mieux que ce que nous attendions, sans doute que ce que nous méritions.

Quant à la suite, si nous avions quelque lecture, elle n'a pas pu nous étonner. Le Duc de Saint-Simon a écrit · « La grandeur d'un service, au-dessus de toute récompense, a, presque dans tous les temps et en tout pays, porté à terre ceux qui l'ont rendu. »

L'image que je garde de De Gaulle est celle d'un héros de Shakespeare : à la fois le Prospero dans « *La Tempête* », et, tout à la fin, le Roi Lear errant sur la lande déserte. Mais d'abord et avant tout Othello ! De Gaulle, à mon sens, n'a pas été l'homme d'une idée, serait-elle « une certaine idée de la France ». Sous un masque d'impassibilité, il était un volcan de passion qui cachait l'activité du feu qui le dévorait. De Gaulle est même l'homme d'une seule et unique passion qui, en lui, asservit tout, même le génie qu'il a grand. C'est vrai, il a la passion de la France, poussée à un tel degré que je me demande si, dans notre histoire, l'un quelconque de nos souverains en fut à ce point possédé. Henri IV, François Ier ont aimé la France follement, à la manière d'une maîtresse capiteuse. Napoléon a aimé la France mais pour assouvir son goût du commandement, du pouvoir, il en a dissipé la substance. De Gaulle a aimé la France humblement et pour la servir, pour la tirer de l'abîme, pour la sauver. Il n'est humble qu'en face d'elle, mais en sa présence, il est d'une humilité désarmante. Il lui voue une passion exclusive, source unique de toutes ses joies et de tous ses malheurs, de toute sa générosité, et aussi de toutes ses injustices. Il a l'âme grande, le génie vaste, mais cette passion est comme la mer qui, parfois, balaie de ses vagues le pont du navire. On l'a accusé d'être orgueilleux, méprisant, voire même impitoyable: ces qualificatifs n'ont aucun sens quand il s'agit de De Gaulle: reproche-t-on à l'océan son orgueil, son mépris, sa sévérité?

Sur ce dernier point du caractère impitoyable de De Gaulle, j'ai quelque chose de précis à dire. La période où je l'ai rencontré souvent est celle qui va de la libération de Paris en 1944 jusqu'au début de 1946, où il abandonna le pouvoir. De par mes liens avec Joseph Darnand, et du fait de ma situation dans la Résistance, j'étais devenu l'unique recours pour nombre de garçons qui s'étaient fourvoyés dans la Milice et dans la collaboration. Au moment de la libération du territoire, j'en ai fait passer dans la Division Leclerc ou dans la Légion étrangère: ceux-là ont en général échappé même aux tribunaux. Mais pour d'autres, arrêtés, jugés, et certains condamnés à mort, on se tournait vers moi. Après étude de chaque dossier, je demandais audience au Général: il m'a toujours reçu. Je crois lui avoir demandé une dizaine de grâces. Je les ai toutes obtenues. Beaucoup plus tard, un jour où j'eus l'occasion d'évoquer devant l'Amiral Philippe de Gaulle que le Général m'avait accordé toutes les grâces que j'avais sollicitées, il répondit sobrement (à la manière de son père) : « C'est parce que vous saviez les lui demander ! »

Darnand n'avait jamais demandé sa grâce, il avait même interdit qu'on la demandât pour lui. Et pourtant au moment suprême, il se passa entre De Gaulle et Darnand, quelque chose d'absolument singulier. Après sa condamnation à mort et sans aucune illusion sur son sort, Darnand écrivit une lettre à De Gaulle, d'ailleurs fort belle pour un homme sans culture. Il revendiquait dans le malheur la totale responsabilité du chef vaincu, il sollicitait humblenent la clémence pour ceux qui l'avaient aveuglément suivi. De Gaulle éprouva le besoin de répondre à cette lettre et le fit oralement par mon intermédiaire, à la veille même de l'exécution. Sur le départ pour un voyage en Belgique, il me fit appeler. L'entrevue fut brève : « Dites-lui que de soldat à soldat, il garde mon estime ! » Il ne fut pas question de grâce, mais en revanche, évoquant des miliciens, il me dit n'avoir pas l'intention de les laisser pourrir en prison ; et qu'il les enverrait sur les champs de bataille de l'Empire. La guerre d'Indochine commençait : « La France a besoin de tous ses fils ! »

Je découvris là un trait caractéristique de De Gaulle dans l'exercice de sa fonction de chef d'État : le privilège régalien lorsqu'il s'exerce en plénitude dans le droit de grâce ou celui de l'exécution de la peine de mort. Des politiciens aussi incultes que frivoles ont aboli la peine de mort, or, dans une société policée, sa bienfaisance est sacrée. Dans la pensée, et plus encore dans le caractère d'un De Gaulle l'exécution de la peine de mort est œuvre de réhabilitation, elle peut être le dernier hommage que la société rend à un condamné qui n'a pas perdu toute dignité. C'est ainsi que De Gaulle a perçu les choses vis-à-vis de Darnand, il a voulu que Darnand le sache avant de mourir, et Darnand lui-même était en plein accord sur ce point avec De Gaulle : il est mort apaisé, il avait perdu, il payait, c'est la loi de suprême dignité de la guerre, et probablement aussi de la vie. J'aimerais un jour mourir dans le même esprit de noblesse et d'espérance que lui. De Gaulle envoyait Darnand à la mort, et, par ma bouche, l'assurait de la permanence de son estime « de soldat à soldat ». En effet De Gaulle plaçait très haut et très à part ce soldat-là qui, le 14 juillet 1919, représentait toute l'infanterie française au Défilé de la Victoire, où il avait reçu la médaille militaire sur le même rang que deux autres « artisans de la victoire finale » : Ferdinand Foch et Georges Clemenceau. De Gaulle se considérait le dépositaire du passé de la France, se voulait sa mémoire parce qu'il se savait son espérance.

On a fait, on fait toujours, me semble-t-il, un contresens au sujet de l'exécution de Robert Brasillach. Je ne crois pas une minute à cette histoire de fausse photo où Brasillach était représenté sous l'uniforme allemand, et qui aurait déterminé le refus de la grâce. Je soupçonne que c'est tout le contraire qui s'est passé. Ce qui m'autorise à le dire, c'est que je l'ai constaté de manière éblouissante avec Darnand où il y eut exécution, alors qu'en d'autres cas la grâce fut accordée. Chez De Gaulle, la grâce s'accompagnait souvent d'un secret mépris pour le condamné qui n'était même pas jugé digne du poteau d'exécution. Pour Pétain, ce fut éclatant : le pauvre homme n'était plus ni apte ni capable de payer pour les actes qu'il avait commis. Laval, lui, l'était : il a été exécuté. Je suis absolument certain que De Gaulle ne méprisait pas Laval : ce n'était qu'un politicien cantonné à un rôle qui ne lui permettait pas de vraiment déshonorer la France. Tandis que le vainqueur de Verdun, lui, l'avait déshonorée, peut-être pas tellement à l'armistice qu'à Montoire, où il était allé serrer la main de Hitler. De Gaulle se faisait une trop haute idée de la fonction nationale de l'écrivain comme de la qualité personnelle du poète Brasillach, pour lui faire grâce. S'il n'eût été qu'un mauvais écrivaillon, sans doute l'eût-il gracié. Mais parce qu'il avait été frôlé par l'aile de l'Ange, parce qu'il avait profané en lui quelque chose de sacré, il devait mourir. C'est à cette altitude que De Gaulle exerçait le droit de grâce, au nom de cette

Dame qui siège sur un trône de splendeur, et qui s'appelait la France.

De Gaulle était le revenant de temps très anciens, où le pouvoir politique n'était pas encore tombé en mains bourgeoises et où tous, en France, ne comprenaient qu'un seul langage, celui de l'honneur.

Dans la dernière scène, qui clôt de manière atroce la tragédie de Shakespeare, Othello prononce pour la première fois le mot « honneur », et il va mourir : « Je n'ai rien fait par haine, j'ai tout fait par honneur ! » De De Gaulle, c'est tellement vrai ! Il parlait peu d'honneur. Mais on ne comprendrait rien à ce qu'il fut si on ignorait ce ressort fondamental qui régissait cette âme des hautes altitudes. Qu'on relise la brève allocution adressée aux Français, le 8 mai 1945, jour où fut consacrée la défaite de l'Allemagne nazie. Après cinq ans d'une si rude remontée, on comprendrait qu'il y eût dans ce discours quelque expression d'orgueil satisfait mêlé de ressentiment. Il n'y en a pas trace. Ce texte peut être relu aujourd'hui par n'importe quel jeune Allemand, sans qu'il éprouve la moindre offense. « En situation », comme on dit au théâtre, jamais le mot « grandeur » n'aura eu à ce point la plénitude de son sens.

Othello, dis-je !

De Gaulle fut chef d'État, et quel chef d'État ! Il était parfaitement conscient que le service de l'État est incompatible avec la moindre sentimentalité. C'est lui qui a dit : « Un État n'a pas d'amis, il n'a que des intérêts. » On voit clairement ce que des politiciens vulgaires peuvent faire d'une telle maxime, surtout quand ils confondent, comme il arrive, leur intérêt propre, l'assouvissement de leurs ambitions, avec l'État. Ni l'un ni l'autre de ces deux reproches ne peuvent être adressés à De Gaulle.

Au vrai, pour lui, il ne s'agissait pas de l'État mais de la France. Et devant elle, cet homme d'apparence glaciale, distant, n'était plus que passion, une passion farouche, sauvage, exclusive ; il en était intérieurement dévoré comme d'un incendie dévastateur, qui le consumait tout entier au point que lui était insupportable l'hypothèse que quiconque pût aimer la France autant qu'il l'aimait. Il n'était pas maître de cette passion, il y était asservi, il en était la proie pantelante. La France fut vraiment sa seule occupation, sa souffrance la plus aiguë et sur laquelle le temps n'avait pas prise, sa fierté, sa joie à leur comble. Au fond, comme l'amant jaloux qu'il était envers elle, il ne supportait d'autres amoureux de la France que morts, comme Jean Moulin, ou lorsqu'ils étaient loin d'elle, comme moi. Je suis sûr qu'il ne m'eût jamais écrit les lettres confiantes qu'il m'a écrites, si je n'avais été exilé. C'est Othello qui dit : « J'aimerais mieux être un crapaud et vivre dans les exhalaisons d'un soupirail, plutôt que de laisser, dans l'être que j'aime, la moindre parcelle à l'usage d'autrui. »

D'où le malentendu, qui ne s'est jamais dissipé, entre la Résistance intérieure et lui. Il refusait jusqu'à la seule pensée qu'en dehors de lui, il y eût eu, sur le sol occupé de la France, un grand amour héroïque et sacrificiel, un holocauste permanent de victimes expiatoires vouées à la seule France. Comment pouvait-on prétendre avoir aimé la France, au cours de ces années terribles, jusqu'au sacrifice de sa vie, et qu'il n'y eût été pour rien ? Or il est vrai que, même sans De Gaulle, il y aurait eu sur le sol français une résistance à l'ennemi, résistance non d'intelligence mais de passion, une résistance d'honneur, absurde tant qu'on voudra, dérisoire peut-être, sûrement, mais instinctive, irréductible. De Gaulle n'a à aucun moment admis de plein cœur la Résistance intérieure, parce qu'elle est née, qu'elle a grandi, qu'elle s'est faite d'abord en dehors de lui. Pour De Gaulle, aussi cornélien qu'il est shakespearien, il en fut de la France comme de Rome pour Sertorius : « *Rome n'est plus dans Rome, elle est toute où je suis !* » Reconnaître à quiconque un droit équivalent au sien sur la France, lui était intolérable.

La tragédie de Shakespeare me paraît une « grille de lecture » étonnamment appropriée à ce caractère et cette histoire. Si De Gaulle est Othello, la France est sa Desdémone. Seul le dénouement de l'histoire différera car Shakespeare est « moral », la vie ne l'est pas, surtout celle des nations. Mais le lien de jalousie fiévreuse entre Othello et Desdémone est le même qu'entre De Gaulle et la France. Comme il en est de toutes les passions poussées au paroxysme, celle de De Gaulle pour la France sera la source exclusive de ses labeurs, de toutes ses entreprises, de tous ses échecs, de ses triomphes, de ses coups de génie et aussi de ses aberrations.

La manière dont De Gaulle séduit la France relève du sortilège, comme dans Shakespeare. Tout d'abord, Desdémone est la princesse lointaine, inaccessible, séparée d'Othello par un fossé social aussi profond que le serait un infranchissable gouffre. Il parvient cependant à la séduire, en lui contant ses campagnes lointaines : « Pour écouter ces choses, Desdémone déployait une curiosité attentive... et c'est d'une oreille affamée qu'elle dévorait mes paroles... Elle m'aimait pour les dangers que j'avais traversés, et je l'aimais pour la sympathie qu'elle y avait prise. Telle est la sorcellerie dont j'ai usé ! » De Gaulle est séparé de la France par le fossé de la défaite et de la mer. Mais pendant quatre ans, à la radio, il parle à la France ; il l'arrache peu à peu à la réalité de son humiliation, il la fait même rêver d'actions d'éclat, de gloire militaire, d'espérance, de liberté : « Nos avions sillonnent les airs ; nos marins se battent sur toutes les mers ; nos soldats arrêtent l'ennemi à Bir Hakeim ! Tout ce qui vous opprime quotidiennement va être vaincu, balayé, comme paille au vent. Vous serez de nouveau une grande nation libre ! Sachez que la victoire nous aime encore, qu'elle aime nos drapeaux ! » Il persévère, il exagère, il en rajoute, la France écoute, médusée. Prodigieux discours, qui nous vient de si loin, qui agit sur nos nerfs comme une incantation. À travers le récit de cette légende d'elle-même, qui s'écrit si loin, la France se met à aimer celui qui la lui raconte. Elle veut y croire parce qu'elle a besoin d'y croire et de penser que ce qu'elle vit n'est qu'un cauchemar qui va se dissiper.

Il paraît enfin. La France se jette littéralement dans ses bras. D'après les documents cinématographiques quand, le 26 août 1944, De Gaulle est à l'Arc de Triomphe et qu'il se retourne vers l'avenue des Champs-Élysées bouillonnante de monde, sur le visage de cet homme, au masque généralement grave, sévère, erre un étrange sourire. Le même et indéfinissable sourire que celui du Chevalier de la Table Ronde qui, le dragon tué, délivre sa Princesse emprisonnée, réveille la Belle, dormant depuis quatre ans aux bois de captivité et de torture. Tous les autres, et j'en étais, vivent ce moment de la libération de Paris, chacun à sa façon, dans l'exultation, le haussement de son être au-dessus de soi-même. Mais lui, De Gaulle ? Il vit ce moment comme si de toute éternité il était destiné à le vivre, destiné à se trouver un jour seul devant la France, seul avec la France : lui et la France ! La France et lui ! Au milieu de la foule en délire, de son déchaînement formidable, imprègne les lèvres de De Gaulle le soupir à peine articulé des amants qui se retrouvent : « Enfin seuls ! », et sûrs que désormais personne ne les séparera jamais plus.

Ses douze années de ce qu'on appelé sa « traversée du désert », il les a vécues aussi douloureusement que l'amant à qui on a enlevé sa bien-aimée :

Et la mer efface sur le sable
Les pas des amants désunis !

Le but de la tragédie est de provoquer chez le spectateur la terreur et la compassion. « *Othello* » est une tragédie parfaite : on ne compatit bien qu'à ce qu'on admire, et qui n'admirerait Othello ? Shakespeare a su montrer que les qualités mêmes d'Othello, la générosité, la loyauté de son caractère, sa magnificence, son sentiment de la beauté et de l'honneur, le rendent plus vulnérable qu'un autre à la jalousie. Sa grandeur même le fragilise. Parlant à Desdémone, il dit : « O créature sublime ! Que la perdition saisisse mon âme si je ne t'aime pas ! Va ! Quand je ne t'aimerai plus, ce sera le retour du chaos ! » Mettez ces paroles sur les lèvres du Général en face de la France. Si, lui évincé, il prédisait le chaos, ce n'était pas comme on l'a trop cru par un fol orgueil. À l'intérieur de cette dédicace passionnelle qu'il vouait à la France, c'était moins le chaos pour la France qu'il redoutait que le chaos pour lui-même. Sa passion pour elle était devenue l'armature de son âme, il ne se définissait que par elle.

Pour De Gaulle comme pour Othello, c'est la violence de sa passion qui le rend si vulnérable à la jalousie, et, comme le dit Shakespeare, « les cœurs jaloux ne sont pas toujours jaloux sur un motif précis : ils sont jaloux parce qu'ils sont jaloux. C'est un monstre engendré de lui-même, né de lui-même ». D'où les tourments du doute qui les hante : « M'aimes-tu ? Prouve-le-moi ! » On aura beau accumuler les preuves et les assurances, le doute n'en finit jamais de renaître dans un cœur jaloux. C'est à ce doute, à ce besoin d'être rassuré, que j'attribue l'usage constant du référendum par De Gaulle. Là, le jaloux ressemble au joueur. Le vrai joueur pousse sa chance toujours plus loin jusqu'à ce qu'enfin il perde.

Sur le moment, j'ai été désespéré et exaspéré par le dernier référendum proposé par De Gaulle aux Français, tant il était évident que le texte de ce référendum était alambiqué, mal rédigé, incompréhensible, et que toute l'affaire était si mal engagée qu'il devenait impensable qu'elle pût être gagnée. En 1971, un an après la mort de De Gaulle, par les hasards d'un service de presse, je rencontre chez mon éditeur Jeanneney, l'ancien ministre du Général, celui qui avait écrit le texte misérable de ce référendum :

— Jamais, lui dis-je, je ne vous pardonnerai ce maudit référendum, qui a causé le départ du Général.

— De Gaulle exigeait ce référendum !

— Il fallait résister à cette exigence. Après tout,

quand devant le tribunal qui le jugeait, le Général Salan eut échappé à la condamnation à mort, De Gaulle était si furieux qu'il décida sur-le-champ que le Général Jouhaud, déjà condamné à mort, fût exécuté immédiatement. Il voulait cette exécution, il l'avait décidée. Vous savez aussi bien que moi ce qui s'est passé. Pompidou, Premier Ministre, et Jean Foyer, Garde des Sceaux, eurent le courage de résister à cette décision, mettant leur démission immédiate dans la balance : si au petit matin, Jouhaud était exécuté, du moins eux ne seraient-ils plus ministres. Et De Gaulle est revenu sur sa décision, preuve qu'on pouvait le faire reculer. Pompidou et Foyer lui ont évité de commettre une redoutable bêtise. Je ne suis pas sûr qu'il ne leur en ait pas tenu grief. Mais Pompidou et Foyer aimaient la France, ils étaient capables de rendre service à De Gaulle malgré lui. Ce dont apparemment vous êtes incapables, Couve de Murville et vous !

— Tout ce que vous pourrez dire n'empêchera pas que De Gaulle nous ait fait confiance, à nous.

— Je ne le nie pas, monsieur le Ministre. Mais je sais aussi que le mystère d'Othello n'est pas qu'à la fin il ait étranglé Desdémone et qu'il se soit lui-même fait périr, c'est qu'il ait aimé Iago au point de le croire et de lui faire confiance.

La repartie m'est venue sur-le-champ, sous le coup de la fureur, du ressentiment que j'éprouvais encore à la suite de cet absurde référendum, absurde au point qu'on peut se demander s'il n'exprimait pas en De Gaulle une pulsion incontrôlée au suicide politique, un dernier raffinement de torture sur lui-même : être publiquement désavoué par les Français, dépouillé par eux de son droit héritage, devenir le Roi Lear en deuil de son royaume, errant, au bord de la folie, cette folie grandiose qui n'est que la rançon d'avoir trop aimé.

Aussi vraies qu'aient été sa passion pour la France, son inquiète jalousie, vraie aura été son inclination pour l'un ou l'autre des « Iago » qu'il a introduits dans ses conseils.

Mon retour d'Amérique en Europe a coïncidé avec le retour de De Gaulle « aux affaires », comme il disait. Éprouverait-il pour vous de l'affection, il est difficile de rencontrer un homme qui est dans l'exercice du gouvernement. Cela ne dépend plus ni de vous ni de lui : l'exercice du pouvoir est à la fois une prison et un exil, au point que je m'étonnerai toujours de voir qu'il y ait autant de postulants pour une telle vie de pénitence, atténuée, il est vrai, par quelques avantages matériels, mais grevée d'une solitude si irrémédiable que je pense aux hommes d'État comme à des lépreux, je trouve leur sort digne que l'on prie pour eux comme on prie pour les morts.

Au début de juillet 1958, je suis à Paris, pour faire la connaissance de Jules Borkon. J'avertis le cabinet du Général de mon bref passage à Paris, et De Gaulle trouve le moyen de me recevoir une demi-heure. C'est lui, comme il le fait à chaque fois, qui parle. Il m'exprime crûment son dégoût des hommes politiques français : « Pendant douze ans, ils n'ont été capables que de me barrer le chemin. C'est moi qui mettais en danger la République, c'est eux qui en étaient les seuls gardiens, les seuls sauveurs. Quand la frousse les a pris aux tripes, alors ils sont venus me chercher. Ils ne se sont pas agenouillés devant moi, ils se sont couchés, vous m'entendez, couchés ! » Mais s'il n'a que mépris pour le monde politique, c'est l'armée qu'il craint : « Cette fois-ci de jeunes officiers, et brillants, ont pris goût à la politique. C'est cela qui est dangereux ! Il faudra bien leur faire passer ce goût ! » Pas un mot sur l'Algérie. Je ne lui pose aucune question. Comme à son habitude, il est infiniment courtois et prévenant à mon égard ; il est vrai que je ne lui demande rien pour moi et qu'il en sera toujours ainsi.

Je l'ai revu une autre fois, plus longuement, au moment de la parution de mon livre, « *L'Histoire de Jésus-Christ* ». Cette lecture l'a satisfait, il veut me le dire :

— Combien de temps vous a-t-il fallu pour écrire ce livre?

— Trois ans, mon Général!

— Trois ans... C'est peu pour un tel livre!

— Quand je dis « trois ans », mon Général, je devrais dire : trois ans plus cinquante ans, car ce sujet-là a réellement absorbé toute ma vie...

— C'est bien ainsi que je l'entends!

Chose curieuse, cet entretien est de beaucoup le plus long que j'ai eu, seul à seul, avec le Général, et il ne m'a laissé, pour ainsi dire, aucun souvenir précis autre que celui que je rapporte. L'affaire d'Algérie était réglée, le Général n'avait pas de préoccupation spéciale, il était au faîte de sa souveraineté, il m'avait fait venir à dix-neuf heures et la conversation se prolongeait pour le plaisir. La seule image que j'en garde est celle d'une courtoisie attentive et même familière, mais surtout d'une sérénité inaltérable : chez les tout grands, la majesté est infiniment moins redoutable qu'on ne le suppose. Quand on approchait la personne de De Gaulle, la majesté était palpable. Je pense qu'elle pouvait devenir terrifiante. Pour moi, elle n'a jamais rien eu que de rassurant. Peut-être fut-ce un singulier privilège. À son sommet, la France a besoin d'une majesté.

Ce qu'on appelé « la guerre des Six Jours » venait de s'achever par le triomphe de l'armée israélienne, sur trois fronts à la fois. À ce moment-là eut lieu ma dernière rencontre avec De Gaulle. Précisément le mardi soir qui suivit cette performance guerrière éblouissante : en six jours, Israël avait conquis le Sinaï sur l'Égypte, la vieille cité de Jérusalem et la Cisjordanie sur la Jordanie et la Légion arabe, les crêtes du Golan sur la Syrie : jamais aucune nation n'avait fait de son handicap majeur (l'exiguité de son territoire), l'élément décisif de sa victoire. Dans le monde entier, les amis d'Israël avaient tremblé pour son existence, Israël seul avait renversé tout le jeu, était devenu d'un coup la première puissance guerrière du Moyen-Orient. Comme d'habitude, les diplomates étaient pris de court, consternés. Pour des raisons qui me restent obscures, même aujourd'hui, où se mêlait peut-être quelque dépit personnel, De Gaulle avait jeté l'embargo sur les fournitures d'armes à Israël par la France, et prononcé cette phrase qui a fait instantanément le tour du monde, et qui prétend caractériser le peuple juif : « Peuple d'élite, sûr de lui-même, et dominateur ! »

La guerre des Six Jours s'était terminée le dimanche. Le surlendemain, j'étais invité à dîner à l'Élysée. Pure coïncidence dans laquelle je n'étais pour rien, où personne n'était pour rien. Les protocoles des chefs d'État sont des machines lentes, qui prévoient les détails de la vie quotidienne très à l'avance. Il faut des catastrophes pour brouiller leur démarche solennelle. Cela faisait deux mois que j'étais invité à l'Élysée pour présenter à De Gaulle, un film de montage, intitulé « *Tu moissonneras la tempête* », qui m'avait coûté un gros travail, lequel, sur documents, évoquait l'occupation et la libération de la France (1940-1945), donc toute l'épopée de la France libre et de la résistance intérieure.

Sur un projet et mon nom, De Gaulle m'avait donné la permission explicite d'utiliser dans le commentaire ses « *Mémoires de Guerre* » à mon gré. Ce que je fis, et sans qu'il intervînt. Mais le film achevé, la simple courtoisie, sans évoquer les dispositions de la loi qui faisaient de lui le coauteur de ce film, voulait qu'il prît connaissance de ce film en avant-projection et décidât lui-même de maintenir son nom au générique ou de le retirer. On imagine l'importance qu'avait pour moi cette projection !

Outre le texte des *Mémoires* du Général, j'avais utilisé un poème d'Éluard, un poème de Supervielle, un ou deux poèmes d'Aragon. La musique était de Jean de Rohozinsky à laquelle j'avais ajouté, pour accompagner les images du débarquement dans le Midi la « marche des Rois » dans l'« *Arlésienne* » de Bizet. Georges Bizet, Charles de Gaulle, Éluard, Supervielle, Aragon, ajoutés à mon nom : on comprendra que je tenais au générique presque autant qu'au film. Je crois bien être le seul à qui De Gaulle ait donné l'autorisation d'utiliser son nom, de cette façon et dans une si complète liberté.

La projection est prévue pour vingt et une heures trente dans la grande salle de réception de l'Élysée ; elle sera assurée par le service cinématographique de l'armée ; tous les hauts fonctionnaires de l'Élysée y sont conviés avec leurs épouses. Ce qui doit faire près de cent personnes.

J'étais loin de m'attendre à tant de solennité, encore plus loin de la désirer. J'avais rêvé d'une projection réservée au Général, à Mme de Gaulle et peut-être à quelques intimes. Mais le Général ne l'entendait pas ainsi. Il s'est sûrement posé mon problème personnel : un lieutenant n'est pas un officier confirmé tant qu'il n'a pas subi l'épreuve du feu ; un cinéaste n'est pas un cinéaste confirmé tant qu'il n'a pas subi l'épreuve d'un public relativement large. Il m'a fait confiance. Si l'œuvre déçoit, je serai rayé des cadres, c'est tout, et du même coup, lui, De Gaulle, enlèvera son nom du générique. Il faut que ce qui doit être fait soit fait. À chacun ses responsabilités. À lui, la responsabilité de son nom. À moi, la responsabilité de mon film. Et tout sera clair. La pire des choses est de perdre son temps. L'épreuve du feu est toujours un honneur, il faut la prendre comme telle, y faire face.

Le Général a de l'exercice de la souveraienté la même conception qu'un vrai poète a de la poésie, qu'un véritable artiste (peintre, architecte, compositeur), a de son art propre : la beauté est faite de détails, c'est-à-dire qu'il n'y a pas de détails. Il faut réduire au minimum la place du hasard : tout est intentionnel, chaque détail va vers le but assigné, même si, pour le commun, ce but reste obscur. Tout se paie dans sa vraie monnaie. Je garde de cette soirée le souvenir que le Général a voulu me prouver la fidélité de son estime et de son affection, me rendre un hommage à sa mesure, précis et singulier, me mettre à l'épreuve du feu. À moi d'être à la hauteur de ce qui m'était si gracieusement offert.

Car le Général n'a pas seulement prévu la projection, mais il a prévu un dîner qui précédera la projection. Donné d'évidence en mon honneur, je suis à la droite de Mme de Gaulle, presque en face du Général ; les convives sont peu nombreux : le chef de son cabinet civil, Chevalier, et son épouse, le chef de ses aides de camp, le Colonel Descrienne et son épouse. Peut-être y eut-il une ou deux autres personnes dont je ne me souviens pas. L'intimité de ce repas avait sa signification. De Gaulle était au sommet de l'État, mais il voulait me laisser entendre que pour une fois Louis XII n'avait pas oublié le Duc d'Orléans, qu'il se souvenait non seulement de la manière dont j'avais fait la guerre mais aussi de celle dont j'avais assisté Joseph Darnand, ainsi que du correspondant qui pendant « la traversée du désert » lui écrivait de la lointaine Amérique des lettres qui, de son propre aveu, lui étaient source de réconfort et d'espoir.

Par la consonance de mon nom, De Gaulle me croit alsacien. Sa courtoisie est allée jusqu'à me faire servir avec le poisson un merveilleux vin d'Alsace. Je remercie, et j'explique que je suis né autrichien, que cela m'a valu quelques malheurs, qu'à vingt ans j'ai choisi d'être français, et que c'est sans doute pour cela que je me suis senti dans l'obligation d'en faire un tout petit peu plus que d'autres pour me prouver à moi-même que je méritais d'être français. D'ailleurs, je mange peu, je bois encore moins. Le Général me le fait remarquer, me demande si je suis au régime, ce qui, venant d'un autre, m'eût terriblement vexé.

— Non, mon Général. J'ai le trac !

— C'est une preuve de bonne santé !

Ce qui ne me rassure pas pour autant.

Depuis la fondation d'Israël, je suis pro-israélien. Ce n'est pas le lieu ici d'en donner toutes les raisons. Mais je le suis au point que je ne comprends pas qu'on ne le soit pas. Israël est l'ultime rempart de l'Occident au Moyen-

Orient qui, sans lui, tomberait instantanément dans l'escarcelle soviétique. C'est dire qu'à l'époque où je suis reçu à l'Élysée, je me trouve en porte à faux avec la politique du Général : je n'avais pas prévu que je serais amené à le revoir en des circonstances où je ne serais pas en accord avec lui. Invité depuis deux mois, les récents événements me font réfléchir intensément sur l'attitude que j'adopterai au cours de ce dîner face à nos divergences sur cette épineuse question. Les lui dissimuler me paraît indigne, autant de lui que de moi, de nos rapports de confiance, et comme une sorte d'affront que je lui eusse fait. Je parlerai donc, mais en toute courtoisie. Comme en poésie, il n'y a de courtoisie que de l'indirect. Cette situation me rappelle étrangement un certain dîner à la belle étoile, où je recevais l'hospitalité du Bachaga d'Aïn Sefra.

Aux deux tiers du repas, je prends mon courage à deux mains :

— Mon Général, me permettez-vous de vous raconter une histoire qui court en ce moment dans Paris au sujet d'Israël et de sa foudroyante victoire ? Bien entendu ce n'est qu'une histoire sans importance...

Le seul nom d'Israël fait l'effet d'une bombe ou comme si la foudre était tombée au milieu de nous. Un Ange passe. Tous les convives, tous, sauf le Général et moi, rentrent la tête dans les épaules, piquent du nez dans leurs assiettes. Le Général me regarde avec une curiosité goguenarde et m'encourage :

— Mais bien volontiers, dit-il chaleureusement.

— Eh bien, voilà ! En Indochine, quand le Général Ky, dont la guerre traîne en longueur depuis des années, apprend que Moshé Dayan a gagné la sienne en six jours, il prend l'avion pour Tel-Aviv et rencontre le Général israélien : « Comment puis-je faire moi-même pour liquider ma guerre en six jours ?

— C'est bien simple, lui dit le Borgne, vous prenez tous les Nord-Vietnamiens, et vous les remplacez par des Arabes ! »

Le regard du Général s'appesantit sur moi, sans rien perdre de sa curiosité amusée :

— Encore faudrait-il remplacer les Sud-Vietnamiens par des Israéliens !

Cette fois, j'ai l'ouverture que je guettais, je fonce :

— Mon Gênéral, il m'est impossible d'imaginer que le Colonel de Gaulle qui, en 1935, faisait à l'École de Guerre de si brillantes conférences sur la guerre moderne et motorisée, n'ait pas ressenti de l'allégresse, et même un sentiment de fierté, en voyant la manière dont ses théories ont été superbement appliquées sur le terrain.

Un temps. Puis la réponse arrive, désabusée, royale, tranquille, et qui clôt le débat :

— Malheureusement, ce n'est pas par les Français !

Les Français qu'il voudrait toujours plus à la hauteur du rêve et de l'ambition qui le dévorent pour eux ! Pas un mot de mépris pour les Israéliens, mais de l'admiration. Et aussitôt sa pensée tournée de nouveau vers la France, qu'il sent désormais à des lieues d'un tel héroïsme alors que, tout au long de son histoire, l'imagination guerrière fut sa spécialité nationale. Ce qui le déchire. Tout ce qu'on a dit d'autre sur la fameuse petite phrase au sujet du peuple juif ne me paraît qu'élucubrations sans fondement : le Général a cédé à un mouvement de jalousie othellienne.

Suit un petit cours de géopolitique que le Général affectionnait. Le sujet en est le Moyen-Orient. Bien entendu, pour le Général, Israël existe de par la présence irréfutable des armes et de la victoire. L'Égypte existe aussi : c'est un pays, une patrie. La Syrie, de même : pendant la guerre l'influence nazie y fut forte et a laissé des traces. Malgré la Légion arabe et le courage de son petit roi, la Jordanie n'existe pas : ce n'est pas un pays, avec son identité et ses traditions. Et la France en tout cela ? S'il y a eu au Moyen-Orient un axe inébranlable depuis saint Louis, c'est l'indépendance du Liban, indépendance territoriale aussi bien que de culture, et vis-à-vis de tous ses voisins, y compris de la Syrie. De Gaulle m'a expliqué clairement ce qu'était la politique gaullienne au Moyen-Orient. Je le rapporte ainsi que cela m'a été dit.

M'est venu aux oreilles, mais je ne peux en témoigner directement, qu'au moment de la guerre des Six Jours, le Général fit venir tour à tour tous les ambassadeurs des pays engagés dans le conflit, et leur montrant la carte :

— C'est votre guerre, vous la faites comme vous voulez, comme vous pouvez. Mais (montrant les frontières du Liban), celui qui touchera à ces frontières aura immédiatement affaire avec la France, et avec la France en armes !

Nul n'y toucha. C'est en 1975, sous Giscard d'Estaing, que cette politique de la France fut abandonnée et la parole de saint Louis cyniquement reniée.

Le dîner achevé, la projection a lieu. Je suis au premier rang, à la droite du Général. Le film dure une heure et demie. Le silence des assistants est total, pour moi terrible. Je n'en augure rien, ni en bien ni en mal. À la fin du film, la salle s'éclaire. Personne ne bouge. Le silence dure pendant encore au moins une minute. Je me sens transformé en statue de sel. Enfin, d'une voix claire, le Général dit : « C'est beau ! C'est très beau ! » et donne le signal des applaudissements. Ils crépitent de partout : ah, les applaudissements des courtisans...

Tout le monde se lève. Mme de Gaulle vient vers moi, me dit, les larmes aux yeux : « Tous les enfants de France devraient voir ce film ! » Parole vaine, comme tant d'autres prononcées en ce palais de la Pompadour.

Champagne. Je prends congé du Général. Je ne le reverrai plus.

Le Général appartient désormais à tous les Français, à l'histoire de la France dans ses plus grands moments, comme Vercingétorix, comme saint Louis, comme Jeanne d'Arc, comme Pascal, Napoléon, Victor Hugo : l'important n'est pas que ces hommes, cette femme, appartiennent aux Français, mais ce que les Français font d'un si valeureux patrimoine. Le Général est le dernier de cette lignée qui a étonné le monde, qui lui a été comme un enchantement. L'ayant vu, connu, l'image que je préfère de lui est celle de 1940, colonel commandant une division blindée avec son blair incroyable et son casque strict : il a l'air de tomber de la « Tapisserie de Bayeux ».

Restent aussi très émouvantes pour moi les dernières images de son règne, en habit, avec sa démarche lourde, un peu tâtonnante : sa vue avait baissé, il s'assurait où il mettait le pied, pingouin impérial qui n'était plus sûr de sa masse.

Enfin les dernières images dans le vent de la lande irlandaise.

Au cours des années 1937-38, alors qu'on sentait venir le désastre matériel et spirituel qui allait s'abattre sur l'Europe et que toutes les autorités officielles s'avéraient d'une inconsistance, d'une mollesse redoutables, Bernanos me répétait souvent : « Des chefs qu'on aime ce serait trop beau ! »

J'ai vécu le siècle, je l'ai vécu de front. J'ai eu deux chefs que j'ai aimés : dans le spirituel Jean-Paul II, dans le temporel, De Gaulle. Je suis comblé.

De France, la ville d'Athènes avait importé le procédé « Son et Lumière » aménagé à l'Acropole en vue d'y organiser un grand spectacle touristique. Je ne suis jamais allé le voir : j'étais trop familier de l'Acropole, tenais à préserver intact le spectacle intérieur que, de visite en visite l'Acropole avait suscité en moi. Malraux commençait alors à jouer les Sarah Bernhardt du gaullisme, rôle qu'il a si parfaitement rempli jusqu'au bout. Il vint donc, pour inaugurer le spectacle. À l'occasion d'un voyage officiel quelques privilégiés sont généralement invités à en faire partie. À l'époque, ils se comptaient sur les doigts d'une main. Dans la suite de Malraux figure l'indispensable Pierre Moinot, cheville ouvrière du ministère, qui assume toutes les corvées, et pour qui ce n'est pas une faveur d'en être. Y figurent aussi le fils aîné de Malraux, Gauthier, qui a dix-sept ou dix-huit ans ; l'épouse de Malraux, Madeleine, ainsi qu'une de ses amies, Mme Georges Pompidou, que je ne connais que de nom. Tout ce que je sais, c'est que Georges Pompidou est fondé de pouvoir à la banque Rothschild, qu'il est lié à De Gaulle.

Malraux et sa femme sont descendus à l'ambassade de France, leur emploi du temps est officiellement prévu tout comme celui de Moinot. Restent pour compte Mme Pompidou, qui a horreur des manifestations officielles, et Gauthier, qui est à l'âge où l'on s'en fiche. Dès l'arrivée de la délégation officielle, je rends visite à Pierre Moinot, mon ami depuis les temps lointains du *Cheval de Troie*. Je suis reçu à bras ouverts dans un élan où se mêlent l'amitié et l'heureuse surprise : je suis l'homme qui réglerera dans des conditions inespérées un délicat problème. J'habite Athènes, on me sait un homme dévoué et d'agréable compagnie. Une voiture, un chauffeur sont mis à la disposition de Mme Pompidou. Je lui servirai de guide, à elle et à Gauthier. C'est ainsi que je passe deux journées délicieuses de gaieté en compagnie de Claude Pompidou et de Gauthier Malraux, dans un dépaysement pour eux de vacances. L'un et l'autre me garderont de ces deux jours une gratitude où la magie de la Grèce antique fut pour beaucoup dans le charme qu'ils attribuèrent à ma compagnie et qui leur eût paru moindre en quelque autre lieu.

De ce périple, je garde surtout le souvenir de la visite de Delphes, à cent soixante-deux kilomètres d'Athènes, le long d'un itinéraire que je connais par cœur : on est pris d'une fièvre de joie à faire découvrir à d'autres ce qu'on aime, à les mener par des chemins qui leur sont inconnus et dont en revanche on n'ignore pas un détour, les merveilles qu'ils offrent, et à surveiller sur leurs visages l'éblouissement de l'imprévu qui surgit, irréfutable, dans sa splendeur. Rien ne rapproche les hommes entre eux que de communier dans la même admiration. Tous trois remontions ensemble les millénaires.

Station à Daphni où l'église possède des mosaïques sur fond d'or qui sont parmi les plus belles de l'art byzantin. Une église qui a été le théâtre de grandes querelles entre chrétiens, témoin de la déchirure entre l'Orient et l'Occident. Un certain Gauthier de Brienne est ici enseveli depuis l'époque de la quatrième croisade, détournée sur Byzance par les marchands vénitiens : Athènes fut un moment un duché franc. La quatrième croisade est l'un des exemples où la tradition féodale et guerrière de la chrétienté fut cyniquement trahie. Nous payons encore cette trahison : le menu peuple grec, dans tout le Moyen-Orient, garde plus de ressentiment contre les Francs de la quatrième croisade, qu'il n'en a contre les Turcs qui lui ont pris Constantinople, la Ville sainte, et Sainte-Sophie, l'église mère.

Notre sens de la beauté n'est sollicité qu'en des moments privilégiés dont chacun a son timbre singulier, où ce qui existe en tel lieu étroitement circonscrit apparaît subitement et harmoniquement accordé : le temps est suspendu : les pierres, les objets, les plantes, les animaux, les êtres humains, tout vibre avec tout, produit une musique perceptible à l'oreille du cœur. Les étapes vers Delphes marquent une progression initiatique parmi les oliviers, dans les parfums montés d'une terre qui est restée celle qu'a connue Théocrite, sous l'azur inaltérable de l'Attique. Sur cette terre, pourvu qu'on remonte loin dans le temps, les vestiges laissés par l'homme sont beaux, l'histoire est indiscernable de la légende, la réalité du symbole, le paganisme du christianisme, et plus on remonte dans le temps, plus on a le sentiment de s'enfoncer dans les mystères élémentaires et terribles de la vie et de la mort, du jour et de la nuit ; au centre de tous ces mystères, deux foyers incandescents et étrangement jumeaux, dont on ne peut soutenir l'éclat : Apollon et la Mère de Dieu, ces deux Auriges qui conduisent le Chariot du Soleil. Je sais bien que la Mère de Dieu est historique, qu'Apollon est mythologique, mais ici la mythologie n'a cessé de prophétiser l'histoire, dans l'air le plus léger qui soit. Le miracle de la Grèce est de ne rien confondre mais de tout harmoniser. À côté de moi, cette femme jeune et blonde, avec des yeux si clairs qu'ils en sont pathétiques, cet adolescent beau et nonchalant, se superposent naturellement aux images que je garde en moi de telles stèles funéraires, où la mort semble n'être que l'image de la vie dans une expression de sérénité sublime. Qui eût pu prévoir que, de nous trois, l'adolescent était marqué pour mourir le premier ?

Nous sommes partis d'Athènes tôt. Après Daphni, nous avons fait un détour par le monastère d'Osios Loukas. Tout à coup nous avons faim. Nous nous arrêtons sous l'ombrage d'une vigne grimpante, sur la terrasse d'une pauvre maison, mi-ferme, mi-auberge, où on nous sert du yaourt de brebis tout frais avec du miel qui sent le thym et la lavande. Tout est improvisé, parfait, comme Dieu seul sait faire les choses : le vagabond un peu fou, la belle femme silencieuse, l'adolescent attentif : scène et personnages que l'on retrouve indéfiniment dans Homère, dans Platon, dans les chansons de geste, et sous cette tonnelle bourdonnante d'abeilles parmi les poulets qui picorent et les chèvres qui cabriolent, au cours d'un déjeuner champêtre et exquis.

À Delphes, nous passons les plus longues heures, toujours dans une sorte de recueillement. De haut, nous avons contemplé la forêt d'oliviers d'Itea, sombre avec des reflets d'argent, qui, au pied de la falaise, s'étend jusqu'à la mer, et au-delà du bras de mer, le Péloponnèse. Lentement, nous avons visité le musée où règne l'*Aurige*. Les ruines du temple, la fontaine sacrée, le gymnase, le Hiéron, le stade. Je pense à Barbara, dont à chaque détour je retrouve l'image. Que pensent mes compagnons ? Je ne cherche pas à le savoir, trop respectueux des secrets des cœurs. On parle peu, à voix retenue, comme dans une église. Il est des lieux où on se sent de toutes parts investi par le sacré. Moins on en dit, mieux c'est. Être passif, se laisser imprégner, féconder, moins par la beauté que par ses mystérieuses et infaillibles radiations. Surtout, ne pas dissoner d'avec la musique de la lumière et de ses jeux sur les pierres vénérables !

De ce jour, de ces lieux date mon amitié avec Claude Pompidou et Gauthier Malraux. Peu de temps après, et pour quelques mois, je m'installe à Versailles afin de réaliser *Le Dialogue des Carmélites,* dans une ravissante maison mise à ma disposition par Paul-Louis Weiller. Et fais alors la connaissance de Georges Pompidou. Georges et Claude Pompidou venaient d'emménager dans leur appartement du quai de Béthune à Paris.

Pompidou est de ces hommes ronds en qui le peuple de France se retrouve, qui le rassurent. Jusqu'à son nom qui a une consonance modeste et à la fois « bien de chez nous » pendant que celui de De Gaulle intimide. Son visage n'est pas empâté comme il le sera plus tard par la maladie : il a les chairs fermes, il est beau, le regard tour à tour charmant ou aigu. Les Auvergnats sont issus de deux races : les grands Celtes blonds aux yeux bleus, dont était mon grand-père maternel, tel que nous nous représentons Vercingétorix. Et d'autre part, sur cette terre occupée longtemps par les Maures, des hommes de type sarrasin. Pompidou est de ce dernier, mais il a les vertus des deux races mêlées. C'est un homme courageux et même hardi, sensible à la poésie, à la beauté. De l'Auvergnat, il a les vertus du silence et de l'observation, le sens de l'honneur comme l'attachement aux choses de la terre, la patience, l'endurance, la ténacité aussi bien dans le ressentiment que dans la fidélité. Quand on l'observe bien, il a le profil de l'*Imperator-Dux.* Ombragé par d'énormes sourcils, son regard direct est celui d'un homme qui affiche qu'il veut savoir à qui il a affaire, qui soupèse les autres à leur vrai poids, sait le faire. Qu'il soit ambitieux, l'avenir le prouvera amplement, mais il ne brûlera jamais les étapes que lorsqu'il y sera contraint. Pendant un quart de siècle, il aura fidèlement servi le Général sans sortir de l'ombre, au point qu'on pouvait s'intéresser de près au destin de De Gaulle sans soupçonner que Pompidou y tenait une place d'importance. C'est mon cas. Seulement peu à peu, après l'avoir longuement fréquenté, je la découvre, en prends la mesure.

C'est par hasard qu'en 1944 Pompidou entre au cabinet civil du Général, dans un rôle dont son intelligence et son dévouement élargiront progressivement le champ. Au contraire de bien des épouses qui poussent leur mari en avant, Claude Pompidou a peu de goût pour la vie publique, ne cessera de retenir son mari de toute ambition politique. Lorsque je rencontre Pompidou, il est depuis longtemps le familier du Général, mais n'en fait pas état. Ce n'est qu'avec le temps que je me rendrai compte des liens, déjà de longue durée, qui lient les deux hommes. Pompidou, ancien boursier de la République, ancien élève de Normale supérieure, professeur de lycée à Marseille pendant la guerre, n'a occupé aucun poste de responsabilité dans la Résistance intérieure. Je pense que De Gaulle lui en sait plutôt gré. Jaloux de la France, le Général écartera de plus en plus de son entourage ceux qui pourraient se targuer de services passés, en particulier dans la Résistance intérieure née loin de lui, hors de lui. Pourtant Pompidou aime la France, il l'aime d'une passion autant charnelle que spirituelle, et confond dans la même dévotion la France et De Gaulle. Le nœud de la tragédie finale entre les deux hommes se noue là, à l'insu de l'un et de l'autre : c'est un nœud gordien, qui se tranchera comme tel.

Sous une bonhomie souriante, qui ne manque ni d'élégance ni de savoir-faire, Pompidou, à l'intelligence vaste et parfois sublime, souffre de certaines inerties. Son jugement pratique n'est pas toujours à la mesure de son intelligence. Il a bénéficié dans sa vie de trop de chances, d'une telle succession de chances, qu'il ne se garde pas assez. En vérité, je crois qu'il n'en revient pas de ses chances, qu'il a conservé une certaine candeur devant les êtres, les choses, ce qui le rend d'autant plus attirant. Il n'en revient pas d'avoir épousé une femme au-dessus de son milieu social d'origine. Il n'en revient pas d'être entré à la banque Rothschild. Il n'en revient pas de se retrouver le familier et l'homme de confiance du Général. Premier Ministre, il dut se tâter pour s'assurer qu'il ne rêvait pas, étonné qu'on lui fasse la cour. Bon vivant, il ne prendra pas toutes les précautions, les distances, qu'une telle charge impose. Ahurissement et délectation d'avoir conquis Paris, d'avoir conquis la France s'entremêlent en lui. En principe, De Gaulle ne fait confiance à personne, ce qui est un défaut. Pompidou ne se méfie pas assez, ce qui est aussi un défaut : ils seront manœuvrés l'un contre l'autre par l'exploitation systématique de leurs défauts opposés. Circonstances propices pour un complot, qui aura effectivement lieu, sera savamment ourdi afin de séparer, et même de brouiller ces deux hommes qui furent si forts tant qu'ils travaillèrent ensemble, si vulnérables l'un et l'autre, dès qu'ils furent séparés. Cette brouille fut un grand malheur, le plus grand, qui pouvait arriver à la France, dans la passe dangereuse où elle se trouvait.

Je suis bien loin de tout savoir sur cette affaire. Quelques confidences de Pompidou, mon propre désarroi me firent néanmoins deviner bien des choses. J'espère ne pas me tromper dans ce que je vais dire. Deux « lectures » au moins peuvent être faites au sujet de faits historiques : on peut énumérer une série d'événements et de faits successifs et les attribuer à un enchaînement de hasards. On peut aussi rechercher s'il n'existerait pas des éléments intentionnels de cause à effet qui lieraient entre eux ces événements, ces faits, rassembleraient en un tout faits et épisodes, et leur donnerait un sens. J'opte pour cette dernière « lecture » parce que toute une suite d'événements dont chacun pouvait paraître fortuit, me paraît former un tout dont le sens ne peut être autre qu'une très réelle conspiration élaborée, autant contre De Gaulle que contre Pompidou, et en fin de compte contre la France. Élaboration qui s'est faite dans l'entourage du Général, par des personnalités, bien entendu, au-dessus de tout soupçon: « *Honest Iago !* »

Pompidou s'est pris pour moi d'une affection qui me surprend mais dont je ne puis douter par les témoignages qu'il m'en donne. Lorsqu'il devient Premier Ministre, j'habite la Suisse. Je me rends cependant encore assez souvent à Paris. Il est convenu qu'avant chacun de mes passages dans la capitale j'avertirai à l'avance sa fidèle secrétaire, Madeleine Négrel, et très rares seront les fois où Pompidou ne se ménagera pas un temps libre pour déjeuner en tête à tête avec moi. La singularité est que nous sommes en effet tous les deux seuls, jamais de tiers, même pas sa femme. Pour un Premier Ministre en exercice, cela ne peut s'expliquer que par l'amitié. Un Premier Ministre n'a cependant guère de temps à consacrer à l'amitié. Bien sûr, je sais que Pompidou est aussi indépendant de caractère qu'un Auvergnat peut l'être. Que s'il a eu l'illusion de croire que, plus le pouvoir s'étend, plus l'indépendance s'accroît, cette illusion est en train de se dissiper. L'État est un geôlier impitoyable : plus haut on le sert, plus stricte il maintient sur vous la captivité où il vous tient. Fidèle dans ses sentiments, Pompidou l'est de nature, et je crois que sa volonté de garder vivante notre intimité et de la perpétuer vient de là : avec moi, il prend des vacances, il rêve qu'il a échappé un moment à sa prison. Ceux qui refusent de comprendre que le pouvoir est une prison ne comprendront jamais rien à la vie d'un homme d'État.

Nous parlons très peu de politique. Nous ne nous interdisons pas non plus d'en parler. Un exemple à propos de Malraux que j'évoquerai par la suite, en témoigne. Le plus souvent, nous devisons au petit bonheur la chance : il aime ma fantaisie baroque autrichienne et à la fois l'œil cruel de l'observateur auvergnat. Avec moi, il baisse sa garde. Je le connais autant qu'il me connaît. Je sais son goût pour les jolies femmes : chaque fois qu'à Matignon il y a séance privée de cinéma, deux, trois très jolies femmes sont parmi les spectateurs. Le jour où il décore Marlène Dietrich de la Légion d'honneur, je suis des rares invités au dîner qui suit. Marlène est notre aînée à tous, mais c'est elle qui domine la situation ; elle est venue en pantalon, plus précisément en smoking. Son corps a la souplesse, la minceur, le mouvement d'un félin et l'élégance d'une danseuse. Un jour, au cours d'un déjeuner, je cite à Pompidou la maxime de Chamfort : « Le châtiment de ceux qui ont beaucoup aimé les femmes, c'est de les aimer toujours. » Décidément les Auvergnats ont une vue cruelle de la vie ; Chamfort n'est pas si loin qu'on le croirait de Pascal. Pompidou me fait répéter la maxime pour se la graver dans sa prodigieuse mémoire. Quand un Auvergnat a du goût pour les femmes, on ne sait jamais ce qui prédomine en lui, ce goût, ou celui du châtiment qui l'attend infailliblement. Pompidou ne paraît pas faire exception à la règle.

Ce qu'il aimait en moi n'était pas seulement que je sois auvergnat, mais de Murat, dans le Cantal, où ses parents, avant la guerre de 14, avaient été instituteurs de « la laïque ». Il est né en 1911, j'avais quatre ans : nous avons été portés tous les deux au creux du berceau des mêmes montagnes. Ses parents ont croisé les miens dans la rue. Pompidou est l'homme de la petite patrie, comme il est l'homme de la famille, de sa famille. Madeleine Négrel me dit qu'il est toujours pris d'une allégresse impatiente chaque fois qu'on lui annonce qu'un visiteur originaire du Cantal est dans l'antichambre. Du Cardinal Marty, originaire de l'Aveyron, et qui l'a profondément déçu lors des événements de mai 68, il me dira avec mépris : « Quoi d'étonnant ? C'est un marginal ! » Peut-être est-il le seul homme qui ne m'ait jamais considéré comme un « marginal ».

Il tient à ses racines, il les aime, il n'en renie aucune. Son père, instituteur à Murat, peu après sa naissance a été muté au lycée d'Albi, promotion décisive. Robert Lacoste, lui aussi fils d'instituteur à Azerat, dans le Périgord, m'a raconté que son père, avant la guerre de 14 l'avait amené à Albi pour le défilé socialiste du 1er mai. À ce moment-là, le socialisme représentait l'authentique espérance du menu peuple francais, un socialisme patriote, beaucoup plus dans la tradition de Proudhon et l'anarcho-syndicalisme français, que dans la tradition marxiste et internationale. En tête du cortège un petit homme, mais qui ne perdait pas un pouce de sa taille et qui portait haut et solidement le drapeau rouge. Le père de Robert Lacoste dit au jeune garçon : « Regarde le petit homme qui porte le drapeau, c'est un des hommes dont le parti est le plus fier. Regarde-le bien et retiens son nom : il s'appelle Pompidou ! » Le père de Georges Pompidou. À quelques dizaines de lieues de là, à Jarnac, vivait un petit bourgeois catholique et de droite : il sera le père de François Mitterrand. Il y a une logique de l'hérédité. Pompidou n'est jamais resté, au profond de lui-même et très volontairement, qu'un homme du peuple, il se sentait, se voulait du peuple. La France, le peuple de France étaient sa vie, le sens le plus intime qu'il avait de sa vie. Mitterrand, qu'il le veuille ou non, reste fils de bourgeois, la bourgeoisie est sa patrie. Et la bourgeoisie française, au cours de l'histoire, ne peut se retenir de changer d'idéologie selon la boussole de ses intérêts propres, jusqu'à s'accommoder du nazisme ou du goulag et, dans son cas, d'une alliance avec le Parti communiste, si c'est son intérêt. Le propre de la bourgeoisie, de l'esprit bourgeois, est de s'accommoder de tout : « C'est vieux comme l'enfer ! » disait De Gaulle, précisément de la bourgeoisie et à Pompidou.

Le couple étrange De Gaulle-Pompidou aura duré presque un quart de siècle, de 1944 à 1968, incarnant dans notre histoire le mythe éternel de Don Quichotte avec Sancho Pança. Il serait intéressant d'étudier jusqu'à quel point Don Quichotte pourrait rester lui-même s'il n'avait plus à ses côtés Sancho Pança. C'est un fait en tout cas, qu'après sa rupture avec Pompidou, De Gaulle n'a plus été le même et la fortune a déserté son camp. Quant à Pompidou, cette rupture lui a encore été plus fatale : je ne suis pas le seul à attribuer à cette rupture la maladie de Pompidou, et finalement sa mort.

Lorsque je pense à De Gaulle, que je prie pour cette grande âme valeureuse, s'impose à moi toujours la même image : celle que je garde du 26 août 1944, que j'ai vécue, et le rassemblement de Notre-Dame de Paris : c'était Charlemagne entouré de ses preux, un instant d'épousailles fougueuses et délirantes, où la France retrouvait spontanément sa vocation épique. Pour le court instant de ce *Magnificat*, la France s'arrêta de combattre, faisant hommage de ses armes et de la victoire retrouvée à sa patronne, sa Dame, la Vierge du vitrail bleu, la vraie Reine de France. Aucune ambition ne souillait cet hommage, un hommage qui n'était inspiré que par la gratitude et par l'amour de la patrie qui secouait ses chaînes. Près de De Gaulle, debout dans le chœur du côté de l'Évangile, se tenaient dans l'ombre de la cathédrale, Leclerc, Koenig, Parodi, Morandat, pour ne parler que de ceux qui aujourd'hui sont morts. Derrière eux, impalpables, extraordinairement présentes, les âmes de ceux — plus proches de nous qu'aucune autre — qui étaient morts sur les champs de bataille ou entre les mains cruelles de l'ennemi. Par un enchaînement de hasards, le haut clergé parisien n'était pas parmi nous ; seuls, un fils de saint François d'Assise et un fils de saint Dominique avaient accueilli la cohorte des héros de la patrie. Sous la voûte vénérable, dans le feu de la fusillade qui crépita soudain, on sentait la présence irréfutable d'une multitude d'Anges. La France a aussi ses Anges gardiens. Ce jour-là, en ce lieu sacré, selon un cérémonial dicté de plus haut que les habitudes des hommes, ce n'est pas le *Te Deum* qui fut chanté, mais le *Magnificat*, le chant même de la Vierge qui rend grâces : « Il a relevé Israël son enfant. Il a déposé les puissants de leur trône. Il a mis au sommet ceux qui étaient dans la poussière de l'humiliation, dans la poussière de la bataille et dans la crasse des prisons.» Ce jour-là, en ce lieu-là, tout était pur, même la victoire. Oui, Charlemagne avec ses preux.

Vingt-cinq ans plus tard, en janvier 1969, Charlemagne est toujours là, mais les preux, non. Leclerc est mort. Koenig boude. Autour de De Gaulle, on ne voit que des courtisans, qui n'ont eu aucune part à la partie épique de sa vie. Autour de lui, les ambitions, les intrigues se nouent. Plus que l'âge avancé du Général, son environnement ambigu est le signe néfaste d'une fin précipitée. Nul n'osera prétendre, j'espère, que Couve de Murville, Malraux, Jeanneney sont des preux. La mystique s'est définitivement dégradée en politique, au sens où Péguy entendait ces mots. Le temps de l'intrigue est arrivé, et celui de la trahison. La tragédie d'Othello approche de son terme.

Car il y a eu trahison. De Gaulle fut trahi. Pompidou fut trahi, et par les mêmes, et pour les mêmes raisons de basse ambition personnelle. Comme dans la pièce de Shakespeare, il fallait qu'Othello se croie trahi par Cassio, il fallait que Cassio se sente soupçonné et disgracié par Othello. De Gaulle crut que Pompidou l'avait trahi, Pompidou eut le sentiment d'être injustement disgracié et que De Gaulle en personne l'avait trahi. Tout cela fut l'œuvre patiente et obscure de Iago.

On ne m'enlèvera pas de l'idée qu'il y eut complot ourdi et trahison: il fallait séparer et opposer ces deux grands hommes, et les séparer dans un ressentiment mutuel l'un contre l'autre, ce qui fut fait. Et fut une tragique réussite.

Le Général n'était pas un homme accommodant, loin de là. Néanmoins, le temps jouant son rôle, il n'échappait pas à l'influence de son entourage immédiat. Les contradictions de son caractère faisaient qu'il n'avait d'estime que pour ceux capables de lui résister et qu'il ne pouvait supporter qu'on lui résistât. À l'issue d'un Conseil des Ministres où Debré et lui s'étaient contrés, il en fit à Debré la confidence. Quand on est un homme de l'envergure de De Gaulle, et qu'on se trouve comme il l'est au sommet, une aussi fâcheuse disposition de caractère entraîne à ne s'entourer pour finir que de médiocres. D'où un effet de corrosion, lent mais continu, même sur un caractère fait du métal le plus dur, le plus pur. C'est une loi physico-chimique bien connue. Je ne fais là qu'une constatation de causes à effets qui n'enlève rien à la grandeur du Général, ne met pas davantage en doute l'une ou l'autre de ses éminentes qualités. La tragédie fut, qu'à son arrivée à Paris en 1944, couvert de la poussière dorée de l'épopée, il n'était entouré que de soldats ; en 1969, à la fin de son règne, et par la lente dégradation des choses, il n'était plus entouré que de courtisans. Ce qui rend si dure la condition des Français est que ce pays, quand il tombe dans le malheur trouve toujours des soldats pour le défendre ; mais quand ce pays est remis debout, les courtisans finissent toujours par avoir raison des soldats, des hommes droits et sans peur, jusqu'à complètement les éliminer.

De Gaulle eût dû prendre davantage garde que dans la pièce de Shakespeare, dès la première scène du premier acte, c'est Iago qui définit le véritable enjeu de la partie qui va se jouer, en classifiant en deux les courtisans, inévitables auprès d'un homme parvenu au sommet du pouvoir : ceux qui servent le Prince et ceux qui se servent du Prince. Roderigo demande à Iago : « Pourquoi restez-vous au service d'Othello ? »

— Oh ! Rassurez-vous ! Je ne reste que pour servir mes projets à moi sur lui. Nous ne pouvons pas tous être les maîtres, et les maîtres ne peuvent pas tous être fidèlement servis. Observez ce qu'il en est !

« Il y a de pauvres bougres agenouillés devant les puissants, qui raffolent de leur propre servitude et s'épuisent d'émulation dans l'obséquiosité. Leur vie durant, ils s'échinent comme l'âne, simplement pour leur pitance quotidienne. Se font-ils vieux, on les chasse. Le fouet pour ces honnêtes pantins, c'est tout ce qu'ils méritent !

« Mais il y en d'autres ! Ceux-là affectent les gestes et

la physionomie du dévouement, mais ils ne gardent au cœur que le souci d'eux-mêmes. Ils ne jettent à leur seigneur que les apparences du dévouement, ils prospèrent à ses dépens, puis, une fois les poches bien remplies, ils ne rendent véridique hommage qu'à eux-mêmes. Ces gaillards-là sont hommes de cœur, et je suis de ceux-là, foi de Iago ! Aussi vrai que vous êtes Roderigo, si j'étais le More (Othello), je n'aimerais pas être Iago. À son service, je ne sers que moi-même. Le ciel m'en soit témoin, ce n'est ni l'amour ni le devoir qui me font agir, mais, sous leur dehors, mon seul intérêt personnel. *Je ne suis pas ce que je suis* ! »

Le théâtre a, sur la vie réelle, le privilège de mettre singulièrement en relief situations et caractères, il est même fait exprès pour cela. Dans la vie, Iago ne se définit pas de façon aussi précise et tranchée que sur la scène, mais dans la réalité agit effectivement et toujours comme Iago. À la fin de son règne, Iago était partout dans la cour qui entourait De Gaulle et De Gaulle n'écoutait plus que Iago. « Honest Iago ! » Funeste Iago !

En 1968, Pompidou se trouvait auprès de De Gaulle exactement dans la position où, à la fin de la pièce de Shakespeare, Cassio l'est auprès d'Othello. Pompidou pouvait faire n'importe quoi, dans l'esprit du Général cela ne pouvait que se retourner contre lui. Ce que je dis est grave, mais ayant connu Pompidou intimement, ayant l'âge que j'ai, avec la foi qui est la mienne, proche comme je le suis à présent du jugement dernier, peut-être que je me trompe dans mon jugement, en tous les cas il n'est pas le fait de la malveillance, d'un quelconque ressentiment et moins encore du mensonge. Et j'atteste que le Général n'eut jamais auprès de lui plus fidèle que Pompidou ; Pompidou fut à son égard le fidèle entre les fidèles, peut-être à l'excès, j'entends par là exposé à tous les coups sans la moindre protection.

Pour ma part, il m'est arrivé que la politique du Général m'exaspérât, en particulier lors du règlement de l'affaire d'Algérie. Pendant plus de deux ans, je me suis abstenu alors de lui écrire. En revanche, j'en parlais librement avec Pompidou. Rien de ce que je lui disais ne trouvait grâce à ses yeux. Tout ce que faisait le Général ne pouvait être que juste et bien fait. Comme Othello envers Cassio, le Général avait alors toute confiance en Pompidou. Mais au fil du temps, l'entourage du Général, un certain entourage parvint à ébranler cette confiance, puis à la réduire à néant.

En 1968, après la mort de son père, Pompidou eut cette confidence pathétique : « Dans la même semaine, j'ai perdu deux fois mon père ! »

Pompidou, s'étant démis de son poste de Premier Ministre, De Gaulle le déclara « en réserve de la République ». Homme d'un âge avancé, De Gaulle se relevait mal des conséquences de mai 68. En fait la succession était ouverte, et Pompidou sans conteste le candidat le mieux placé pour succéder au Général. Mais l'attrait du pouvoir a ceci de curieux, que, selon les circonstances, les plus médiocres s'en jugent subitement dignes, et pris d'un appétit qui les rend aveugles. Une coalition de médiocres se constituait en coulisse dans le ferme dessein de barrer la route à Pompidou vers la Présidence de la République, par tous les moyens jusqu'aux plus bas. Déjà Pompidou était perdu aux yeux de De Gaulle. Il était urgent de consommer sa perte de façon plus large, plus irrémédiable encore : le déshonorer aux yeux des Français.

Une des faiblesses de Pompidou venait de ce que Paris l'avait bluffé. Il mit longtemps à se rendre compte de la méchanceté sadique que cette ville séductrice dissimule sous ses charmes. Cet Auvergnat, rusé à ses heures, croyait à l'amitié, et jusqu'au sein du monde politique, tout comme il n'imagina pas un instant que ceux qui lui devaient tout pourraient être amenés à le desservir au point de pousser leur cynisme jusqu'à la plus basse trahison. Il est vrai aussi que, pourvu qu'il en fût flatté ou même seulement amusé, il ne fut pas assez regardant à ses relations, et ainsi accepta l'invitation d'une grande vedette de cinéma pour le seul plaisir de passer une soirée agréable.

Une vedette de cinéma n'a pas forcément que des relations irréprochables, elle peut se trouver mêlée à des milieux très divers. En la circonstance, il s'agissait d'un homme fort avisé dans son métier, qui brassait beaucoup d'argent, et, chose étrange à cette époque, mais après tout non déshonorante en soi, entretenait des gardes du corps. « Une défense comme une autre pour se protéger contre les assauts d'un public affamé d'autographes », a peut-être pensé Pompidou. L'un de ces gardes du corps fut assassiné, son cadavre découvert enfermé dans du plastique, jeté au milieu d'une décharge publique de la région parisienne. Ce fut le début de l'affaire Markovic, qui ne fut jamais élucidée.

L'innommable perfidie fut de lier Pompidou à cette affaire, pratiquement de l'y mêler au point qu'il fut cité à comparaître pour information par le juge d'instruction de Versailles. Stupeur générale : n'était-on pas devant un scandale épouvantable ? Dans notre pays où, dès que la justice met quiconque officiellement en cause, cette citation est déjà présomption de culpabilité, on imagine l'échauffement des cervelles devant cette citation d'un ancien Premier Ministre, répercutée par les médias à tout vent ! Le nom de Pompidou, ancien Premier Ministre était mêlé à ceux de truands notoires...

Ne sachant que trop le coup terrible qu'avait été pour lui sa brouille avec le Général, je suis immédiatement allé trouver Pompidou à son bureau du boulevard de Latour-Maubourg. Les Auvergnats ne sont pas démonstratifs. Quand ils sont atteints à l'intime d'eux-mêmes, il ne faut attendre d'eux ni explosion ni fracas. Je découvris un Pompidou que je n'avais jamais vu, qui me fit peur : lucide, grave, d'une détermination inébranlable, une sorte de fauve cerné, terriblement attentif, prêt à jouer le tout pour le tout. « J'ai été Premier Ministre. Je connais bien la machine et tous ses fonctionnements. Il est impossible que cette convocation du juge d'instruction m'ait été adressée sans la complicité de Matignon, et sans doute de plus haut. » C'était dit sans éloquence, avec un calme glacial. Il ajouta : « Si ce doit être la guerre, je ferai la guerre. Après tout, moi aussi, j'ai mes dossiers ! » Je compris qu'entre le gouvernement Couve de Murville et lui, c'était déjà l'équilibre de la terreur. Le plus effrayant était qu'il n'y avait dans le ton aucune agressivité, rien qu'une froide détermination.

J'ai eu récemment l'occasion d'évoquer ces faits devant Raymond Marcellin, qui avait été le Ministre de l'Intérieur du moment. Il m'en donna une version si édulcorée qu'elle n'était crédible que pour des gogos. Tout, d'après lui, n'avait été que succession de hasards malheureux, de négligences de la part de Couve de Murville, de malentendus regrettables. Le monde politique a ceci de commun avec le monde ecclésiastique, que n'importe quoi peut bien se passer dans la coulisse, il faut que, sur scène, la comédie continue. Il se trouve que j'étais dans la coulisse. Ce que je voyais, ce que je devinais m'emplissaient d'indignation, d'horreur. Le monde politique n'est pas un monde fleurant bon la candeur et la loyauté. Mais je n'aurais jamais imaginé que l'intrigue, la vilenie pussent aller aussi loin. Et je n'étais pas au bout de mes stupeurs.

Parce que ce sont des hommes de la terre, les Auvergnats sont férocement monogames. Je ne sais pas de peuplade au monde où l'appartenance familiale soit poussée plus loin, où le fils soit autant le fils de son père, où la femme soit autant la femme de son mari, où la veuve soit plus veuve : dans mon enfance encore on allait faire un charivari sous les fenêtres d'une femme qui avait eu l'audace de se remarier. Pompidou était tel. Sensible au charme des jolies femmes, et il ne le cachait pas, la sienne était partie intime, intégrante de lui-même à tous les sens du terme. En vérité, j'ai rarement connu de couple, non seulement aussi assorti, mais aussi soudé. Pour Pompidou, sa femme était le saint des saints de toutes ses passions, « chair de sa chair, os de ses os », comme dit la Bible, âme de son âme, cœur de son cœur, vie de sa vie. Qui ? Quel homme, dans quelle tanière ou dans quel salon lambrissé, a pu, de sang-froid, élaborer une telle machination contre elle ?

Dans l'esprit soupçonneux de De Gaulle, on avait réussi à perdre Pompidou. Avec l'affaire Markovic avait été présenté à l'opinion publique un Pompidou trouble, peut-être lié au milieu du crime. Et voilà que le pire restait à venir. Dans Paris commencèrent à circuler des photographies... des photos obscènes de partouze où on reconnaissait le visage de Claude Pompidou ! L'horreur. C'était évidemment un montage. Des photos trafiquées. L'immonde supercherie fut rapidement découverte : pour déshonorer Claude Pompidou on avait monté sa tête sur un autre corps que le sien. De toutes les ignominies que j'ai vues dans ma vie, celle-là est la plus monstrueuse à l'exception de celles commises par les nazis ou les soviétiques. Bien que très vite il se révélât que sur ces photos le personnage figurant Claude Pompidou était un faux, ces photos continuaient à circuler, à passer de main en main, à alimenter la malveillance ou pour le moins des commentaires. Je me souviens d'avoir assisté à un grand déjeuner à Rueil-Malmaison qui réunissait pas mal de convives. Alors que de notoriété publique ces photos avaient été un ignoble truquage, une jeune, jolie femme, française, mariée en Amérique, riche, élégante, ne trouva rien de mieux que de les évoquer. Qu'on le croie ou non, je fus le seul, autour de cette table, à prendre la défense de Mme Pompidou ; et le fis si violemment que la jeune calomniatrice se leva de table pour aller pleurer au jardin, après quoi, elle prit discrètement congé. Je ne me suis pas excusé, mais me sentis environné de réprobation. À Paris, peut-être que les calomnies cesseraient plus vite, si elles n'y étaient reçues avec cette écœurante gourmandise.

La question demeure : qui a pu en arriver là et à qui devait profiter le crime ? Qui était Iago ? Sans doute plusieurs. Pour ma part, à partir de ce moment-là, parmi le personnel politique dit « gaulliste », je me suis toujours arrangé pour n'avoir pas à rencontrer certains, pour n'avoir pas à leur serrer la main.

Durant un temps, au cours de cette horrible période, je ne réussis plus à voir les Pompidou. Ils s'étaient enfermés chez eux comme dans un donjon. Ce fut alors, pour élever une digue au déferlement de la boue, que Pompidou *exigea* et obtint du Général ce fameux dîner officiel, donné en son honneur, où Claude Pompidou fut placée à côté du Général, où Michel Debré, grippé, dut sortir de son lit pour venir avec sa femme équilibrer la table et détendre l'atmosphère, qui fut néanmoins sinistre. Ce fut une scène ambiguë, qui ressemblait à s'y méprendre à l'une des dernières scènes d'*Othello*. De Gaulle et Pompidou ne s'étaient pas revus depuis longtemps. Entre-temps, avaient eu lieu les élections législatives, triomphales pour le gaullisme. « Il paraît, madame, que c'est votre mari qui a gagné les élections ?... » dit De Gaulle à Claude Pompidou — « Je pense, Général, que, comme toujours, il a fait de son mieux. » Entre ces deux couples, les De Gaulle et les Pompidou qui, durant un quart de siècle avaient été si liés pour la chance de la France, quelque chose s'était déchiré qui ne se raccommoderait plus en ce monde. Le tissu de la confiance et de la fidélité est long à se constituer, il peut être déchiré d'un coup. Je garde un terrible ressentiment contre ceux qui ont déchiré celui-là. L'union de ces deux grands hommes à la tête de mon pays me rassurait, ainsi qu'une grâce unique qui m'était gage d'espérance, pour l'avenir, pour la continuité du destin français.

La succession d'infamies que je viens d'évoquer pesa d'un poids tel dans la vie de Georges Pompidou, qu'on peut se demander si ces infamies n'ont pas été un facteur déterminant dans sa mort prématurée. De nature sensible, trop confiante dès lors qu'il avait donné sa confiance, Pompidou fut ébranlé jusqu'au tréfonds de lui-même sous cette avalanche d'épreuves insoutenables. Mais il avait un caractère héroïque. Et le mal s'attaqua sournoisement à sa vitalité, à ses défenses immunitaires. Tous ceux qui l'ont bien connu datent de ce moment sinon les premières atteintes de sa maladie du moins son accélération.

La victime ne fut pas seulement Pompidou, mais la France. Comment mesurer à quel point Pompidou a manqué, manque encore à la France ? C'est bien en quoi le coup qui l'a éliminé est un crime inexpiable, parce que ce n'était pas seulement un crime mais une épaisse bêtise qui aura nui à la France sans profiter à quiconque. Aucun de ceux qui ont cru en tirer profit, n'a eu, après la mort de Pompidou, de carrière politique significative. Comme quoi il arrive que le crime ne soit pas payant.

Élu Président de la République, Pompidou me conserva son amitié, nos relations ne furent cependant plus les mêmes. Notre première rencontre, après son élection, eut lieu à Brégançon. Je l'appelai « Monsieur le Président » :

— Appelez-moi Pompidou, Bruck, comme vous l'avez toujours fait !

— J'aime que vous continuiez à m'appeler Bruck ainsi que le font tous mes amis, mais comprenez qu'il m'est impossible à moi d'oublier la majesté de votre fonction. Je préfère que vous ayez à me reprocher un excès de respect plutôt qu'un excès de familiarité !

— C'est vrai, cette fonction est terrible. J'ai été cinq ans Premier Ministre, on pourrait croire — peut-être l'ai-je cru moi-même — que c'était un apprentissage, je peux vous dire que ça ne l'était pas. Quand j'étais Premier Ministre, j'avais derrière moi une muraille : maintenant c'est moi qui suis la muraille, le dernier rempart. Je n'ai plus rien derrière moi : c'est une solitude que je n'imaginais pas, incroyable. Ce respect dû à ma fonction, j'en vois le reflet dans les yeux des petites gens, quand il m'arrive de les rencontrer. Après tout, peut-être ce peuple est-il encore royaliste ?

Les déjeuners en tête à tête ne se renouvelèrent pas

une seule fois. J'en éprouvais du regret. Peu à peu, je compris qu'à l'essentielle solitude du chef d'État s'ajoutait celle, plus radicale encore avec la maladie, avec une maladie qui, lentement mais inexorablement resserrait son étreinte sur cet homme encore jeune, qui aimait tellement la vie. Étymologiquement, le mot « agonie » signifie le combat suprême. Ce combat-là, Pompidou ne voulut pas admettre qu'il pouvait le perdre, et si vite. Les Auvergnats détestent les voleurs. Pour un être aussi fortement vivant, la mort apparaît tel un voleur. Mais on ne défend pas sa vie comme on défend un trésor, quand le voleur est Dieu : la mort, Dieu, au-delà de la légèreté de ses propos, je sentais qu'il y pensait de plus en plus. Car, si nous n'avions plus ces tête-à-tête qui m'avaient été si chers, je faisais toujours partie de ce petit groupe d'amis, invités de temps en temps à l'Élysée. Entre nous, s'était établi un pacte tacite : aucun de nous ne lui demandait des nouvelles de sa santé. C'était notre gaieté qu'il recherchait, qu'il voulait. Ce n'est pas le moindre danger qui guette les Princes qu'en leur présence, il est des choses dont il ne faut absolument pas parler. Ces repas étaient donc gais, artificiellement gais : Pompidou écoutait, de-ci, de-là, esquissait un sourire, se faisait de plus en plus silencieux. Lui, si coquet, avait démesurément grossi, en était humilié. À mesure que passait le temps, de fois en fois, je me sentais le cœur labouré d'impuissante tristesse. Je l'avais connu avide de rencontres, gourmand des soirées parisiennes, de soupers tardifs dans les restaurants. À présent, il vivait cloîtré, avec sa famille serrée autour de lui. Je le disais à Claude, j'appelais l'Élysée son « Carmel doré ». Mais un Carmel avec la présence obsédante et proche des deux compagnons les plus inquiétants pour l'homme : Dieu et la mort. Je sentais que ce fils de « la laïque » glissait au fond de l'abîme de la prière. Car la prière n'est pas toujours ce qu'on croit, ce peut être un précipice affreux, comme le suicide, seul refuge d'une âme traquée. En aparté, parfois, il y faisait quelque allusion, en me disant au revoir, avec son bon sourire, se moquant de lui-même par pudeur :

« Bruck, priez quand même pour moi, de loin en loin, si vous y pensez ! » Je n'ai même pas osé lui dire que je ne cessais de le faire. C'est une grande miséricorde, qu'aussi pécheur qu'on soit, on ait encore le droit de prier Dieu. Je n'ai jamais évalué le prix de ma prière, Dieu sait ! Mais j'ai vu une fois, au bord d'une rivière, une jeune maman sourire à son petit garçon qui lui portait comme un trophée dont il lui faisait hommage, un caillou, arrondi en amont par le torrent.

Mes séjours à Paris s'espaçaient, et je n'étais plus invité à l'Élysée que de loin en loin. Je n'en apercevais que mieux les progrès du mal qui ravageait Pompidou. Cet homme si jaloux de son autorité, qui avait accédé par la volonté populaire au pouvoir suprême, n'était plus en pleine possession de ses moyens. Qui donc gouvernait réellement la France ? Je l'appris plus tard : Pierre Juillet et Marie-France Garaud. Il y a un vice dans la captation secrète du pouvoir. Ce n'étaient pas Pierre Juillet et Marie-France Garaud que les Français avaient élus pour exercer le pouvoir, c'était Pompidou, et Pompidou ne l'exerçait plus que partiellement et sporadiquement. Non pas que son intelligence eût baissé. C'était une certaine détermination dans le jugement et la volonté qui se trouvait affectée par la maladie, et plus encore que par elle, par le traitement que subissait Pompidou pour la combattre. Les remèdes à la cortisone sont euphorisants. Le malade ne voit plus les choses qu'en rose, et de plus en plus. La qualité de jugement et les forces de caractère affaiblies, on devient incapable de gouverner. Comme il importe que les décisions soient prises, ce sont forcément d'autres qui gouvernent à votre place.

Au temps où je l'ai rencontré, en 1959, Pompidou m'éblouissait par sa culture et sa mémoire précises, par son intelligence prompte, lucide, infiniment respectueuse du réel, par sa fidélité, son dévouement au bien public, sa modestie qui donnait le change aux médiocres, son sens des responsabilités. Il était de ceux, plus rares qu'on ne croit en France, habitués à voir les choses dans leur réalité concrète. On l'a bien vu en 1968, où il sut faire face au délire, on l'a vu encore davantage par la suite où il fit face à la calomnie et à la trahison. Il lui en a coûté la santé, puis la vie. Mais c'est un grand honneur que de tout perdre parce qu'on ne recule pas d'un pouce devant l'adversité.

Un homme de cette envergure ne doit, sous aucun prétexte être traité en irresponsable, ni en enfant, on le traite selon sa grandeur. Et ce ne fut pas le cas. En 1972, deux ans avant sa mort, et peut-être même avant, en tout cas au temps où la maladie, et surtout les médicaments, n'avaient pas encore obscurci son jugement, sa faculté de décision, détendu les ressorts de sa volonté, si les médecins lui avaient tenu le seul langage qui était digne de lui, et à leur suite les conseillers qui l'entouraient, ils lui eussent dit: « Monsieur le Président, votre maladie est grave, personne ne sait si elle pourra être contenue dans sa progression, et moins encore si vous pourrez être guéri. Notre devoir est de vous avertir que le traitement que vous allez subir affectera inévitablement votre capacité de travail, plus encore votre lucidité, votre jugement, votre puissance de décision. Aujourd'hui, vous êtes encore en état de prendre vos responsabilités devant le pays, demain, du moins pour un long temps, vous ne le serez plus. Peut-être faudrait-il que vous envisagiez de vous démettre de vos fonctions tant qu'il en est encore temps. Si vous démissionniez, vous éviteriez au pays le risque que l'on gouverne à votre place, et lieriez à jamais votre nom à un acte de responsabilité suprême, celui de votre respect pour les Français, qui vous ont élu pour vos plus éminentes qualités, celles-là mêmes qui momentanément vont être mises à mal. Outre que vous pourrez être mieux soigné, vous donneriez aux Français le plus grand exemple qui se puisse donner de désintéressement personnel, haussant, dans l'esprit de tous, leur amour de la France, leur fierté d'être français. Dans votre retraite, vous resteriez le grand conseiller dont les Français ont si grand besoin contre leurs phantasmes et leurs lubies. Vous seriez d'un poids décisif dans la balance de la prochaine élection présidentielle. Vous détiendriez, à vous seul, et à vie, l'autorité de l'arbitre et du réconciliateur, dans une nation capable de grands élans, mais essentiellement fantasque et querelleuse. »

Pompidou était homme à assumer un tel choix. Mais ni ses médecins — par gloriole des performances sans autre considération supérieure —, ni ses conseillers à qui il appartenait de mettre ses médecins devant leur responsabilité face au pays, ne l'avertirent qu'il se trouvait devant un choix à effectuer, aux conséquences d'une extrême gravité.

Le Général De Gaulle a écrit que « la vieillesse est un naufrage ». La maladie de Pompidou fut aussi un naufrage et, pour la France, un malheur d'une portée incalculable. Comment pardonner aux artisans de ce naufrage-là ? Et qui fut oblitéré aux yeux du peuple en chantant les louanges de Pompidou qui s'était battu contre la maladie, pied à pied, jusqu'au bout. Le plus inquiétant, en Occident, c'est la perte d'une certaine noblesse de jugement devant la vie, la mort, la souffrance. Se maintenant à son poste, le courage de Pompidou devant la maladie avait un aspect pathétique et dérisoire. Même inconsciemment, il n'est pas possible que la France entière n'en ait pas éprouvé une humiliation : au lieu d'être élevée, elle était rabaissée. On a volé sa mort à Pompidou. Et par-delà les conséquences politiques — combien néfastes — qui en découlèrent, c'est là le pire. Si Georges Pompidou n'a pas la place, dans l'histoire de France et la mémoire du peuples, qui devrait être la sienne, ses naufrageurs y sont bien pour quelque chose. C'était un grand politique, peut-être plus grand que De Gaulle qui était essentiellement un stratège. Après l'épopée gaullienne, on ne pouvait rêver génie qui correspondît plus exactement à ce dont la France avait alors un impérieux besoin : maintenir la flamme gaullienne sans exaltation, tout en la portant haut et ferme ; et n'avoir pour but que la poursuite d'une régénération de la substance de la France. Pompidou se méfiait des idéologies, comme de certaines prétendues générosités, qui ne sont que des alibis propres à donner bonne conscience et qui minent du dedans l'autorité, plus encore : une vue plus haute de l'homme. Il n'admirait pas Jean XXIII qui, en ouvrant le dernier Concile, avait laissé s'infiltrer dans l'Église toutes les subversions jusqu'à provoquer en son sein une crise d'identité. Parfois, son caractère auvergnat l'inclinait à trop de prosaïsme, mais il savait immédiatement redresser la barre vers le grand large. Au temps où il était Premier Ministre, à la suite de je ne sais quel discours sur l'avenir français où il n'était question que d'économie politique, sur un mouvement d'humeur, je lui écrivis : « J'en ai assez d'entendre parler de mon pays comme un fermier parle de son plus bas bétail : pourvu qu'il grandisse ! pourvu qu'il grossisse ! pourvu qu'il prenne du poids ! » Nous revoyant, il me remercia de ce qu'il appela : « votre rappel à l'ordre ».

Dans son grand discours, devant l'Assemblée nationale, alors qu'il eût dû être épuisé par les semaines de mai 1968, il fit l'analyse perspicace et complète du mal qui ronge nos sociétés, évoqua la crise universitaire du XIVe siècle. Ce faisant, il diagnostiquait la fin de l'âge bourgeois, qui avait en effet pris son essor au XIVe siècle, qui a dominé la France depuis, alors que l'esprit bourgeois est essentiellement contraire au génie singulier et originel de la France.

❧

Le masque de la mort sur le visage d'un vivant, ça existe.

Morandat venait d'être emporté en quelques semaines par une hépatite virale. Il avait été celui de mes camarades de la Résistance dont j'avais partagé de plus près tous les risques à la fin de l'occupation allemande. Il était sensiblement plus jeune que moi. Je m'étais fait tout un petit cinéma de ma propre mort, où Morandat jouait un rôle décisif. Je me voyais étendu sur mon lit, attendant la mort. Évidemment, Morandat est averti, il accourt, il est là, à mon chevet, avec ce visage grave, ni beau ni laid, dont je ne parviens à savoir comment il se fait qu'il ait une expression à la fois ouverte et concentrée. Cher visage du loyal entre les loyaux, du fidèle entre les fidèles. Je lui souris. Je me dis : « Cette vie terrestre a été malgré tout bien gentille avec moi puisqu'elle m'envoie Morandat me faire ses adieux juste avant que je ne plie bagage ! » Le bon Dieu n'aime pas qu'on se fasse du cinéma. C'est le contraire qui est arrivé. Claire Morandat me téléphone pour me dire qu'Yvon est au plus mal, qu'il faut que je vienne immédiatement, qu'elle m'attendra à l'aéroport d'Orly. Nous nous rendons à l'hôpital Cochin où Morandat est en réanimation. Je suis admis à son chevet. Il a toute sa lucidité et peut parler quoique faiblement. Il me sourit, me dit qu'il est content de me voir. Les rôles sont renversés ! Comme ils sont renversés ! J'avais imaginé que l'apparition de Morandat à mon chevet serait la signification de ma mort prochaine, et mon apparition à son chevet est celle de sa mort à lui.

Quand j'approche un mourant, je lui dis qu'il va mourir, qu'il doit déployer tout son courage pour affronter l'épreuve suprême. Depuis Jésus-Christ, nous savons que la mort est la chance des chances pour l'homme. Ce n'est pas à Morandat qui, dans sa vie, a toujours relevé les défis les plus fous, que je vais dissimuler son état. Je ne lui cache rien. Il en ressent d'abord une profonde stupeur, tant on finit par s'habituer à vivre. Son visage exprime un étonnement immense, enfantin, dénué d'un quelconque ressentiment envers moi. Puis il retrouve soudain son visage ordinaire : tout est de nouveau très simple. Il demande pardon à Dieu de ses péchés. Je lui donne l'absolution. Il n'y a pas plus grand honneur qu'on puisse faire à un mourant que de le traiter en homme immortel, et l'avertir qu'il va mourir, qu'il doit se réconcilier avec son Créateur qui est aussi son Sauveur, qu'il va être délivré du temps à l'éternité. La mort n'est rien d'autre qu'une métamorphose, ainsi que la chenille qui devient papillon, ou comme le nouveau-né qui passe des eaux maternelles à la lumière terrestre. Le mourant est à la fois la femme qui accouche et le nouveau-né: il s'accouche lui-même à la lumière qui n'a pas de couchant. Tout homme, toute femme qui assiste un mourant — et à plus forte raison un prêtre de Jésus-Christ — a le devoir d'assister et d'aider autant qu'il le peut celui qui va être le sujet d'une telle angoisse et d'une telle aventure. Laisse-t-on une femme, enceinte de neuf mois se débrouiller seule au moment de son accouchement? Notre époque est tellement barbare qu'elle a perdu jusqu'à la notion de la promesse élémentaire que la mort recèle, et qui lui confère son indéniable majesté.

Morandat eut une rémission de quelques jours, où il revint chez lui. Puis il mourut comme il avait vécu, en homme lucide, courageux. Et en chrétien. Je me souviens de ses funérailles à Ventabren où lui rendit hommage une compagnie de mineurs de fond et fut jouée par une musique militaire le «Chant des Partisans». Vieillir, c'est la mort des autres, et de plus jeunes que soi. Depuis la mort de Morandat, je me sens vieux. Sans irritation. J'attends le terme, comme une femme enceinte de huit mois éprouve l'impatience de sa prochaine délivrance. Et n'ai que mépris devant cette conspiration du silence dont on entoure aujourd'hui les mourants: à cause d'elle, pitoyables, méprisables pantins qui, malgré la fausse compassion qu'on leur témoigne, sont bons à jeter au rebut, à faire disparaître le plus vite possible. Les Indiens d'Amérique laissent leurs mourants s'éloigner du camp pour mourir seuls. Pratique moins atrocement barbare que la nôtre parce que n'en est pas absente une manière de respect devant ceux qui vont mourir, à qui on reconnaît le droit au silence et à la solitude, face au ciel et aux étendues d'une nature vierge.

La mort de Morandat eut lieu peu de temps avant ma dernière rencontre avec Pompidou. Je fus convié une fois encore à dîner à l'Élysée. Ambiance identique de gentillesse mêlée au sentiment ambigu qu'on pouvait parler de tout sauf de l'essentiel, qui préoccupait intensément chacun. L'état de Pompidou était beaucoup plus alarmant que la dernière fois que je l'avais vu, néanmoins les euphorisants le rendaient presque gai, et cette gaieté était positivement sinistre. Après dîner, il eut un long aparté avec moi, au point que je me pris à penser qu'il cherchait à me dire quelque chose d'extrêmement important. N'y parvint-il pas ? Nous n'échangâmes que des banalités. Poignante solitude que celle des grands de ce monde — et dans notre monde !

Sachant que j'avais été très lié avec Morandat, il l'évoqua cependant, me raconta que, déjà touché par la maladie, Morandat lui avait fait sa visite officielle de Président des Charbonnages de France, pour recevoir les commentaires éventuels du Chef de l'État sur son rapport annuel : « Dès qu'il entra dans mon bureau, me dit Pompidou, je le regardai. Et je vis sur son visage le masque de la mort. Lui, n'avait pas l'air de s'en rendre compte, mais moi, je ne voyais que ce masque. Sur son rapport, j'avais quelques observations à faire, je m'en abstins et ne lui adressai que des félicitations. Je savais que notre poignée de main, au moment de nous quitter, était un adieu ! »

Je levai vers Pompidou un regard de gratitude en souvenir de mon ami. La stupeur faillit me faire crier. La mort imprégnait chacun de ses traits ! Je ne pouvais plus douter un instant que notre poignée de main serait, elle aussi, celle de nos adieux.

N'ayant pas de voiture, un jeune, un brillant médecin, qui avait été du dîner, me proposa de me raccompagner. Dans la voiture, je lui fis part de mes alarmes au sujet de l'état de santé de Pompidou. Il me répondit avec une légèreté qui me stupéfia. « Bon, lui dis-je, vous me faites part d'une version officielle dont, pour des raisons d'État, il faut à tout prix maintenir la fiction. Permettez que je garde mon sentiment. Ce qui m'accable le plus c'est qu'on mentira, qu'on continuera de mentir à Pompidou lui-même et qu'il mourra dans une solitude absolue. »

Il mourut quelques semaines plus tard. Pour lui, pour

la France, ces pratiques me révulsent encore. Me font monter le rouge de la honte au front.

À l'automne 1946, je crois, j'ai fait la connaissance d'André Malraux, avenue Gabriel, à Paris, chez le Général Corniglion-Molinier, son vieux copain des randonnées aériennes avant la guerre, en un temps où monter dans un avion n'était pas sans risque, surtout piloté par Corniglion-Molinier, impénitent casse-cou. J'eus l'occasion d'en faire l'expérience tout de suite après la libération de Lyon. Il m'avait invité à l'accompagner pour un aller-retour Paris-Lyon. Nous étions trois dans un Messerschmitt, hâtivement repeint aux couleurs françaises. En abordant l'aéroport de Bron, Corniglion de haut ne vit pas un trou d'obus sur la piste et nous atterrîmes en plein dans le cratère avec des soubresauts extravagants : si l'avion ne capota pas, ce fut sans doute à cause de mon poids à l'arrière, de nos anges gardiens à l'avant, du sang-froid et de la prodigieuse désinvolture de Corniglion, pour ne pas parler de sa baraka : l'avion se rétablit miraculeusement, roula jusqu'aux hangars ; à l'inspection il se révéla en parfait état, tous les haubans avaient résisté à la cabriole, aucune barre de support n'était même tordue : « On peut dire ce qu'on voudra des Allemands, dit Corniglion, ils font de la bonne mécanique ! »

Ce fils de famille bourgeoise, riche, bel homme, effréné coureur de jupons, avait le visage de ceux qui sont nés audacieux, fin visage racé qu'on aurait dit fait pour fendre le vent, dessiné telle une figure de proue, avec des yeux noirs, perçants, et une expression d'immense rigolade intérieure. Bien entendu, au moment de la défaite, il n'avait pas moisi en France, avait rejoint De Gaulle à Londres, dès 1940, d'où il était revenu général de l'armée de l'air. Glouton de la vie, insouciant, loyal, comme ceux qui sont destinés à mourir subitement, il brûlait la chandelle par les deux bouts, certain, semblait-il, qu'il n'aurait pas à subir l'usure de la vie. La cinquantaine dépassée, ceux qui le connaissaient — et probablement lui comme eux — s'étonnaient qu'il fût encore en vie. La mort l'avait oublié, grand seigneur, il profitait de ce rabiot. Brusquement, elle s'est souvenu de lui, naturellement au débarqué d'un avion sur un aéroport. Personne, autour de lui, n'eût imaginé une seconde que Corniglion en viendrait à mourir dans son lit.

À ce dîner, il y avait Bernanos et Malraux; j'avais amené Bernanos, Corniglion: Malraux. Ces trois hommes illustraient, chacun à sa façon, une page d'histoire qui était en train de devenir un mythe, prodigieusement payant pour certains: la guerre civile d'Espagne, vieille de seulement dix ans, mais qui sonna le tocsin sur la vieille Europe ankylosée. De cette guerre, Bernanos avait rapporté «*Les Grands Cimetières sous la lune*», Malraux, «*L'Espoir*» et un film. Corniglion fournit d'appareils l'aviation républicaine.

À mon habitude, j'écoutais de toutes mes oreilles, observais avidement les trois hommes. L'essentiel de la rencontre entre Bernanos et Malraux n'était-ce pas précisément de les avoir fait se retrouver et, s'agissant de tels monstres, de ne rien perdre de leur affrontement? Bernanos, Malraux; Corniglion et moi ne pouvions qu'être réduits à la condition de spectateurs, ce qui nous enchantait, dont nous savourions les privilèges et les délices. Je connais Bernanos, je découvre Malraux, son visage inquiet, déjà ravagé de tics, de reniflements. Je n'aurais pas donné ma place pour un empire.

De tous les écrivains de cette époque, Malraux est le moins saisissable à travers ses livres, tant tout ce qu'il a écrit a pour but de le dissimuler plus que de le révéler. Il manquera toujours à son œuvre la fascination de sa présence physique, de son discours singulier. Pour moi qui l'ai, je ne dis pas vraiment connu, mais fréquenté, le seul de ses ouvrages que j'apprécie de lui est «*Lazare*». Le face à face avec la mort a tiré de lui des accents de sincérité. La seule action que j'admire chez Malraux, c'est sa mort, qui fut simple, digne, dans laquelle on ne peut discerner aucun truc, aucun faux-fuyant. Devant elle, qui vint à un moment qu'il n'avait pas choisi, d'une manière qu'il n'avait pas choisie, il fut enfin lui-même, sans dérobade possible. Ses dernières paroles donnent peut-être un sens à sa vie, « une interminable corvée ». Il ne semble pas qu'il se soit beaucoup amusé dans la vie. Avez-vous vu le sketch prodigieux de Marcel Marceau, le mime ? Un jeune homme joue avec des masques. Sa virtuosité pour en changer s'accroît pour atteindre une rapidité stupéfiante : il les essaie tous. Puis, on ne sait pourquoi ni comment, l'un d'eux lui reste tout à coup collé au visage, il cherche à l'enlever, n'y parvient pas, on sait qu'il n'y parviendra plus jamais, que son destin est de vivre avec ce masque sur le visage. C'est à cette scène du célèbre mime que je songe dès que j'évoque Malraux : l'interminable corvée que de porter un masque impossible à arracher. L'approche de la mort, le jour de sa mort, l'en ont, dirait-on, délivré, mais sait-on vraiment qui est mort ce jour-là ? Rares doivent être les grands acteurs qui réussissent à être réellement eux-mêmes — c'est déjà si difficile à la plupart. À force de jouer toutes sortes de rôles, un grand acteur n'en vient-il pas à oublier qui il est ? Devant la mort, forcément, tous les masques tombent : ce n'est pas un personnage qui meurt, l'action de mourir ne se délègue pas à une doublure, c'est un homme qui meurt, et qui meurt seul avec lui-même, lui, et personne d'autre. La mort ne se laisse pas séduire, pas davantage convaincre, ni berner, elle est là, il suffit, elle tranche le débat, tous les débats, y compris celui de l'homme avec lui-même. Sous d'innombrables masques, il y eut un homme nommé André Malraux, qui est mort avec dignité. Dieu ait son âme !

Ceux qui désormais liront ses livres n'auront pas la moindre idée de celui qui fut André Malraux : homme doué d'un prodigieux pouvoir de séduction, pour ne pas dire d'intoxication, dont il est très conscient, et qui, dans la conversation a un débit aussi précipité que celui d'une mitraillette : au bout du compte, vous ne saviez pas si vous en sortiez convaincu ou saoulé. Cette séduction et ce qu'il disait vous plongeaient dans un état second, dont vous n'émergiez après coup qu'en titubant. C'était exactement ce qu'il voulait.

Au cours de cette rencontre, et de quelques autres par la suite, quel effet produisit-il sur Bernanos ? Aucun, strictement aucun ! C'était l'époque où Malraux avait choisi de devenir, parmi les écrivains et les intellectuels, le sergent recruteur du gaullisme politique, au moment de la fondation du R.P.F. Bernanos avait horreur, une horreur biologique, aussi spontanée que l'est la défense immunitaire, d'être embrigadé. Oh, sans ostentation ! Il ne jouait pas les vierges effarouchées devant une proposition malhonnête. Bernanos était une Fontaine de Vaucluse, qui sort du sol à gros bouillons, eau claire, pure, qui le reste au contact de l'air parce qu'elle est pureté dans sa nature et que son débit, si tumultueux et énorme, rejette au loin tout ce qui pourrait la polluer. Devant cette source torrentielle, tout ce que peut faire et dire Malraux n'est plus que fétu. Le spectacle qui en résulte est positivement hilarant. D'ailleurs Corniglion-Molinier se marre ouvertement. Comme le discours de Bernanos autant que celui de Malraux est intarissable, ils en vinrent à une sorte de traité. C'est Malraux qui propose la règle du jeu. Voulant à tout prix obtenir quelque chose de Bernanos, il s'est vite aperçu que pour y parvenir, il doit le laisser parler :

— Écoutez, Bernanos ! Je parle depuis dix minutes sans que vous placiez un mot. Faisons un arrangement. Montre en main, vous parlez maintenant pendant dix minutes. Après quoi, je prends la relève !

Ainsi dit, ainsi fait, ou du moins l'ont-il tenté. Chacun triche à qui mieux mieux, excédant sur son temps de parole. Selon un procédé qu'il a emprunté à De Gaulle, Malraux s'essaie à un exposé géopolitique : "Atlantique devient un lac intérieur, une nouvelle Méditerranée, foyer d'une nouvelle culture, dont les Américains sont les nouveaux croisés et Paris la nouvelle Byzance. Il ne faut pas renouveler le malentendu de la quatrième croisade, qui a coupé l'Orient de l'Occident. L'Amérique est le nouvel Occident, nous sommes l'Orient, détenteur des antiques sagesses.

Je n'en reviens pas. Entre deux décharges de mitraillette, je hasarde :

— Malraux, permettez que j'exprime ma surprise devant un tel discours sur vos lèvres. Vous qui avez été communiste...

La foudre :

— Je n'ai jamais été communiste !

Après ce démenti brutal, l'alternance Malraux-Bernanos se poursuit jusqu'à minuit. Malraux nous quitte le premier. Sur le palier, Bernanos me dit : « Pourquoi Malraux a-t-il dit qu'il n'avait jamais été communiste ? En 1938, en pleine guerre d'Espagne, il m'a affirmé qu'il l'était. »

J'ai failli demander à Bernanos pourquoi il n'a pas rappelé lui-même à Malraux sa profession de foi de 1938, me retins. Bernanos se serait mis en colère, contre lui-même, contre moi. Je l'aime tel qu'il est, autant pour ses faiblesses que pour sa grandeur.

Un dialogue Bernanos-Malraux ne peut être qu'un dialogue de sourds. Il y a deux sortes d'hommes : ceux qui vivent pour l'honneur, ceux qui vivent pour l'utilité, pour ce qui leur est utile à eux. Bernanos est de la première race, Malraux de la seconde : le langage de l'honneur lui est inaudible. J'en aurai le sentiment très vif, un jour que je serai en visite chez lui, boulevard Victor-Hugo à Neuilly. C'est le temps du « *Cheval de Troie* », auquel il a collaboré. J'y ai publié son « *Adresse aux intellectuels* ». Je vois alors Malraux souvent, si bien que je le considère comme un ami. La conversation tombe sur Chateaubriand, que j'admire profondément :

— C'est un farfelu ! me dit-il. Ce terme, qu'il avait autrefois utilisé dans un autre sens, est maintenant dans sa bouche un terme explicite de mépris. Je sursaute, lui demande pourquoi.

— Enfin, Bruck, comment ne voyez-vous pas que, dès lors qu'on est un écrivain de l'envergure de Chateaubriand et qu'on a la chance d'être le contemporain d'un conquérant aussi fabuleux que Napoléon, il est idiot de rompre avec lui à la veille d'Austerlitz et de le bouder jusqu'à la fin de son règne ? Et tout cela pourquoi, je vous le demande ? Par fidélité aux déchets d'une vieille race, des ganaches qui allaient devenir Louis XVIII et Charles X !

Je suis tellement interloqué que j'en reste coi. De ce jour, tout en demeurant courtois, du moins de ma part, nos rapports ne seront plus les mêmes. En fait, de la part de Malraux, ils n'ont jamais été confiants. Malraux se méfie en permanence de tout et de tous. Cette réflexion m'a beaucoup éclairé sur lui. Rien, dans la vie de Chateaubriand ne me paraît plus admirable que sa rupture avec Bonaparte au moment de l'assassinat du Duc d'Enghien et sa fidélité à notre vieille race monarchique qu'il savait pourtant incapable d'assumer l'avenir. Malraux, lui, ne pense jamais qu'à lui-même. Il ne refuse pas de prendre des risques, mais uniquement lorsqu'il juge que l'aventure lui rapportera notoriété, gloire, succès, à lui. Certes, pendant la guerre d'Espagne il a été du côté des perdants, mais il en a rapporté un livre, un film, et bénéficiera toute sa vie de cette gloire mythique d'avoir fait partie des « Brigades internationales », même si jamais personne ne l'a vu prendre un risque personnel dans cette guerre. Beaucoup plus accablant encore, il n'a rejoint la Résistance intérieure qu'après le débarquement allié en Normandie, après la percée d'Avranches par les blindés de Patton, sûr alors du côté où penchera la balance de la victoire. Son gaullisme ? Là, il a pris un risque, pendant « la traversée du désert ». Mais il était embarqué et il faut lui accorder qu'il savait reconnaître le génie. Il valait mieux attendre aux côtés de De Gaulle que de se compromettre avec les pygmées de la IVe République, qu'il mettait sans doute au rang des déchets, avec Louis XVIII et Charles X. Il eut même devant moi l'un des mots les plus pénétrants qui aient été dits sur le Général : « De Gaulle a du génie, mais il a l'esprit lent ! » Lui, rapide comme l'éclair, quel effort ne dut-il pas faire sur lui-même pour s'accommoder de cette lenteur ? A-t-il joué sur le Général comme on joue sur un cheval ? Qui sait même s'il n'était pas aux ordres ? Son cheval en tout cas, a gagné. Malraux est devenu Ministre, et d'un ministère étrange, qu'il a fondé à son image, le Ministère de la Culture.

De Gaulle mit très longtemps à accorder à Malraux quelque crédit. Pour parvenir à ses fins, Malraux se chercha un appui solide : Georges Pompidou. Envers Claude et Georges Pompidou, il déploya — comme à son habitude — des trésors de charme, de séduction. À l'époque où je fis la connaissance des Pompidou, tous deux se révélèrent des inconditionnels de Malraux. Auprès de l'un ou de l'autre, toute réserve sur Malraux, sur son œuvre, son comportement passé ou présent était irrecevable. Et dans cette optique, sujet absolument tabou. Par la suite, mais seulement bien plus tard, lorsque Pompidou ne put plus se dissimuler qu'au sein même de son gouvernement s'était formé un clan décidé à le ruiner dans l'esprit du Général, et dont Malraux faisait partie, ses yeux se dessillèrent.

Pompidou m'avait fait le récit de la manière dont fut formé le premier gouvernement De Gaulle, celui de juin 1958. Ce fut Pompidou qui intervint auprès de De Gaulle pour faire entrer Malraux dans ce gouvernement, tout comme Pompidou le fit pour Couve de Murville. Il était alors loin de se douter qu'il venait d'introduire lui-même Iago dans le Conseil du Prince. Pompidou me relata même que l'entrée de Malraux dans le Cabinet De Gaulle, en 1958, ne s'effectua pas aisément et que la première et la plus grande résistance qu'il eut à vaincre fut celle du Général en personne, aux yeux de qui Malraux n'était qu'une sorte d'histrion, qui ne faisait pas sérieux, qui n'était, en tout cas, pas à la hauteur d'un projet historique : donner à la France une nouvelle Constitution, qui orienterait différemment, régénérerait les institutions républicaines. Ce dernier point m'avait été confirmé indirectement par Malraux lui-même, lors de la formation du R.P.F. Malraux, qui s'était fait le metteur en scène des grands rassemblements gaulliens, suggéra au Général la date du 18 juin pour organiser un de ces rassemblements au Vel d'Hiv. Le Général eut un haut-le-coeur :

— Le 18 juin ? dit-il. Vous n'allez tout de même pas encanailler l'histoire !

C'est l'un des plus beaux mots du Général, mais aussi l'un des plus révélateurs des deux acteurs en présence. Le Général tenait une fois pour toutes à distance de la politique, dans l'acception ordinaire de ce mot, ce qui s'était passé entre 1940 et 1944, et qui eut pour origine l'appel du 18 juin. Au soir de sa vie, il dira encore à l'un de ses anciens compagnons : « Nous n'avons jamais rien fait de mieux ! » Or, précisément, de 1940 à juillet 1944, et pendant qu'eut lieu cette épopée française, Malraux n'y eut aucune part. De Gaulle n'est pas dupe de son ralliement de dernière heure au gaullisme. Dix ans plus tard, il le soupçonnera encore de vouloir « encanailler » l'histoire. Mais Pompidou se battra pour Malraux, fera valoir devant le Général que ce serait bien pour la France d'avoir dans son équipe ministérielle un écrivain de renommée mondiale, qui a fait la guerre d'Espagne, est capable de rallier un peu partout à De Gaulle la sympathie de gens de gauche qui occupent une situation privilégiée dans ce qu'on n'appelle pas encore « les médias ». Pompidou ne fait que répéter au Général des arguments avancés par Malraux. De Gaulle cède, moins parce qu'il est convaincu, que par la confiance que lui inspire Pompidou. Et puis, la place qu'il envisage de donner à Malraux n'est pas à ses yeux d'importance première : il abandonne facilement les choses qu'il croit subalternes à des personnages qu'il juge subalternes.

Une question vient alors à l'esprit : comment se fait-il que Pompidou eût été en situation de peser sur la formation du nouveau gouvernement ? À cette époque, l'idée d'occuper la scène ne l'effleure pas. Il est fondé de pouvoir de la banque Rothschild, gagne très largement sa vie. Sa vaste intelligence, sa finesse, sa modestie souriante lui ont valu d'occuper auprès du Général un rôle équivalent de « fondé de pouvoir », à celui qu'il tient chez Rothschild. Situation d'éminence grise qui lui convient tout à fait, et à sa femme encore davantage, qui a en horreur tout rôle public. Sans doute qu'aucune époque, dans la vie des Pompidou, n'aura été plus heureuse que celle-là.

Lorsque les événements se sont précipités, m'a raconté Pompidou, et qu'en juin 1958 l'Assemblée nationale eut investi De Gaulle du soin d'élaborer une nouvelle Constitution, tout naturellement, ainsi qu'il en avait l'habitude, De Gaulle se tourna vers Pompidou : « Pour moi, il y a trois ministères que je veux personnellement contrôler : la Justice, à cause de la Constitution qu'il va falloir définir et proposer aux Français ; Michel Debré est le garde des Sceaux qu'il me faut. La Défense, où je mettrai Pierre Guillaumat. Le troisième ministère où je veux avoir la haute main, c'est les Affaires étrangères. Pour ce dernier poste, je n'ai aucune idée : je ne veux pas qu'il soit confié à un homme politique appartenant à un parti. Il me faut un bon fonctionnaire (comme il eût dit un bon domestique), diplomate de carrière, qui comprenne ce que je lui dirai et qui fasse exactement ce que je lui commanderai de faire. Ce serait parfait si ce haut fonctionnaire avait en plus encouru la disgrâce du régime précédent. Pour le reste du gouvernement, et parce qu'il faut bien un gouvernement, je ne connais pas assez le personnel politique. Vous le connaissez mieux que moi. Faites-moi des propositions. Nous en discuterons ensemble, et je déciderai. Il faut faire vite. »

Plus encore que celle de Malraux, la nomination de Couve de Murville dans ce ministère sera hautement cocasse. Le Général veut un fonctionnaire à sa botte et à la fois tombé en disgrâce sous la IVe République. Pompidou se renseigne. Couve de Murville répond aux deux impératifs auxquels se tient le Général. Pompidou ne le connaît pas, le propose néanmoins au Général qui l'accepte d'emblée. On joint Couve par téléphone à Bonn, où il joue au golf. Il accourt, se met aux ordres ; d'anti-gaulliste qu'il était il devient gaulliste, un ministère ne se refuse pas. Quant à De Gaulle, il sait faire feu de tout bois, du moins le pense. Couve restera ministre pendant dix ans et en fin de compte deviendra Premier Ministre — un désastre. Les hommes de génie ne sont pas à l'abri des erreurs. Au contraire, elles prennent un tour aussi monumental que leur génie. De Gaulle, choisissant Couve comme Ministre des Affaires étrangères et le gardant dix ans, commit, me semble-t-il, la même erreur que Napoléon : celle de ne pas en changer.

Même dans la vie privée, un homme puissant devrait parfois changer de valet de chambre. Un célèbre film anglais « *The Servant* » nous montre, sous l'aspect très en relief que réclame l'art, comment on peut devenir l'esclave de son laquais, sans même s'en apercevoir. Au début d'« *Othello* », Iago est le perroquet d'Othello ; à la fin, c'est Othello qui est hélas ! le perroquet de Iago.

Sous cet éclairage, je ne crois pas sacrilège de dire qu'il faudrait peut-être soumettre à révision certains aspects de la politique tenue officiellement pour « gaulliste ». Par exemple, je me pose la question si, à la fin de son règne, la politique arabe de De Gaulle fut véritablement la sienne ou celle de son entourage ? La brouille avec Pompidou fut-elle fondée sur des raisons objectives, légitimes, ou fut-elle provoquée du dehors ? De Gaulle n'était certes pas accommodant, il avait trop conscience de sa force de caractère, de la rare liberté dont il jouissait dans la conception qu'il se faisait de la vie, de l'homme, de l'histoire des hommes, mais trop sûr d'échapper à toute influence, pour ne pas y avoir succombé à son insu, et subi l'insidieuse érosion du quotidien dans ses contacts avec son entourage politique. La question mérite d'être posée. Le sera forcément un jour par les historiens.

Lors du lent règlement de l'affaire algérienne, en 1960, Couve de Murville se rend en visite officielle en Grèce. Réception à l'ambassade de France. J'y suis convié.

Couve me salue de bonne grâce. Nous nous mettons à l'écart un moment. Je lui fais part de mes inquiétudes sur la politique menée en Algérie. Il me répond : « L'Algérie, à quoi ça sert ? »

En vérité, je ne pensais plus que l'Algérie pût être intégrée à la France, rester département français ; ce n'est pas contre l'éventuelle indépendance de l'Algérie que j'éprouve un sursaut d'indignation : devant les quelques mots de Couve de Murville j'ai l'impression d'une gifle reçue en pleine figure. Jusqu'au ton négligent pour les prononcer qui me brûle le visage. Dans sa trivialité, la remarque de Couve de Murville met à nu une certaine politique française qui, depuis des siècles, transcende tous les régimes politiques (monarchie, républiques), et renie explicitement tout ce que la France eut de valeureux, de généreux, d'héroïque. Après le sacre de Reims, Jeanne d'Arc, à quoi ça sert ? La chevalerie, à quoi ça sert ? Avec Voltaire, le Canada, à quoi ça sert ? En 1940, l'appel du 18 juin, à quoi ça sert, et la résistance intérieure donc ? Un jour prochain, on dira : « La Nouvelle-Calédonie, à quoi ça sert ? » Et à propos du Liban : « La parole de la France que jadis saint Louis a donnée à ce petit pays, à quoi ça sert ? » Enfin, demain, peut-être, en viendra-t-on à se demander si la France vaut la peine de rester la France ?

On dit que les Américains sont un peuple prosaïque. Au genre de réflexion que m'a faite Couve, Benjamin Franklin avait pour habitude de répondre : « Un enfant qui vient de naître, à quoi ça sert ? » Dans son essence, l'esprit petit-bourgeois français est refus de l'aventure, fermeture sur l'avenir, nécrose. Ce n'était pas l'esprit de De Gaulle à Londres, l'esprit de Jean Moulin et de la Résistance intérieure en 1940, ce n'était pas l'esprit de Leclerc au Tchad, de Koenig à Bir Hakeim. Je reste consterné : on est en train d'« encanailler l'histoire ».

1965. Pompidou est Premier Ministre. Nous déjeunons en tête à tête à Matignon. Il fronce ses énormes sourcils, me dit à brûle-pourpoint :

— Vous connaissez bien Malraux ?

— Je le pratique depuis 1946. Quant à le connaître bien, qui peut s'en vanter ? C'est un poisson des mers profondes qui projette derrière lui un nuage d'encre. Il est tellement trouble que je me demande s'il se connaît un tant soit peu lui-même. Mais pourquoi cette question ?

— Parce c'est un gouffre d'argent. Plus on lui en donne, plus il en demande. Tous mes autres ministres ensemble me coûtent moins cher que lui, au point que, pour lui, je suis obligé de tirer sur les fonds secrets. Et je n'en vois pas la fin.

— C'est pour lui, personnellement, ou pour son ministère ?

— Pour son ministère, je ne dis pas que tout y soit clair, mais les dépenses sont vérifiables, inscrites au budget. Ce sont ses dépenses personnelles qui m'inquiètent. Je sais qu'il boit. Je sais qu'il se drogue. Mais même ces dépenses-là ont des limites. Et ce n'est pas un joueur. Je lui ai facilité la vie autant qu'il est possible. Il aime les belles demeures : je lui ai prêté « La Lanterne », dans le parc de Versailles, qui est une résidence du Premier Ministre. Il a voiture et chauffeur de fonction. Ses notes de restaurant sont payées par le ministère. Le personnel et le train de vie de « La Lanterne » sont également payés. Je l'ai fait discrètement surveiller. Finalement il a relativement peu de besoins personnels. Alors où va l'argent ?

— Observez bien le visage de Malraux ! Je ne parle pas seulement de ses tics nerveux, qui s'accentuent de plus en plus, et qui sont déjà un signe d'angoisse. Je parle de son visage. C'est le visage anxieux et bouffi d'un homme traqué. Malraux a peur. Jour et nuit, il vit dans la peur, c'est évident. Peur de quoi ? Là est le mystère ! Cela m'est souvent venu à l'esprit : ne vous êtes-vous jamais demandé si Malraux n'était pas sous le coup d'un chantage ? Quand un homme est dans ce genre de situation, il n'y a pour lui plus de salut.

Pompidou me regarde dans les yeux, réfléchit longuement. Change de sujet de conversation. Que se passera-t-il plus tard entre Malraux et lui, je n'en saurai jamais rien. Mais un fossé se creuse progressivement entre les deux hommes, jusqu'à tourner à l'hostilité quasi déclarée de la part de Malraux. Quand en 1968, Pompidou démissionnera pour faire place à Couve de Murville, il donnera un déjeuner d'adieu aux membres de son défunt gouvernement. À la fin du repas, Malraux, regardant Pompidou, lève son verre et dit : « À Monsieur le Député du Cantal ! » comme si la carrière politique de Pompidou venait de toucher à son terme. Pompidou encaisse sans rien dire. Tout Paris rit de la boutade. Venant de Malraux, c'est un coup de pied de l'âne contre un homme à qui il doit d'être devenu ce qu'il est présentement. Offense gratuite ! Quoi que je pense de Malraux, elle est indigne de lui, il valait tout de même mieux que cela.

Pompidou Président de la République, Chaban-Delmas formera le nouveau gouvernement. Malraux, qui sait bien qu'il n'en fera pas partie, poussera le ridicule jusqu'à publier un communiqué déclarant qu'il n'accepterait plus de revenir au ministère de la Culture, à croire que la question se posait ! C'était plus fort que lui, il ne pouvait s'empêcher de jeter de la poudre aux yeux et de tenter de donner le change.

Me reprochera-t-on d'avoir noirci à l'excès le portrait de Malraux ? Je suis le premier à penser qu'il était à coup sur un homme très malheureux et donc digne de compassion. D'une nature qui visait uniquement l'utilitaire, il était en même temps trop grand pour ne pas percevoir l'insuffisance radicale du monde présent. Alors il se jouait, à lui-même comme aux autres, un cirque auquel il était le premier à ne pas croire. N'importe, il continuait, il ne pouvait s'empêcher de continuer, comme une bête de somme, « l'interminable corvée ». Il aimait rappeler le propos désabusé que Staline avait tenu à De Gaulle : « Et à la fin, il n'y a que la mort qui gagne ! »

N'a-t-il pas dit, redit que l'art est un effort pour surmonter la mort ? Effort dérisoire, bien sûr, condamné d'avance à l'échec car la beauté de ce monde elle-même périra. La mort n'a jamais eu qu'un seul vainqueur, Jésus-Christ. Les vrais Iago, en chair et en os, les vrais Othello, meurent. Le Iago mythique de Shakespeare, l'Othello mythique dureront tant que ce monde durera. Shakespeare est mort, mais ses héros survivent, survivront jusqu'à la fin des temps, même si notre civilisation devait être engloutie, et avec elle l'œuvre de Shakespeare.

Je ne suis pas le seul à rester perplexe devant la personnalité de Malraux. Dans son numéro du 23-24 novembre 1986, pour le dixième anniversaire de la mort de Malraux, *Le Monde* vient de publier un long article de Jean Mauriac, dont on sait la probité minutieuse, et dont le moins qu'on puisse dire est qu'il ne ressent pour Malraux que discrète mais chaleureuse admiration. Curieusement, l'article est intitulé « Un masque plein d'inquiétude et d'angoisse ». Un masque, c'est le mot qui vient spontanément sous la plume lorsqu'on évoque Malraux. Nul ne songerait à parler de « masque » s'agissant de Bernanos, de Camus, de Cendrars : ils étaient ce qu'ils paraissaient. Pour Malraux, on n'a jamais vu que le masque : personne ne peut se flatter d'avoir connu l'homme, de l'avoir percé à jour.

Dès avant la guerre, j'avais bien entendu lu Malraux, mais sans partager l'enthousiasme presque mystique pour ses ouvrages, qu'il était de mise d'afficher à l'époque. D'où venait ma gêne ? J'y avais trouvé une éloquence du courage qui me paraissait sonner un peu faux, comme chez Montherlant. J'admire l'héroïsme, je me méfie de l'éloquence de l'héroïsme sans héroïsme. Il est incontestable que Malraux n'a pas participé à la guerre de 14-18 ; il n'avait que dix-sept ans au moment de l'armistice. Mais au même âge, Joseph Darnand était déjà engagé depuis deux ans dans l'infanterie, ayant triché sur son âge, et avait étonné le haut commandement par ses hauts faits sur les champs de bataille. De vrais héros de guerre, j'en ai connus, qui n'avaient pas l'éloquence mais la réalité du courage guerrier.

En 1940, il y eut 120000 soldats tués pour l'honneur durant la bataille de France, et à laquelle, je le répète, Malraux ne semble avoir participé en aucune façon. En août 1940, quelques semaines après l'armistice, j'allai voir Claude Bourdet qui habitait Vence. Déjà il s'occupait de fonder et d'organiser une résistance intérieure qui combattît à la fois l'armistice, le régime de Vichy, l'occupation du territoire par les Allemands. Sur sa réputation, il était allé trouver Malraux, certain qu'il le rallierait à la cause de cette résistance. Malraux lui avait répondu : « Avez-vous des armes ? Avez-vous de l'argent ? Non ? Alors quand vous en aurez, repassez me voir ! » Si on avait attendu d'avoir de l'argent et des armes, il n'y aurait jamais eu la moindre résistance intérieure. Le fait est que Malraux a refusé de participer à la fondation comme à l'action de la Résistance intérieure qui, d'ailleurs, ne le sollicita plus.

En juillet 1944, après le débarquement allié en Normandie, après la percée d'Avranches par les blindés de Patton, lorsqu'il fut tout à fait clair que la victoire penchait du côté des Alliés et de la France libre, Malraux chercha un commandement dans la résistance. Un livre, paru chez Flammarion il y a quelques années, décrit ses errances, ses déconvenues à ce sujet. C'était trop tard. Pour quel motif des chefs de la Résistance lui auraient-ils cédé le pas à ce moment-là ? À la suite de circonstances demeurées obscures, il finit par réussir néanmoins à être propulsé à la tête de quelques Alsaciens-Lorrains qui rejoignaient l'armée de De Lattre de Tassigny, dans sa progression vers le Rhin.

De la déclaration de la guerre en 1939 jusqu'à juillet 1944, Malraux ne fit strictement rien, ne mit même pas sa plume au service de la Résistance. Si un écrivain méritait autrement plus que lui la croix de la Libération, c'était Mauriac, ou Camus, ou Aragon, ou Vercors, dont les textes clandestins soutenaient nos courages. Comment réussit-il à décrocher sa croix de Compagnon de la Libération? C'était un magicien, mais un magicien qui ne servait que lui-même, choisissant ses moments pour se lancer, au moindre risque, mais sous le charme duquel bon nombre succombèrent.

Qui servait-il? D'abord lui-même, je viens de le dire, et même quand il portait la livrée de quelqu'un d'autre. Reste une question: n'était-il pas lui-même asservi à un maître non identifiable? Ainsi que je l'ai dit à Pompidou, il semblait vivre perpétuellement sous la menace d'un chantage, lequel? Et que trahissait son masque à la fois grotesque et pathétique? Est-ce le Parti communiste qui le « tenait »? Celui-ci s'entoure de tant de secret qu'il passe pour le spécialiste de l'intrigue, du faux-semblant, des entreprises souterraines détournées, et à longue portée. C'est à propos du communisme qu'a été inventé le mot « taupe » dans l'acception précise que ce mot a prise aujourd'hui, où l'espionnage est peut-être, plus que la bombe atomique, l'arme par excellence de désintégration des patries. Le moins qu'on puisse dire du Parti communiste, où qu'il soit dans le monde, est qu'il n'est pas sentimental, qu'il ne connaît, ne reconnaît que les rapports de force, ayant pour seule dialectique que celle du maître et de l'esclave. Jamais il n'a affranchi l'un des siens. Une fois sous sa coupe, le Parti cherchera sans relâche à vous y garder, si, de quelque façon — et peu importe laquelle — il peut avoir barre sur vous. Enfin, il est pourvu de l'imagination la plus subtile, la plus inventive pour se faire servir efficacement. Plutôt que d'avoir quelqu'un siégeant au Comité central, il lui est parfois plus utile qu'un de ses membres fasse son chemin dans le parti adverse, serait-ce au prix d'une apostasie officielle. Aussi ne suffit-il pas de multiplier les déclarations solennelles d'anticommunisme — comme les a prodiguées Malraux après la guerre —, pour qu'on soit sûr qu'il n'est pas resté un instrument du Parti. Les livres de Volkoff ont mis en pleine lumière de tels processus d'asservissement clandestin. Dans « *Le Trêtre* », Volkoff raconte par exemple comment le Parti choisit d'avoir l'un de ses adhérents les plus sûrs, consacré évêque de l'Église russe. Il est mieux pour lui d'avoir un évêque à sa botte, ce qui ne l'empêche pas de persécuter les chrétiens, au contraire : ceux-ci peuvent être dénoncés secrètement par leur évêque. Nos sociétés occidentales sont extrêmement vulnérables à ce type d'infiltration clandestine. Au sujet de Malraux, la question que je me pose est celle-ci : son anticommunisme verbal n'était-il pas compatible avec un rôle infiniment plus efficace de taupe au profit du communisme, dans les rangs du gaullisme officiel ?

Ici, ce sont plus que des soupcons, ce sont des faits qui me troublent. Malraux a fondé en France le ministère des Affaires culturelles. Il en a été le titulaire pendant dix ans. Comme tous les autres, ce ministère est soumis au contrôle de la Cour des Comptes, mais la Cour des Comptes ne décèlera pas si le budget de ce ministère ne sert pas en fait de caisse noire pour rétribuer des hommes, des entreprises soi-disant culturelles, plus remarquables par leur efficacité de subversion que par leurs créations proprement artistiques. L'œuvre la plus significative de ce ministère a été la création — à frais énormes pour le contribuable — des « Maisons de la Culture », dont il semble que personne ne veuille plus — étant donné leur échec culturel et leur déficit financier chronique —, mais dont personne ne parvient à se débarrasser. Rien ne devrait désormais paraître plus urgent à un ministre « libéral » que de privatiser ou municipaliser ces « Maisons de la Culture » qui, depuis leur fondation, n'ont été que des centres de subversion révolutionnaire. En mai 1968, j'ai parcouru toute la France pour organiser des représentations de mon film « *Tu moissonneras la tempête* » : je voulais rappeler qu'à une époque récente, il y avait eu en France la révolte d'une vraie jeunesse contre une vraie tyrannie, et ce qu'il en avait coûté de sang et de larmes, pour redevenir libres. Nulle part, je ne reçus le concours des « Maisons de la Culture » qui, les unes après les autres, me fermèrent leurs portes. Je découvris en même temps avec stupeur que toutes avaient été les foyers actifs d'où étaient parties les premières étincelles de la contestation contre De Gaulle et le régime qu'il avait donné à la France. Découverte si généralisée qu'elle ne pouvait être le produit du hasard. Or, durant dix ans, Malraux lui-même avait sélectionné, choisi les chefs, mais aussi les animateurs de ces Maisons. Personne, et De Gaulle moins que quiconque, ne parut s'apercevoir de la chose. Iago restait au-dessus de tout soupçon ! « *Honest Iago !* »

José Bergamin fut un poète catholique espagnol, que j'avais rencontré chez Bernanos à Toulon, juste avant le départ de celui-ci pour l'Amérique du Sud, en juillet 1938. Nous étions devenus des amis. Lors de mes passages à Paris, je le voyais : c'était l'époque, affreuse, de l'agonie de l'Espagne républicaine et des coups de force de plus en plus arrogants de Hitler, à nos portes. C'était surtout l'époque où la France étalait chaque jour davantage la lâcheté de ses pouvoirs publics, où se formaient sous nos yeux les étranges coalitions qui demain produiraient la « collaboration ». L'avantage de devenir vieux est que l'on se souvient. Ce qui se passe ces temps-ci avec d'autres hommes, sur d'autres lieux, la menace de l'identité française, menace issue aujourd'hui de la gauche, à l'époque de la droite, pour moi, c'est du déjà vu.

Pendant la guerre civile espagnole, Bergamin était farouchement du côté de la République espagnole, il était même l'attaché culturel de cette République à l'ambassade d'Espagne à Paris. Quand Franco prit la tête du pays, Bergamin, avec sa famille, s'exila en Amérique latine. Lui et les siens y survécurent assez misérablement. J'aimais beaucoup Bergamin, homme sec comme un sarment sec, sobre comme un paysan de Castille, toujours soigné de sa personne avec raffinement, et qui portait la pauvreté avec une élégance d'hidalgo. En 1963, je reçus de lui une lettre qui me bouleversa. Il était au Paraguay: sa femme était morte depuis longtemps, ses enfants grandis, rentrés en Espagne. Seul, sans ressources, l'exil commençait à lui peser. Dans l'impossibilité d'obtenir du gouvernement Franco un passeport, il désirait avec une ardente véhémence s'établir en France, pour se rapprocher des siens, et puis, il connaissait si bien Paris. Comment faire? L'idée me vint d'envoyer une photocopie de cette lettre à Malraux: de nous tous, Malraux était le plus lié avec Bergamin, l'un des héros de « *L'Espoir* ». De plus, ministre, je ne doutais pas une minute qu'il utiliserait son crédit pour son grand ami Bergamin, que le problème de Bergamin serait résolu sur l'heure comme par enchantement.

Malraux me répondit tout net qu'il ne pouvait rien faire. Je compris qu'incapable d'amitié, il se comportait avec Bergamin comme il l'avait fait avec Drieu La Rochelle, lorsqu'aux abois Drieu le supplia, au nom de leur ancienne amitié, de le sauver des menaces et de la férocité de l'épuration. Malraux ne trouva alors rien de mieux que de proposer à Drieu une solution qu'il savait impraticable. Acculé, Drieu se suicida. Pour son vieil ami Bergamin, Malraux eut le front de prétendre qu'il ne pouvait rien. Il me suggéra cependant de m'adresser à Maritain, lui-même ami de Bergamin, que De Gaulle avait nommé ambassadeur de France au Vatican, lequel, aux dires de Malraux, avait auprès de De Gaulle quelque crédit — à croire que lui, Malraux, n'en avait aucun... Scandalisé, furieux, je lui répondis une lettre, amicale dans la forme, parfaitement insolente dans le fond: « Vous avez tout à fait raison, et je vous demande pardon de vous avoir importuné. Puisqu'il s'agit d'en appeler à De Gaulle, comment n'ai-je pas pensé que pour ça, je n'avais besoin de personne. Je vais donc le faire moi-même. » J'écrivis à De Gaulle, lui exposant la situation de Bergamin et ses besoins. De Gaulle me répondit le 9 janvier 1964 : « J'ai pris note d'autre part de ce que vous m'avez écrit concernant M. José Bergamin. » Il confia le dossier à Roger Frey, ministre de l'Intérieur, qui fit aussitôt le nécessaire. Bergamin reçut un titre de séjour en France. Quelques semaines plus tard, il était à Paris, exultant. Il se précipita chez Malraux pour le remercier. Et bizarrement, je ne pus jamais obtenir de lui qu'il écrivît un mot de remerciement à Roger Frey : « Je ne veux pas me brouiller avec Malraux ! » s'entêtait-il. Ainsi ai-je appris qu'au sein du gouvernement, il y avait deux camps, chacun se disputant la confiance du Général. Au nom de quoi, Malraux préféra-t-il ne pas user de son pouvoir pour Bergamin, quitte à laisser l'autre camp obtenir ce qu'il ne voulait pas demander ? Ou crut-il que par le biais de Maritain ce serait forcément l'échec ?

Au fil des événements, il fut peu à peu aisément discernable que Couve de Murville et Malraux étaient dans un camp ; Pompidou et Frey dans l'autre. Le dénouement interviendrait en 1968 par la démission de Pompidou, son remplacement par Couve de Murville.

Au retour de Bergamin, je n'étais pas là, mais en Suisse, et ne le revis qu'un peu plus tard. Nous nous retrouvons, après quinze ans de séparation, à la « Régence », charmant café aujourd'hui disparu, place du Palais-Royal, sous le médaillon qui commémore l'assaut de Jeanne d'Arc contre Paris et son échec par trahison. Durant notre entretien, je m'aperçois tout à coup que je ne connais pas vraiment Bergamin. Aussi agréable qu'autrefois, physiquement il a à peine changé. Il parle le français avec un accent prononcé, est toujours aussi élégant, aussi sobre, aussi pauvre, secret sur ses relations, ses activités, aussi sincèrement catholique, croyant, et anticlérical, ce qui nous avait rapprochés autrefois. Mais ce que j'ignorais et que je découvre c'est que, dans l'ordre temporel, il a une fois pour toutes placé sa confiance dans le communisme. Que plus encore que l'Espagne, sa patrie est la Russie soviétique, rédemptrice des peuples. Visiblement en lui, cette espérance cohabite avec la même force que sa foi catholique. Il ne la reniera pas. N'admettra jamais l'existence du goulag ni que son espérance eût été trahie.

Invinciblement attiré par tout ce qui était subversion politique gauchiste, il rentra en Espagne, avant même la mort de Franco, ce qui me surprit tout de même. Cela me surprend moins aujourd'hui que je connais mieux, sous les apparences les plus contradictoires, la parfaite cohérence du plan de conquête du monde par le communisme. Invité à Madrid pour une émission à la télévision, je revis une dernière fois Bergamin. Il habitait un appartement plein de charme sous les toits, au centre de la ville, toujours aussi frugal, secret. Lié, m'a-t-on dit, à l'E.T.A. militaire, il est mort en pays basque espagnol. Sans doute, ne pouvait-il s'empêcher de conspirer. Mais avant tout, il était poète. On pardonne beaucoup aux poètes. Peut-être faisait-il partie de cet immense troupeau de l'ombre, qui obéit à l'aveugle à des consignes qu'il ne comprend pas ou ne veut pas comprendre, et que Lénine appelait « les idiots utiles » ? Dans la mesure où je l'ai efficacement aidé, j'ai probablement été moi-même un « idiot utile ». Malraux, lui, n'était pas un idiot.

À un dîner, organisé par Richard de Dampierre, je revis Burin des Roziers, que je connaissais pour avoir été son hôte à Rome, où il exerçait sa fonction d'ambassadeur de France auprès du Quirinal. Venu présenter à une assemblée choisie mon film « *Tu moissonneras la tempête* », il m'ouvrit, deux jours durant, les portes du palais Farnèse, merveille d'architecture. Burin avait longtemps été secrétaire général de l'Élysée, avant mai 68.

Richard de Dampierre, Burin des Roziers et moi-même parlons librement des événements auxquels nous avons été mêlés, des diverses personnalités connues de l'un, de l'autre, parmi les protagonistes de ces événements, le Général De Gaulle, au centre de la scène, comme il se doit. De Gaulle s'était toujours montré un homme prévoyant, méthodique, cherchant à réduire au minimum la part du hasard, de l'imprévu. Au cas ou, par accident, le Chef de l'État et le Premier Ministre viendraient à mourir en même temps, et afin que l'État ne tombât pas en déshérence, De Gaulle avait mis en place un ordre de succession où la fonction suprême reviendrait de droit et immédiatement à un homme qui tiendrait le rôle d'intérim jusqu'à ce que les institutions pussent revenir à leur jeu normal. Dans cette liste de noms, Malraux figurait en quatrième ou cinquième position. Que par une série de hasards fortuits ou provoqués, le destin de la France risquât de tomber aux mains de Malraux, me paraît si extravagant que j'en fais la remarque à Burin des Roziers. Je lui dis ma stupeur, lui rappelle les liens anciens qui liaient Malraux au communisme. La réponse de Burin m'ahurit plus encore : « À la fin de son règne, De Gaulle considérait que la France passerait inévitablement par une phase socialiste. » Sous quelle persistante et insensible influence, le Général en était-il venu là ? Comment celui qui, en 1940, avait eu le génie, en même temps que la folle audace, de contester pour la France le joug totalitaire du nazisme triomphant, a-t-il pu considérer comme inévitable qu'elle subît un jour le joug non moins terrifiant du totalitarisme marxiste ? À moins que ce ne fût, dans la grande âme de De Gaulle, lucidité prophétique et déchirante, ou tentation du désespoir ?

L'erreur d'Othello est qu'il s'imagine que parce que certains hommes sont médiocres, ils en sont inoffensifs. Si grand qu'il soit, un chef d'État est tenu de prendre le plus grand soin dans le choix de son entourage, et préférer des caractères bien trempés, capables éventuellement de lui résister en face, plutôt que des hommes qu'il croit à sa dévotion mais qui ont des âmes de larbins. Le propre du larbin est de changer de maître, au gré des circonstances et de son intérêt : au niveau de l'État, cela s'appelle trahison. Les monarchies se fondent dans la rude fidélité des soldats, elles se ruinent dans la servilité des courtisans. L'antique monarchie française ne fut perdue ni par Louis XVI, ni même par Louis XV, mais bien par Louis XIV, qui embourgeoisa définitivement le gouvernement de la France et réduisit à l'état de courtisans la plus belle aristocratie militaire que le monde ait jamais connue.

J'ai fréquenté les allées du pouvoir, sans en détenir à aucun moment la moindre parcelle. C'est une expérience amère. Les avenues du pouvoir ont une odeur de cloaque, il y règne l'atmosphère d'un guet-apens permanent. Les Anglais ont un dicton : « Le pouvoir corrompt. Le pouvoir absolu corrompt absolument ! » Cette vue me paraît sommaire. C'est moins le pouvoir qui corrompt que les approches du pouvoir qui corrompent ce qui est corruptible.

Si un homme n'a pas été corrompu par le pouvoir, c'est bien De Gaulle — et comme lui Michel Debré et Pompidou —, mais il fut à son insu sous l'influence d'hommes qu'il n'aurait jamais dû tolérer, encore moins garder autour de lui. De Gaulle a quitté le pouvoir sans un sou de plus dans ses poches que lorsqu'il y avait accédé. Il en fut de même avec Robert Lacoste. À coup sûr, Pompidou eût gagné autrement plus d'argent s'il était resté à la banque Rothschild, plutôt que d'entrer dans la politique.

Malraux, en revanche, fils de petits boutiquiers, aimait les demeures somptueuses, est mort dans un château. Ce qui en vérité ne serait qu'un moindre mal s'il n'avait en outre emporté avec lui son « tas de petits secrets », peut-être terribles, et qui après tout — comment savoir ? — le terrorisait vraisemblablement lui-même. « Je ne suis pas ce que je suis », avoue Iago. Qui Malraux servait-il réellement ? Dans son article du *Monde*, Jean Mauriac raconte les funérailles de Malraux : « Le cercueil fut déposé sur deux tréteaux, les couronnes tout autour. Les deux premières arrivées au château de Verrières avaient été celles du Parti communiste français, et de Lasserre, restaurant où Malraux allait si souvent et recevait toujours ses amis. »

Que signifie ce suprême hommage du Parti communiste à Malraux ? Répondra-t-on jamais à cette question ? Peu importe désormais ! Ce qui me trouble est que la question puisse être posée. Le Parti ne rend hommage qu'à ceux qui l'ont fidèlement servi.

V

Querelles et vagabondage

DEPUIS que j'ai habité la Grèce, une scène de l'Évangile m'imprègne autant l'âme que si j'y avais assisté. C'est, sur les bords de la mer de Galilée, la troisième apparition du Christ ressuscité à ses Apôtres.

J'ai pour habitude de me lever très tôt. En Grèce, dès cinq heures du matin, au début de l'été, je suis sur la plage, au moment où les pêcheurs rentrent, avec leur prise de la nuit. Je les attends, mais je ne suis pas le seul ni le premier. Avant moi, les attend, elle aussi et déjà, une compagnie de chats. Ils ne sont pas très nombreux ni rassemblés, au contraire se tiennent chacun dans son coin, apparemment aussi indifférents les uns aux autres que s'ils s'ignoraient, seulement attentifs à surveiller leur bout de plage ainsi que, dans les quartiers chauds des grandes villes, les prostituées surveillent leur morceau de trottoir. Se succédant, les barques rentrent : à quelques mètres du rivage, les hommes se jettent à l'eau, tirent la barque sur le sable, soulèvent les lourds filets grouillants de poissons, font le tri. C'est le moment des chats : dans le rebut, ils trouvent leur pâture. Un homme, habituellement un ancien, s'est éloigné des autres, s'active à faire un feu de sarments, un peu en surplomb de la plage, dans un trou de rocher. Les sarments consumés, il met une ou deux dorades sur la braise, bouche le trou avec de l'argile. Au bout d'un quart d'heure, vingt minutes, l'arôme du poisson tout frais, cuit, se répand dans l'air, chatouille les narines d'un parfum exquis. On m'invite parfois à partager ce premier repas, à l'aube naissante, arrosé de résiné : incomparable délice. À quoi tient l'ensorcellement d'un tel moment ? À la répétition des gestes qui sont les mêmes depuis Ulysse et bien avant lui, depuis que nos lointains ancêtres ont su construire une barque et qu'ils ont appris à pêcher ? À la simple fraternité de cet humble repas ? À la joie du travail accompli et du pain quotidien gagné au prix de la fatigue du corps ? À la joie des retrouvailles avec la lumière qui ne manque jamais son rendez-vous du matin ? Je crois de tout mon être à l'accumulation explosive de révélation contenue dans la répétition indéfinie des travaux et des jours. Tout est tellement le même qu'hier et que jadis.

Et puis soudain, l'imperceptible rupture, le léger tressaillement d'une espérance nouvelle. Le miracle s'insère si innocemment, si subtilement, d'une manière si discrète et si humble que l'oreille du cœur seule peut discerner son irruption dans le quotidien.

Cette fois-là, tout était pourtant ancré dans l'ordre et la monotonie. Tout était redevenu, comme si ces choses n'avaient jamais eu lieu. Après tout, peut-être toutes ces choses n'avaient-elles pas eu lieu, et qu'ils aient tous été victimes d'une longue, retentissante illusion ? Ces choses, quoi donc ? Eh bien, la rencontre avec ce Jésus de Nazareth, qui a exercé sur eux une telle emprise que, lorsqu'on y repense, on a peine à croire que ce n'était pas un songe, rien qu'un songe. Car enfin, eux ne demandaient qu'à rester dans la vie quotidienne, qu'à continuer chaque jour à faire ce que leurs ancêtres avaient toujours fait de père en fils : à la nuit tombée, embarquer, tendre les filets, attendre, les relever, revenir vers la plage au lever du jour, prendre, entre frères et cousins tous du même village, tous de la même famille, le frugal et savoureux premier repas, partager le pain, le vin, deux poissons cuits sur la braise, porter le poisson de la nuit aux marchands... Que s'est-il vraiment passé ? Le plus prodigieux est que cela ait duré trois ans. Peut-être que tout cela n'a jamais été que comme la guerre ; quand on l'a faite et qu'elle est finie, si l'on en parle devant vous, cela vous fait l'effet d'une histoire arrivée à d'autres, en des temps très anciens, pourtant c'était hier et un énorme pan de vous y était engagé à plein. Mais maintenant c'est fini, terminé ! On n'en a rien à faire de ce passé, on n'a plus envie de se souvenir. Jérusalem, c'est Jérusalem, mais très au fond de la mémoire. Vous, vous êtes de nouveau dans votre village natal, en Galilée, vous êtes pêcheur sur ce lac au bord duquel vous avez vu le jour, et qui vous fait vivre, vous et les vôtres, par la pêche. Le mieux n'est-il pas de revenir en douceur à ce métier d'autrefois, des temps très anciens, où le fils succède à son père dans une continuité rassurante et si belle ? Le plus sage, de ne plus penser à ce qui s'est passé puisque tout est redevenu comme avant ? Ah oui, le soir allait tomber :

— Je vais pêcher, dit Pierre.

— Nous allons avec toi !

Rien n'arrive. Plus rien n'arrivera. Un nommé Jésus ? Se peut-il que lui, Pierre, ait tout planté là pour le suivre ? Ce tintamarre pendant trois ans : les foules, les miracles, l'annonce du Royaume ; à Jérusalem, tous ces prêtres, tous ces scribes, ces intellectuels qui crevaient de frousse devant cet homme seul, sans peur ? À croire qu'ils savaient qu'à lui tout seul il leur ravirait leur autorité, leur prestige. Quelle aventure tout de même, mais finalement triste, du jour où, moi, Pierre, et puis les autres de la bande nous nous sommes mis aussi à avoir peur, une peur bleue... Incroyable comme une situation peut se retourner, aussi vite que le gant d'une main !

Quelle histoire aussi que celle de ce Jésus qui apaisait la tempête, marchait sur les flots, rendait la vision aux aveugles, guérissait les lépreux, ressuscitait des morts, s'était laissé proclamer roi d'Israël par une foule en délire, et tout à coup, au milieu de la nuit, s'est laissé cerner, ligoter, prendre par les gendarmes comme un lamentable ! Qui n'a même pas cherché à résister une minute, ou à fuir ? Qui s'est laissé juger, condamner à mort devant le

Grand-Prêtre, juger et condamner à mort devant le Proconsul romain, conduire au lieu des exécutions, supplicier par crucifixion, un truc horrible. Évidemment, il en est mort, a été enseveli.

C'est pourtant vrai, se dit Pierre, que, pour l'avoir aimé, je l'ai aimé, que j'ai même essayé de le défendre avec une épée, moi qui ne sais manier que la canne à pêche et l'épervier. Forcément, je m'y suis mal pris: visant la tête, j'ai coupé une oreille. La panique! Ça a été la panique. J'ai fichu le camp à toute vitesse... J'ai fait pire: j'ai dit trois fois que je ne connaissais pas cet homme. Lâche! J'ai été un lâche entre les lâches. Et puis, trois jours plus tard, ne voilà-t-il pas que Jésus ressuscite? D'abord, on n'y a pas cru, des histoires de bonnes femmes, la tête tournée par le deuil et l'amour. Après, il a bien fallu y croire, il avait traversé le mur, se tenait au milieu de nous, comme avant. On avait le cœur qui bondissait de joie dans la poitrine. Pas de doute, c'était lui! Thomas a mis ses doigts sur la trace des clous, de la lance.

Et puis, il a disparu. Il nous a laissés tomber, quoi! Comment s'y retrouver? Qu'est-ce qu'il veut de nous, de moi? Est-ce qu'on le reverra ou pas? J'étais pas fait pour vivre ça, mais pour vivre la même vie que mon père, que mon grand-père, la vie d'un pêcheur du lac. J'aurais jamais dû en sortir. Merde, voilà la nuit qui tombe: vite la lanterne, les filets, la barque au bord de l'eau:

— Je vais pêcher!

— Comme ça, tout de suite?

— Oui, cette nuit!

— Nous allons avec toi!

Bénis soient nos métiers d'hommes, pour nous empêcher de nous poser trop de questions, et pour nous divertir un moment de nos chagrins insoutenables!

Nuit harassante! Poser les filets sur les passages habituels du poisson, je les connais depuis l'enfance: « Le meilleur pêcheur du lac! qu'on disait de moi, à croire qu'il a des informations directes qui lui viennent du fond de la mer! » Cette nuit, bernique! Rien! pas l'ombre d'une rascasse ! Ces putains de dorades, est-ce qu'elles auraient émigré de l'autre côté du lac ? On a posé les filets, on a attendu en grelottant un peu, les nuits sont encore fraîches en cette saison ; on les a tous relevés, rien ! Zéro ! Ça ne m'était jamais arrivé. Mon métier me trahit, voilà ce que c'est que de l'avoir abandonné pendant trois ans. Trahir, être trahi, c'est la vie de l'homme sur cette terre. Et l'Autre aussi, je l'ai renié, trois fois : « Je ne connais pas cet homme ! » Moi, Pierre, pêcheur du lac de Tibériade, j'ai répété ça trois fois. Quand le coq s'est mis à chanter, il chantait si fort que j'ai cru qu'il était allé se nicher dans ma tête. Pourquoi est-ce que j'ai dit : « Je ne connais pas cet homme » ? La trouille. J'ai eu la trouille. Elle pousse toujours au pire.

Mais celui-là sur la plage, qu'est-ce qu'il fait là avec les chats ? On dirait qu'il crie ! Quoi ? « Jetez les filets à tribord ! » Qu'est-ce qu'il en sait ? Il est pêcheur, ce type ? Mais être pêcheur, c'est comme être joueur : même si on a perdu toute la nuit, on croit toujours à l'ultime coup de chance. « Allez, les gars, on jette le filet à tribord ! » Quoi ? Qu'est-ce qu'il y a ? On n'arrive pas à le relever ? Par exemple ! Mais ce bonhomme, c'est qui ? Qu'est-ce que tu dis, Jean ? Que c'est le Seigneur ? Dieu ! mais c'est vrai ! Ça ne peut être que lui. C'est tout à fait sa manière de surgir d'un coup ! Voilà que tout recommence... On n'en sortira donc pas ?

Et Pierre se jette à l'eau pour arriver le premier sur la plage, à la rencontre de cet homme qui l'a fasciné, qui le fascinera à jamais. L'amour, c'est ça ! Sans remède et sans repentance ! L'amour, c'est l'aventure, le saut dans l'inconnu.

Je m'en souviens parfaitement ! C'est au retour vers la maison d'une de ces promenades matinales que j'ai décidé, qu'aussitôt que le temps m'en serait donné, j'écrirais, à mon tour, à ma manière, l'histoire de Jésus-Christ. Le temps allait m'en être donné.

La roue tourne pour moi, comme elle tourne vite tout à coup! À la période de quelques années de succès, d'aisance financière avec « *Image of America* », puis avec la réalisation du « *Dialogue des Carmélites* » va faire irruption, quasiment d'un jour sur l'autre, une longue période de vaches maigres. Quand elles sont maigres, c'est incroyable combien mes vaches à moi peuvent être maigres ! Et avec quelle lente majesté elles défilent, squelettes de vaches, fantômes de vaches, qui regardent passer mon train de vie, prêt à chaque tour de roue à tomber en panne ; il se traîne, déglingué, l'air de plus en plus miteux. Ce train-là ne siffle pas trois fois pour s'annoncer, il est là, en bout de gare, en bout de quai, et une fois là, je n'ai d'autre choix que de le prendre. Sans transition je passe d'un faste relatif à la nécessité, avec d'ailleurs des rémissions, du moins en apparence, et qui donnent le change à ceux qui me regardent vivre. J'ai en horreur d'inspirer la pitié.

L'état monastique comporte trois vœux, obéissance, pauvreté, chasteté. Nul doute, pour la chasteté, j'ai été en dessous de tout. Quant au vœu d'obéissance, la chose me paraît moins nette, plus complexe. Qui échappe à toute obéissance ? L'obéissance est la loi de la vie, depuis la bactérie jusqu'au plus haut des séraphins. Vivre, c'est obéir à quoi, à qui ? c'est toute la marge qui est laissée à notre chétive liberté. Pour moi, je ne vois pas d'autre moyen d'accueillir ce qui m'advient, de bon, de moins bon ou même de funeste, sinon de voir en tout événement un maître en charge de m'apprendre à vivre.

Reste la pauvreté, domaine qui, pour ce qui me concerne — du moins à mes yeux —, relève de beaucoup plus haut que moi : de Quelqu'un aux interventions si mystérieuses et soudaines que celles-ci me donnent à croire, même au cours des périodes les plus éprouvantes, que Dieu n'a jamais tout à fait abandonné le bougre que je suis. En regard de ma vie matérielle, je me sens environné d'une zone d'ombres que, par respect, peut-être par superstition, je me refuse à dissiper, peuplée d'Anges qui surgissent, disparaissent, jouent avec moi à colin-maillard. « Coucou ! Tu es assez idiot pour avoir eu peur et pour imaginer n'importe quoi. Aussi bête que tu sois, si, à nous, tes Anges, tu nous fais un tout petit peu confiance, tu auras toujours le pain quotidien, tu entends, le pain quotidien, le pain du jour, non celui d'hier, non celui de demain. Demain, ton demain, tu sais bien qu'il ne t'appartient pas mais qu'il nous appartient à nous, tes Anges, et plus haut que nous, à Dieu. Ton demain ne te regarde pas, n'empiète pas sur ce qui est de notre ressort. Pour aujourd'hui, et tu nous le dois, fais de ton mieux, ne regarde pas plus avant. Nous t'avons condamné à l'imprévoyance et à nos discrets miracles. Ne te refuse ni au danger qui en résulte, ni à la protection étendue sur toi. Ta foi seule est ta sauvegarde, ne l'oublie à aucun moment, pas même une seconde ! »

Je suis imprévoyant. Je suis protégé. Telle est l'exigence qui m'est assignée, me semble-t-il, de pratiquer la pauvreté par l'esprit et dans l'esprit de ma vocation. Mes meilleurs amis rigolent quand je dis que je suis casanier, je crois l'être par goût naturel et par paresse. Or le fait est qu'au cours de ma longue vie, je n'ai jamais, absolument jamais pu dire : « Ici est ma maison, ici, le lieu de mon enracinement ! » Il suffirait que je le pense pour que j'en sois chassé : « Se disant serviteur de Dieu : en état de vagabondage ! » Telle est ma condition. C'est ce qui a si longtemps effrayé mon ami Parlier, lui dont le métier est de tout prévoir pour les autres. Longtemps, pour moi, il s'est fait un souci d'encre. Il a fini par donner sa langue au chat devant mon destin. Je soupçonne qu'il est le seul à voir dans mon imprévoyance une énigme qui nous dépasse l'un et l'autre. Elle est devenue une complicité de plus entre nous. Il a une manière à lui de me dire, en se renversant dans son fauteuil et en riant aux éclats : « De toute manière, je me suis toujours trompé sur toi ! » que j'ai envie de lui sauter au cou. Aux grandes amitiés, il faut un espace immense de non-dit. Quand j'ai su cela, j'ai accepté plus facilement les silences de Dieu: s'Il ne nous aimait pas d'un Amour hors de toute mesure, Dieu nous parlerait davantage, tellement que nous en serions abasourdis. Son silence même m'est désormais une preuve de l'immensité de son Amour.

D'une certaine façon, les Apôtres ont été, je ne dis pas plus éloquents que Jésus-Christ sur l'amour que Dieu nous porte — rien n'est plus éloquent que le témoignage du sang versé —, mais plus diserts sur cet amour. C'est Jean qui a cette formule concise: « Dieu est amour ! » Lui encore, qui a cette maxime, bien appropriée à donner l'espoir au plus misérable, au plus hors-la-loi d'entre nous: « Et si votre cœur vous condamne, Dieu est plus grand que votre cœur ! » Certes, je plaide coupable ! Ou plutôt, je ne plaide pas, je suis coupable « par pensée, par parole, par action et par omission ». L'idée m'est insupportable d'être défendu contre Dieu. Mais quel fol espoir m'a été donné, que toutes les sentences issues de mon propre cœur puissent un jour être balayées comme, après le battage du grain, la balle au vent.

Le tournage du « *Dialogue des Carmélites* » s'est déroulé dans une relative sérénité, et en particulier, même pour moi, dans une sérénité financière. Le film achevé, monté, mixé — les affiches mêmes sont prêtes, les salles de projection retenues —, coup de tonnerre ! Le producteur, Jules Borkon, reçoit injonction, émanant de la succession Bernanos, de soumettre le film à la censure des héritiers Bernanos. À eux de décider si ce film est digne du nom de leur père et de bénéficier du même titre que celui sous lequel a paru le texte des dialogues écrit par leur père. Une projection privée a lieu pour la succession Bernanos. Je n'y assiste pas, je ne sais donc pas avec exactitude quels en sont les spectateurs: ce que je sais, en toute certitude, c'est qu'y assiste l'abbé Pézeril et, comme par hasard, un Dominicain de Paris. D'avance, sûr du verdict, j'apprends qu'il est unanime et... négatif. Ce film est jugé indigne de porter — entre autres — le nom de Bernanos et d'avoir le même titre que la pièce de théâtre signée Bernanos. Le mécanisme est déclenché : une assignation parvient au producteur, lui interdisant d'utiliser le nom de Bernanos et le titre « *Dialogue des Carmélites* » tant dans le générique que dans la publicité du film. Borkon et moi n'en tenons pas compte, mais on imagine dans quel état de tension nous surmontons l'énormité de cet obstacle pour éviter la ruine !

Cette première assignation inaugurera une série de procès, le dernier, après vingt-sept ans, présentement en cours... plus du tiers de ma vie. Harcèlement acharné ! Si j'avais perdu, je perdais beaucoup plus que de l'argent — ce qui eût déjà été pour moi un irréversible désastre et pour Borkon tout autant sans doute —, ma réputation d'honnêteté. En somme, j'aurais passé pour un voleur, ne m'en serais évidemment jamais, au grand jamais, remis.

On ne peut préjuger si on gagnera un procès ou si on le perdra. Néanmoins, je n'éprouve aucune peur. Il y a, dans les engagements par-devant la justice, cette griserie de la bataille qui me tourne la tête d'une exultation quasi biologique : je respire bien, ma démarche est plus légère, je suis au mieux de ma forme intellectuelle et physique.

Pourtant, au-delà de la bataille, je suis atteint bien plus profondément que par la menace de la perdre. L'assignation est faite au nom des enfants Bernanos, à ce moment-là tous vivants. Je lis, relis l'assignation, ils y sont tous : Chantal, Yves, Claude, Michel, Dominique, Jean-Loup ; une fille, un garçon, une fille, un garçon, une fille, un garçon : tous ! Depuis 1937, où je suis devenu l'ami et le familier de cette famille, je les ai tous connus, je les ai tous aimés, plus ou moins, je les ai tous aidés. C'étaient des mômes alors, de pauvres mômes, un peu mes mômes. Les voilà tous contre moi ! Il n'en manque pas un... Les sentiments les plus contradictoires m'agitent, des bons, des mauvais : j'avale d'un coup toute l'amertume de la mer. Après vingt-sept ans, je ne suis pas encore remis de cette saveur âcre au fond de la gorge, de cette nausée.

Je parviens cependant à ne pas oublier qu'ils ne sont pas tous directement responsables. Chantal et Claude, celles qui sont le mieux placées pour se souvenir, habitent le Brésil. Et depuis la mort de Bernanos, en 1948, c'est Béguin d'abord, et maintenant l'abbé Daniel Pézeril, qui décident au nom de la succession Bernanos. Ceux qui habitent la France n'ont apparemment pas jugé bon de s'opposer à cette infamante décision. Les autres ont suivi. Ils auraient pu, ils auraient dû... Je repense à ces mots que prononçait Bernanos : « J'aurais pu... J'aurais dû... mots effroyables ! » Selon mon habitude, je me tourne vers celui qui a pris la tête du complot, je téléphone un beau jour à l'abbé Pézeril : « Mais enfin pourquoi lancez-vous contre mon film et moi une telle offensive ? — Par honneur, pour l'honneur du nom de Georges Bernanos ! » Je ne réponds rien, je raccroche. Je suis pris d'un fou rire inextinguible, d'ailleurs prêt à renaître chaque fois que je me remémore la scène. Ainsi l'honneur de mon vieil ami est tombé en de telles mains. C'est ce chétif curé qui dispose à son gré de l'honneur d'un homme si parfaitement entier, qui ne se donnait, ne se refusait jamais à moitié. Maintenant, là où il est, je sais bien que Bernanos s'en fiche. Mais pour moi, qui chemine encore dans les sentiers pleins d'ombre de cette terre, rien n'est plus irrésistiblement cocasse que d'être accusé, et par une telle bouche, de trahir l'honneur de mon vieil ami et de mon maître, alors que cet honneur a échoué entre les mains d'un prêtre dont la carrière ressemble plus à celle de Mgr Espelette qu'à celle de l'abbé Chevance.

N'importe, il faut faire face, et immédiatement. Je confie mon dossier et ma défense à un jeune avocat, Me Pierre Rosenfeld, que me recommande Pierre Moinot. Dans cette affaire, et jusqu'à aujourd'hui, je n'ai jamais changé de défenseur. Nous sommes devenus amis, plus qu'amis, compagnons d'armes. Je pense à lui comme à un compagnon de guerre, et, comme on disait entre soldats, les années de guerre comptent double.

Le succès populaire du « *Dialogue des Carmélites* » me vaut un certain intérêt de la part du monde du cinéma. Un jeune producteur se présente pour réaliser un autre film avec moi. Il est fortuné, il est catholique, il porte l'un des plus grands noms de l'industrie française. J'ai un sujet qui, par-dessus tout me tient au cœur, l'aventure de l'héroïne de l'Évangile, Marie-Madeleine. L'œuvre originale : mon livre « *Marie-Madeleine* » dont je ferai une adaptation pour le cinéma. Il existe déjà une pièce de théâtre. Elle n'a jamais été jouée mais elle existe.

Cette fois, je serai vraiment seul maître à bord ! La préparation du film débute dans l'enthousiasme et sur les chapeaux de roue. J'y mets une ardeur extrême. Aucun projet, au cours de ma vie, ne m'aura tenu en haleine plus que cet hommage à la Bien-Aimée : à la seule idée de la faire revivre sur l'écran et pour des millions de spectateurs, je me découvre un cœur et des ailes d'aigle. Il ne faut pas trop désirer les choses de ce monde, même lorsqu'elles paraissent excellentes. La violence du désir de l'homme est en elle-même quelque chose d'impur. Si Moïse n'est finalement pas entré en Terre Promise, après avoir, pendant quarante ans, préparé son peuple à cela, c'est sans doute qu'il a désiré trop violemment d'y entrer. Après ma mort, un autre que moi réalisera ce film, et le fera sans doute mieux que je ne l'aurais fait.

À quelques semaines du tournage, viennent les péripéties, les intrigues, les complots. Le fond de l'affaire est qu'un catholique français, qui a un grand nom, du crédit, de la fortune, n'a pas les reins assez solides pour faire du cinéma. C'est entre les deux jambes qu'il lui manque quelque chose d'essentiel, que le bon sens populaire a bien raison d'associer au courage, voire au culot. Je dois dégager une odeur spéciale qui épouvante les mammifères peureux. Erreur génératrice de bien d'autres. La fabrication d'un grand film est comme une chasse en battue : il faut que tous soient dans le même camp, que chacun accomplisse la besogne qui lui est assignée, l'affût ou la poursuite du gibier rapide et dangereux souvent, imprévisible : la beauté de l'œuvre ; que chacun reste à son poste, sans peur. Mon producteur a peur, peur pour lui, peur surtout pour son argent. Alors, instinctivement, il s'entoure de médiocres qui, lentement mais sûrement, le mènent à des solutions médiocres, à des compromis douteux, où il perdra tout, le film, puis l'argent.

C'est d'ailleurs curieux : depuis le temps lointain des « *Anges du Péché* », j'ai toujours été occupé par quelque projet cinématographique. Et toujours, le même processus se renouvelle, tellement le même qu'il en devient ritournelle : on veut bien faire mon film, on le veut même fortement, mais on veut en fin de compte le faire sans moi. Pour m'éliminer, c'est toujours le même truc qui est employé. On m'adjoint quelqu'un qui pourra éventuellement revendiquer une part, même secondaire, dans l'élaboration du film. Puis on créera un incident qui tournera au conflit entre le producteur et moi. Alors, utilisant la loi de 1957 qui, vu les sommes déjà engagées, autorise le producteur à se débarrasser d'un mauvais cheval qui fait obstacle à la réalisation, on me dédommage et on continue le film sans moi. C'est ce que m'avait résumé Agostini sur l'aéroport de Rhodes : « Dans ce métier, chacun essaie de jeter l'autre par-dessus bord pour prendre sa place. »

Si avec Jules Borkon, cela ne m'est pas arrivé, je le dois à la solidité de roc que lui valait sa certitude que l'auteur d'un projet cinématographique était le seul à même, non seulement de le mener au mieux à son terme, mais de lui insuffler ce quelque chose d'indéfinissable qui fait d'un ouvrage — en quelque domaine que ce soit — une œuvre. Borkon était trop artiste lui-même pour ne pas donner une fois pour toutes à l'auteur pleine autorité sur son œuvre et refuser obstinément que cette autorité fût à aucun moment contestée. De même qu'un grand éditeur est encore plus rare qu'un grand écrivain, un grand producteur ne l'est pas moins qu'un grand cinéaste — peut-être même encore davantage. Plus d'un quart de siècle s'est écoulé depuis le projet avorté de « *Marie-Madeleine* ». Si le nouveau producteur qui s'était présenté à moi était devenu un grand producteur, cela se saurait. Il eût pourtant aimé le devenir. La vie pratique exerce une impitoyable sélection, ne fait pas de cadeau. Elle attend que nous lui fassions confiance, en nous jetant à l'eau sans réticences, avant de nous faire la moindre faveur.

Je ne crois pas que le divorce soit une chose habituellement facile. Dans le cinéma, rompre avec un producteur n'est pas plus facile, surtout lorsque la rupture signifie : passer d'un confort relatif à l'insécurité financière totale. Dans la circonstance, Barbara me sauvera de ma lâcheté qui m'inclinerait à temporiser. L'assistant, que j'avais pris à l'essai, hérissait tout autant la méfiance de Barbara que celle de Kolia. Dès la seconde rencontre, Barbara me dit : « Ce type est un traître. Il est la cheville ouvrière d'une machination montée contre vous. Il le porte sur le visage. Si vous ne le mettez pas à la porte tout de suite, c'est lui qui vous évincera de votre propre film ! » Je suis un peu bête, j'hésite encore. Barbara se fait impérieuse : « N'attendez pas un jour de plus. Écrivez aujourd'hui même une lettre au producteur affirmant que vous donnez son congé à cet émissaire de catastrophe ! » Cette petite juive américaine, belle comme l'aube, fille d'un grand avocat du Middle West, a la loi dans le sang, et l'instinct inné de l'exercice de la loi. Elle, si douce, qu'on peut la croire parfaitement inoffensive, est capable de revêtir soudain une majesté guerrière. J'écris donc une lettre polie mais très nette au producteur : l'essai que je viens de faire de cet éventuel collaborateur est concluant : il est négatif. D'où le congé que je lui donne et dont je fais part au producteur.

L'effet de ma lettre est foudroyant. La violence même du producteur me prouve avec éclat qu'il y avait en effet complot contre moi et que je viens de le pulvériser. Barbara avait vu juste. Le producteur me répond par une assignation en justice et me coupe instantanément les vivres. Comme je ne dispose que de maigres réserves, je rentre dans la pauvreté, et même la nécessité, comme dans la maison de mon enfance, la maison familière, cette maison que vous aimez parce que vous y êtes chez vous. Je suis imprévoyant, c'est vrai, exceptionnellement imprévoyant — faiblesse, tare, je ne sais, qui me valut de subir de plein fouet nombre de mauvais coups du sort. Mais dès lors que je suis plongé dans une situation entièrement nouvelle, je l'assume sur-le-champ : je me transforme en expert-géomètre, je l'arpente en long et en large, j'en tire les conclusions, j'en soupèse exactement les conséquences, je m'efforce de n'en point gémir. En fait, une étrange confiance m'envahit. Et pourtant, je suis exactement dans la position du lapin qu'on vient de soulever de terre par les oreilles : mais je ne suis pas un lapin. Au lieu de gigoter, de me trémousser, je me laisse faire, je me calme, je me tranquillise, quelque chose me rassure, je sais que la main qui m'a soulevé de terre est une main amie. Allez donc expliquer ça aux gens, ils ne comprennent pas !

Aucun détail concret de la situation ne m'échappe pour autant : mon projet de film est interrompu, la réalisation renvoyée *sine die*, j'ai un nouveau procès sur le dos. Les portes du cinéma me sont fermées pour un long temps. Les producteurs n'aiment pas les gens qui ont des procès. Dans quelques semaines, je n'aurai plus le sou. Comme il me faut gagner ma vie au jour le jour, je dois immédiatement me tourner vers un autre genre d'activité qui me permette de vivre et qui ne sorte pas de ma vocation. Une fois encore, il me faudra partir.

Partir où ? Je n'en ai pas la moindre idée, mais je sais que je dois partir. Avant cela, il faut toutefois que je trouve comment m'en donner les moyens comme ceux de vivre, si médiocrement que ce soit, assurer mes arrières, et me faire des alliés sûrs dans mon nouveau combat.

Procès sur « *Le Dialogue des Carmélites* », procès sur « *Marie-Madeleine* », il en est des procès comme des odeurs : si trop de gens affirment que vous sentez mauvais, et que vous êtes seul à ne pas le croire, vous finissez tout de même par porter votre main à votre nez pour vérifier s'il n'en est rien. Vérification faite, vous-même commencez à douter. Je doute au point que, pour ce nouveau procès, je n'ose pas prendre Me Rosenfeld comme avocat. Un instinct me pousse aussi : le besoin de me concilier les grâces de la « Société des Auteurs dramatiques ». Je m'y rends, demande conseil. Ils ont un avocat, spécialiste des causes désespérées et qui a fait des miracles. Seulement, il commence à se faire vieux (77 ans), et le procès menace d'être long. Pourra-t-il seulement mener mon affaire à terme ? À moi d'en prendre le risque. Je le prends. Mon avocat thaumaturge vivra encore vingt ans.

Me Étienne Caen est donc un très vieux monsieur, il habite un appartement poussiéreux, aux tentures défraîchies, qui sent le renfermé, au cinquième étage d'un immeuble de la rue Ballu, à deux pas de la Société des Auteurs, dont il est l'avocat depuis la nuit des temps. Mais c'est un « Monsieur », au sens où l'on disait autrefois « Monsieur Guizot », « Monsieur Taine », « Monsieur Renan », et c'est vrai qu'il a l'air d'un personnage d'Anatole France, un vieux « Monsieur Bergeret ». Jamais parfaitement rasé, car il ne doit pas porter lunettes pour se raser, ses vestons ont toujours besoin d'un coup de brosse, son bureau d'un coup de chiffon, il a la vie d'un vieux célibataire, mais je jurerais qu'il a beaucoup aimé les femmes et je ne suis pas sûr que son châtiment ne soit pas de les aimer toujours à son âge. Grand, droit, maigre, il me rassure d'emblée car il a le visage d'un épervier, capable d'un vol plané indéfini au-dessus d'une affaire, la surveillant de haut et sans en avoir l'air, attentif à la moindre imprudence de l'adversaire, qui s'agite sous lui, comme une volaille imbécile : alors soudain, il doit fondre sur elle comme la foudre et ne doit plus lâcher sa proie. Tout cela, avec un accueil à la fois distant et cordial, une curiosité en alerte devant son visiteur, captant à la dérobée des signes qu'il est seul à déchiffrer mais qui lui permettent de discerner en lui ce que dissimule l'apparence, de le jauger, de le juger. Sa courtoisie, qui ne se dément jamais, lui est une seconde nature, non dépourvue d'ironie et parfois d'insolence, dont je savoure l'extrême raffinement, et qui a aujourd'hui complètement disparu avec les derniers contemporains de Jules Renard et d'Oscar Wilde.

Juif évidemment, mais français d'abord, combien français ! « Enfant, je ne me sentais que français. C'est seulement au lycée, au moment de l'affaire Dreyfus, que j'ai su que j'étais juif, parce qu'un camarade m'a appelé "sale juif !" » Devenu avocat, il avait fait ses classes dans l'équipe de Me Laborit, l'un des plus grands ténors des assises parisiennes. Mais vint un jour où, ayant choisi de défendre les criminels, il perdit son procès : son client, condamné à mort fut guillotiné. « Je reviens de l'exécution en taxi. Le chauffeur me demande de lui raconter le déroulement de cette cérémonie atroce : cela commence, lui dis-je, par l'irruption dans la cellule du condamné d'un groupe de plusieurs personnes, le Directeur de la prison, l'Aumônier, le Procureur de la République, l'avocat, moi-même en la circonstance. Le Procureur prend un ton solennel :

— Vous allez payer votre dette à la Société !

— Et qu'est-ce qu'il a répondu le camarade ?

— Rien ! Que vouliez-vous qu'il répondît ?

— Moi, je lui aurais dit : désolé, Procureur, j'ai pas la monnaie ! »

Expérience qui fera que Me Caen se détournera des assises, bien qu'il reste toujours partisan de la peine de mort : « Il faut séparer sa sensibilité propre de ce qui est nécessaire au bon fonctionnement d'une société, c'est là une démarche élémentaire de civilisation. » La même attitude morale lui a fait faire toute la guerre de 14-18 en première ligne, mais en tant que soldat de deuxième classe: «Je crois avoir accompli mon devoir comme un autre. Mais je ne voulais aucune responsabilité sur la vie des autres.» De la Seconde Guerre mondiale, il ne parle pas volontiers, il en a gardé au cœur une plaie purulente. Il avait une nièce très belle. Elle avait vingt ans en 1940. «Paris était occupé par les Allemands. Nous nous faisions petits, imperceptibles. Je n'allais même plus au Palais. Un jour, ma nièce sortit pour faire une course. On ne la revit plus jamais... Que lui est-il arrivé? Qu'est-elle devenue? Nous n'en savons rien, absolument rien. En 1945, lorsque les survivants des camps de concentration revinrent, j'étais à la gare de l'Est à l'arrivée de chaque train, j'allais à l'hôtel Lutetia, je montrais sa photographie, j'interrogeais les spectres de l'horreur. Ce visage n'éveillait en eux aucun souvenir. Jamais, nous n'avons réussi à savoir quoi que ce soit sur elle... Un peu plus de whisky, vous permettez?»

Il eut à mon sujet un mot qui m'a été répété: «Bruck, c'est un ermite, mais qui connaît l'heure des trains!»

Quant à mon affaire, il ne la jugeait pas fameuse:

— Il n'y a rien dans votre dossier, rien!

— Vous croyez que j'ai tort? Que j'ai mal fait de faire ce que j'ai fait?

— Je n'ai rien dit de tel. Si je pensais que vous avez tort, vous ne seriez pas là. À mon âge, on ne défend plus que les honnêtes gens. Quand on a raison, il faut se battre, et nous nous battrons!

— Mais si mon dossier est vide?

— On le remplira!

— Je vous ai porté toutes les pièces dont je dispose. Qui le remplira?

— Mais l'adversaire, voyons! Les jeunes avocats d'aujourd'hui veulent faire fortune, et vite. Ils sont pressés. Ils prennent trop d'affaires. Votre adversaire a la malchance d'être riche, il est là pour se faire plumer. Tant pis pour lui, il n'avait qu'à jouer franc jeu. Il a pris un jeune avocat à la mode, qui ne prendra pas le temps de réfléchir, qui bâclera. Un procès c'est une partie d'échecs, où chaque joueur qui prend une pièce à l'adversaire peut la garder et l'utiliser dans son propre jeu. C'est passionnant ! L'avocat d'en face finira par me donner une à une les pièces qui me manquent et qui me permettront de gagner. À vous, je demande deux choses : d'abord le temps, beaucoup de temps, il faut du temps pour endormir l'adversaire. Je me considère comme un hypnotiseur. La seconde chose que je vous demande, c'est la permission de dire à la partie adverse tout le mal de vous qui me passera par la tête. La partie adverse vous déteste, vous, pas moi. C'est bien ainsi. La haine qu'elle vous porte me servira de bouclier. Vous verrez, ils ne sont pas de taille à supporter le traitement que je leur infligerai. « Chat et vieux, pardonnez ! » comme dit La Fontaine.

Ce qui, dans ma vie, m'a donné la force et l'obstination de soutenir tant de querelles, c'est qu'à chaque fois, je sentais très bien qu'au-delà de l'objet immédiat de la querelle, on en voulait à mon honneur, non seulement à mon honneur personnel, mais à mon honneur de prêtre et de Dominicain. La solitude où j'étais dans mes relations avec ceux de mon Ordre ne faisait qu'exaspérer mon ardeur au combat pour défendre mes couleurs. La partie adverse réclamait des dommages-intérêts énormes, le remboursement de toutes les sommes déjà déboursées, plus 500 000 francs de l'époque. L'énormité de la prétention perdit la partie adverse : il fallait justifier d'une manière ou d'une autre cette prétention.

Me Caen me donnera le spectacle d'un grand avocat se transformant en grand comédien — l'un sans doute étroitement dépendant de l'autre. Il n'est pas de ceux qui accablent de coups de téléphone les avocats de la partie adverse. Il préfère attendre qu'on l'appelle. Et dès lors, adopte d'emblée le ton exténué d'un vieillard au bord de la tombe, un ton humble, las, geignard même, qui est à l'opposé de son caractère :

— Ah ! mon cher et jeune confrère, moi qui suis vieux, quelle corvée me suis-je mise sur le dos en acceptant de défendre cet hurluberlu de Père Bruck ? Si vous saviez !... Mais c'est qu'il a mauvais caractère en plus. Vous dites ? Mais vous n'imaginez absolument pas son arrogance à mon égard... Ah, vous voulez un exemple ? Eh bien, il ne croit à rien de ce que je lui dis ! On ne peut pas dire que la confiance règne entre nous ! Moi, je voudrais l'éviter, ce procès, je ne cesse de conseiller à mon client de trouver un autre producteur qui reprenne ce film. Mais il ne veut pas en entendre parler et, pour commencer, il conteste en gros et en détail toutes les dépenses engagées pour le film. Hein ?... Quoi ?... C'est facile, dites-vous ? Je voudrais bien vous y voir. Je ne cesse de vous le répéter, il n'est jamais d'accord avec ce que je lui propose. Hein ? Quoi ? Vous seriez disposé à verser au dossier tous les justificatifs ? Vous pensez que ça servirait à quelque chose ? Enfin, j'essaierai ! Mais avec une pareille tête de mule !... Enfin, j'attends votre communication. Vous êtes gentil de m'avoir appelé. Je suis un vieil homme, vous savez... Non, non, ne me dites pas qu'il n'en est rien, c'est trop aimable à vous... Merci, cher confrère, et au revoir !

Il raccroche, esquisse un pas de danse : « Le poisson est ferré, il est ferré, vous dis-je ! » Voilà comment Me Étienne Caen obtient, sans coup férir, la pièce maîtresse qui me fera gagner mon procès. Comment ? Dans les accords de base qui me lient au producteur, il est expressément stipulé que le producteur ne peut engager un collaborateur important pour la réalisation du film sans mon accord écrit et signé. Or le producteur a commis l'imprudence de faire, sans m'en aviser et pis encore sans obtenir mon accord en bonne et due forme, un contrat, signé de lui, à l'assistant que, pour ma part, j'avais pris à l'essai et que j'ai renvoyé. Ce contrat, dont bien entendu je n'ai ni le double ni la moindre trace, perdra le producteur. Seule, unique pièce que l'avocat du producteur n'eût jamais dû communiquer, il la communique, glissée au milieu de centaines de justificatifs des débours et des notes de frais sans importance... « Encore un peu de whisky, mon cher Père, cette fois on y a droit ! Quel étourneau, cet avocat ! » Me Caen gagnera le procès en première instance et en appel.

Victoire gagnée de haute lutte mais qui ne servira qu'à m'avoir rendu justice. Je ne retrouverai pas d'autre producteur pour ce film au scénario, aux dialogues entièrement écrits, et même imprimés. L'atmosphère de la création cinématographique a changé : le cinéma français est entré dans sa période de polars et de pornos. Je suis d'un autre âge, en retard, ou en avance.

J'ai fait ce que je devais faire, j'ai remis mes procès en mains amies, compétentes — ô combien —, sûres. J'ai assuré toutes ses chances au passé. Mais le passé est le passé.

La page finie, il ne reste qu'à la tourner. Ne pas m'engluer dans la situation qui m'est faite, prendre à tout prix mes distances. L'inconnu me porte bonheur. Je vais m'en remettre à lui, c'est une chose que je sais faire. Mon existence est une succession de ruptures, de brusques changements de décor. Cubiste je suis, avec des contrastes inattendus, dont je ne saisirai l'harmonie que lorsque je serai de l'autre côté du monde :

Les Anges font de la dentelle
Avec les fils de nos destins,
Et dispersent de-ci, de-là,
Nous autres, pauvres hommes,
Qui sommes les fuseaux !

La qualité d'un fuseau de dentellière est de se faire le plus léger possible, docile à un maniement dont il n'a pas le secret.

Quitter la place, partir, je sais le faire. Je suis un chemineau. Un chemineau comme tous les chemineaux, à petit balluchon. Je suis décidé à m'en faire un, réduit au minimum. Pour le reste : « Donnez-nous aujourd'hui notre pain quotidien », le pain du travail, le pain des larmes, le pain de l'espoir. D'où me viendra le pain quotidien ? Les portes du cinéma me sont fermées. Alors quoi ? Un livre ? Mais depuis la mort de Camus et de Michel Gallimard, à la vérité depuis « *Le Cheval de Troie* », je ne connais plus les éditeurs parisiens. Comme il m'arrive de le dire, quand on n'a aucun capital, il faut avoir des amis. Je me les remémore. Un nom surgit : Guy Schoeller !

Qui est Guy Schoeller ? Paris a, me semble-t-il, toujours eu quelques personnages comme lui, qui emplissent la scène et dont, cinquante ans après leur mort, on ne perçoit la véritable importance qu'à travers les chroniqueurs. Nous avons fait connaissance dans le bureau de Gaston Gallimard. Il appartenait à la maison Hachette, assurait la liaison permanente entre cette puissante entreprise et Gallimard dont Hachette, à l'époque, assurait la distribution. Était-ce avant la guerre ou immédiatement après ? Je ne le sais plus, mais je garde le souvenir précis de ce grand jeune homme, beau, discret, d'une élégance raffinée mais sobre. Ce qui me frappa le plus, c'est un alliage rare de nonchalance et de curiosité perpétuellement en éveil, derrière un sourire un peu moqueur, un ton désabusé. Il parle d'ailleurs peu. C'est un faux frivole, comme ces papillons qui paraissent n'aller qu'au hasard de fleur en fleur, alors que leur rôle de fécondateur est déterminant. Je doute qu'il ait beaucoup d'amis : son amitié pour moi fait partie de ces miracles qui ont jalonné ma vie, elle m'étonne aujourd'hui encore. Il me témoigna, me témoigne au long du temps une sorte d'affection jamais déclarée, mais qu'il ne cessera de me prouver de la façon la plus concrète. Guy Schoeller est un séducteur-né, non pas à la manière de Malraux, dont la séduction est impérieuse et utilitaire. La séduction de Guy Schoeller est insinuante : l'aube d'un matin d'été ne fait aucun effort pour capter le regard, le captiver.

Il me dira, un jour, avec ce sourire ambigu qui craint que quelque vulgarité ne se mêle à la confidence : « J'ai eu trois passions : les dames, les livres, le cheval ! » J'apprendrai aussi que, dès la défaite de 1940, il a quitté la France pour l'Angleterre et qu'il a continué la guerre, non dans la

« France libre », mais dans l'armée anglaise, je ne sais plus dans quelle arme offensive de première ligne. Cavalier hors pair, il a traversé à cheval la Cordillère des Andes ; une autre fois les États-Unis d'est en ouest ; aussi l'Iran et l'Afghanistan lors d'une nouvelle randonnée. Il y en eut d'autres. Il se lève tôt. Chaque matin, par tous les temps, il fait du cheval, et en compétition : « Quand on quitte la compétition, on devient un amateur, puis très vite on n'est plus un homme de cheval ! »

Dans notre société, qui ressemble plus ou moins au chaos originel — que les physiciens modernes appellent « une soupe » — existent des groupes ultra-secrets, sans aucune ostentation du secret, secrets par la nature des choses et des êtres, telle la société des « hommes de cheval ». Toute leur vie est marquée par certaines disciplines astreignantes, par certains lieux, par certaines odeurs (les sous-bois, le cuir, le crottin), par la familiarité fidèle avec ce compagnon puissant, évasif, qui donne librement mais qui refuse d'être forcé, le cheval. Il y a quelque nécessité au fait que la plus haute expression de la civilisation française se soit appelée « la chevalerie », qu'elle ait été liée à la naissance, à l'épanouissement de notre poésie nationale et de « l'amour courtois ». Sous les apparences les plus discrètes, les moins voyantes qu'on puisse imaginer, à y regarder de près, Guy Schoeller est le revenant de temps très anciens, ces temps de l'aurore de cette civilisation singulière, qui s'est appelée « la France ».

Soudain, cet homme connu du Tout-Paris pour ses conquêtes féminines et qui alimentait la chronique mondaine par ses aventures, deviendra l'homme d'une seule femme. Du coup, autour de lui, le grand silence, celui qui, avec le soir, tombe sur les cloîtres. Il deviendra l'ermite du grand amour unique et incommunicable, qui ne supporte d'être entouré que de musique, de ces compagnons muets comme les gardiens du sérail : les livres, quelques tableaux, qui absorbent en le répercutant dans le seul espace intérieur l'unisson de deux âmes, de deux êtres. Merveilleuse aventure ! Ainsi, dans une époque aussi dépourvue d'amour que de véritable intelligence assimilatrice, il y a encore des hommes et des femmes élus pour vivre un seul amour, pour accomplir dans la quotidienneté ce chef-d'œuvre fragile et sacré, le couple humain avec son honneur : la fidélité farouche et souriante, le don réciproque et total. Heureux élus ! Nul ne les connaît, nul n'entre dans leur cercle enchanté.

Avec les moines, les moniales, voués à la contemplation divine, de tels couples sont les bouées de sauvetage d'un monde à la dérive. Tant qu'il y aura de tels hommes, de telles femmes, ce monde ne sera pas totalement naufragé : boussole infaillible, pilotes virtuels, restent à portée de main.

Lors d'un voyage à New York, en 1962, j'ai retrouvé Guy Schoeller. Il a une suite à l'hôtel Plazza, en est encore à sa période mondaine, au plus fort de son idylle avec Françoise Sagan. C'est là, je crois, que nous nous sommes vraiment liés : à l'étranger, on se connaît, se reconnaît mieux qu'à Paris.

C'est cet homme, d'une si singulière qualité, vers lequel, dans ma détresse présente, je me tourne. Il n'a pas encore eu la révélation de l'amour unique, mais est déjà l'homme de l'amitié fidèle, discrète, efficace, donneuse. Je ne serai pas déçu. J'ai cinquante-cinq ans. Le temps tout à coup se fait court.

— À mon âge, on n'a plus de temps que pour l'essentiel. Dans ma vie, quel est l'essentiel ? C'est Jésus-Christ. J'ai décidé d'écrire, avec ma sensibilité propre et pour les hommes et les femmes d'aujourd'hui une « *Histoire de Jésus-Christ* ». Seulement voilà, je suis tel que vous m'avez toujours connu, prêt à l'ouvrage, mais sans le moindre sou. Je ne connais plus personne dans le monde de l'édition parisienne. Or il me faut immédiatement un éditeur qui adopte mon projet, me fasse confiance, me signe un contrat qui me fera vivre modestement mais décemment pendant trois ans. Vous seul pouvez me désigner l'oiseau rare. Vous seul êtes en situation de m'aider.

— Vous avez frappé à la bonne porte, c'est mon

métier de connaître les éditeurs. Je n'en connais qu'un qui aura le courage de faire ce dont vous avez besoin, et qui le fera bien. Faire vivre un auteur pendant trois ans, c'est beaucoup demander à un éditeur. Mais Jésus-Christ, traité par vous, est un bon sujet. Vous n'avez pas raté votre retour en France : « *Le Dialogue des Carmélites* » vous a propulsé à l'avant-scène. L'éditeur que je vous suggère est Bernard Privat, qui dirige Grasset. Grasset sort péniblement d'une longue et mauvaise passe, due aux compromissions de Bernard Grasset pendant la guerre. Il a besoin qu'on l'aide. Votre passé de résistant, votre gaullisme seront bienvenus dans la maison. Je l'appelle pour vous obtenir un rendez-vous sans tarder. Ce sera un peu lourd pour lui, mais il me fait une confiance totale. Il est vrai qu'il m'a quelque obligation.

Ce fut dit, accompli, avec l'élégance que j'admirais chez Guy Schoeller, avec une légère buée dans le regard : voile de pudeur à travers lequel je devine — à peine — l'homme d'affaires, précis, prudent, déterminé, qui juge sur l'heure, sans hésitation, sans crainte de se tromper, les hommes et les situations, soupèse les forces en présence, appuie le doigt, juste au point qui fera pencher la balance ; et puis, peut-être, tout au fond du regard, l'éclair d'une flamme vaillante, qui ressemble à de la tendresse, dont il ne faut surtout pas montrer qu'on l'a aperçue. Sacrés Français...

Le vagabondage n'est plus ce qu'il était. L'image du chemineau, un bâton sur l'épaule, et au bout du bâton son balluchon, est une image périmée, du temps où il n'y avait pas d'autoroute, pas de bagnoles. Le petit Larousse me chuchote à l'oreille : « Vagabondage : état de celui qui n'a ni domicile ni moyens de subsistance licites. » Et il ajoute, pour m'induire en tentation : « Le vagabondage est un délit. » Cher, cher petit Larousse, complice persévérant de toutes mes tribulations, de tous mes caprices, mon

Gavroche à moi. On n'est jamais tout à fait solitaire quand on peut définir sa solitude. Et de ceci, je me souviens très bien : cette fois-ci le chemineau a une voiture, et une voiture neuve, une Citroën ID 19, seul butin qui me soit resté de mon film avorté sur Marie-Madeleine. Tout mon bagage tient dans le coffre et à l'arrière de la voiture : quelques hardes, la *Somme* de Thomas d'Aquin, quelques volumes de la « Pléiade ». Je ne me souviens plus ni où est Barbara, ni pourquoi elle n'est pas là, le fait est qu'elle n'y est pas. Je pars avec pour seul compagnon un chien briard, que j'ai appelé « Tête d'Or » en hommage à la seule pièce de Claudel qui m'ait ému. C'est un beau chien, avec un pedigree garanti, sous ses poils noirs et soyeux qui lui cachent les yeux, un crâne comme un casque à pointe. Il ressemble à Warum, mais il n'est pas Warum. C'est l'une de mes innombrables erreurs d'avoir voulu remplacer Warum : le singulier ne se remplace pas.

Je pars au petit matin. Une fois de plus, je quitte un endroit où je ne reviendrai plus jamais, la charmante maison au bord de l'eau, entourée d'un jardin où les roses se meurent. Nous sommes au début de novembre 1962. Je pars. Paris ne m'a jamais été qu'un champ de bataille aux défaites plus nombreuses que les victoires. Mais ma guerre à moi ne sera perdue ou gagnée qu'au-delà du monde, et là, qui peut dire ce qui est défaite ou victoire ? Je quitte Paris en hâte, parce qu'en ce moment Paris ne me porte pas bonheur. J'ai l'oreille sensible au tocsin de la malchance et, en ces jours, le tocsin sonne à toute volée. Je vide les lieux. Pour aller où ?

À présent, la Grèce est trop loin pour ma bourse. Ma saison grecque est probablement, même à coup sûr, je le sens, terminée, elle aussi. L'Espagne ? Trop loin encore. L'Italie ? Trop de curés ! L'Allemagne ? Je dois et je peux pardonner, mais fait comme je suis, il ne m'est pas possible de vivre en Allemagne, je m'y heurterais à trop de fantômes ! Et puis, dans tous ces pays, on parle une langue que je ne connais pas. À tous mes exils, je n'ajouterai plus celui de ma langue maternelle. Maintenant que j'ai dépassé le milieu de mon âge et que je reviens à l'écriture, j'ai besoin d'entendre parler autour de moi la langue où je suis né : dans les rues, à la maison, par les enfants. Alors la Belgique wallonne ou la Suisse romande ? La Belgique ? Tellement au nord. Route des invasions et des défaites militaires : Waterloo est en Belgique, ça m'embête ; le 18 juin c'est autre chose que Waterloo : sacré bonhomme, quand même ce De Gaulle, qui prend les dates funestes de l'histoire de France et les change de signe ! Reste la Suisse romande. Genève ? Non. Lorsqu'on a connu et aimé New York aussi bien et autant que moi, le cosmopolitisme de Genève n'est qu'une caricature. Le Valais ? Ce serait à chaque fois une expédition pour aller à Paris. Le Fribourg ? En plus de l'évêque, il fourmille de Dominicains français. Reste le pays de Vaud. Le lac, les vignobles ! Parfait. Va pour le Pays de Vaud. Le lac recule les montagnes, élargit l'horizon, permet de respirer. Les gens qui cultivent la vigne sont partout les mêmes, ils aiment la vie, ils savent vivre.

Au Pays de Vaud, je ne connais personne, et personne ne m'y connaît. L'inconnu me porte bonheur. Je regarde la carte : Dijon, Pontarlier, Vallorbe, le fond du lac. J'exclus Lausanne, c'est une ville et je veux me faire plaisir : il me faut un village, dans les alentours de Vevey ou de Montreux, on verra bien. Silence ! on improvise. Allons courir les routes, sans nous presser. Tant qu'on est en route, on n'est nulle part, on n'a pas d'adresse, nul ne peut vous écrire ni vous téléphoner. Je traverse Dijon, m'arrête à Dole, patrie de Pasteur. C'est lui qui a écrit : « Le hasard ne favorise que celui qui y est préparé ! » Je ne savais pas avant d'y être que Dole fût la patrie de Pasteur. Après tout, pourquoi pas ? Il fallait bien qu'il fût né quelque part, ce Pasteur ! Je descends à l'hôtel Chandioux, bonne référence dans le guide Michelin.

Il est tôt dans l'après-midi. Tête d'Or en laisse, je découvre Dole. Comme à Aigues-Mortes, comme à Angers, à Chinon, comme dans tant de nos petites villes provinciales construites au Moyen Âge, je suis saisi d'un sentiment, d'une sensation immédiate de la France antique, de la France féodale (à l'intérieur des remparts, l'église gothique, les petites rues bordées de belles maisons, l'hôpital — qu'on appelait l'hôtel-Dieu, tant le pauvre, le malade, le mourant s'identifiaient à Dieu lui-même), cette France parcellaire, multiple, si variée, avec ses différentes seigneuries, ses dialectes, ses coutumes, ses foires, ses fêtes locales, ses juridictions enchevêtrées, inextricables, France « hérissée de libertés », comme le dit Michelet : le tout ne formait pas une réalité nationale uniforme et centralisée, le tout formait une communion infiniment plus intime, plus libre, en fin de compte plus forte, parce qu'il n'y a pas de ciment plus fort que l'amour ; et l'amour, loin d'effacer les singularités, les affirme au contraire, les épanouit, les harmonise. C'est le lien féodal de protection pour les uns, d'allégeance pour les autres, qui a littéralement engendré la France, en ces temps très anciens où l'on disait d'elle « France-la-Douce » : rien n'est à la fois plus fort et plus suave que l'amour librement donné, librement reçu, rien n'est plus fécond, délicieusement fécond. Temps très anciens, qui remontent à plus de mille ans, où s'est constitué et s'est accumulé le capital génétique de notre pays, ce fonds de roulement sur lequel nous vivons encore, sur lequel nous payons encore notre train de vie de Français, bien que dans les quatre siècles récents nous ayons dépensé tout le revenu et fortement entamé ce capital. Je dis cela non pas en passant, au contraire je voudrais le dire de façon plus percutante pour qu'en soient frappés les esprits et qu'en soient, qui sait ? séduits les cœurs. Tous nos modèles typiquement français se sont formés à cette époque lointaine, tous nos modes d'expression propres, aussi bien notre langage que notre architecture, notre musique, notre peinture, notre goût, l'ancienne politesse française, pour le peu que nous en ayons gardé.

La vie ne recopie jamais. Il n'est pas deux printemps identiques. L'essentiel est d'avoir gardé vivante, à travers les frimas, la souche originelle d'où peuvent surgir de nouveaux bourgeons. Est-ce cette subtile odeur de sève endormie que je capte dans ces anciennes villes de province et que je ne ressens plus à Paris ? Il arrive qu'on ignore le poids de certaines absences et qu'il vous taraude à votre insu. Je m'aperçois tout à coup que pour la première fois j'ai quitté Paris sans amertume. Pas même l'ombre d'un regret. Mon amour pour Paris s'est-il délité ? Je m'y étais refait une place décente. J'y laisse derrière moi quelques querelles subalternes, mais j'ai réussi à y achever mon film, ce projet jamais abandonné, nourri quinze ans durant de mon intime substance. Me revient l'image apaisante de Gertrud von Lefort, celle de Gaspard de Cugnac, de Bernanos : je ne les ai pas trahis : la splendeur singulière d'une certitude ! « *Puer natus est nobis* ». « Un enfant nous est né ! » Un bel enfant, vigoureux, qui ne demande qu'à continuer à vivre. Il n'y a de fête et de joie que de la naissance. J'emporte avec moi cette joie que nul ne pourra désormais me ravir. Cette fin de journée, errant dans les rues de Dole, est l'un des souvenirs les plus sereins de ma vie.

Le soir au dîner j'appelle le maître d'hôtel :

— Connaissez-vous en Suisse la région Vevey-Montreux ?

— J'y vais chaque année passer mes vacances avec ma famille !

— Connaissez-vous un hôtel qui me ferait des conditions de séjour pas trop onéreuses mais qui serait néanmoins convenable pour quelques semaines, peut-être quelques mois. Je suis un hôte tranquille, je travaille, j'ai besoin de calme pour écrire un livre. Mais je n'ai pas beaucoup d'argent...

— J'ai un vieux copain qui est maître d'hôtel au Victoria, à Glion, au-dessus de Montreux. Je peux lui téléphoner tout de suite. C'est la morte-saison, il arrangera ça. Je mettrai le téléphone sur votre addition.

Le lendemain matin, lorsque je reprends la route, figure sur ma carte routière un cercle rouge, qui entoure le nom de Glion, au-dessus de Montreux. Il fait grand soleil. L'automne s'épanouit dans une symphonie de jaunes, de verts, d'oranges. Malgré les sapins de plus en plus nombreux — j'ai une vieille rancune contre les sapins —, je suis sous le charme. La moitié des joies de ma vie m'est venue par les yeux, l'autre, par ce que je pressens de l'au-delà du monde.

On me l'avait dit, « L'I.D. 19 est une excellente routière. » Au ronron sûr de son moteur, c'est en fredonnant « *La Marche des Rois* » de « *L'Arlésienne* », que j'entre dans la Confédération helvétique. Combien de temps y resterai-je ? Un an ? Deux ? Trois au maximum, le temps d'écrire mon livre ? On m'eût prédit qu'un quart de siècle plus tard j'y serais encore, je n'aurais pas cru une seconde à une prédiction si farfelue, inimaginable pour l'errant que je suis.

Je ne viens en Suisse, ni par inclination irrésistible, ni avec enthousiasme. Comme si souvent, mon choix est un choix de nécessité. S'il y a au monde un spectacle qui m'assomme, c'est bien celui de la montagne, trop liée pour moi au souvenir de l'enfance et de l'Auvergne natale. Au fond, je déteste, non mon origine mais mon lieu d'origine et tout ce qui est susceptible de l'évoquer. Et voilà que librement je me dirige vers un pays de montagnes. Au fur et à mesure que je progresse dans le franchissement du Jura, je trouve de plus en plus étranges les avatars de la volonté de Dieu à mon égard. Mais de quel droit parlé-je de la volonté de Dieu ? Pour moi, aujourd'hui, la volonté de Dieu ne serait-elle pas que j'aille me livrer pieds et poings liés, dans un couvent de l'Ordre, à la volonté de mes supérieurs ? C'est au-dessus de mes forces, et cela même me condamne, je le sais, ne le sais que trop. Suis-je pour autant hors de la volonté de Dieu ? Les démons eux-mêmes n'y échappent pas : ils la subissent et la haïssent : s'ils cessaient de la haïr, l'enfer s'évanouirait comme un songe. Au fur et à mesure que la route file sous la voiture, j'égrène les questions qui me harcèlent et auxquelles j'ai fini par me dire et même par décider qu'elles sont pour moi insolubles. C'est là que se situent ma part d'orgueil comme ma part d'hypocrisie.

Toute ma vie, je saute d'une question à l'autre, sans y répondre, comme un enfant traverse un ruisseau à gué, en sautant d'une pierre à l'autre. Au point que j'en suis arrivé aujourd'hui à penser que toute la dignité de l'homme, qui justifie sa station de bipède debout, est de se poser des questions, auxquelles il n'est répondu qu'en énigmes et par d'autres questions. On dit machinalement: « Tant qu'il y a de la vie, il y a de l'espoir! » Je dirai plutôt: « Tant qu'il y a de l'interrogation, il y a de la vie, et une vie à hauteur de l'homme et de sa destinée! » Nous est-il demandé autre chose? Même la supplication du Pater: « Que votre volonté soit faite! » est lestée d'une interrogation puisque cette Volonté nous est inconnue. Certaines fois, le monde moderne m'apparaît comme une gigantesque entreprise menée contre l'interrogation, en cela il m'apparaît démoniaque. Les longs trajets solitaires, au volant de ma voiture, favorisent en moi ce genre de méditation indéfinie. Je me retrouve aux Rousses, passe la frontière, descends sur Saint-Cergue, puis vers le lac. C'est fait, je suis de nouveau en exil.

Étrange, je ressens un apaisement certain. Un étau se desserre doucement qui me tenait coincé. J'attribue cette détente intérieure au fait que je viens de mettre une frontière entre mes embêtements et moi. Cela a été vrai toute ma vie. Plus encore que ma patrie, la France est pour moi le pays des emmerdes. Disant cela, je m'insulte rien, je ne renie rien, je constate. Ce que j'en dis n'est sans doute vrai que pour moi, puisque tant de gens proclament qu'en France il fait si bon vivre. Dieu sait combien je voudrais y croire. Il aura fallu que j'aille sur mes huitante ans pour que j'admette l'évidence: pour moi la France est un bouillon de culture prodigieusement approprié à faire proliférer mes emmerdements. Oh! je n'en fais pas une histoire. C'est tout au plus mon histoire, peu de chose en somme.

On dit même que les histoires courtes sont les meilleures. La mienne devient un peu longuette, elle n'est donc pas des meilleures. Mais qui sait ?

Le ronronnement sûr et régulier du moteur ne suscite en moi aucune illusion. Je ne sais pas où je vais. L'Ordre dominicain ne m'offre pas la sécurité comme, lorsque, pour la première fois, j'ai posé le pied sur le sol américain. Et pourtant je suis loin d'éprouver le désarroi que j'ai ressenti alors. Au contraire, j'éprouve un sentiment inattendu : je me sens rassuré, à l'abri. Qu'a-t-elle donc de particulier, cette Suisse pour que, du premier coup, je me sente libéré d'un poids intérieur ? La devise de sa monnaie est : « *Dominus providebit* » — « Le Seigneur y pourvoira ! », qui exprime si bien la confiance dans l'inconnu par la certitude qu'on a d'une assistance transcendante et qui ne saurait trahir. Cette devise, ne serait-elle pas ma devise ? À travers elle, n'accueillerait-elle pas, dans le bougre que je suis, ce que je porte en moi au plus profond, et qui est le meilleur ?

Avez-vous jamais gravi en voiture la route qui monte de Montreux à Glion ? C'est une sacrée ascension en lacet, avec de grands miroirs convexes à chaque tournant qui permettent de voir ce qui vous attend au-delà du virage : cela ressemble à ce que les pilotes de voltige appellent une « cheminée » quand ils montent, une « vrille » quand ils descendent. Je suis au terme de mon voyage. Il me convient qu'il s'achève par cette suite d'objets brillants et étranges, vaguement cabalistiques qui me montrent ce que par moi-même je ne saurais voir et dont je saisis mal ce qu'ils reflètent, ou plutôt l'apparence déformée et la situation dans l'espace de ce qu'ils reflètent, le long des flancs de cette montagne abrupte. Je déchiffre mal ce qu'ils m'offrent, ne cherche même pas à le déchiffrer. Si je tentais d'éliminer de ma vie l'inconnu et l'inconnaissable, je me dessécherais instantanément, comme le figuier maudit.

La grille de l'hôtel franchie, je sais que je n'y resterai pas longtemps ; c'est un palace, de second ordre, mais palace quand même. Mon gîte n'y peut être que provisoire. En interrogeant le concierge, la femme de chambre, le maître d'hôtel, le jardinier, on finit par obtenir des renseignements utiles. Par exemple, j'apprends qu'en Suisse, dans chaque petite gare de campagne, on met à la disposition du public une liste polycopiée, non seulement des hôtels, auberges et lieux d'hébergement, mais aussi de tous les appartements en location à cinq lieues à la ronde. C'est très amusant d'aller de gare en gare à la quête d'un appartement à louer à l'année dans le pays.

Un palace, ça peut aller pour quelques jours, au mieux quelques semaines, pas — du moins pour moi — à longueur de temps. Qu'on s'active pour me permettre sans que j'aie à lever le petit doigt d'entrer dans l'hôtel, qu'on me rapproche ma chaise quand je m'assieds à table, qu'on me remplisse mon verre sans que je le demande, qu'on me tienne la portière de la voiture quand je me mets au volant, me porte sur les nerfs. Peut-être, cela satisfait-il des gens qui doutent de leur propre existence. C'est un doute dont je ne crois pas qu'il m'ait jamais effleuré. Je n'ai aucun besoin qu'on me démontre que je suis. Tête d'Or non plus n'aime pas les palaces : le soir, je dois l'emmener coucher dans un cagibi dans le jardin de l'hôtel, et ça, ça le chiffonne : il n'admet pas de coucher sous un autre toit que le mien. « *L'Histoire de Jésus-Christ* » attendra par conséquent une installation adéquate. Je passe mes journées au volant, errant dans le vignoble vaudois. Et un jour — il me semble que c'était hier —, j'entre dans le village de Chardonne par la route de Chexbres. Comme dans un tableau surréaliste, m'accueille d'abord une porte cochère en surplomb de la route, et qui se détache sur le ciel : y est peint un énorme soleil, un soleil comme le dessinent les enfants, tout gros et tout jaune.

C'est épatant cette porte qui annonce Chardonne. Et puis ce nom de *Chardonne* me rappelle l'écrivain français qui a pris à ce village son nom de plume.

Je me gare sur la minuscule place au centre du village, entre dans un magasin, exhibe ma liste des appartements en location aux alentours. La dame du magasin l'examine, s'arrête sur un nom : « *Chalet des Calycanthes* », Robert Schyrr : « S'il y a un appartement à louer dans ce chalet, prenez-le. C'est un chalet tout récemment bâti, vous pouvez être sûr d'y trouver tout le confort. »

— Ce sera sans doute au-dessus de mes moyens.

— On n'en sait rien, voyez-le !

Les propriétaires habitent La Tour-de-Peilz, au bord du lac. Sur ma liste, il y a un numéro de téléphone. J'appelle. C'est Mme Schyrr qui me répond : « Oui, le chalet a un appartement au rez-de-chaussée, il est meublé, il est à louer. Vous avez une voiture ? Passez me prendre cet après-midi, nous monterons. Le prix ? On a le temps d'en parler, le plus urgent est que vous voyiez les lieux. » Je découvre les Suisses : tranquilles, ordonnés, une chose après l'autre. On a le temps. Si on ne l'a pas, on le prend.

Décidément, ce pays est celui des ascensions. Au cours de l'après-midi, sur les indications de Mme Schyrr, assise à mes côtés, je traverse de nouveau le village de Chardonne, puis la voiture s'engage sur le chemin des Roches, le gravit vaillamment jusqu'au petit chemin de la Bergère (Bruckberger-Bruck-bergère, le surnom donné chez Gallimard à toutes les jolies femmes de mes relations et amies à l'époque du « *Cheval de Troie* »), c'est là. Garage spacieux creusé dans le roc. Un escalier en pierre mène au jardin et à la maison. Je me retourne vers le paysage, reçoit un coup dans l'estomac. Dieu, que c'est beau ! Le ciel est dégagé, je suis au bord d'un décor inébranlable, et d'une perfection dans l'harmonie à vous couper le souffle. En bas, le lac ; au-delà, les Dents du Midi, broderie de pierre gris-rose sur le ciel pâle ; la trouée que le Rhône fait en débouchant du Valais. À gauche, les Rochers d'Aï et le Moleson. C'est vrai que je suis un homme de la plaine et de la mer et que je n'aime pas la montagne, mais je suis sensible à la beauté. Ce paysage est parmi les plus grandioses que j'aie vus. J'ai l'impression d'être à la proue d'un bateau de haut bord. Quittant Paris, je n'imaginais pas aller à la rencontre de tant de beauté. Une main de maître a présidé à la perfection de cette mise en forme. Les montagnes, étrangement et superbement ordonnées autour du lac, assez éloignées pour ne pas être écrasantes, sont à la fois sublimes et familières ; elles ont la courtoisie des grands, elles sont elles-mêmes, massivement, impérieusement même, et pourtant, au lieu de vous plaquer à terre, vous entraînent avec elles vers le ciel, vers des espaces sans bornes. Stupeur et allégresse m'envahissent. Comment n'éprouverais-je pas une vraie joie d'habiter un tel endroit ?

L'intérieur du chalet est comme je m'y attendais : solidité, confort, utilité, adaptation sans faille des moyens aux fins de la vie quotidienne comme au paysage, j'ai connu cela en Amérique. Contrairement à ce que croient les Français, l'immense domaine de la vie quotidienne et pratique ne supporte ni improvisation ni bâclage ; c'est le domaine de la prévoyance minutieuse, donc du détail qui s'intègre totalement au tout. Un intérieur suisse n'est pas fait pour être « joli », il est organisé pour qu'on y vive bien, « propre et en ordre », comme on dit ici. En plus, et parce que c'est fait avec soin, l'œil y trouve son compte : le living a un crépi blanc, au relief accusé — mais ni trop ni trop peu —, une rustique cheminée de pierre grise, les chambres sont recouvertes de lattes de sapin. Toutes les fenêtres donnent sur un coin ou un autre de ce paysage stupéfiant, et qui fait oublier la médiocrité de l'ameublement.

— Madame, je vous remercie d'avoir pris le temps de me faire visiter ce merveilleux endroit. Ce temps que vous avez pris, je suis désolé de vous l'avoir fait perdre. Je vous redescends chez vous.

— L'appartement ne vous plaît pas ?

— Tout au contraire, mais cette visite m'a convaincu

qu'il est au-dessus de mes moyens. Alors pourquoi persister dans une négociation qui ne peut mener nulle part ?

— Je vous en prie, téléphonez à mon mari. Il sera tout au moins ravi de vous connaître et de bavarder avec vous.

Je téléphone donc audit mari qui m'invite pour le petit déjeuner du lendemain à six heures trente : au mois de novembre, en pleine nuit. Je ne bronche pas, accepte. Je commence même à m'amuser : je découvre un jeu auquel j'ai déjà joué cent fois, dont je connais par cœur toutes les règles. Cette invitation matinale n'est pas du tout fortuite, c'est un test. Si je suis exact, c'est que je ne suis pas un farfelu. Bien entendu, je suis exact, je suis même une demi-heure en avance et j'attends dans ma voiture. À six heures trente, je sonne, et je découvre Robert Schyrr, personnage démesuré. D'abord une masse énorme, cela me rassure, je commence à faire bon poids : il doit peser 120 kilos, j'approche de la centaine de kilos. Respect mutuel. Important. Il a une voix grave, lente, un bon sourire, les cheveux en couronne autour de la tête, un regard clair, un raffinement naturel dans les manières, une sûreté et une promptitude du geste que j'ai souvent remarquées chez certains gros et gras, qui sont signe d'une sensibilité exceptionnelle. En fait, si je n'avais pas lu dans l'annuaire du téléphone qu'il est jardinier-paysagiste, je pourrais aussi bien le prendre pour un peintre ou un compositeur de musique. Quels que soient ses goûts — dont je me suis méfié au vu de l'ameublement du chalet —, il est indubitablement un artiste. D'après ce qu'il a fait, je me rendrai compte plus tard qu'il a un tel sens des masses, des proportions, qu'il eût été un très bon architecte. En attendant, c'est un propriétaire et moi un éventuel locataire, c'est dire que, dans ce premier contact nos rapports sont des rapports de force ; je connais mes limites et suis résolu à ne pas me laisser dominer.

— Monsieur Schyrr, je ne suis venu que pour faire votre connaissance. Vous avez un bien beau chalet, admirablement situé. Mais comme a dû vous le dire

Mme Schyrr, il est hors de question que je puisse le louer. Une telle location est au-dessus de mes moyens.

— Comment gagnez-vous votre vie?

— Pour le moment, je suis écrivain. J'ai fait aussi du cinéma, c'est moi qui ai réalisé « *Le Dialogue des Carmélites* ». Je suis venu en Suisse pour écrire un livre, un livre religieux, une « *Histoire de Jésus-Christ* ». Comme vous le voyez, ce n'est pas un roman policier. Mes ressources sont modestes.

— Pourquoi une « *Histoire de Jésus-Christ* » ?

— Je suis prêtre catholique, et même moine dominicain.

— Alors pourquoi n'êtes-vous pas dans un couvent ou même à l'Université de Fribourg?

— Je ne m'entends pas très bien avec ceux de mon Ordre.

— Et combien comptez-vous mettre pour la location d'un logement?

— Cinq cents francs suisses par mois, pas un sou de plus.

— Mon locataire précédent me versait mille deux cents francs par mois.

— Je ne conteste pas la justesse du prix de cette location. C'est pourquoi je ne suis pas candidat.

Suit une longue discussion de marchands de tapis. Mais ça aussi, je connais : j'ai vécu en Afrique du Nord et d'ailleurs, sur ce point, un Auvergnat peut en remontrer au Suisse le plus coriace. La discussion dure au moins trois quarts d'heure. D'entrée de jeu, Robert Schyrr baisse son prix à mille francs, puis, avec toutes les astuces possibles, de cinquante en cinquante francs. Je suis aimable mais aussi inébranlable que les Dents du Midi. L'atmosphère a subtilement changé :

— Écoutez, monsieur Schyrr, le fond de l'affaire n'est plus la location de l'appartement, ni le prix de cette location. Le fond de l'affaire est que je vous suis sympathique, et que vous aimeriez bien m'avoir pour locataire. C'est aussi que vous m'êtes sympathique, et que j'aimerais bien habiter chez vous. Mais précisément parce que j'ai pour vous de l'estime, il m'est impossible de vous promettre ce que je sais ne pas pouvoir tenir.

Ce fut cinq cents francs par mois, chauffage compris, entretien du jardin de même. Je lui en garde une indéfectible gratitude. Plus qu'un propriétaire, il se montra envers moi un merveilleux ami. Pour son chalet, bâti à flanc de rocher, il nourrissait une véritable passion. C'était — entre bien d'autres — son œuvre. Il y montait le vendredi soir, le quittait le dimanche en fin de journée. Ce même jour, vers onze heures du matin, j'allais prendre l'apéritif avec lui, nous étions l'un et l'autre grands buveurs. Il était gai, spirituel, aimait la vie qu'il prenait par ses côtés les plus joyeux. Personnalité locale, il avait été député au Grand Conseil du canton de Vaud. Tout le monde le connaissait, il connaissait tout le monde.

J'emménage le 22 novembre 1962. Il fait très beau. Mon bagage étant des plus réduits, mon installation ne m'occasionne qu'un minimum d'efforts. Le lendemain, il fait encore très beau, mais tout est recouvert par une épaisse couche de neige tombée pendant la nuit et qui a éteint les dernières couleurs de l'automne.

Aujourd'hui, je n'habite plus Chardonne mais Chexbres, village vigneron lui aussi, à quelques kilomètres plus à l'ouest. Devant moi, toujours ce fond du lac que Sainte-Beuve appelait « la sublime région ». J'y aurai donc vécu vingt-six ans, plus longtemps que partout ailleurs dans le monde. Qu'est-ce qui me fascine dans ce paysage, qu'est-ce qui m'y retient ? Qu'est-ce qui fait que moi, à la fois si volage et si curieux, je ne m'en lasse pas, qu'au contraire j'y sois de plus en plus attaché ? De quelle sorte est cette paix que je savoure ici ? C'est peut-être seulement maintenant, le contemplant une fois de plus par la fenêtre devant laquelle j'écris, que je découvre le vrai symbole de ma demeure ici : j'y suis cloîtré. Qu'est-ce qu'un cloître ? Un jardin fermé dans une architecture rigoureuse, un puits, la pleine ouverture sur le ciel.

Hortus conclusus, soror mea sponsa,
Hortus conclusus, fons signatus !

Ce fond du lac est un cloître, aux dimensions d'une nature grandiose et pourtant strictement limitée : les arbres et la vigne se travestissent ou se dépouillent au rythme des saisons, le ciel grand ouvert au-dessus des montagnes si strictes dans la perfection de leur dessin et sans cesse changeantes, la surface miroitante du lac dont on me dit que le fond est juste à la hauteur des tours de Notre-Dame de Paris. Fontaine scellée, verrouillée, lieu secret d'épousailles entre l'eau et l'esprit, surface d'eau fermée et qui ne renvoie jamais qu'au ciel ; sauf parfois, l'été, par temps clair, lorsqu'elle reflète l'autre côté du cloître, le Grammont. Un lac de montagne est une concentration de mystère, profondeur d'en bas répondant en écho à une profondeur des hauteurs, jeu de miroirs qui n'a aucune solution lisible. Ce paysage reste à l'échelle humaine et pourtant la dépasse de toutes parts : son charme est dans l'alliance surprenante et peut-être impensable de ce qu'il y a de plus altier et de plus familier. J'ai vécu un quart de siècle dans la jouissance visuelle de l'inaccessible, quelle meilleure initiation à la vie éternelle ?

C'est seulement maintenant que je sais pourquoi j'aime tant ce paysage : à la fin d'une vie tumultueuse, il m'enferme et m'élève exactement comme le ferait le minutieux agencement d'un jardin de cloître mais dessiné par d'autres mains que celles des hommes : lieu d'attente et de solitude. C'est vrai que, après un départ, lorsque j'y reviens, immédiatement je me sens à ma place dans ce cirque mystique, juste au-dessus des vignes, et subitement délié de toute querelle, astreint aux seuls devoirs du cœur et de l'âme, à l'accroissement du germe éternel que je porte en moi. Comme mystérieusement recentré au sein de ma pesanteur fondamentale.

Malgré quelques extravagances à l'intérieur des terres et dans la montagne, le Pays de Vaud se définit tout entier par le lac, la vigne, le soleil. À mesure qu'il avance vers le Valais, il se fronce, se fracasse et se serre, se hérisse. La topographie actuelle ne s'explique que, parce qu'il y a quelques millions d'années, la terre a eu peur et qu'elle a tremblé. La configuration du terrain garde le souvenir de cette épouvante dont pourtant ne subsiste que ce qu'elle nous a laissé de beauté, où désormais il fait si bon vivre. Les replis du terrain réservent des surprises constantes : des maisons s'y cachent, souvent proches les unes des autres, sans du tout se gêner les unes les autres. On peut habiter à vingt mètres de son voisin et ne pas le voir. Et toutes ces maisons, confortables, certaines cossues, entourées de jardins — parfois tout petits — parviennent toutes à avoir vue sur le lac, une bonne exposition au soleil. Rien de plus captivant qu'un lever de soleil par un serein matin d'hiver : le ciel est bleu pâle, la corolle rose et dorée des montagnes couvertes de neige s'y dessine, précieuse comme un diamant pendant que les eaux du lac s'allument doucement, elles aussi. Coupe d'améthyste bordée d'argent où un convive inconnu a laissé un fond de liqueur.

Le chalet Schyrr n'est pas complètement isolé. Au bout du chemin de la Bergère, à une centaine de pas, s'élève la ferme des Monnard, alors en pleine activité, avec des prés très en pente, un cheptel de soixante à quatre-vingts vaches. Ma première démarche sera pour Nestor et Zizette Monnard à qui je rends visite. Je ne pouvais mieux tomber que sur eux pour m'initier au peuple et aux mœurs de ce pays. Il y a de cela vingt-cinq ans : un quart de siècle. C'est peu par rapport à l'âge de ces montagnes, beaucoup dans la vie d'un homme. Voilà où se situe la différence entre un campagnard et un citadin. Le paysage quotidien du citadin, ce sont les autres hommes parmi lesquels il vit, qu'il côtoie sans les connaître d'ailleurs, sans se soucier de les connaître, tous aussi fugitifs que lui, tous emportés dans le tumulte du même flot, à une vitesse torrentielle, la vitesse du temps humain. Le campagnard, le montagnard surtout comme le marin, a une autre mesure de la durée, celle de son environnement : les saisons certes, mais en premier, cet élément qui lui paraît à lui inusable, immuable, quoique dangereux, mais dont la permanence lui est comme une image de l'éternité : la montagne, la mer. Cette confrontation avec des temps si fondamentalement différents change du tout au tout l'horloge intérieure de l'homme des villes et celle de l'homme des champs. Dès l'abord, la différence est criante : le rythme vital de l'un est lent et il est sage ; celui de l'autre, précipité, inquiétant, fou.

Il est des dictons idiots qu'il faut savoir contester. Ainsi celui qui prétend qu'il ne faut pas juger les gens sur leur apparence. Mais si, il le faut, surtout quand il s'agit d'adultes : à partir d'un certain âge, on a l'âme sur la figure, et rare le visage qui vous trompe. Pour ma part, je ne remarque guère si un homme est beau ou s'il est laid. En revanche je regarde s'il a « une gueule », ou mieux encore s'il a de la gueule. De Gaulle, Bernanos, Cendrars, Miller, Koestler, Einstein avaient de la gueule, et même, beaux ou laids, une gueule superbe, inoubliable. Jean-Paul II, Mgr Lefebvre ont une sacrée gueule. Nous ne savons ce que fut l'apparence des Apôtres, ni s'ils étaient beaux ou laids. Ce qu'on peut dire avec certitude c'est que saint Paul devait en avoir une — ô combien ! —, pour avoir su affronter comme il l'a fait, les foules, les tempêtes, les émeutes, les proconsuls et les rois, le tribunal de César et l'Aréopage d'Athènes, pour avoir fondé en quelques années des Églises chrétiennes sur tout le pourtour de la Méditerranée, et finalement pour avoir affronté sans peur l'épée du bourreau ; il lui a fallu certes un immense génie, mais aussi une inébranlable assurance, qui devait rayonner de toute sa personne, se concentrer dans son regard pour qu'il tînt ses auditeurs sous le joug d'une parole simple dont nous percevons encore le choc physique, encore qu'assourdi, dans le style et les intonations de ses Épîtres.

Nestor Monnard a de la gueule, et en plus il est beau. De la beauté candide et forte d'un bouvier de Virgile ou d'un berger de Théocrite, ou encore d'une série célèbre de dessins de Picasso. C'est une beauté païenne, et à la fois rustique, que j'ai rencontrée en Grèce à chaque pas dans les mosaïques, les sculptures, les bas-reliefs. L'évocation bucolique est d'autant plus obsédante que, provenant de l'étable voisine, se mêlent ici et là à la conversation, le hennissement du cheval, le beuglement assourdi d'une vache : « *mugitusque boum !* » Beauté altière du chêne à l'enracinement profond qui affirme non moins tranquillement son épanouissement à l'air libre sous le ciel. Nestor Monnard est grand, droit, son regard plonge dans le vôtre, paisible. L'homme est conscient de sa force noueuse dont je devine — bien qu'à peine — l'armature musculaire sous le vêtement. Je dis ce que je suis, ce que je fais, on me prend comme je suis. S'il y a quelque surprise quant à mon mode de vie, elle ne se manifeste pas : on attend pour juger, d'ailleurs un jugement sera-t-il formulé sur moi ? Je n'en saurai jamais rien, sinon que l'amitié des Monnard ne se démentira en aucune circonstance. Je m'émerveille d'être tombé sur de tels voisins.

Antérieure même à l'amitié, la confiance. En quittant la Grèce, j'ai vendu la plus grande partie de mon mobilier, sauf quelques pièces et objets qui me sont d'autant plus chers que je les ai achetés avec Barbara, et qui sont pour moi plus consistants que Barbara elle-même, de plus en plus intermittente, évasive, évanouie de ma vie. Un matin je reçois un avis de la gare de Vevey : mon mobilier est arrivé et je suis prié d'en prendre livraison ; il a été expédié en port dû. Et je n'ai pas l'argent de payer. Mme Monnard, qui fait chaque matin mon ménage, est là lorsque le facteur me porte l'avis de la gare. Je suis un étranger ici, et s'il est une chose dont un étranger n'a pas la science infuse, c'est bien les détails administratifs. Je montre à Mme Monnard le papier, elle l'examine :

— Il faut que vous alliez au plus tôt à la gare des marchandises à Vevey. Là, vous paierez la somme indiquée.

Vous ferez transporter votre mobilier ici, où un douanier viendra encore vérifier ce qu'il contient.

— Qu'arrivera-t-il si je ne fais pas tout cela tout de suite ?

— On vous facturera les journées d'emmagasinement, puis vous recevrez un commandement de payer. Si vous persistez à ne pas payer, votre mobilier sera saisi et vendu aux enchères. Ce serait un mauvais commencement pour vous dans ce pays. Vous n'obtiendriez jamais le permis d'établissement.

— Merci, madame Monnard. Il arrivera ce qui arrivera, mais j'attendrai un peu.

— Pourquoi attendre ?

— Désolé, madame Monnard. Mais je n'ai aucune réserve d'argent. Je ne dis pas « si j'étais riche », je ne l'ai jamais été, mais si j'avais quelques économies, je ferais sûrement ce que vous me dites. Je ne le peux pas. On verra bien ce qui arrivera. Vous le savez aussi bien que moi, madame Monnard, car vous n'êtes pas riche non plus : pour les mêmes choses, les pauvres sont obligés de payer plus cher que les riches, parce qu'ils n'ont aucune marge de manœuvre. Ce sont des choses qu'il faut accepter, surtout quand on est moine, comme moi !

— Je comprends. J'en parlerai à mon mari.

Au début de l'après-midi, je vois arriver Nestor Monnard :

— Mon épouse m'a parlé. Votre position à propos de la douane et de votre mobilier, ça ne joue pas. Il faut régler cette affaire tout de suite. Aujourd'hui je suis occupé, mais demain après-midi je suis libre. Vous avez une voiture, moi je n'en ai pas. Vous me conduirez à Chatel-Saint-Denis, nous avons quelques économies à la banque. Je vous prêterai de quoi payer ce qu'il faut payer tout de suite, et vous nous rembourserez au fur et à mesure de ce que vous pourrez.

Ainsi fut fait. Le lendemain, au retour de Chatel, Nestor met trois billets de mille sur ma table :

— Il vaut mieux que vous soyez un peu au large.

Quand on s'installe quelque part, il y a toujours de l'imprévu !

L'imprévu survient instantanément. Je veux signer une reconnaissance de dette. Nestor se fâche, me lance un regard furieux :

— Vous êtes un honnête homme, moi aussi. Entre honnêtes gens, on n'a pas besoin de papier. Je vous rends service comme je peux, et la première chose que vous faites, c'est de m'offenser.

La discussion est longue. Nestor, fermé comme une huître, ne décolère pas, refuse obstinément le papier. J'essaie d'expliquer lentement, posément, sans me lasser de répéter, que je suis loin de vouloir l'offenser, qu'au contraire sa confiance m'honore, que je suis bouleversé de gratitude, mais qu'enfin je ne suis plus jeune, que je peux mourir subitement demain, que, dans ce cas il n'a aucun moyen de justifier sa créance ; que de son côté il n'est pas seul, qu'il a femme et enfants, qu'il n'est pas plus riche que moi, que pour lui trois mille francs c'est une grosse somme, qu'il n'a pas le droit de prendre un tel risque. Je perds ma peine, il ne veut pas de papier. J'en viens à cette extrémité de refuser de prendre son argent s'il n'accepte pas mon papier. Alors, mais alors seulement, il attrape du bout des doigts ma reconnaissance de dette, me regardant par en dessous comme on regarde un chien qui peut devenir méchant. Il me quitte, muet. Je suis à peu près sûr que sur le chemin entre le chalet et la ferme, il aura déchiré le papier.

Souvent, je pense à cette scène, elle me ramène aux temps préhistoriques, à mon enfance, sur le foirail de Murat, avant la guerre de 1914, où je voyais les paysans toper pour conclure un marché. En marge de l'industrie horlogère qui est, avec le tourisme, son industrie nationale, je découvre que la Suisse est une machine à remonter le temps. Dans notre monde moderne, Nestor Monnard est un revenant de temps très anciens. Je mettrai un an à le rembourser. Je dois avouer que je n'ai pas toujours été aussi scrupuleux pour rembourser mes dettes envers des amis fortunés — qui ne se faisaient d'ailleurs pas d'illusion à ce sujet. En revanche, je me suis toujours fait un point d'honneur de rembourser exactement les modestes et les démunis qui m'ont offert leur aide. C'est vrai aussi qu'en règle générale — compte tenu de certaines exceptions — les pauvres sont plus enclins que les riches à aider d'autres pauvres. Rien de plus normal. Parce qu'il n'en a pas l'expérience, un riche a grand-peine à imaginer ce qu'est un embarras d'argent. Un homme à l'aise ne peut pas savoir ce qu'est un problème de douane: comment saisirait-il que devant une telle situation il puisse y avoir une question d'argent littéralement insoluble?

Il n'y a pas ombre de socialisme dans mon esprit. Loin de moi la pensée de reprocher aux gens fortunés leur fortune. Au contraire, je m'en réjouis. Mais le fait est que la richesse est un privilège qui, comme tout privilège, est difficile à vivre, qu'il y faut élégance, imagination. La pauvreté aussi m'apparaît comme un privilège quand elle est vécue de grande manière, comme la vit Nestor Monnard. Les privilèges de l'homme résident moins dans ce qu'il a ou ce qu'il n'a pas, que dans ce qu'il est et dans sa manière d'être, dans la manière dont il use du monde.

Qu'est-ce qui m'a valu la confiance spontanée de Nestor et de Mme Monnard? Je crois que c'est mon application au travail. Je ne puis pas dire que j'ai le goût naturel de l'écriture. À tout prendre, j'eusse préféré être peintre. Je ne sais si je serais devenu un bon peintre, je sais que je me serais donné au travail de la peinture avec plaisir, avec passion même. Ne sachant pas dessiner, n'ayant pas appris le métier, la fantaisie m'a pris de faire des collages, j'en ai fait quatre ou cinq. J'y ai perdu trop de temps, je m'y suis trop passionné, j'ai abandonné. L'écriture est davantage pour moi un devoir qu'un besoin. M'y étant voué, l'honnêteté exigeait de m'y adonner du mieux que je pouvais. La difficulté d'écrire — du moins pour moi — est que nul ne vous y contraint. Vous n'êtes tenu à aucun horaire, personne n'est là qui vous force à pointer. Si vous faites grève — et pour revendiquer quoi? — nul ne prendra en compte vos heures d'absence. C'est un métier inutile. Vous pouvez l'abandonner, le monde n'en continuera pas moins de tourner. Votre liberté est chaque jour entière. Matin après matin, il vous faut prendre la décision personnelle de travailler.

Je suis un lève-tôt, et par conséquent un couche-tôt, accoutumance monastique et militaire. Dès mon installation à Chardonne, je me lève à cinq heures du matin, pour être le plus tôt possible à ma table de travail. Les paysans aussi se lèvent tôt. Aussitôt qu'ils se lèvent, à leur réveil et de leur ferme, les Monnard voient mes fenêtres déjà éclairées. Quand, en fin de matinée, Mme Monnard vient faire mon ménage, je suis à la besogne depuis plusieurs heures déjà. Un jour, elle me dit : « Avant de voir vivre un écrivain de près, j'imaginais que d'écrire un livre, ce n'était pas un vrai travail. Depuis que vous êtes ici, je m'aperçois que, bien différent du nôtre, c'est un travail aussi dur que le nôtre ! » Les gens de la campagne n'estiment vraiment que les gens qui travaillent autant qu'eux, et ils estiment que pour bien travailler, il faut se lever tôt. En Suisse — tout le monde le sait, tous ceux qui y vivent l'ont expérimenté —, l'intimité et la vie privée de l'étranger sont scrupuleusement respectées. Cela n'empêche aucunement que vous soyez attentivement observé, peut-être pas jugé mais jaugé. Je sais maintenant que pour s'attirer l'estime villageoise, il faut se lever tôt : cela vous classe d'emblée parmi les gens qui savent certaines choses précieuses qu'ignoreront toujours ceux qui ne se lèvent pas avant dix heures du matin. J'appelle cette connivence la complicité de l'aube. Cette complicité, je l'ai eue en Grèce avec les pêcheurs. Je l'ai ici avec les paysans.

Sur les genoux de ma mère, j'ai appris les rudiments de ma religion catholique, j'ai goûté la saveur propre de

Jésus-Christ. Je n'en ai jamais perdu le goût, ne me suis jamais lassé de cette saveur, au contraire je n'ai cessé de lui découvrir de nouvelles succulences. Même quand je savais être éloigné du Christ, pécheur — Dieu sait ! — je n'ai cessé de l'aimer, d'un amour qui devenait un tourment, mais demeurait une espérance vibrante de ferveur, semblable à l'arbrisseau qui plie sous la bourrasque mais que le vent ne réussit pas à arracher de son sol nourricier. J'écris en français : c'est une langue usée par des siècles de politesse et de rationalisme, qui répugne à exprimer la passion, sa violence, ses paroxysmes, ses contradictions. On est obligé de ruser avec cette langue pour la tirer de ce côté-là, comme si le rationalisme n'était jamais lui-même victime de l'inflation et de la déclamation, même dans Stendhal, même chez les grand Ancêtres de la Révolution, même chez Diderot et Voltaire, même chez les classiques. Racine, qui est le plus parfait orfèvre de notre langue a écrit ce vers, exemple de ce qu'on ne doit pas écrire :

« *Brûlé de plus de feux que je n'en allumai* »

pour exprimer cette banalité : « Je suis amoureux d'une femme qui ne m'aime pas. » Quel détour, quel contour ! quelle contorsion ridicule ! Mes origines danubiennes me gardent de telles préciosités, mais me livrent sans défense à d'autres contradictions qui sont miennes, et qui, dites en français, paraissent indécentes. Certes, je ne prétends pas échapper à toute hypocrisie. Comme l'écrivait Bernanos à propos des Pharisiens : « Lequel d'entre nous n'a dans les veines une goutte de sang de ces vipères ? » Nous sommes si misérables que l'aveu même de nos misères peut n'être pas exempt d'une certaine complaisance, blasphématoire de la miséricorde.

Moine, amant de Barbara, prêtre indigne mais non renégat, qui ne célèbre plus la messe depuis des années, qui n'y assiste même plus, qui ne pratique plus la religion que je continue de professer, qui vis ouvertement hors de mes vœux et hors de la discipline de l'Ordre auquel j'appartiens, qui ne lis plus le bréviaire et dont la prière retourne à l'état de balbutiement, comme si j'étais frappé d'hébétude spirituelle, comment ai-je l'audace de vouloir écrire pendant trois longues années à propos de ce Jésus-Christ, que je reconnais comme mon seigneur et mon Dieu, comme l'ardente fournaise de toute purification, comme le roi et le centre de tous les cœurs ? Chaque matin, m'asseyant à ma table de travail, moi, l'exclu des mystères dont je vais écrire, je ressens la fausseté de ma condition, une voix me crie au fond de moi : « À genoux, misérable ! Demande pardon de ce que tu es ! Pense à ce que tu devrais être ! Respecte au moins ces mystères pour lesquels tu as été ordonné ! Ne laisse pas traîner sur eux ton écriture, comme sur un cristal la bave d'une limace ! »

Je persiste cependant, il m'est impossible de ne pas persister, contraint moins par ma signature que je n'ai jamais donnée à la légère, que par une force intérieure qui me tient asservi, à laquelle j'obéis avec — je ne trouve pas d'autre mot —, une sorte de volupté de nature inconnue, car elle n'a rien à voir avec ce qu'on appelle le « plaisir », et qui ressemble plutôt à une expiation. Oui, il en était ainsi. L'écriture, qui correspond en vérité si peu à mes goûts, à mes dons, est pour moi une expression pénitentielle. Je revêts l'écriture telle une cagoule noire, qui dissimule depuis les pieds jusqu'à la tête mon identité, je prends ma place anonyme dans la longue file des Pénitents qui, à Séville, le jour du Vendredi saint, accompagne les christs suppliciés et les madones pathétiques, dans la procession tumultueuse. Le port de cette cagoule n'est interdit à personne, n'importe qui peut la revêtir, serait-il le plus criminel, et recherché par toutes les polices du pays. Maternelle miséricorde de ces liturgies populaires de l'antique Espagne ! Quand il m'arrive de pleurer, je me sais du moins protégé de la pitié d'autrui et, à l'intérieur de mon écriture, mes larmes ne coulent qu'en présence de mon Dieu. L'assiduité matinale, mon obstination, mon labeur, et jusqu'à mes maladresses d'expression — car je suis à l'étroit dans cette langue française qui est la seule que je sache à peu près manier —, tout cela me devient refuge —

que dis-je ? —, forteresse imprenable contre toutes les tentations du désespoir. Enfin, réfléchissez une minute : ce n'est tout de même pas à moi que vous allez apprendre que je suis indigne de parler de Jésus-Christ ! Mais je sais aussi ceci : ce n'est pas une raison parce qu'un prêtre viole bien des commandements pour qu'il en viole un de plus. Dans la circonstance, par ma vocation dominicaine, j'ai reçu commandement de prêcher l'Évangile, et je le prêcherai. Je sais aussi que si les Apôtres, aussi saints fussent-ils, avaient attendu d'en être dignes, pour parler du seigneur Jésus-Christ, ils fussent restés muets, n'eussent pas écrit une ligne sur ce sujet formidable, véritablement formidable, c'est-à-dire terrifiant.

Je ressens, à la fois vaguement et puissamment, qu'il me faut là aussi briser un carcan. Ce genre de situation est plus fréquent qu'on ne croit et c'est un cercle vicieux. La force de l'habitude fait qu'on est tellement accoutumé au carcan qu'on finit par l'oublier, qu'on ne le perçoit même plus comme carcan. Heureusement, dès mon enfance, j'ai reçu des signes avant-coureurs, et qui ne m'ont pas échappé. Ces signes apparaissaient dans le langage même de la religion catholique que j'entendais parler autour de moi : aujourd'hui, on l'appellerait « langue de bois ». Ce langage catholique était une langue de bois patinée par des générations, fartée comme des skis avant le slalom géant. Je ne citerai qu'un point, le mystère eucharistique, si essentiel, absolument central dans la religion catholique.

Quand j'étais tout petit, ma mère ou ma tante me menaient à l'église et me montraient le tabernacle gardé par la sentinelle vacillante d'une lampe à huile, qu'il ne fallait surtout pas laisser s'éteindre. « Regarde, me disait-on, regarde bien : derrière la porte du tabernacle, il y a le petit Jésus. À travers la porte, il te voit, il te regarde, il sait très bien qui tu es ! » Pour moi, l'eucharistie était — est encore — une partie de colin-maillard où Jésus et moi, nous cherchons à tâtons. Je comprenais d'emblée ce langage, sentais ce regard qui traversait les portes dorées, me pénétrait, me transperçait de part en part. On me faisait désirer d'un désir véhément le jour de ma première communion, où, sous des apparences étranges, mais qui ne me déconcertaient nullement, les apparences de l'hostie, le petit Jésus lui-même, rien d'autre, nul autre, descendrait dans mon cœur, avec son corps, son âme, son sang, sa divinité (là je comprenais moins bien, mais j'acceptais tout), et y résiderait. Je le voyais descendre, descendre, comme le puisatier qui doit réparer un puits descend après s'être encordé. Je savais que j'avais le cœur profond et obscur, qu'il y faisait si noir qu'on pouvait y voir les étoiles en plein jour. Ah! combien l'univers de l'enfance est plus vaste que celui des adultes, quel privilège de ne l'avoir jamais tout à fait quitté!

J'ai grandi. Je suis passé par le séminaire, j'ai traversé les années austères de la formation théologique dominicaine, je suis devenu prêtre, j'ai écouté d'innombrables sermons auxquels j'ai dormi, mais jamais ne se sont effacées de mon esprit et de mon cœur les certitudes charnelles et concrètes de l'enfance. Et voilà que, pour parler du mystère eucharistique, j'entendais dans les bouches les plus augustes, sur les lèvres les plus savantes, des locutions toutes faites qui, à force d'être abstraites, me paraissaient, me paraissent toujours, blasphématoires: le *Saint-Sacrement,* la *Présence Réelle,* les *Saintes Espèces.* Quelquefois, on disait quand même le «*Bon Dieu*». Mais cette appellation elle-même est trop galvaudée dans le langage courant pour que je ne m'en méfie pas. Quant à moi, j'aime l'appellation propre, l'expression concrète et singulière, celle qui colle au sujet et ne colle qu'à lui. Pour l'Eucharistie, après la consécration faite sur le pain et le vin, il me paraît évident qu'il n'y a qu'une seule appellation qui convienne adéquatement à ceci et à cela: c'est le corps et le sang de Jésus:

Jesus quem velatum nunc aspicio!

À l'intérieur de la tradition chrétienne, signe funeste d'un reniement et de la réprobation divine, lorsque l'abstraction envahit le langage parce qu'elle a contaminé les intelligences, et qu'au nom d'une certaine pudeur qui n'est que lâcheté devant le réel, on commence à avoir honte de la chair, du sang, du concret. Et m'habite depuis longtemps le désir de casser la langue de bois dont on use aujourd'hui pour parler de Jésus-Christ.

Je n'ai pas entièrement réussi ce que j'ai voulu faire; du moins l'ai-je voulu avec ténacité: j'ai poursuivi mon propos pendant trois ans. Mon ouvrage n'est pas un ouvrage d'exégèse, je ne suis pas un exégète, bien qu'au cours de mes études et, à la fin, sous le magistère du Père Lagrange, je fusse mis au courant des difficultés exégétiques que soulèvent les textes des Évangiles. Mon livre n'est pas davantage un livre de théologien. Je soupçonne la théologie catholique moderne de s'être laissé contaminer par trop de rationalité. Voyez un grand commentateur de Thomas d'Aquin, comme Cajétan, qui est le contemporain de Luther: je me demande s'il ne s'est pas laissé prendre par toutes les acrobaties de la rationalité. Il veut toujours avoir raison: il y a de la volonté de puissance dans sa dialectique imparable, alors que le seul chemin d'accès à la vérité catholique est le sentier de l'humilité de l'esprit. Cajétan est le condottiere du thomisme: il n'a plus la modeste fierté du chevalier, qui transparaît à chaque ligne dans le texte limpide et hardi de son maître. Thomas d'Aquin ne veut jamais triompher: il ne veut qu'être fidèle à son Seigneur; sa fidélité coule de source, de cette seule source, haute et très pure, qui est son amour envers Jésus-Christ.

Pour moi, que tant de choses séparaient, séparent encore de Jésus-Christ, j'ignore même la nature du lien d'amour qui me rattache à lui. Mais douter seulement de son amour pour moi passe mes forces. Tout ce qu'il a dit dans son aventure temporelle, il l'a dit pour moi, tout ce qu'il a fait, il l'a fait pour moi ; il a vécu pour moi, il est mort pour moi ; le troisième jour il est ressuscité pour moi, pour me donner l'assurance que, en ce monde, rien n'est de taille à me séparer de lui. Que je ne sois pas à la hauteur de ce qui a été fait pour moi est une tout autre histoire, mon histoire à moi, l'histoire d'un homme faible et de vouloir incertain. Mais si je devais attendre d'être digne de ce qui a été fait pour moi, je mettrais la clef sous la porte de l'espérance et je m'enfuirais à toutes jambes de cette Église de Jésus-Christ, la maison du bout du chemin, qui attend portes grandes ouvertes le retour de l'Enfant prodigue. La petite Thérèse de Lisieux a dit elle-même que son espérance n'était pas fondée sur ses vertus, que si elle était le plus grand des criminels de toute l'histoire, elle se jetterait à corps et âme perdus dans la même espérance. Qu'une telle confiance ne donne à personne la moindre présomption : qui que nous soyons, nous ne sommes jamais sauvés que par grâce.

Mon « *Histoire de Jésus-Christ* » fut avant tout pour moi une histoire d'amour. Comme la femme de l'Évangile qui était atteinte d'un flux de sang, perdue dans la foule, ma seule préoccupation était de toucher le bord de la tunique de cet homme singulier qui est Jésus-Christ, un homme comme moi, qui dans le mystère de sa Personnalité est l'Engendré vivant au sein du Père, vivant dans l'éternité. Le mouvement de l'amour atteint nécessairement le centre du mystère de l'être aimé. Dans l'amour on est bien forcé de faire sa part à ce mystère, d'adhérer au mystère de l'autre sans espoir de l'élucider jamais, ni surtout de le dissiper. Les femmes que j'ai aimées, je ne puis douter que je les ai aimées, elles ; ce que j'ai le plus vénéré en elles est aussi ce que je respectais le plus, le mystère de leur personnalité. Avec mes amis, il en a été de même : si l'occasion m'eût été offerte d'avoir à risquer ma vie pour eux, je l'eusse fait volontiers. Je l'ai fait pendant la guerre après tout, riant et pleurant à la fois, peut-être pleurant de rire. La parole de l'Écriture : « Dieu aime celui qui donne en riant » me ravit, plus que cela, je lui trouve une précieuse saveur. Il n'empêche que j'aime la vie au moins autant qu'un autre, peut-être plus qu'un autre, mais justement pour cette raison, oser la risquer pour ce que j'aime encore plus qu'elle, porte mon amour pour elle à son comble.

Si j'ai tant écrit sur Jésus-Christ, ce n'était nullement pour faire la leçon à quiconque mais parce que je l'aime, à la manière dont je fais tout, y jetant tout le poids de mon être impur et grossier. Comprenez-moi, c'est une passion. J'ai eu d'autres passions, c'est vrai, et je rougis de quelques-unes. Mais j'ai eu — j'ai — celle-là aussi, dont je ne saurais rougir, et qui, peut-être, à la fin me sauvera. Unique planche de salut, à laquelle je suis agrippé, qui me rend précieuse mon existence, si pitoyable qu'elle soit. Une passion, qui a un objet élevé, est en elle-même chose respectable, elle emprunte quelque reflet à son objet. En ceci, du moins, suis-je chrétien, que je sais, que j'ai toujours confessé, que Jésus-Christ est ce qu'il y a de plus haut, qui jamais puisse être en ce monde. Il est l'unique et très étroit canal par lequel le sable de l'éternité, Dieu même, s'écoule indéfiniment dans le temps. Rien d'aussi mince, d'aussi fragile que cette étroite, vivante, nécessaire communication ; rien non plus au monde que je ne sois prêt à protéger, à défendre, à maintenir coûte que coûte que ce précieux cordon ombilical qui donne vie, accroissement, intégrité à ce germe vivant qui grandit secrètement en ce lieu de ténèbres où nous vivons pour le moment, en attendant notre naissance en Dieu et à l'éternité. Je suis né soldat : je sais instinctivement où se situent les points vitaux d'une position ; ces points une fois aux mains de l'ennemi, la position n'est plus tenable. Le christianisme n'est plus qu'une morale, une hygiène, une idéologie comme une autre, et particulièrement indéfendable, hors de la réalité concrète de cet homme, Jésus-Christ, né une nuit entre les nuits d'une femme vierge et qui, au ciel et sur la terre, n'a jamais eu d'autre père que Dieu.

En écrivant « *L'Histoire de Jésus-Christ* », je crois que j'ai voulu, avec toute l'application de l'amour, nettoyer cette ineffable effigie de tout l'encrassement du langage dévot et d'habitudes de penser qui lui sont autant de bandelettes sacrées, telles que celles qui entouraient les momies de l'Égypte antique. Il y a une certaine manière de parler de Jésus-Christ qui n'est que l'observation stricte et solennelle d'un rite funéraire, alors que Jésus-Christ est par excellence le Vivant, le Vivant pour les siècles des siècles. Notre époque, et la France en particulier, ont le génie des funérailles. On peut ensevelir Jésus-Christ de bien des façons et travestir ce qu'il a d'irréductiblement singulier : sa résurrection, signe sensible de son irruption humaine dans la vie éternelle, prise d'assaut d'une forteresse jusqu'à lui inaccessible. On attend des gardiens de la foi catholique qu'ils soient autre chose que des croque-morts de Celui qui est par excellence le Vivant.

Que je sois parvenu à mes fins en écrivant cet ouvrage, je l'ignore, au lecteur d'en juger, et aussi à l'Église. Le livre achevé, et précisément en ce qui concerne l'Église, je reprends tout à coup conscience que je suis seul, marginal. La matière de mon livre est trop grave, touchant la substance de la foi catholique, pour que je ne me cherche pas un appui. Après tout, dans l'Église et dans l'Ordre lui-même, j'ai aussi quelques vrais amis. Pie XII est mort. La sinistre Sœur Pascalina a été renvoyée dans sa Bavière natale. Elle n'a plus ombre de pouvoir sur le gouvernement de l'Église. Je connais bien le Cardinal Tisserant, Doyen du Sacré Collège : pendant la guerre, il s'est attiré à Rome le surnom de « Cardinal de Gaulle » tant ses sympathies pour la France Libre étaient publiques. En 1940, lors de la défaite de la France, il a demandé à Pie XII de le nommer au siège archiépiscopal de Paris, alors vacant par la mort assez brusque du Cardinal Verdier. Pie XII a refusé, peut-être pour ne pas gêner les autorités d'occupation. Ce fut un malheur pour le catholicisme français et plus encore pour l'épiscopat français. Tisserant, archevêque de Paris, cet épiscopat ne se fût pas rué à

Vichy pour faire allégeance au vieux Maréchal. Les Allemands eussent peut-être arrêté, déporté Tisserant, et alors ? Le monde entier eût appris avec soulagement que l'Église de France ne pactisait pas avec l'ennemi, le nazisme, par Maréchal interposé. La face de la libération de la France en eût été changée, et, par conséquence mineure, ma vie à moi. Il y a une histoire virtuelle qui se déroule dans une totale irréalité (avec des « si », on mettrait Paris dans une bouteille), qui n'en pèse pas moins sur la mémoire des hommes. L'oubli volontaire de cette histoire virtuelle est aussi empreint d'une forme de lâcheté. (« J'aurais pu, j'aurais dû, mots effroyables. »)

J'écris au Cardinal Tisserant, pour lui demander une introduction à mon livre. Il accueille ma requête avec grande amitié, néanmoins, quelle que soit la faveur dont je jouisse auprès de lui, il n'entend pas prendre sa tâche à la légère, n'a pas l'intention de faire une préface de complaisance. Il lira soigneusement les épreuves, les fera lire, me suggérera quelques corrections mineures, puis alors seulement écrira une longue introduction où, à sa manière, il s'engagera personnellement. Tisserant est essentiellement un érudit et un savant : à l'occasion de cette introduction, il esquisse une analyse précise sur les origines du « corpus » doctrinal de l'islam — si toutefois on peut parler de « doctrine » au sujet d'un assemblage d'influences et de lectures déformées, de la Bible, de l'Évangile, et surtout de l'école pharisienne à l'intérieur du judaïsme. En marge des épreuves, dans le passage où j'affirme que le Dieu du judéo-christianisme n'est pas le même Dieu que celui de l'islam, Tisserant a écrit de sa main : « Voilà quarante ans que je m'escrime à le dire ! »

Cette introduction, pour moi, n'a pas de prix. Dans ma situation, elle m'est un étincelant bouclier. Mais je veux davantage encore. Je veux l'approbation de l'Ordre dominicain lui-même. Par-delà les juridictions intermédiaires, je m'adresse au Maître Général en personne : au premier abord, je le sens réticent. On voudrait faire de cette approbation une matière à marchandage — que je comprends mais dont je n'accepte pas que ce soit précisément cet ouvrage qui en soit l'occasion. J'écris une seconde lettre au Maître Général à Rome. Je lui représente, avec respect mais clairement, que si j'étais le premier venu : un païen chinois ou japonais, et que j'aie écrit un livre sur Jésus-Christ, que je veuille savoir si ce livre est conforme ou non à la foi catholique, l'Ordre ne me refuserait sûrement pas de me dire son sentiment. Finalement, le Maître Général nomme deux lecteurs-censeurs et j'obtiendrai l'*Imprimi potest* de l'Ordre et l'*Imprimatur* de l'Archevêché de Paris.

Aussi mauvais sujet que je sois, je connais l'Ordre auquel j'appartiens, je sais que sa plus haute vocation est d'être voué à l'expression de la vérité, et qu'il lui est impossible de résister à cet appel du grand large pour lequel il est fait, comme un navire est fait pour affronter la haute mer. Que devant cela, s'effacent toutes les basses querelles. D'ailleurs, qu'il s'agisse de communautés ou d'individus, il faut constamment s'adresser à ce qu'ils ont de plus noble en eux. C'est pour avoir très généralement méconnu cette règle élémentaire que le clergé français a si largement perdu son crédit auprès du peuple français. Sa prédication, son apologétique, sa théologie même volent de plus en plus bas. À ce peuple de grande tradition militaire, on présente des arguments d'opportunisme et de casuistique vulgaire. La conscience de ce peuple a encore suffisamment de réflexe pour vomir instinctivement un brouet si écœurant. On cherche le secret du charisme de Jean-Paul II sur tous les peuples de la terre, et bien entendu on cherche des explications parmi les moins élevées : c'est un acteur, il a commencé sa vie en faisant du théâtre, etc. La vraie raison est que Jean-Paul II se situe sans défaillance à la hauteur de l'Évangile et de la révélation chrétienne et qu'à chacun il parle le langage de l'héroïsme.

Un livre, qu'on met trois ans à écrire, finit par devenir un compagnon de route. Autour de moi, s'épaississaient pourtant, et chaque jour davantage, les ombres, l'obscurité, l'incertitude. Maintenant que je regarde de loin ce moment de ma vie, il me semble qu'il fallait qu'il en fût ainsi. Je commençais à soupçonner ce que tout artiste découvre un jour ou l'autre: c'est l'œuvre qui commande, et l'œuvre est un maître dur, à l'image de celui dont parle la parabole des talents: « J'ai eu peur de vous parce que vous êtes un maître dur, vous prenez là où vous n'avez rien misé, vous moissonnez là où vous n'avez point semé » (Luc 19, 21). L'écriture est un usurier. Le compagnon de route devient un garde-chiourme. Ce n'est plus l'auteur qui établit son horaire, pas plus que son cahier des charges. Il est inconcevable que les écrivains se constituent en un syndicat efficace, toute revendication meurt avant d'être exprimée, un écrivain n'a jamais de véritable querelle qu'avec lui-même, avec ce maître inflexible qu'il se donne et n'existe pas en dehors de lui: l'œuvre à faire. Ce n'est pas l'éditeur que l'écrivain retrouve chaque matin, dans la crainte, l'angoisse, c'est la page blanche, et, dans aucune armée au monde, il n'y eut feuille de route plus astreignante ni plus énigmatique, car elle ne suggère aucun itinéraire. Comme dans la brousse, il faut que chacun s'ouvre à lui-même un chemin jusqu'à lui impraticable et qui se refermera aussitôt derrière lui: marche ou crève. On choisit de marcher.

Pourtant, rusant avec ma paresse endémique, je pensais avoir pris à l'avance toutes les précautions pour me faciliter les choses, et d'abord dans le choix du sujet. Jésus-Christ, vous pensez si je connaissais, si du moins je croyais le connaître! Bernique. Il se dérobait sans cesse devant moi. À chaque nouveau chapitre que j'entamais, je relisais les Évangiles, où, me semblait-il, j'étais chez moi comme un pêcheur sur sa barque familière. Quand je commençais d'écrire, ma barque chavirait, coulait littéralement dans la transparence. Ceux qui avaient écrit avant moi — et Dieu sait si le sujet avait été traité, et par les plus grands ! — ne servaient qu'à m'irriter ou à me décourager. À quoi bon ? Comme le disait Bernanos, je labourais la mer et pâturais le vent. Seul, devant la simplicité et la limpidité sans fond du texte évangélique, j'étais pris de vertige ! La rédaction de mon ouvrage tournait insensiblement à l'examen de conscience : je me houspillais d'avoir osé aborder un tel sujet qui ne pouvait que me condamner. Et tout à la fois de la tâche quotidienne toujours recommencée finissait par se dégager une étrange attirance. Quoi qu'il m'en coûtât, j'étais devenu incapable de déserter. La bataille avec l'écriture agit parfois sur vous comme une drogue. J'en étais là. Au point d'avoir un jour été pris de panique. Barbara, elle, n'était pas là. Elle allait, venait entre Paris et la Suisse. Le fait est que je n'ai plus aucun souvenir d'elle durant les trois ans que j'ai mis à écrire ce livre, sinon qu'elle en vint à me quitter complètement et définitivement, comme si son abandon eût dû être, avant le « *Consommatum est !* », mon éponge de vinaigre et de fiel. « Je savais que vous êtes un maître dur ! » À ce degré je ne l'avais pas imaginé.

Je me soumets à une discipline stricte, me lève très tôt pour me mettre au travail. À la fin de la matinée, Mme Monnard vient faire mon ménage. Elle est ma récréation ; au courant de tout ce qui se passe dans la région, me rapporte toutes sortes de nouvelles, les commentant, pleine d'énergie, de bonne humeur. C'est une maîtresse femme qui élève ses enfants, soutient son mari avec un doigté, une fermeté, un bon sens peu communs. Durs à la tâche, elle et Nestor me sont comme une fontaine de jouvence à travers les bavardages rituels que nous avons en fin de matinée, Mme Monnard et moi. J'aime cuisiner, prépare mon repas de midi. Souvent, dans l'après-midi, je me promène en voiture, à la découverte de tous les chemins de ce pays secret. Puis vient l'heure du courrier ou de la lecture et de l'apéritif.

J'écoute les nouvelles à la radio, parfois un peu de musique, et je vais me coucher. Tôt. Horaire presque minuté, auquel je me tiens. Quoi que je fasse, je ne cesse d'ailleurs de penser à mon livre. Il n'empêche que je sens que, si je ne me plie pas à cette discipline de fer, je n'arriverai jamais au bout de la tâche que je me suis assignée.

Il arrive que les idées vous viennent alors que vous n'êtes pas à votre table de travail : si vous n'en prenez pas note sur-le-champ, elles vous échappent pour ne plus revenir. C'est le fort de l'hiver, janvier ou février 1963 : je suis maintenant bien installé et chez moi. Les nuits sont longues. Dehors, il fait très froid, mais le chalet est bien chauffé. L'une de mes maximes est qu'il faut passer l'hiver dans les pays froids. Au cours du dîner me vient une idée qui me paraît avoir toutes les vertus de l'illumination. Le chapitre, sur lequel je bute, s'éclaire tout à coup devant moi, tout m'est révélé d'un coup : ce que je dois écrire, comment je dois l'écrire, le ton, l'ordonnance du chapitre entier, qui m'était jusque-là comme un rébus. Je termine en hâte mon dîner, me contente de débarrasser la table de ce qui l'encombre, me précipite à mon bureau pour noter, au moins à grands traits, l'esquisse de ma révélation. J'ai pour habitude de laisser les volets ouverts. La nuit est claire. À la lumière de ma lampe, je vois la neige tout près. Au loin, des lucioles brillent au hasard le long des contreforts rocheux, ce sont des chalets, des maisons encore éclairés. Un silence mat, celui si particulier à la neige, m'environne. En m'asseyant derrière ma table de travail, je suis convaincu de n'en avoir que pour quelques minutes, tout au plus un quart d'heure.

J'écris en hâte. Bientôt, je ne lève même plus les yeux, néglige de bourrer ma pipe qui gît dans le cendrier. L'écriture peut être aussi envoûtante qu'une maîtresse de chair et de sang, impératrice de l'oubli qui efface le temps. Je ne ressens aucune fatigue, je n'ai plus sommeil. Avec une sorte de frénésie, je remplis les pages de droite de mon cahier, laissant blanches celles de gauche pour les corrections. J'écris sans marge, recouvre la page du haut en bas, y entassant l'écriture comme si je voulais qu'elle y étouffe. Je ne sais plus où je suis, qui je suis, amant perdu dans le vertige de la volupté. N'existe plus que cette page à remplir à la suite de la précédente qui déborde de mon gribouillis. J'en suis au commentaire du chapitre VI de Jean. Le discours eucharistique de Capharnaüm, que j'intitulerai « *Le Corps et les Aigles* ». Il me semble pétrir une chair vivante, qui répond incessamment par le désir à mon désir inassouvi et comblé.

Brusquement, je lève les yeux, reste figé de stupeur. Au loin se dessine la ligne des montagnes sur le ciel qui n'est plus d'un noir opaque, mais translucide. Le soleil va se lever. À contre-jour, émerge la ligne blanche des crêtes. Et le jour survient, silencieusement, comme un voleur. J'ai passé la nuit entière à travailler, et elle fut la plus brève que j'aie jamais vécue. J'ai pris peur.

Ce fut une peur déductive et rationnelle. J'en analyse froidement les motifs. Je suis au début de mon livre, qui va exiger de moi encore deux ans d'effort soutenu. Si je ne dors pas régulièrement, si je n'ai pas quotidiennement ma ration de sommeil, il est exclu que je puisse maintenir un rythme aussi désordonné. Plus qu'un accident de santé, la perspective de ne pas achever mon livre, de ne pas rendre jusqu'au bout l'hommage public que je dois à mon Seigneur, me plonge dans l'épouvante.

Je prends la résolution qu'un tel incident ne se renouvellera plus. Je me procure des comprimés pour me détendre, dormir, pour la première fois de ma vie, à cinquante-six ans. Quel que soit le caractère, à mes yeux « génial », des pensées qui me viennent le soir, je ne les noterai pas. Je donnerai le pas sur l'inspiration aux exigences du sommeil. Résolution tenue et à laquelle je me tiens encore. C'est sans doute l'une des plus sages de ma vie, qui compte si peu de sages décisions. On appelle cela ménager sa monture. Même Rossinante mérite quelque respect.

« *Solitudo mea amarissima.* » Ma solitude à moi dans cette amertume qui est mienne, vaste comme la mer.

Même Tête d'Or n'est plus là. Je l'ai donné à la Société protectrice des animaux. Avec ce magnifique chien, il s'est passé une chose que je ne parviens pas à m'expliquer, aujourd'hui encore. À la manière des chiens, il m'aimait, il s'est mis à n'aimer que moi de façon impérieuse, dictatoriale. Je ne pouvais aller nulle part sans lui : si je le faisais, à mon retour je trouvais quelque chose cassé ou déchiré dans la maison. Le matin, je le lâchais dans les prés avoisinants où il faisait de grandes courses folles, énorme boule noire virevoltant dans la neige. Il adorait. Au bout d'une heure, il revenait, fourbu, mouillé, trempé, grattait de sa patte la baie vitrée pour que je lui ouvre. Un beau matin, la fantaisie lui a pris de déposer son étron beau et fumant sur le paillasson de la porte d'entrée avant de me signaler sa présence. Désormais, je ne parviendrai plus à l'empêcher de procéder à mon insu à ce cérémonial. Je me mis à le guetter, à lui flanquer des corrections. Rien n'y faisait. Ni la douceur ni l'autorité, si démonstrative qu'elle fût. Vint alors l'épreuve de force. Pour me dire son affection, il se dressait, mettait ses deux pattes de devant sur mes épaules. J'en riais. Un jour, il me fit sentir un peu plus qu'à l'ordinaire le poids de ses soixante-cinq kilos. Je tombai à la renverse sur le tapis. Prestement, il me mit une patte sur la poitrine pour me maintenir à terre, approcha ses énormes crocs de ma gorge, l'enserra d'une pression mesurée, attentive, se gardant d'aller trop loin. Mais en un éclair, je compris que cela pourrait mal finir. Le même jour, dans l'après-midi, je l'emmenai au Diable où, dès le premier moment, il sembla se retrouver chez lui. C'est vrai qu'en ce temps-là je peinais sur le chapitre de mon livre où je parlais du Diable et des tentations du Christ au désert. C'est vrai aussi que ce chien me paraissait subitement être possédé par le démon, comme j'ai toujours cru que Warum était la présence visible de mon Ange gardien.

Aujourd'hui, où je termine la rédaction de ce chapitre, il a neigé toute la nuit. Le ciel est maintenant très clair, le silence capitonné. Les oiseaux volettent de-ci, de-là, survivent. Devant moi, le déploiement grandiose des montagnes autour du lac, la ceinture mystique de chasteté dans la lumière de l'aube, attendant le retour de Celui qui a promis de revenir sur les nuées du ciel, et que les litanies appellent « le Désiré des Collines éternelles ».

VI

Jeux de miroirs

JE suis seul et l'homme le moins fait pour la solitude. Retourner dans un couvent dominicain français est au-dessus de mes forces. Non pas que je ne reçoive de temps en temps des rappels à l'ordre — des rappels à l'Ordre —, mais précisément ce sont des mises en demeure impérieuses qui me prennent à rebrousse-poil. Je ne réponds pas à ces injonctions. Elles glissent sur moi comme flèches sur la carapace d'un crocodile. Une lettre pourtant trouve le défaut de la cuirasse, et cette fois la flèche pénètre jusqu'au cœur. Elle émane du Père de Parceval, Dominicain de Marseille. Ceux qui ont connu ce religieux l'ont tous respecté et aimé. C'est un vrai fils de saint Dominique, au cœur fraternel, l'un de ceux auxquels j'ai toujours pensé avec tendresse et admiration. Sa lettre est si sévère envers moi, elle me paraît si cruelle, peut-être n'est-elle que véridique. De cet homme, je sais qu'il ne peut jaillir aucune méchanceté, aucun jugement vulgaire. Je lis, relis cette lettre indéfiniment, j'en suis malade: comme à chaque fois que je suis touché au plus vif, la paume de mes mains pèle instantanément. En ces temps-là, je crois que c'est la seule lettre d'un Dominicain français à laquelle j'aie répondu: « Cher Père de Parceval, si tout ce que vous me dites de moi est vrai — et, venant de vous, comment en douterais-je ? —, alors je suis damné. Je vous demande quand même de prier pour moi et d'imiter saint Dominique dont la compassion s'étendait jusqu'aux damnés dans l'enfer: *et usque ad in inferno damnatos extendebat caritatem suam.*» Je n'ai pas eu de réponse. Puisqu'une telle lettre ne m'a pas jeté au suicide, je sais maintenant que je ne me suiciderai en aucun cas.

Au lieu de me suicider, je me suis soûlé la gueule, à mort. Ce soir-là, j'ai battu tous les records que j'avais pu observer dans les Corps francs, dans la Résistance, dans la Légion étrangère. Que faire d'autre pour qui refuse de se faire périr et à qui on enlève d'un coup toute espérance ? Ah ! Père de Parceval, maintenant que vous êtes de l'autre côté du monde et que vous y voyez clair, je vous le demande, pourquoi m'avoir poussé dans le précipice du désespoir ? Pour un homme comme moi, qui ai toujours — chaque jour de ma vie —, cru et espéré dans la vie éternelle, il n'y a pas de raison plus légitime de se soûler que de voir cette porte étincelante se fermer devant lui. Père de Parceval, je ne vous reproche rien, rien de rien, c'est à moi que j'en ai. La désespérance est un tourbillon fatal ; quand on y coule nul ne peut plus vous y tendre la main. Je sais, je sais, je bois, et j'ai l'alcool triste et méchant. C'est par dégoût de moi que je bois et je me méprise de boire. Embrassez-moi, Père de Parceval ! Aidez-moi à me mettre au lit ! Vous reculez ? Ah ! Ah ! je vous fais peur, hein ? Si vous étiez au-dedans de moi, je vous jure que vous auriez mille fois plus peur ! Allez ! allez, partez ! bonne nuit à vous, puisque vous n'êtes même pas fichu de m'aider à retrouver ma chambre. Un dernier mot, s'il vous plaît : je vous dis merde !

Le fond du désespoir, c'est la bouffonnerie.

Le lendemain, effroyable gueule de bois ! Et cet avertissement, qui me revient bizarrement en mémoire, comme le torrent subitement grossi et qui a emporté toute la maison rejette sur la berge un objet familier dont il semble qu'on le voie pour la première fois, les mots que le Christ a dits à sainte Angèle de Foligno : « Ce n'est pas pour rire, moi, que je t'ai aimée ! » Qui rit ici ? Personne. Et d'ailleurs tout cela, je le sais par cœur : cette croix, ces clous dans vos mains et vos pieds, le coup de lance dans le côté droit et qui traverse la poitrine de part en part, les fouets des flagellants, la couronne d'épines, le roseau dérisoire, les crachats sur la face, le reniement de Pierre, la trahison de Judas, la sueur de sang à Gethsémani, tout ce remugle de cruauté envers le plus beau des enfants des hommes me remonte des narines au cerveau.

— Mon fils, il faut m'aimer !

— Cela ne se commande pas ! Et d'abord, pourquoi m'appelez-vous encore « mon fils », après mes trahisons ?

— Cela ne se commande pas non plus ! Entre nous, c'est une affaire de sang. T'en souviens-tu ?

— Comment pourrais-je oublier ? J'ai toujours dans les mains ce calice de ma première messe où le sang, votre sang, bouillonnait. Ce calice crachait le sang jusqu'à la face du soleil, comme un cratère crache le feu. J'ai eu si peur !

— À moi aussi il m'est arrivé de demander que le calice fût éloigné de moi. Cela ne m'a pas été accordé.

— Vous, vous avez eu un Ange pour vous réconforter...

— Il n'est pas resté jusqu'à la fin. J'ai dû faire, seul, le dernier bout de ma route humaine, abandonné même de mon Père, je l'ai dit. J'ai été effroyablement seul. Si quelqu'un peut comprendre ta solitude, c'est bien moi !

— Je n'ai pas besoin qu'on comprenne ma solitude, j'ai besoin qu'on m'en délivre...

Ici le dialogue, produit de mes phantasmes, est interrompu, comme pendant la guerre au travers des brouillages, on perdait soudain le contact avec Londres : « Ici, Londres ! Les Français parlent aux Français ! » puis, tout à coup, ce grincement répétitif, affolé, qui tournait sur lui-même comme un écureuil en cage, mur discordant entre nous et l'espoir : l'enfer !

Je le sais, je l'ai toujours su, ici-bas la vie chrétienne est une bataille, « *militia* ». Pour moi, c'est même une guerre civile, avec le caractère propre des guerres civiles : quoi qu'on fasse, ça ne peut être que mal fait. Je me suis emberlificoté dans une situation si inextricable aussi bien avec Dieu, avec l'Ordre dominicain, avec les hommes, avec les femmes, avec ma vocation, avec moi-même, que tout ce que je touche se déchire. Le seul effort dont je sois capable est d'essayer de ne haïr personne, de ne pas me mépriser. Sur ce dernier point, les choses deviennent de plus en plus difficiles. Alors je bois de plus en plus et, ce qui est plus grave, je bois quand je suis seul.

J'étais un bon buveur. Pour un homme normalement constitué, je crois que la Résistance eût été impossible sans les secours de l'alcool : nous avons eu trop peur. Nous avons eu peur tout le temps, jour et nuit, et cela pendant des années à chaque instant qui passait, avec des heures de pointe inattendues et fulgurantes : on venait d'échapper à une souricière, à un contrôle de police, on apprenait tout à coup l'arrestation d'un camarade, d'une camarade, qu'on venait de quitter. Les alcools ont-ils jamais véhiculé une telle charge de réconfort, d'oubli aussi ?

Les milieux que j'ai fréquentés ensuite — artistes, écrivains, journalistes — pour la plupart, eux aussi, communiaient dans la fausse libération de l'alcool. J'aurais dû en percevoir la menace. Ils étaient nombreux les grands écrivains, les peintres superbes, les remarquables journalistes que je connaissais, que j'avais connus, et qui eussent été encore meilleurs, qui eussent produit davantage et plus longtemps, si l'alcool, qui les réconfortait, ne les eût finalement amortis, quelquefois stérilisés. Je n'ai même pas l'idée de résister, ma solitude m'entraîne inexorablement vers la même dégradation que la leur. Regardez-le, mais regardez-le donc, ce prêtre de Jésus-Christ, ordonné pour l'éternité selon l'Ordre de Melchisédech, qui, soir après soir, remplace l'Esprit-Saint par le whisky ou la bouteille de Ricard ! S'il l'ose, qu'il se regarde droit en face dans un miroir, il verra ce qu'il est devenu : un homme bouffi, les yeux injectés, et cette extraordinaire bedaine ! Je mange comme quatre. Je bois comme un trou. Moi et mes démons pesons largement plus de cent trente kilos.

Guerre civile ? Plus encore : capitulation en rase campagne, et sans même aucun des honneurs de la guerre. Ce que j'ai refusé de faire dans la matinée ensoleillée du 11 juin 1940 en face d'un fusil-mitrailleur allemand, je le fais maintenant au jour le jour devant une bouteille, je me rends, non pas devant une menace, mais à ma propre pesanteur. L'homme en moi s'est aligné sans broncher sur l'animal. Écrivant cela, je fais injure aux animaux : le cheval qui a bu s'arrête de boire, le loup qui a mangé s'arrête de manger et de tuer pour manger, leur horloge intérieure est mieux réglée que la mienne : ils ne mangent et ne boivent que pour se nourrir, se désaltérer ; moi je mange et bois pour oublier. Oublier quoi ? mais précisément cette distinction qui me différencie de l'animal, le fardeau de ma liberté, de ma destination d'homme, de ma consécration, pour oublier qui je suis et pour quoi je vis.

Dès le début des événements de mai 68, quelque chose s'est mis à bouger en moi. J'ai pris ma voiture, chargée de jerricanes pleines d'essence, et me suis rendu à Paris pour voir les choses de près. Je ne me sens pas vraiment solidaire de l'état de la société française telle qu'elle est. Au point que certains slogans me touchent : « Sous les pavés, la plage ! » — « L'imagination au pouvoir ! » et même le fameux « Il est interdit d'interdire ! » Je me dis qu'une jeunesse installée dans le calme plat n'est peut-être plus tout à fait digne de mon pays, de sa folle histoire ? Depuis que l'arme nucléaire a tué la guerre, il m'est arrivé de me demander si notre race militaire ne s'ennuie pas : la France avait besoin de deux ou trois guerres par siècle, pour se rassurer elle-même dans le risque et l'héroïsme. Je veux voir de mes yeux, entendre de mes oreilles quelle sorte de substitut notre jeunesse a pu inventer à l'« Ordre de mobilisation générale ».

Non seulement, comme à mon habitude, je décide d'aller au centre du dispositif mais d'y provoquer un événement qui pourrait être révélateur. Mon film « *Tu moissonneras la tempête* », qui relate, à l'aide de documents, l'occupation et la libération de la France, est achevé. La Sorbonne se révèle le centre de la contestation : j'ai décidé de présenter ce film un soir, au grand amphithéâtre Richelieu de la Sorbonne : que ces gamins voient ce que fut vingt-cinq ans plus tôt une contestation qui n'était pas du bidon, qui bien souvent fut dérisoire parce que la disproportion des forces était énorme, mais qui ne fut à aucun moment grotesque parce qu'il y allait de la vie et des choses qui font le sel de la vie. Depuis que je suis arrivé à Paris, je ne peux me défendre de l'impression que tout ce bruit frôle l'imposture. La chose vaut donc d'être tentée.

Les autorités universitaires ayant abdiqué, la Sorbonne n'en est pas moins soumise à des autorités de fait, prétendument révolutionnaires. C'est par elles que je dois passer pour obtenir le grand amphithéâtre Richelieu. Avec Philippe Bernier, que j'ai pris comme second, et qui vit comme poisson dans l'eau dans l'incohérence générale, je me mets en peine d'entrer en contact avec lesdites autorités ; c'est une partie de colin-maillard. Tout se passe de nuit : seulement à partir de dix heures du soir la Sorbonne se met à entrer en effervescence. Dans cet immense édifice, vétuste et compliqué, le seul fait de découvrir où sont les centres de décision relève de l'instinct du plus fin limier. Nuit après nuit, s'instaure un rite : après des heures de recherches et d'attente, Bernier et moi arrivons dans une salle enfumée, où traînent des bouteilles, des boîtes de conserve vides, des papiers gras. Y sont réunis autour d'une table quelques garçons et filles un peu débraillés, qui s'intitulent « Comité de ceci », « Comité de cela ». Ce qu'ils se disent me paraît surtout un brouhaha informe où chacun coupe la parole aux autres ou fait chorus. Après une heure de tentatives pour me faire comprendre, le résultat est chaque fois le même : on me tend une feuille de papier à en-tête ronflante où figurent quelques lignes, un tampon et une signature illisible. Elle me renvoie à un autre Comité, où tout se passera comme devant. Les belles, les flamboyantes formules sur l'imagination au pouvoir ont produit par génération spontanée une bureaucratie, encombrante comme une vache sacrée, des comités mythiques, des laissez-passer et des tampons de caoutchouc. J'ai voulu voir, j'ai vu. La jeunesse de France, de vieille vocation militaire, a remplacé les mots de passe par des slogans et le sang versé par l'encre noire.

Le sentiment que j'en éprouve ? Je crois bien que c'est du dégoût et de la peur, mais cette fois une peur indéfinie, moins forte et à la fois pire que celle que j'ai éprouvée dans la Résistance. L'histoire m'a appris que la terreur ne peut naître que sur un terrain longtemps préparé par la frivolité et par l'abstraction : elles sont consubstantielles et jumelles. Ce sont des monstres d'irréalité, et ils sont lâchés ! Dans la rue, ces jeunes gens crient CRS-SS à de braves types qui ont reçu la consigne impérieuse de ne pas utiliser leurs armes. Les SS de mon époque ne lançaient pas des bombes lacrymogènes : ils vous torturaient, vous abattaient. La parodie dans laquelle se lance cette jeunesse me fait honte : fantôme de jeunesse, elle se joue à elle-même un fantôme de révolution, devant un gouvernement qui, au fil des jours, devient lui-même de plus en plus fantomatique. « La situation est insaisissable ! » a dit De Gaulle, parce qu'on ne peut saisir que ce qui est réel, et qu'ici tout est fiction.

Bien entendu, je ne suis pas parvenu à présenter mon film. Le dialogue final de ce mauvais feuilleton est une conclusion logique :

— Si je comprends bien, mon film est interdit. Je croyais que vous vous étiez interdit d'interdire.

— Nous n'interdisons rien, mais comprenez-nous ! Nous sommes un mouvement unanimiste : il fallait que nous soyons tous d'accord pour voir votre film. Et nous n'étions pas tous d'accord...

J'essaie de tenir mon sérieux, ma réponse est prononcée sur un ton de compréhensive gravité :

— J'ai la plus grande admiration pour l'unanimisme.

Quoi de plus beau que d'être tous d'accord sur tout ? Je me pose seulement une question : comment pouvez-vous vous prononcer sur un film qu'aucun d'entre vous n'a vu ? En bonne règle unanimiste, il fallait que vous regardiez ce film tous ensemble pour être tous capables de vous prononcer à l'unanimité sur l'opportunité de le projeter ou non. C'est exactement ce que je vous proposais, le voir tous ensemble !

— Peut-être ! Comme tout cela est ennuyeux !

— Cela n'est ennuyeux que pour vous : mais ne vous en faites pas trop : tout passe, même les contradictions avec soi-même, même le reniement des principes solennellement proclamés. Un moment de honte est vite passé.

En sortant de la vieille Sorbonne, je suis pris d'un fou rire inextinguible. Qui sera suivi, au moment de me coucher, d'une tristesse dont je voudrais comprendre la cause. C'est déprimant qu'un vieux bonhomme comme moi soit mis en situation de rire de la jeunesse de son pays. De cette expérience rapprochée de mai 68, je sors avec un goût âcre, car il y a une hiérarchie en tout : je retrouve le même écœurement que j'ai éprouvé en juin 1940, devant la démission de la France.

Les événements de mai 68 ont été une parodie, jouée contre De Gaulle, contre nous, contre ce que lui et nous avions fait de 1940 à 1945. Comme Victor Hugo voyait dans Napoléon III le châtiment suprême du Grand Napoléon, mai 68 fut notre « châtiment » approprié. La jeunesse de France a désavoué ce que nous avions fait, et dans l'expression la plus efficace : injurieuse et grotesque. En 1940 il y eut 120000 jeunes Français qui sont morts, pour rien, pour l'honneur : pour la seule chose qui vaille que l'on meure. Et puis, il y a eu De Gaulle, sa prodigieuse lucidité, et sa ténacité d'airain et qui ont fait sans cesse reculer les frontières de l'extraordinaire aux dépens de l'impossible. Et voilà que les rues de Paris ont retenti de ce cri : « La chienlit, c'est lui ! » On l'oublie trop : durant la drôle de guerre, il y eut des morts, de vrais morts. Pendant la Résistance, puis dans la Division Leclerc, il y en eut d'autres, de vrais — ô combien — eux aussi, et pour certains à la suite de quelles atroces tortures... Et pas même vingt-quatre ans après, des gamins infatués, contaminés jusqu'à la moelle par des idéologies déconnectées d'avec la vie, mimaient devant nous et dans la dérision toute notre aventure, dont nous avions cru candidement qu'elle leur aurait rendu le sens de l'honneur. Il n'y a pas eu jusqu'au rassemblement immense de la Concorde à l'Étoile qui n'ait été une parodie de ce que nous avions vécu le 26 août 1944. Tout cela fut grotesque, mais d'un grotesque effroyablement efficace: il nous éliminait de l'histoire, nous donnait notre congé. C'est bien ainsi que De Gaulle l'a ressenti. Présents à la victoire — et à quel prix —, ces gamins sans couilles, sans convictions, sans avoir encouru le moindre risque, nous bafouant, ont bafoué ce qui restait à la France de courage, de fierté d'elle-même. Ils ont fait d'elle un pays vaincu qu'elle n'était pas tout à fait. Elle ne s'en est pas remise.

À la fin de 1965, j'avais fait un séjour d'une dizaine de jours aux États-Unis, invité par le Gouverneur du Michigan, George Romney. Avant de rentrer en France, je m'arrête trois jours à New York, pour rencontrer quelques amis, et surtout pour revoir la Ville, image de cette Jérusalem d'en haut dont la conquête est promise aux violents. Au lendemain de mon arrivée à New York, coup de téléphone:

— Ici la *Ford Motor Company* de New York. À votre sujet, nous avons des ordres de M. Henry Ford II. Pourriez-vous nous recevoir dès que possible?

Une heure plus tard, deux messieurs à mon hôtel:

— Vous seriez très aimable de nous donner une adresse de vous en France, où nous pourrons vous expédier une voiture.

— C'est vrai qu'au cours de nos récentes conversations et en passant, j'ai exprimé au Gouverneur Romney l'admiration et le goût qui sont les miens pour l'automobile Ford, mais je crois lui avoir dit aussi qu'en ce moment, l'achat de quelque voiture que ce soit est au-dessus de mes moyens...

— Nous savons cela. Mais aucun problème ! Vous mettrez le temps qu'il vous conviendra pour payer, des années s'il le faut. Le prix est le plus bas que nous puissions faire, il est vraiment très bas. Quant au type de voiture, c'est une Mustang.

— Mais je ne veux absolument pas d'une Mustang. À l'heure actuelle, c'est la plus belle des voitures américaines !

— *You need a Mustang ! It's a very good car and we are proud of it. Henry Ford wants you to have a Mustang !*

Quelques semaines plus tard, au Havre, on me livre une Mustang, blanche de l'extérieur, noire à l'intérieur, les couleurs dominicaines. Je ne me souviens pas du prix auquel je l'ai payée, ni du temps que j'ai mis pour m'acquitter de ma dette. À l'époque, j'ai calculé qu'elle m'avait coûté moins cher qu'une deux-chevaux Citroën dont d'ailleurs en France nul ne m'eût fait cadeau. À l'époque, cette voiture faisait sensation. Elle n'a pas peu contribué à ma réputation d'homme aux finances prospères et qui jette l'argent par les fenêtres, le type d'homme qu'on n'aide pas s'il est en difficulté.

Je suis soldat de tempérament, comme je suis dominicain par vocation. Thiébault, qui fut un général de Napoléon, dit dans ses Mémoires que le sort du soldat est de passer instantanément de la misère au luxe, et du faste au dénuement. Pour moi, voilà que ces deux extrêmes coïncident : quand je circulais en France dans une voiture luxueuse et qu'on m'enviait, il m'est arrivé de rester à la maison pour la simple et unique raison que je n'avais pas l'argent pour faire le plein d'essence.

À la manière américaine, cet engin était aussi costaud qu'un char d'assaut ; il me rendra les plus grands services, au cours de la tournée de cinquante mille kilomètres, avec mon film « *Tu Moissonneras la Tempête* » pour le vingt-cinquième anniversaire de la Libération de la France. Dans cette tournée, les stations les plus émouvantes auront été celles que j'ai faites en Alsace et en Bretagne, les deux provinces les plus excentriques par rapport à Paris : le patriotisme y est plus fervent qu'ailleurs, candide, presque enfantin. Plus qu'ailleurs, la France y parle au cœur.

Curieusement, le souvenir le plus beau que me laisse cette tournée est aussi l'endroit où la projection du film fut un fiasco complet : tout était trop fascinant au-dehors pour qu'on s'enfermât sous un chapiteau pour voir des images. Cela se passe un samedi et dimanche de Pentecôte. Le chapiteau est dressé sur la plage au pied du Mont-Saint-Michel.

Le soleil décline sur l'Océan et la citadelle tout entière s'élève dans une brume de gloire. La musique militaire étincelle de tous ses cuivres ; elle joue « *Le Chant des Partisans* ». Se rejoignent alors en moi la plus antique mémoire de ce pays voué, l'espérance d'une autre patrie aussi vierge que ce rocher mystique qui, depuis la guerre de Cent Ans, est le symbole de la Résistance française. Résistance à quoi ? À la vulgarité des rapports de force et des calculs rationnels qu'on veut croire irréfutables et dans lesquels il faut refuser catégoriquement d'entrer, au nom de choses invisibles qui font ici sentir leur présence délicieusement opprimante. Devant tant de beautés accumulées, j'en retrouve la certitude.

À un ami, je fais confidence de la persécution que je poursuis sur moi-même pour continuer d'écrire ces Mémoires. Au sens tourmenteur que ces mots avaient au temps de l'Inquisition, il s'agit d'une mise à la question de moi-même.

— Au fond, me dit-il, vous êtes obligé de rêver ce que vous avez déjà vécu...

— Mais non, c'est tout le contraire ! J'ai vécu ma vie à la légère. Maintenant qu'il me faut aller au fond des choses, il me semble que je l'ai rêvée. Et ce n'est qu'à présent, en la racontant, que je la vis dans un immense effort de lucidité, du moins celui dont je suis capable.

Ces Mémoires sont en vérité ma vie, ma vie même, plus la responsabilité que j'en prends, et il me semble que cette responsabilité, je la prends pour la première fois. Pas d'échappatoire, je suis coincé. Croyez-moi, c'est terrifiant ! Une plongée sous-marine : on plonge, on plonge, toujours plus profond ; on braque sa torche et on découvre tout à coup des monstres tranquilles, muets, qui vous regardent sans paraître vous voir, dont on ne soupçonnait même pas qu'ils existaient, et qui vous sont pourtant familiers : ce sont vos monstres !

De cette période de ma vie, que je relate ici, j'éprouve au plus vif de la honte et l'évidence irrécusable de l'absurde. Par vocation, je suis l'homme de l'éternel et de l'immuable ; je suis devenu la proie du transitoire. Selon le mot de Cioran, je bricole dans l'incurable. Si, malgré mon poids, mon extraordinaire bedaine, je parais mû d'une énergie inépuisable, ce n'est que celle de celui qui se débat en pleine noyade. De toutes les forces qui me restent, je veux me donner le change. Les projets succèdent aux projets ; un sur dix parvient à la réalisation concrète d'un contrat médiocre qui me rend ma subsistance matérielle de plus en plus difficile. J'ai toujours su que je ne gouvernais pas ma vie ; cette fois-ci, au gouvernail, je sens l'absence de l'Ange. Cette seule absence me pousse au désespoir. Alors, je bois. Tout ce que je fais transpire l'expédient.

J'ai une Mustang. Pompidou, qui a un faible pour moi, est devenu Président de la République. Chaban-Delmas, fidèle ami de la Résistance, est Premier Ministre. Tout cela, dont d'autres tireraient un parti éblouissant, ne me sert de rien. Si les liens que j'ai eus avec des hommes au gouvernement de la France m'ont laissé une expérience, c'est celle de leur impuissance à me rendre service. Cette confiance m'a parfois servi pour rendre aux autres quelques services — et c'était sans doute ce qui importait

—, elle m'est à moi pratiquement inutile. C'est justice. Mon sort relève de plus haute juridiction.

Au demeurant, bienheureux échecs, qui me rappellent à chaque instant que je ne suis pas sur la bonne route, que je suis égaré, dévoyé de mon sens authentique et de ma vraie destination. Si je mange et bois trop, c'est comme pour ajouter la lâcheté à l'oubli. En juin 40, sur le champ de bataille, ayant perdu presque tout mon sang, prisonnier aux mains de l'ennemi, plus tard arrêté par la Gestapo et mis au secret dans une prison sordide, j'étais moins seul, moins captif, parce que je me sentais dans le droit fil de ma nature de soldat et de ma vocation dominicaine. C'est à la fois cette nature et cette vocation que je sens s'effriter en moi. Aussi ardu soit-il, le vrai chemin d'un homme reste rassurant si longtemps qu'il garde le parfum de son vrai chemin. C'est quand il s'égare que l'homme prend peur, même et surtout si la pente où il est se révèle large, à peine inclinée, unie, si aisée à suivre. Oui, au fond de moi me ronge la peur.

Ma solitude absolue, elle non plus, n'est pas de ce monde. Ici-bas, il en est de la solitude — de la vraie, la désertique —, comme d'une centrale nucléaire si protégée soit-elle, elle reste susceptible d'une fissure, d'abord indiscernable, puis contaminatrice, puis explosive. Restent toujours possibles des accidents de l'espérance qui ressemblent à Tchernobyl ; une fois le processus déclenché, il n'y a plus rien à faire pour l'interrompre. On se croyait pourtant bien à l'abri, on commençait à se faire à l'idée que rien ne pouvait plus nous arriver, qu'on était bel et bien cadenassé — et hermétiquement — dans une carapace de désespérance, on commençait à prendre ses aises dans le rien, dans l'immédiat : manger, boire, dormir, baiser, et demain je mourrai et le plus tôt est peut-être le mieux.

Du moins veut-on le croire, se bouche-t-on les oreilles pour s'habituer à ce grincement au fond de soi qui inlassablement résiste à ce faux confort. Les centrales nucléaires les plus soigneusement construites ne sont pas à l'abri d'une fissure, l'agnosticisme le plus compact non plus !

L'homme le plus solidement retranché dans le nihilisme reste exposé à un accident de l'Esprit.

D'ailleurs, je ne suis pas de ce type d'homme. Même alors je n'allais pas jusqu'à faire allégeance au conformisme nihiliste à la mode. Comment l'eussé-je pu ? Je ne pouvais concevoir ma liberté que comme une échappée belle vers l'envers du monde. Eussé-je affecté de penser autrement, que j'eusse pué l'agent double. Dans le climat d'enfermement logique, de réductionnisme qui aujourd'hui contamine même les milieux d'Église, tout mon être ne rêve que d'évasion et par tous moyens : barreaux sciés, corde pendue le long d'un mur, hélicoptère, explosion, n'importe quoi pourvu que je sois ailleurs. Aussi seul que j'aie été, j'ai toujours laissé la chatière ouverte pour que le chat de la maison puisse rentrer. Ce chat imprévisible, aux pas de velours, s'appelle l'espérance. Le mien n'est pas un chat de race, il ne me coûte pas cher, il doit se nourrir dehors de mulots et de sauterelles, il ne miaule pas, ne demande rien. À quelques signes imperceptibles à tout autre, je sens qu'il est là, qu'il est revenu, que la maison n'est plus vide. Je ne le trouve pas du premier coup, mais il est là quelque part : l'air en est tout changé.

Rentrant, une fois de plus et par le train, de Paris en Suisse, je suis le vis-à-vis d'une jeune personne très agréable à regarder, qui se révèle une interlocutrice d'esprit primesautier et prompt. Elle va à Lausanne voir son fiancé. Je lui dis que j'habite Chardonne. À l'arrivée, nous nous séparons ; j'ai fait un voyage divertissant, m'en réjouis, puis l'oublie. C'est le plein été, il fait très beau, le cercle des montagnes se reflète dans le lac aux eaux lisses. À deux ou trois jours de là, le téléphone sonne. C'est la demoiselle du train qui veut me présenter son fiancé, il a un bateau. Je suis invité à faire un tour sur le lac. Rendez-vous est pris pour le début de l'après-midi, sur le petit port de Pully. Comment me serais-je douté de ce qui allait m'arriver?

Le bateau file à plein moteur, nous passons au large de Lausanne, nous accostons finalement à un ponton de bois, un peu avant Rolle, dans une propriété privée, ornée de grands arbres et de fleurs, riante d'aspect, et de plus, apparemment pleine de monde. Rien n'est plus différent des mers grecques qu'un lac suisse: on met pied à terre sur du gazon. Je m'attendais si peu à cette escale que, par discrétion, je reste assis au fond du bateau: après tout, je ne sais pas si je suis le bienvenu. J'attends, j'attendrai indéfiniment s'il le faut; je sais très bien attendre, c'est même l'une de mes forces.

En haut, dominant la pelouse, sur une terrasse que je devine, c'est la liesse estivale d'une nombreuse famille: au seul bruit des voix, on discerne plusieurs générations; j'aime me former des images de ce que je ne vois pas, de loin, par des signes indirects et confus, captés à la dérobée. Assis au fond de la cabine, doucement balancée par un léger ressac, je fume ma pipe tranquillement, élaborant cent cas de figures avec les échos qui me parviennent de la berge. Est-ce vraiment une famille nombreuse? Ne serait-ce pas plutôt une noce? un cocktail mondain, où je serais déplacé, habillé comme je suis en sport d'été? Pourquoi me montrerais-je? J'ai horreur d'être importun. Une fois de plus, le caprice d'une jolie femme m'aura mis dans une situation fausse. Je me demande ce que je fais là, mais j'y suis. La pipe est par excellence la compagne des temps morts, je fume donc ma pipe, la savourant. Ces moments de suspense et d'incertitude sont délicieux: dans la coulisse, je reconstitue un univers tout proche, qui m'est aussi mystérieux que la planète Mars.

Dans l'embrasure de la cabine, apparaît tout à coup une petite tête ronde, aux joues rouges et rebondies, sorte d'angelot baroque aux yeux très bleus. La voix est timide mais courageuse. Les enfants adorent être chargés de mission: ils s'en acquittent avec le zèle, la promptitude et l'exactitude d'une estafette de Napoléon: « Monsieur!...

Monsieur !... Ma grand-mère, elle vous fait dire que vous veniez ! »

Je me secoue, m'extrais du fond de ce bateau, j'aborde sur le rivage comme un cachalot, remonte la pelouse vers la maison. Sur la terrasse, une assemblée animée, avec cette légèreté de gaieté qui n'existe que pendant les vacances, entoure la maîtresse de maison, une dame qui a les mêmes yeux que sa petite-fille. Visiblement le propriétaire du bateau est un ami et même un familier de l'endroit, mais mon embarquement a été tellement impromptu qu'il a dû oublier mon nom, est incapable de me présenter. C'est donc moi qui le fais, « Le Père Bruckberger ! », et cela très distinctement, surtout dans ce pays où je suis moins connu, où je risque de tomber sur des protestants, et par ce goût instinctif que j'ai que les choses soient claires au départ. Or, et c'est une première surprise, cette grande et joyeuse famille est française, on y connaît mon nom, l'accueil est des plus gracieux. C'est moi qui suis dans la confusion, parmi ces jeunes hommes à l'esprit vif, ces jeunes femmes belles, dont je n'entends que les prénoms prononcés par la maîtresse de maison : « Mon fils... — Ma fille... — Ma belle-fille... » Tout le monde est habillé en sport ou en maillot de bain, je ne détonne pas. Une jeune femme s'avance, elle est en bikini, je la salue ; de ce premier échange je me souviens très bien, car elle a l'aisance et l'impertinence que donne la beauté, elle sait piquer un homme avec l'infaillibilité de l'insecte qui connaît instinctivement les centres nerveux de la chenille :

— Vous êtes vraiment énorme, mon Père ! Je ne vous imaginais pas si gros !

— C'est que j'ai le ventre plein de péchés !

Ma réponse a fusé du tac au tac avec une sincérité agressive. Elle me regarde, me sourit :

— Oh ! vous savez, on ne peut pas juger les péchés au volume qu'ils font. Marie-Madeleine avait sûrement le ventre plat et lisse, elle était pourtant possédée par sept démons. Sept démons à l'intérieur d'une jolie femme, ça devait être une drôle de sarabande !

Quel tour prend cette aventure? Quand on sert les boissons, je prends un whisky tel que je l'aime, sans glace et noyé dans l'eau plate. Pour m'ancrer quelque part, je me rapproche de la jeune femme:

— Pourquoi, tout à l'heure, m'avez-vous parlé de Marie-Madeleine?

— Je ne sais pas! Peut-être parce que, dimanche dernier, mon frère a prêché sur Marie-Madeleine. Il a très bien prêché.

— Vous avez un frère prêtre?

— Oui! Il est même dominicain, comme vous! Le voici là, en face de vous.

Je regarde cet homme affable et sportif. Je ne le reconnais pas. Il est vrai que je ne fréquente plus mon Ordre, et que ce Dominicain est sensiblement plus jeune que moi. Je m'adresse décidément à lui:

— De quel couvent êtes-vous?

— Du couvent de Toulouse!

Mon cœur se met à battre la chamade: Marie-Madeleine, l'Ordre dominicain, ma Province d'origine, Toulouse: dans l'épais brouillard de ma vie, tout à coup le beuglement de la corne de brume qui me fait prendre conscience de ma longue navigation solitaire!

— Et quelle est votre fonction au couvent de Toulouse?

— Je suis le Prieur!

— Je vous en prie, pourrions-nous descendre nous promener tous deux au bord de l'eau? Il faut absolument que je vous parle.

L'air est doux. Nous allons et venons tranquillement sur le gazon de la rive, avec, en fond sonore, la bruyante insouciance des enfants. Si je me souviens très précisément du sens général de la conversation et surtout de son climat, je suis incapable de la reconstituer. D'ailleurs est-ce une conversation? J'ai tout à coup éclaté en sanglots, bêtement, avec l'abandon de l'enfance. Je me débonde, comme si, pendant des années et des années, le chagrin s'était accumulé en moi à mon insu et se déversait subitement sans que je puisse en contrôler le trop-plein. Bien plus, c'est un barrage qui se rompt et qui emporte tout devant lui. Mon paysage est ravagé, ce paysage familier que je me suis fait au jour le jour avec des demi-mensonges et des rancunes rentrées : toute cette harmonie de façade est emportée, croulante, en mille morceaux.

De tous les Dominicains français, le Père Philippe Maillard est sans doute celui qui peut le mieux, sinon me comprendre, du moins m'accepter tel que je suis. Peut-être est-il le seul, et voilà qu'il se trouve sur mon chemin, à l'improviste de part et d'autre, au moment et au lieu marqués pour cette rencontre. Il me laisse pleurer tout mon saoul, avec cette tendre compassion, silencieuse, discrète, où s'exprime mieux le respect de la détresse de l'autre. Un homme est généralement gêné d'assister à la détresse d'un autre homme. Et quand on est une certaine sorte d'homme, il est impossible de pleurer devant n'importe qui. À chaque instant de ma vie, sais-je seulement ce que je fais ? Je n'étais certainement pas venu ici pour pleurer. Dans la douceur de ce soir d'été. L'Ange a repris le gouvernail. O merveilleuse pitié d'un cœur qui bat au-delà de ce monde, centre de gravitation de tous les autres cœurs !

Quand on le lit bien, dans l'Évangile, il y a des trucs bizarres. Prenez cet homme ! Il s'appelle Simon, il est un petit pêcheur sur un petit lac dans un petit coin du monde. Jésus arrive, s'attache cet homme, change son nom, l'appelle Pierre, c'est-à-dire Roc. L'histoire continue et tourne mal : Pierre renie son maître trois fois. Il pleure toutes les larmes de son corps. L'Église du Christ n'en reste pas moins édifiée sur lui, sur ce « roc ». Quel est ce roc qui fond en larmes ? La papauté, c'est ça d'abord. Dans la suite des siècles, il a fallu pas mal de culot aux curés pour en faire le siège d'un pouvoir d'essence impériale ! L'empire commande, il ne pleure pas. On aimerait savoir s'il arrive au pape de pleurer.

— Puisque je vous rencontre, dit le Père Maillard, me

permettez-vous de vous poser une seule question? Que vous reste-t-il de votre appartenance à l'Ordre?

— Oserais-je vous le dire? Je crois qu'il m'en reste l'essentiel, je veux dire l'appartenance elle-même! Un soldat, même vaincu, même prisonnier de l'ennemi, n'a pas à trahir ses étendards. Même si j'ai essuyé défaite sur défaite, même si je me sais et me veux totalement responsable de mes défaites, même si je n'ai pas l'aveuglement de confondre mes défaites avec une libération, même si j'ai honte de la situation dans laquelle je me suis mis, je ne crois pas avoir trahi mon camp. Ce besoin, quotidien, comme le sommeil et la faim, de la miséricorde de Dieu et de celle de l'Ordre, je l'ai toujours éprouvé, je l'ai toujours considéré comme l'espoir suprême.

Il y a des jours comme ça, où il semble que Dieu dénoue son tablier et que les miracles pleuvent. Pour moi, un Dominicain — et un Dominicain français! — qui me parle avec douceur, c'est incontestablement un miracle. Je pousse très loin l'insouciance du *comment* s'organise ma vie; le Père de Caussade parle du moment présent comme d'un sacrement. J'ai vécu cette rencontre comme une communion solennelle: tout était aboli autour de moi, rien n'existait plus que l'épanchement de l'âme de l'un dans l'âme de l'autre. J'ai vécu la fraternité dominicaine; compris qu'elle m'avait atrocement manqué, puisqu'en la retrouvant m'inondait un bonheur dont je croyais avoir perdu jusqu'au souvenir.

Que se passa-t-il exactement? Je n'en sais rien et à la vérité cela m'importe peu. Ce que je sais est que l'Ordre a une structure juridique, où un individu qui lui appartient doit obligatoirement occuper une case précise: la case, c'est l'appartenance officielle à une Province territoriale. Comme par enchantement, peu après ma rencontre avec le Père Maillard, je me trouve affilié à la Province de Paris, cette Province même qui a dressé tant d'obstacles à toutes mes entreprises: il ne faut vraiment jamais jurer de rien. J'ai entendu dire qu'il y eut une délibération au sein du Conseil Provincial de Paris, au cours de laquelle le

Père Chenu aurait déclaré: « Il serait incompréhensible que l'Ordre dominicain ne parvienne pas à intégrer un sujet tel que le Père Bruckberger ! » Je ne connais le Père Chenu que par ses positions théologiques et politiques, avec lesquelles je ne suis généralement pas d'accord. Je n'ai pas oublié les paroles qu'il a eues à mon sujet ; aujourd'hui encore elles me touchent. On avait désigné le Père Carré pour me « cornaquer » : c'est le religieux le plus patient, le plus pacifique qui soit. Il sert officieusement d'agent de liaison entre l'Ordre et l'épiscopat français. Je l'ai souvent mis entre l'arbre et l'écorce, ce n'est pas une situation confortable.

Avant la guerre, Paul Claudel vint passer une Semaine Sainte au couvent de Saint-Maximin, dont j'étais alors le Père hôtelier. À peu de chose près, j'étais son seul interlocuteur. Pas très grand, une carrure puissante, la tête sculptée comme un rocher, il prononçait le français de manière inoubliable : accentuant fortement les consonnes, on eût dit qu'il avait des cailloux dans la bouche, il projetait les mots comme un canon envoie des obus : « *J'hapite la Piple, c'est ma Mmaizon.* » Il disait cela sur le ton menaçant d'un paysan qui défend son bien et qui embrocherait d'un coup de fourche quiconque en franchirait la clôture. Il était même casanier de la Bible, il n'en sortait plus. Comme tous les catholiques cultivés de son époque, il lisait la Bible dans la merveilleuse traduction latine de saint Jérôme, qu'on appelle « *la Vulgate* ». Que ne l'a-t-il traduite en français ? Au lieu de cela, et son génie poétique y découvrant d'innombrables correspondances allégoriques, il a dépensé les quinze dernières années de sa vie à des commentaires qui n'offrent qu'un intérêt limité, et dont je doute même qu'ils aient tous été édités.

Je demeure inconsolable que Claudel n'ait pas fait cette traduction à laquelle il semblait prédestiné. Ce vide dans notre littérature a favorisé la prolifération de traductions faites par des cuistres qui, s'ils ont quelques notions d'hébreu et de grec, n'entendent absolument rien au merveilleux solfège de la langue française, se moquent même parfois de la tradition et du magistère de l'Église qui a tout de même reçu la Bible en héritage. Je considère l'Évangile comme un enfant dont l'Église est la mère, comme une jeune Juive fut la mère réelle — et le reste — de l'Enfant de Bethléem. On ne confie pas un nourrisson à des savants, on le laisse à sa mère.

Rien n'est plus vain que de se lamenter et que maudire. Quand la ville brûle, mieux vaut construire à l'écart une cabane en bois, mais solide, qui servira d'abri à quelques-uns de ceux qui errent, que de rester assis au bord du chemin à pleurer. Je ne suis pas Claudel, mais j'ai quelque sensibilité à la musique de ma langue maternelle. Trop vieux désormais pour traduire ne serait-ce que tout le Nouveau Testament, je suis tenaillé par l'envie de traduire au moins les quatre Évangiles.

Tout a commencé par une canne. Cette canne, je l'aimais autant qu'on peut aimer un objet familier en même temps que précieux, qui flatte votre fierté, est évocateur de toutes sortes de rêves disparates, tous délectables. À l'époque, il y avait encore çà et là dans Paris quelques magasins de cannes, vieilles boutiques encombrées et poussiéreuses, habituellement tenues par de vieilles dames et qui disparaîtraient avec elles. Je fréquente ces magasins, pour le plaisir que j'éprouve d'évoquer un temps révolu, où les hommes portaient le haut-de-forme et des gants. Il arrivait qu'un gant fût jeté à la figure d'un autre homme. On se retrouvait le lendemain à l'aube sur le pré, on se battait en duel, pour les beaux yeux d'une dame ou pour une dette d'honneur. Un jour sur les Boulevards, j'entre dans une galerie marchande près du musée Grévin. À la devanture d'un très vieux magasin, je vois la plus belle canne que j'aie vue de ma vie: c'est un jonc intact, superbe, surmonté d'un long pommeau un peu évasé. Quel pommeau! d'une matière que je prends d'abord pour de l'ambre jaune: c'est de la corne de rhinocéros, légèrement sculptée de dessins abstraits, usés par la main, doux au toucher. Quelle est la véritable histoire de cette canne, que j'aurais sûrement aimé écrire si j'étais un romancier? Un désir fou me prend d'avoir cette canne. Je la tiens, la tourne longuement entre mes doigts. Le prix? Je m'en souviens parfaitement: trois cents francs, une bagatelle, vu la qualité et la rareté de l'objet! Je réfléchis longuement: c'est un objet de luxe, et je suis en période de pénurie. À regret, je remets la canne en place, quitte le magasin.

Deux ans plus tard: cette fois c'est la dèche! L'horizon est bouché. En Suisse, j'accumule les retards sur mon loyer, mes livres ne se vendent pas. Les éditeurs me regardent, comme dans la rue on regarde les aveugles. Je fais l'inventaire de mon portefeuille, il me reste trois cents et quelques francs. Au point où j'en suis l'économie ne sert plus de rien. Je prends le métro, vais droit au magasin de la vieille dame. Le magasin est encore là, la vieille dame aussi, et la canne! — au même prix. Je l'achète. Quoi qu'il arrive maintenant, je me serais au moins fait ce plaisir. Je ne sors plus sans ma canne, pas plus qu'on ne voit dans l'iconographie saint Roch sans son chien, sainte Barbe sans sa roue, sainte Cécile sans sa syrinx.

Alors que je viens enfin de signer un contrat, assez misérable, c'est ma canne qui sort de ma vie. Elle y était, elle n'y est plus. Je ne crois pas au hasard en ces choses qui semblent de peu de poids, parce qu'elles n'ont que le poids d'un signe augural. J'éprouve plus que du chagrin, un véritable déchirement d'avoir perdu ma canne. Mais tout à la fois, il me semble que quelque chose d'immense va se produire pour moi. N'était-ce pas pour m'amener à cet état d'ouverture et d'attente qu'il fallait que cette canne fût mienne et qu'elle me fût enlevée?

De naissance, je suis un aventurier. Naturellement

avide de surprise et d'inconnu. Je n'ignore pas que l'occasion n'a qu'un seul cheveu mais très solidement implanté. L'aventurier se définit par cette faculté qui est la sienne de saisir ce cheveu, de le tenir fortement, quitte à être propulsé soudainement vers des cieux ignorés. C'est ainsi que je rencontre Simonne Fabien.

J'aime la course de toros. Sans être le moins du monde « aficionado », je subis la fascination de la corrida comme on subit au théâtre le déroulement d'une tragédie grecque, comme on feuillette page après page l'album des « *Désastres de la Guerre* » de Goya. Curieusement c'est toujours au toro que je m'identifie, son destin me paraît être le mien. « Il faut tromper le toro, sans lui mentir. » Je relève cette maxime dans le florilège taurin que Jean Cau a rapporté de Séville. C'est vrai que je suis une grosse bête : je peux dire de Dieu qu'il m'a souvent trompé, il ne m'a jamais menti, mais très habituellement ce n'est que longtemps après que j'aperçois clairement et la « tromperie » dans laquelle je me suis précipité et la véracité supérieure qui dominait ma vie.

La rumination solitaire dans le corral obscur, ma bêtise « au front de taureau », avec la rumeur lointaine de la foule. Pour moi, c'est le moment le plus dangereux, et qui peut durer des années, où je ne comprends plus rien, où je me demande pourquoi je suis là, pourquoi je vis et s'il vaut la peine que je vive : est-ce que je resterai éternellement dans cet étroit réduit sans lumière ? Cette barrière qui s'ouvre derrière moi : je suis libre ! Cette fois, il va me falloir jouer le tout pour le tout. Le grincement de la herse qui se lève, ce labyrinthe au bout duquel un trou de lumière m'aveugle : je n'ai pas une seconde d'hésitation, je fonce, me retrouve au milieu de l'arène ensoleillée, où je n'ai d'autre choix que d'être complètement moi-même.

D'ailleurs la herse est retombée, le voudrais-je, que je ne pourrais retourner au torril, à sa nuit. L'idée ne m'en vient pas. Je cours en rond comme un furieux dans le cercle éblouissant, charge vers tout ce qui fait de l'ombre, suivant strictement et sans le savoir la liturgie inexorable qui mène à la transfixion du cœur. Et dire que, pour survivre seulement, il y a des gens qui ont besoin d'une transplantation cardiaque. Il n'y a vraiment pas d'égalité en ce domaine. Y en a-t-il en quelque domaine que ce soit ?

J'ai rencontré Simonne Fabien au cours d'un grand dîner à Paris où j'étais son voisin de table. En face d'elle, un peintre inconnu mais bel homme lui fait une cour effrénée. Ce n'est pas mon affaire. D'elle, j'apprends cependant qu'elle a lu « *L'Histoire de Jésus-Christ* » et qu'elle désire beaucoup se procurer « *Marie-Madeleine* », mais que l'ouvrage est introuvable. Je m'entends répondre machinalement :

— C'est vrai que le livre est à peu près épuisé. Mais dimanche prochain, il y a une vente de charité chez les Dominicains du 222, rue du Faubourg-Saint-Honoré ; j'y serai et j'en aurai quelques exemplaires.

Le dimanche, il pleut à torrents. Arrivent deux dames en manteau de fourrure qui achètent deux « *Marie-Madeleine* ». Je ne reconnais ni l'une ni l'autre. L'une des deux me laisse un livre qu'elle a publié chez Gallimard : « *Ces Profondeurs qui nous habitent* » par Simonne Fabien (1968). Titre et nom d'auteur ne me disent absolument rien. Je remercie. Les deux dames s'en vont. À peine sont-elles parties que la mémoire de l'une me revient : ces yeux bleus, leur lumière, cette grâce, ce sourire, mais c'est la dame à côté de laquelle j'ai dîné il y a quelques jours ; c'est elle qui m'a apporté ce livre. Une partie de ma nuit se passe à le lire sans désemparer : perfection, simplicité de la langue, une histoire poignante suggérée plutôt qu'étalée, le trait précis qui dessine les acteurs même secondaires, l'appel lointain d'une autre signification donnée à la vie, comme l'écho d'une chasse à courre dans la forêt voisine, tout est là dans ce livre pour me captiver, tout ce que j'aime de la vraie littérature : le halo brumeux du non-dit plus expressif que ce qui est écrit, ce que j'appelle l'aura d'un livre, faste ou funeste, ici rayonnante d'une lumière qui retient son éclat, le tamise, mais qui enveloppe le livre de la première à la dernière ligne. Quelle que soit la cruauté d'un destin qu'on devine, l'âme de Simonne Fabien est encore plus fascinante que son regard, possède une beauté exotique, messagère d'un pays lointain où l'on aimerait vivre. Il faut que je retrouve l'auteur de cet ouvrage. J'envoie un pneumatique aux soins de l'éditeur et donne le numéro de téléphone de mon bureau chez Parlier : on juge d'une manière particulièrement exacte d'une personne au téléphone, où il est fait abstraction de son apparence et de ses yeux ; pour une oreille attentive à la personnalité de l'autre, la voix ne triche pas. La voix de Simonne Fabien est grave, légèrement moqueuse sans agressivité, sans la moindre coquetterie non plus, ponctuée d'un rire qui lorsqu'il fuse — et bizarrement même lorsqu'il ne se manifeste pas on le sent toujours prêt à fuser —, est un éboulis de coquillages en argent, mieux, et c'est inexplicable : Simonne Fabien a un rire qui vous ouvre des portes sans qu'on sache lesquelles.

Quand on commence à vieillir, surtout si l'on se sent rejeté par les siens, qu'on habite un lieu toujours provisoire, il y a des êtres qui entrent dans votre vie par effraction, d'autant plus redoutables qu'ils ne sont pas armés : ils s'installent dans votre maison, où tout conspire avec eux, tant tout semble y avoir été depuis toujours préparé pour eux. Ils ne vous laissent que l'étonnement de les voir là, si parfaitement accordés à votre environnement. Ils sont tellement à l'aise chez vous qu'ils ont sûrement un pacte, de longue date antérieur, avec tout ce qui vous entoure, même avec ce que vous êtes au plus secret de vous. Ce ne sont pas des passants, ce sont des revenants : ils vous hantent.

J'ai soixante-quatre ans, ce n'est pas la vieillesse mais j'ai déjà le pied sur le porche. Simonne Fabien aura sous peu cinquante-deux ans mais en paraît quarante ou à peine plus. D'ailleurs, et cela on le sait tout de suite, il y a en elle une source de jouvence inaltérable et inépuisable : plus de quinze ans après, je le sais encore mieux, ces yeux, ce regard, ce rire ne vieilliront jamais. Sans mettre en batterie quelques moyens autres que celui de son élégance naturelle, se tenant au contraire volontiers en retrait, elle exerce une séduction infaillible, non pas sur les frivoles, mais sur ceux, hommes et femmes, qui sont doués du pouvoir divin de l'attention à eux-mêmes aussi bien qu'aux autres. Quel paradoxe que cette femme ait la candeur de l'enfance alliée à une expérience de la compassion qui semble plusieurs fois millénaire. Le salut ne pouvait entrer dans le monde que par le moyen de l'éternel féminin. S'il y a une vérité chrétienne fondamentale, c'est bien celle-là.

Simonne est une personne dont on ne peut pas dire qu'elle est petite, tant sa présence a d'intensité, mais elle est menue et depuis qu'elle est une femme, elle n'a pratiquement pas changé de tour de taille, ni de poids qui oscille autour des cinquante kilos. Entre nous, la disproportion des masses est évidente, mais par un renversement de la loi de gravitation universelle et par le seul effet de sa densité spirituelle, c'est plutôt moi qui serais pris dans son orbite à elle.

Elle est issue d'une très ancienne famille alsacienne qui véhicule les gènes de ces Juifs qui suivaient les armées romaines et qui se sont établies en Alsace depuis César. Sur cette terre traditionnelle de passages et d'invasions, ces Juifs ont embarqué sans doute les multiples gènes de toutes les peuplades qui au cours de deux millénaires ont traversé le Rhin. Mais le noyau juif a une telle puissance d'assimilation que la race juive a eu raison de tous les apports étrangers. Cette race et ses traditions ont quatre mille ans d'âge : quelle que soit l'ancienneté de nos lignées, comme elles sont jeunes auprès de celle-là !

Simonne est née dans l'opulence d'une famille d'industriels qui possédait d'importantes entreprises. Elle a habité des demeures somptueuses. Son frère tué à la guerre, son père mort en 1960, l'ensemble des entreprises perdu, elle passa du jour au lendemain du luxe à la gêne comme savent le faire les soldats. En vérité, je n'ai connu que chez les grands aristocrates russes, arrivés chez nous les mains vides, après la révolution d'octobre, cette faculté souveraine de dominer les choses matérielles et de mettre si facilement entre parenthèses dans leur vie les nécessités matérielles. Il est vrai qu'elle porte si bien la toilette qu'un rien l'habille, ce que ne peuvent généralement se permettre que les jeunes femmes; son souci, au contraire, était, est toujours, de ne pas « trop en jeter » comme elle dit en riant. Elle a une admirable chevelure, autrefois blonde, que les autres femmes, jeunes ou moins jeunes, lui enviaient ouvertement, ondulée et blanche aujourd'hui, qui n'en rehausse que davantage le bleu profond et changeant des yeux.

Mais on ne vit pas très longtemps avec une femme pour sa seule apparence. Simonne semble avoir décidé une fois pour toutes, et cela dès l'enfance, d'être plutôt que de paraître. Elle est elle-même avec une intensité si tranquille qu'elle fascine. À ce point de vue la seule personne que j'aie bien connue et à qui je puisse la comparer, c'est Bernanos. Étrange aventure: plus les années passent, plus elle me fait penser à lui, toute son intelligence, sa sensibilité mises au service de la vie. Dès lors qu'on lui demande de dire ce qu'elle pense, ou qu'elle se croit en devoir de le dire, elle le dira, sans insolence, sans bravade, mais elle le dira, la montagne devrait-elle tomber sur elle et l'ensevelir vivante. Tant de points communs que je ne cesse de retrouver chez elle et que j'ai tant aimés chez Bernanos. Mystérieuse fraternité de ces deux êtres dont je ne m'explique pas que j'aie été amené à les connaître de si près l'un autant que l'autre.

Pour moi, la solitude est une malédiction. D'où l'ivresse de bonheur que j'ai ressentie, jour après jour, nuit après nuit, dans la communion de prière et d'étude, au sein de l'Ordre dominicain, aux premières années de ma vie monastique, à Saint-Maximin. Ce souvenir est mon buisson ardent : la terre que j'y foule est une terre sainte. D'où le culte que je voue à la fraternité des armes : je ne renierai jamais le Corps franc de Darnand ni la Légion étrangère. D'où la gratitude que j'éprouve envers les Dominicains américains et maintenant envers le Père Maillard. Quant à Barbara, je l'ai aimée éperdument, je pense que je l'aime encore, car je suis ainsi fait qu'en moi un amour ne tue, ne peut tuer un autre amour. Pourtant il n'y a pas pire amour que celui qui n'est que la juxtaposition de deux prisons étanches. Même aux moments de notre plus grande intimité, Barbara demeurait pour moi dans un ailleurs inaccessible.

La singularité de Simonne est sa présence. Au théâtre, au cinéma, à propos d'un acteur, d'une actrice, on parle de « présence ». Au moment de la distribution des rôles, lorsque le comédien, la comédienne pénètre dans le local où aura lieu l'audition, c'est à cela que le metteur en scène prend garde, même s'il a le dos tourné : il perçoit, de manière si précise qu'il pourrait en dessiner le contour, la présence ou la non-présence du candidat à un rôle.

Simonne est elle-même si tranquillement, si assurément, si judicieusement — et en particulier dans l'intimité de la vie quotidienne —, sans enflure, sans bavure, sans vide ni paradoxe, en plein mystère pourtant — son mystère —, alors qu'elle semble n'être que transparence.

Oh ! cette transparence des eaux profondes, qui m'envoûtait sur les plages des Caraïbes, dans les îles grecques ! C'est indubitable, il y a quelqu'un, mais qui ? J'éprouve la même sensation d'envoûtement devant Simonne, son regard clair, rieur, qui attire vers je ne sais quelles profondeurs lumineuses dans le halo de ses yeux si bleus, virant légèrement au gris dans le milieu du jour, tournant au violet quand vient le soir. Rien, elle n'a rien fait pour cela, et me tient sous le charme.

Ce qui suit est encore plus déconcertant, mais depuis bien longtemps j'ai renoncé à faire de ma vie un « concert ». Si éventuellement concert il y a, c'est ailleurs qu'on en perçoit la mélodie et c'est un autre que moi qui tient la baguette. Toute phase de ma vie est absolument surprenante par rapport à celle qui l'a précédée. Et le plus surprenant reste à venir : la mort est un agent chimique dont l'action propre est de catalyser la merveille ou l'horreur. À la vérité, je ne peux croire que pour moi ce sera l'horreur : par mon baptême je porte la marque du Seigneur des seigneurs. Je crois que l'effet propre de la venue du Christ en ce monde est de nous munir d'une assurance certaine à travers l'horreur.

Maintenant seulement et à distance, j'admire la stratégie et la tactique de Simonne : ces termes techniques de la guerre la feront rire quand elle les lira, et elle aura bien raison. L'absence de calcul chez elle est quasi totale ; tout en elle est spontanéité mais, chose peu commune, d'une spontanéité entièrement au service d'un tempérament de femme exceptionnellement lucide et à la fois généreux ; je crois que l'essentiel de son mystère gît dans cette alliance rare de perspicacité, de discernement et de conduite instinctive du cœur. Instantanément, elle devine ce que je suis, où j'en suis d'une atroce blessure : celle de ma solitude et de mon dégoût de moi-même. Chez elle, le comportement précède même le diagnostic. Je l'ai dit, le répète : je mange comme quatre, bois comme un trou, suis gros comme un pachyderme. Simonne est la seule à avoir su d'instinct qu'on n'obtenait quelque chose de moi qu'en m'introduisant dans une liturgie.

Ce n'est pas par goût de l'effet littéraire que je parle de liturgie. Il n'y a de liturgie que d'accompagnement, et on n'accompagne vraiment quelqu'un que par amour. Le génie de la liturgie catholique est le génie même de l'amour d'accompagnement. Elle mène les fidèles à accompagner Jésus-Christ dans toute son aventure temporelle depuis la création du monde à sa naissance, de sa naissance à sa mort, à sa résurrection et jusqu'au triomphe eschatologique où le temps et l'histoire seront consommés. Et ce long chemin d'accompagnement ne peut se faire bien que dans l'amour. Voilà pourquoi la liturgie est le chef-d'œuvre de la vie chrétienne puisqu'elle est le chef-d'œuvre de l'amour envers le Seigneur Jésus-Christ.

L'analogie que je m'apprête à faire ne me paraît en rien sacrilège; l'analogie respecte les abîmes de la différence. La merveille est qu'à travers et par-delà les abîmes, la ressemblance reste vraie. Simonne m'introduit dans une liturgie, et je m'y laisse d'autant plus aisément introduire, goûter sa saveur, qu'elle est ponctuée de son rire, subit, toujours si décidément libérateur. Elle n'émet aucun interdit, pas même un conseil, ou quelque jugement, serait-il implicite: je l'observe, elle est là, elle est heureuse d'être là, dans son regard aucune réticence, aucun forcement. Il est évident qu'elle n'a pas entrepris de me réformer, elle n'a même rien entrepris du tout. Sa grâce irrésistible est la grâce des enfants qui n'ont pas de plan, mais qui sont là, et qui ne vous laissent d'autre choix que de les tuer ou de s'occuper d'eux. Mais ici, malgré toutes mes fanfaronnades d'homme, c'est moi qui suis l'enfant.

J'ai connu trop d'ivrognes, je l'ai trop été moi-même pour ignorer ce trait souligné de leur caractère, la susceptibilité. Aucun ivrogne n'accepte aisément de reconnaître qu'il boit, toutes ses défenses sont éveillées pour se protéger à l'avance d'un quelconque reproche, même indirect à cet égard. La force d'asservissement d'un vice est moins le vice lui-même que l'orgueil que l'on met à rester sous le joug. Du moins chez nombre d'alcooliques. La plupart des gens, même les amis ont peur d'affronter cette résistance. Alors ils choisissent l'indulgence — ce qui n'est déjà pas rien! — mais l'indulgence dérive souvent davantage vers la lâcheté qu'elle ne va vers l'amour. La conduite de Simonne envers moi tient de la sûreté du génie dont les racines plongent au profond du cœur, de l'âme. Me remémorant cette sinistre époque de mon existence, je suis ébahi du comportement proprement divinatoire de Simonne, de son attitude marquée du génie, d'un génie prodigué hors de tout spectacle, pour un seul, et en vérité totalement indiscernable par tout autre, dans la vie courante et sociale.

En plus du vin que je bois à table, je prends l'apéritif chaque soir, m'en remplis à demi un verre à whisky, en bois deux, parfois trois verres. Elle m'accompagnera, à doses infiniment plus réduites mais sans réticences. Elle apprécie — même le Ricard —, se réjouit d'un bon vin, tient bien l'alcool mais il est évident qu'elle n'a aucun penchant particulier pour lui. Elle commencera à boire de l'apéritif, du vin plus qu'elle n'en a l'habitude pour me tenir compagnie; puis, peu à peu, retiendra ma main: « Non, merci, Bruck » et rira comme pour s'excuser. Je voudrais bien me resservir, la regarde, m'en abstiens. Elle n'a rien dit, rien fait pour m'en dissuader, elle est là, tranquille, souriante. Entre un homme et une femme, le non-dit et un certain angle de silence sont plus importants que les mots; avec Simonne, c'est d'une étonnante efficacité. Un certain jour, elle décide d'emblée qu'elle me servira l'apéritif: j'y ai du plaisir, j'aime qu'elle se comporte en maîtresse de maison, mais elle me met à la portion congrue... J'accepte, renâcle, accepte encore. « Vous savez bien, Bruck, que dès que vous buvez trop, vous dites des bêtises... L'autre jour, souvenez-vous... et c'était méchant par-dessus le marché... » Je me souviens, ne proteste plus. L'apéritif finira par être supprimé et je m'y plie. Aujourd'hui, lorsqu'on m'offre une bouteille de whisky, il m'arrive de la garder des mois sans l'ouvrir. Boire sans Simonne me paraît bientôt une trahison.

Même procédure pour la nourriture. Je n'éprouve pas le moindre regret de mon enfance, tant le souvenir que j'en garde m'horrifie, mais subsiste en moi la nostalgie de certaines situations de l'enfance : qu'on me serve à table, je veux dire qu'on me mette ma portion sur l'assiette est l'une de ces nostalgies. Simonne a pris, là encore, le parti de me servir. Elle le fait chichement — mais là aussi, elle a pris tout son temps pour diminuer peu à peu mes rations. Mais pour rien au monde, je n'avouerais la tempête intérieure que provoque en moi ce rationnement. Elle le fait avec une telle gentillesse que mon appétit lui-même est comme frappé de stupeur. Depuis longtemps, je n'avais éprouvé cette sensation de me lever de table avec une faim de loup. Le fait est que je n'en meurs pas. C'est d'ailleurs difficile et très long de mourir de faim. Serais-je seulement volontaire pour ça, comme le Père Kolbe ? Alors paix ! paix ! mes vieux loups.

La troisième étape décisive est l'achat d'une balance. Depuis déjà plusieurs mois, je suis entré dans une phase d'amaigrissement, mais je n'en puis juger qu'à vue de nez : mes pantalons deviennent un peu trop amples, je me sens plus d'aisance dans les mouvements. Dans mon parler quotidien et familier, j'aime bien prendre un mot pour un autre quand leurs deux sens sont analogues : cette balance, je l'appelle « la pendule ». J'imagine que, plus qu'à la pesanteur, je suis sensible au temps qui passe : ce qui pèse le plus dans une vie, c'est le temps perdu. Ma vie est très surchargée de temps perdu. Par les soins de Simonne, je dispose aussi d'un petit carnet où chaque matin je note la date et mon poids. C'est long de perdre du poids, aussi long que d'écrire un livre, qu'il faut bien écrire pourtant, page après page. Ce carnet finit par m'intéresser. Je note cette chose digne de remarque : le poids ne baisse pas régulièrement, mais par soudaines et légères concessions. Je ne saurai pas pourquoi ce matin j'ai pesé un kilo de moins. Par contre, le moindre excès fait immédiatement remonter cette sacrée « pendule ».

Sans l'avoir vraiment décidé, sans même l'avoir envisagé — mais n'est-ce pas ainsi que se déclenchent les guerres interminables ? —, uniquement par le charme d'une persuasion féminine qui ne s'exprime même pas, me voici engagé dans une partie de bras de fer avec ma propre pesanteur : j'affronte quotidiennement mon poids et ce sera à celui qui tiendra le dernier quart d'heure. Dès qu'il y a guerre, mon trésor d'obstination est inépuisable : pas d'armistice, surtout pas d'armistice, pas de Munich, l'intransigeance absolue et de tous les instants. Le jour où j'avais acheté « la pendule », au moment où je m'étais mis dessus, elle avait marqué cent vingt-six kilos, mais j'avais déjà perdu une dizaine de kilos au moins. Maintenant, de mois en mois, la pendule esquisse un lent mouvement de recul. Cela évoque la longue patience d'une résistance intérieure contre l'envahisseur de la patrie, la « reconquista » de moi-même. Il y a sûrement une fascination de nature métaphysique à se battre contre sa propre pesanteur, et cela prend beaucoup de temps, une résolution quotidiennement renouvelée, mais dans une résistance, le facteur temps ne joue pas plus que le facteur vie ou mort, du moins pour ceux dont les motifs de résistance ont été définis une fois pour toutes. Simonne n'a nul besoin de me le dire, car c'est elle qui m'a engagé dans ce long combat, je me bats pour retrouver dans le miroir une certaine image de moi-même, dont je cesserais d'avoir honte.

Quelle que soit la grisaille de cette lutte, elle a ses jours de gloire. Un matin, la pendule marque cent kilos ; explosion de fierté et de joie, victoire inscrite, homologuée, bien digne d'un communiqué de guerre (« avoir les honneurs du communiqué »), comme la prise d'une forteresse qui barre un passage stratégique, et qui paraissait à jamais imprenable.

« L'espoir changea de camp, le combat changea d'âme. »

L'effet propre de la pesanteur est d'écraser aveuglément par sa masse toute résistance. L'effet propre d'une résistance, c'est, au nom d'un jugement héroïque, de contester avec insolence, de contrecarrer et de surmonter la pesanteur : c'est pourquoi l'ascension du Seigneur après sa résurrection met le point d'orgue nécessaire à l'aventure tragique et libératrice du Christ. Le paradoxe de l'homme est qu'il soit à la fois matière et esprit, que la matière en nous complote contre l'esprit, qu'elle déteste être vaincue par lui, par cette force qui lui est inconnue et inconnaissable. Ce conflit fait le sel de la vie.

Au fond, Simonne est un chef de guerre. À chaque instant et dans le quotidien, elle va sans cesse jusqu'au bout de l'effort, elle l'outrepasse même constamment à ses dépens à elle, elle prend perpétuellement tous les risques, refuse la distinction entre l'extraordinaire et l'impossible, ce qui a pour effet qu'elle accomplit on ne sait comment, elle-même ne sait comment, ce qui à l'avance semblait impossible. « Je n'en peux plus... », dit-elle parfois. Mais elle repart. Il semble que ce soit plus fort qu'elle que de se remettre inlassablement en selle. Elle dit aussi : « Il faut se faire tout pardonner : son bonheur, son malheur — tout. Et c'est normal parce qu'il n'est pas d'autre moyen pour être léger aux autres. »

Bénie soit Simonne ! L'étonnant chez elle, est qu'en toute modestie, sans même le sous-entendre, et quoiqu'elle le sache mais se défende de s'y arrêter, elle pose tous les problèmes de la vie quotidienne en termes métaphysiques, ramène tout à cet enjeu : l'esprit doit vaincre la matière ! Après tant d'années, je puis dire qu'il est impossible de vivre auprès d'elle sans élever son regard, son cœur, son ambition, vers les hauteurs. Avec elle, une explication à ras de terre se perd dans un sol poreux, stérile. Bien sûr, elle a des défauts, des manies qui m'irritent, parfois plus qu'à mon tour — mais qui fondent, fondent avec le temps parce qu'elle ne cesse de les regarder droit en face sans à proprement parler les juguler : ils reculent, laissent la place à autre chose... D'ailleurs Socrate lui-même n'en fut certainement pas exempt, ce n'est pas ce qui frappait en lui, ce que Platon en a retenu. Chacun de nous paye le tribut obligatoire de l'esprit immergé dans la matière, sans compter le tribut plus lourd encore d'une nature humaine universellement mal foutue. L'étonnant pouvoir de Simonne est que rayonne en elle une flamme ascensionnelle, dont elle entretient et cache le foyer, mais qui transparaît malgré elle dans ses yeux, dans son sourire, dans ce que Péguy eût appelé « son rire missionnaire ». Elle a, autant que nul autre, l'esprit vigoureux qui ne s'arrête pas en chemin qu'il n'ait dit un oui clair ou un non sans appel ; mais ce qui lui conquiert les cœurs, c'est son sourire et la lumière de son regard. En deux ans, mon poids est tombé de cent trente-cinq kilos aux environs de quatre-vingt-cinq, où j'essaye de me tenir. Ce prodigieux allègement de cinquante kilos s'est effectué sans traitement médical, sans cure de désintoxication, uniquement sous l'effet de ruses plus ou moins conscientes mais sans cesse renouvelées, quotidiennes, d'un charme qui me hisse constamment au-dessus de ma ligne de flottaison, comme on déleste la nacelle d'un ballon. Pour la suivre dans son plan de vol, il me faut bien jeter du lest, surtout que son instinct lui dicte infailliblement la distance qu'une femme doit toujours maintenir entre elle et l'homme. C'est ainsi qu'on fait d'un rustre, alourdi par l'alcool et les viandes, un membre à peu près décent de l'Institut de France.

Que serait cette fameuse civilisation française, si, génération après génération, les femmes n'avaient obstinément maintenu cette distance entre elles et le désir de l'homme de les rejoindre ? C'est ce que les montagnards appellent « la remue », où le guide du troupeau maintient toujours la distance entre lui et ce tohu-bohu de croupes qui montent vers les alpages. D'où, dans la vie chrétienne, le rôle majeur des saintes — très différent de celui des saints dans l'ordre de l'exemplarité. Le féminisme actuel, qui abolit exprès cette distance, est une récurrence de barbarie, néfaste aussi bien pour les femmes que pour les hommes : on le verra bientôt en plein jour.

Je pense au Dr Norza, le médecin du couvent de Saint-Maximin, me passant à la radio en septembre 1940, repérant la trace des deux balles qui m'avaient traversé la poitrine le 11 juin 1940, et dont l'une avait frôlé l'aorte, et qui conclut : « La seule preuve que j'aie que cette balle n'était pas mortelle, c'est que vous êtes en effet vivant ! »

La seule preuve que j'aie aujourd'hui qu'au moment où j'ai rencontré Simonne, je n'étais pas devenu un alcoolique invétéré, est que je sois arrivé à ne boire que modérément. Habituellement l'alcoolisme est l'effet d'une solitude. Le bienfait de Simonne dans ma vie est d'avoir brisé, à un moment où il n'était pas trop tard, ma solitude. Sans elle, et singulièrement elle, je suis sûr que je n'aurais pas eu le courage, pas même l'ambition ou l'idée, de m'arracher aux servitudes de l'alcool.

Vinrent ensuite les promenades, ce qui prit encore infiniment de temps. Comme je suis énorme, lourd, je me suis figé dans la fixité physique. Je refuse de me déplacer autrement qu'en voiture. Je me suis même inventé un raisonnement idiot pour justifier cette fixité: « J'ai fait la guerre dans l'infanterie. À ce moment-là, j'ai beaucoup marché et même couru. Je considère que j'ai ma ration de marche à pied: en quelques semaines, j'ai marché pour toute ma vie! » Même dans l'absurde, surtout dans l'absurde, avec une femme on est sûr de perdre la partie. Entêtée comme une fourmi, Simonne me propose de faire quelques pas, que nous prenions un peu l'air ensemble, que je le remue, ce poids, juste pour le plaisir de l'accompagner, elle. Un jour, elle sort la voiture. Nous irons jusqu'à ce vallon écarté que j'avais traversé avec elle, la route y est plate. De plus, nous constaterons qu'elle est bordée de bancs, ces bancs qui sont un peu partout un signe discret mais irréfutable de l'hospitalité suisse. Nous nous y rendons, faisons les cent pas. Et de nouveau le lendemain. Puis tous les jours ou presque... Et la promenade s'allonge.

Survient le premier choc pétrolier et, pour économiser l'essence, la soudaine décision du gouvernement fédéral d'interdire le dimanche toute circulation automobile, sauf cas d'urgence. Je pèse déjà sensiblement moins de cent kilos, il ne saurait être question d'abandonner la promenade même pour un jour, surtout qu'il fait très beau. Nous projetons — ou plutôt Simonne projette — de rejoindre notre cher vallon à pied par un chemin de terre qui monte. Hourra ! la preuve est faite que je suis capable de grimper une côte, de faire à pied cinq ou six kilomètres. Dès lors, il ne sera plus question de prendre la voiture pour nous rendre sur nos lieux de promenade. Le chalet Schyrr étant à flanc de coteau, pour en sortir, on ne peut que monter ou descendre. Nous ne tarderons pas à parcourir des itinéraires extravagants qui nous mèneront de la lisière des vignes jusqu'au mont Pèlerin.

Ces quelques dimanches sans voiture me laissent un grand souvenir. Je suis né en un temps qui était encore l'âge du cheval et du fantassin : l'homme à cheval restait un homme non séparé des autres hommes par une machine ; je mourrai dans l'âge de l'automobile : l'extension à l'usage général de l'automobile constitue l'un des faits les plus spectaculaires du siècle, du moins dans la partie industrialisée du globe. Tout le monde convient que c'est un progrès et nous sommes accoutumés à associer progrès et liberté. Et si ce lien n'était pas aussi essentiel qu'on le croit ? Et si tel progrès se révélait être une servitude ? Les Suisses n'ont cessé d'aimer et de pratiquer la marche à pied, mais ces dimanches-là prirent universellement un air de fête, d'une fête bien particulière, dont je ne puis oublier la saveur, celle d'une libération, tout un peuple recouvrait soudain l'usage et l'expérience d'un bien très précieux qu'on avait cru perdu.

À l'origine, il y eut la piste d'un sanglier, d'un chevreuil, puis un sentier pour les hommes : la marche à pied est la commémoration de choses lointaines, c'est aussi une liturgie. On ne vit de la vie que ce qui nous en est le plus proche, mais encore plus, dans l'initiative personnelle et l'intensité de l'effort. Curieusement, ces jours-là, chacun — c'était visible — regardait le monde autour de lui d'un autre œil, mais pas seulement la nature, les autres qu'il croisait aussi : on se sourit : c'est vrai qu'on vit tous ensemble ! Vous revient tout à coup ce à quoi l'on aspire au plus profond de soi. On n'est pas si nombreux à se croiser — mais bien plus qu'habituellement — pourtant cela se sent avec une force extraordinaire, toute une population a retrouvé l'enfance de la race, ne se tient plus de joie.

L'amour pour moi est indissociable de la gratitude. Quand on me donne, ma faculté d'émerveillement est inépuisable : je ne cesse de tourner autour de ce qu'on m'a offert pour en examiner toutes les facettes, en découvrir toutes les significations. Avant la venue de Simonne, je me souciais peu de la Suisse, où j'habitais pourtant depuis dix ans. Je me laissais absorber par ma solitude qui me ratatinait sur moi-même. À la limite, ma tête elle-même était en passe de devenir comme ces têtes que les Indiens Jivaros miniaturisaient. J'avais beau être énorme, mon épanouissement physique dans l'espace n'était que la compensation dérisoire du rapetissement de mon âme, du rétrécissement de mon esprit. La solitude n'est pas seulement un fait, un accident social. Elle est très dangereuse quand elle devient un cancer de l'âme, la ravage insidieusement, de façon aussi radicale que le ferait un cyclone.

Des démons qui ont été forcés de quitter une demeure ne peuvent s'empêcher de revenir sur les lieux, pour voir. Ils font même tout pour y revenir et voir, useront de mille ruses pour y entrer de nouveau et y semer la pagaille. Je suppose que ce soir-là mes vieux démons ont dû forcer mes défenses par effraction. Simonne et moi sommes invités à dîner chez des amis. Brusquement, et dès l'apéritif, je veux boire, et boire tout mon saoul, c'est bien le cas de le dire. Saoul, je le suis lorsque nous quittons la compagnie. J'exige de me mettre au volant de la voiture pour rentrer, car un homme ivre a toujours la force et l'entêtement d'affirmer qu'il ne l'est pas. Simonne est hors d'elle.

Ce n'est pas Simonne qu'elle devrait s'appeler, cette femme, c'est Hermione :

« Je ne t'ai pas aimé, cruel ? Qu'ai-je donc fait ? »

La tragédie est l'art de la concentration extrême : un

seul alexandrin est chargé de toute l'indignation, de toute la fureur, de toute la déraison que la vie dilue habituellement sur des jours et des jours. La colère de Simonne a cette densité tragique, la densité d'un rugissement de lionne qui défend ses petits. Cette nuit-là le rugissement me semble avoir duré des heures, alors qu'il a sûrement été très bref, mais quelle intensité ! À moi, jusqu'au matin, le chalet Schyrr m'est subitement apparu comme un vaisseau démâté, déboussolé, gouvernail cassé, livré à tous les caprices d'une mer démontée. Cela m'a instantanément dessoulé. Je ne pipe pas mot. Pendant la guerre et dans les premiers jours de juin 1940, à Chauny, j'ai subi un bombardement par Stukas en vagues récurrentes. Je me retrouve dans la même situation et dans le même état d'âme : je supplie mon Ange gardien de me maintenir dans le silence et l'immobilité complète, de m'empêcher de sauter à cette gorge superbe dont la colère enfle les veines, qui vomit les imprécations, de me retenir de serrer, serrer, jusqu'à ce que le silence revienne dans ce chalet à flanc de montagne, que s'éteignent ces yeux admirables qui lancent des éclairs, qu'ils cessent enfin de me jeter la foudre. Je le répète, tout cela fut assez bref — dura tout au plus vingt à trente minutes, m'affirme Simonne qui, malgré sa colère, avait gardé sa pleine lucidité sinon le contrôle d'elle-même. Je dois charrier dans mes veines le sang de quelque ancêtre hun, au temps où l'on faisait taire les cris d'une femme en la clouant avec une lance contre un portail. Je suis un être simple et excessif, accumulation lente de désirs, de colères, réservoir d'énergies animales, qui peut craquer soudain comme un barrage, tout ravager en aval jusqu'à la mer. Il faut une volonté plus forte que la mienne, qui me tienne rassemblé, pour que le barrage ne se rompe pas. Mon équilibre ne peut se trouver que bien au-dessus de moi. Je ne suis pas à la hauteur de ce qui m'a été donné. Je sais que je serai jugé sur ma capacité de prière, et ma prière est si médiocre que je ne vois pas sans terreur approcher l'heure de ce jugement.

Ce matin-là, je me réveille comme vidé de mon sang.

Pour la première et unique fois, Simonne n'a pas le moindre sourire pour moi. Visage fermé. Nous retrouverons-nous jamais en paix l'un avec l'autre ? Les choses se compliquent parce que, ce jour-là, nous sommes invités à déjeuner chez Frédéric et Françoise Dard, qui habitent Genève, et Genève est à une heure et demie de voiture. Simonne refuse de m'accompagner. J'insiste. Non, elle ne viendra pas avec moi. J'insiste encore, et encore. Elle cède, bon, soit !

Nous sommes en janvier, il fait froid mais il n'y a pas de neige. Simonne et moi entrons tous deux dans cette journée comme des forçats. À une quinzaine de kilomètres de Genève, Simonne voit bien que je suis fourbu, me demande de lui passer le volant. Je suis d'humeur à dire non à tout ce qu'elle dit, je dis non ! Elle croise les bras, ferme les yeux, ne veut plus rien savoir de ce qui se passe à côté d'elle, autour d'elle. La catastrophe est enclenchée.

Soudain, fracas de fin du monde ! Puis vide absolu, sur lequel je ne puis rien dire, parce que je n'en sais rien : hiatus total, je me suis évanoui.

Ce qui s'est passé, ce matin de janvier 1974 sur l'autoroute Lausanne-Genève, avant l'embranchement de Cointrin, je ne l'ai reconstitué qu'après coup, approximativement, grâce au rapport de police. L'expression consacrée serait de dire que, m'étant endormi au volant, j'ai perdu le contrôle de mon véhicule. Du coup, le cabriolet Peugeot et nos vies, celle de Simonne, la mienne, sont à la merci de forces physiques pures, enjeu du hasard, ce qui ne veut strictement rien dire : ce n'est pas parce que notre destin nous échappe à nous entièrement qu'il perd toute signification, au contraire. Il arrive que ce soit le seul moyen qu'ait Dieu de nous éveiller à la conscience de notre destin et de nous faire changer de cap. N'étant ni l'un ni l'autre morts dans cet accident qui aurait pu, aurait même dû nous tuer, l'un, l'autre ne pourrons plus vivre comme s'il n'avait pas eu lieu : sur Simonne comme sur moi, la pression de l'interrogation de nos destins est tout à coup passée à un niveau supérieur.

La voiture a heurté le début d'une glissière de l'autoroute. J'ai perdu connaissance, sans doute peu de temps. Je reviens à moi, au monde extérieur aussi, auquel je ne comprends plus rien. Je suis allongé sur la terre nue, les bras en croix, près d'un cabriolet, portes ouvertes en grand. (À cette époque les ceintures de sécurité n'étaient pas encore obligatoires.) Je souffre de contusions, mais je suis vivant. Je bouge chacun de mes membres, ils fonctionnent. Seconde résolution : reconstituer ce qui s'est passé : pourquoi suis-je là ? Et pourquoi cette voiture à côté de moi, portes ouvertes, moteur éteint, à mi-pente de ce talus ? Ah, oui ! Les Dard ! L'autoroute, Simonne !

Simonne : panique absolue, effroi ! elle était à côté de moi dans la voiture, elle n'y est plus. Je me lève péniblement, fais le tour du véhicule, pas de Simonne ! Seul indice : un trou absolument rond dans le pare-brise, juste devant la place qu'elle occupait : sous la violence du choc, a-t-elle été projetée par ce trou ? où a-t-elle atterri ? La brutalité de cette disparition déclenche en moi un chaos de réminiscences, d'hypothèses.

La voiture s'est arrêtée à quelques mètres d'un ravin abrupt où je ne peux descendre. Est-elle au fond de ce ravin ? Hier soir j'ai eu envie de la tuer. Aurais-je été pris au mot de ma tentation ? Je suis un être maudit. Je pense à l'accident qui a causé la mort de Camus et de Michel Gallimard... Qu'ai-je fait de Simonne, que fais-je encore en ce monde où je suis capable de tout ? Hier j'étais saoul, fin saoul, et j'ai eu droit au plus bel engueulo de ma vie : l'idée qu'elle soit morte sur cette fâcherie me rend fou d'angoisse. Quelquefois elle me disait : « Il y a quelque chose en vous, quelque chose de très profond, d'inconscient sûrement, qui *veut* la catastrophe. » La catastrophe, je l'ai : Simonne et moi, c'était trop beau. Tout ce qui me restera de vie ne me suffira pas pour expier. Et si elle était encore vivante ? Anne Gallimard était à l'arrière de la voiture de Michel ; on l'a retrouvée des heures après l'accident, complètement égarée, hébétée, à des lieues de là. Le petit chien qui était aussi dans la voiture n'a jamais été retrouvé du tout. Comme un cheval de manège, je tourne autour de cette absurde carcasse métallique la cherchant dessous, à l'arrière, autour de moi... rien, le vide. L'air de Gluck, que chantait autrefois ma tante, surnage dans ma mémoire : « J'ai perdu ma bien-aimée ! » Je suis Orphée au sortir de l'enfer : on a toujours grand tort de perdre ce qu'on aime : « J'aurais pu, j'aurais dû, mots effroyables ! » Dieu seul a une réponse à de tels mots : réponse ou écho de notre détresse ? Je le sais depuis toujours : ce qui est accompli sans retour est l'un des visages de Dieu, et ce n'est pas le moins énigmatique. Je suis aux aguets du moindre bruit et tout ce que j'entends, à part le bruissement assourdi des voitures là-haut, sur l'autoroute, ce sont les battements de mon cœur, qui me remplissent les oreilles comme le ferait un glas. Le film de ma vie s'est emballé : dans les moments tragiques tout prend l'accélération d'une fusée spatiale après son lancement.

Soudain, en contrebas, depuis un bouquet de noisetiers dépouillés par l'hiver, me parvient un faible, très faible gémissement, peut-être un râle, discret à sa manière à elle. Sauf quand elle est en colère, et parfois, mais rarement, lorsqu'elle se lance dans des grandes démonstrations, elle redoute toujours d'en dire trop. C'est elle, c'est sûrement elle. Péniblement, pas à pas, la pente est raide, je me dirige vers l'endroit : elle est là, couchée de tout son long, face contre terre. Elle a cessé de gémir, mais elle est vivante. Dans quel état ? Je n'ose y songer. Seul, je ne peux rien faire, mais il faut faire quelque chose, et tout de suite ! Ma jambe droite me fait de plus en plus mal mais j'arrive à grimper le talus jusqu'à l'autoroute. Seulement maintenant je m'en rends compte : le sang ruisselle sur mon visage, je dois ressembler à Œdipe-Roi qui sort de son palais après s'être crevé les yeux. Œdipe-Roi, au dernier acte, faisant de l'auto-stop sur l'autoroute Lausanne-Genève, les voitures s'arrêtent ; un visage barbouillé de sang est d'une éloquence primitive et directe. Des hommes surgissent, m'entourent, des Suisses que je n'ai vus qu'une seule fois, que je ne verrai jamais plus, qui me sont fraternels, efficaces. Merci, merci à eux !

Je ne leur dis rien, je les mène en silence au lieu où gît ma Simonne. Oubliant toutes les recommandations des secours de première urgence, on la retourne, elle est atrocement défigurée, son visage inondé de sang : on la hisse, la porte sur le bord de l'autoroute, on l'étend sur le dos, on l'enveloppe de couvertures. Elle ne gémit plus, coma profond : le miracle est qu'à un moment elle ait gémi. Un automobiliste a pris les devants pour appeler du secours, deux ou trois autres restent près de moi. Je ne dis rien, à quoi bon ? Mais ils restent là. Bénis soient-ils ! On attend l'ambulance. Elle se pointe enfin sur l'autre voie, va jusqu'à Nyon pour tourner, et revient. Du côté de Simonne, immobilité complète, silence, mystère ! Elle a les yeux clos, la seule chose encore repérable dans son visage qui n'en est plus un... En a-t-elle encore seulement pour quelques instants, une heure ? Je suis horrifié, pense à ses enfants : j'ai tué votre mère... et je l'aimais, jamais vous ne saurez comme je l'aimais.

Subitement tout va très vite. Avec des gestes rapides, précis, Simonne est posée sur un brancard, embarquée. On m'ordonne de m'allonger sur le brancard d'à côté. Je prends la main de Simonne, elle est glacée. Pour la première fois elle tente d'ouvrir les yeux. Par la fente de ses paupières j'aperçois son regard qui se fixe sur moi. « Croyez-vous que vous pourrez me pardonner ? » Je sens une faible pression de ses doigts sur ma main, mais elle a déjà refermé les yeux, perd de nouveau connaissance, revient un moment à elle à notre arrivée à l'hôpital cantonal de Genève.

Aux urgences, on nous sépare. J'ai été transporté dans une petite chambre. Rapide visite d'un médecin qui constate que je n'ai que de petits bobos. Je le questionne avidement sur Simonne :

— La colonne vertébrale ?

— C'est le visage et la tête qui ont tout pris...

— Fracture du crâne ?

— Oui, et aussi du nez, du rocher... Contusion crânienne, mais surtout une forte commotion cérébrale, ce qui est plus embêtant. Elle a de nouveau perdu connaissance... On espère quand même...

Mon angoisse redouble : elle est en grand danger, c'est sûr. Puis, visite d'un gendarme, courtoise, brève :

— Que s'est-il passé ?

— Rien de plus simple, hélas ! J'étais au volant. Je me suis endormi. Tout est de ma faute.

S'il suffisait de reconnaître ses torts pour en diminuer les conséquences ! J'essaie de prier, d'appeler le ban et l'arrière-ban de mes protecteurs dans le ciel, surtout la Vierge Marie et Marie-Madeleine. Ma supplication prend vite un ton querelleur et raciste « Enfin, c'est vrai, Simonne est de votre clan, juive comme vous et comme Celui qui règne sur vos cœurs. Alors, la solidarité des Juifs entre eux, ça n'existerait plus sous prétexte que vous êtes au ciel ? Elle est juive, vous dis-je, elle n'est absolument pour rien dans mes micmacs de goy baptisé. Et la souffrance terrestre, qu'en faites-vous ? Vous l'avez expérimentée pourtant, et aussi le glaive au travers du cœur... »

Le médecin m'a recommandé de rester tranquille, allongé ; il reviendra. J'en ai marre de l'attendre. Je me rhabille. Apparaît alors, comme l'Ange de la Libération, la bonne bouille de Frédéric Dard, bizarrement déformée par l'anxiété. Dard a la tête d'un clown, mais, depuis Rouault, on sait qu'un clown peut exprimer dans le dérisoire — comme il convient à l'espèce humaine — le condensé de l'angoisse. Dard est un personnage tragique, qui camoufle sous les gaudrioles de San-Antonio et de Bérurier, son sens du pathétique de la destinée humaine. Chacun de ses livres n'est rien d'autre qu'une espèce de gémissement de pitié envers l'homme qui, comme ne cessait de me le répéter Koestler, est un animal terriblement « mal foutu ». Il l'entendait au sens littéral : mal engendré, mal porté, mal venu au monde, ce qu'on appelait autrefois le péché originel. Frédéric Dard perçoit d'instinct ce détraquement congénital d'une nature humaine qui porte pourtant en elle la nostalgie d'un ailleurs pur. Mais il n'a pas la pleine conscience de ça : il le subit plutôt comme la cire fond au voisinage d'un brasier.

Et voilà son visage dans l'embrasure de la porte : il attrape l'angoisse des autres comme certains attrapent le virus de la grippe ; il n'a aucune défense immunitaire contre elle. Là, en ce moment, il me suffit de le regarder, c'est moi-même que je regarde sous une autre figure : il a seulement envers moi une tendresse maternelle que je suis loin de ressentir pour moi, en proie à un tintamarre d'accusations qui fusent de partout comme les ordres au palais Brongniart. Dans le naufrage où je suis de moi-même, la venue de Frédéric Dard est une bouée de sauvetage où je m'accroche instantanément. Le dévouement de Frédéric Dard est d'autant plus émouvant qu'il n'hésite pas une seconde à se jeter à l'eau au secours de qui se noie et que, seulement après avoir plongé, il se rappelle que lui-même ne sait pas nager, ce qui lui donne un air de désespoir et d'intense compassion, bouleversant.

Frédéric Dard est un médium à la manière des chiens, des chats qui sentent venir le tremblement de terre. Avant le moment où eut lieu l'accident, il en eut le pressentiment, le dit à Françoise. Une demi-heure après la gendarmerie l'en prévenait par téléphone.

Avant de venir jusqu'à moi, il s'est enquis de Simonne, a eu le temps de l'entrevoir juste avant qu'elle ne soit confiée aux radiologues, elle a eu le temps de le reconnaître, de lui adresser un misérable sourire et une fois encore a perdu connaissance. À partir de là, je ne saurai plus rien sur elle. Frédéric Dard me prend par la main, m'emmène chez lui ; j'y resterai toute la semaine, émergeant à peine d'une espèce de rêve éveillé où s'entremêlent à en avoir la nausée culpabilité, folle espérance, angoisse sans nom. Frédéric et Françoise Dard m'entourent, inventifs comme une mère qui a la divination de ce qu'il faut dire, faire, pour calmer son enfant et qu'il s'endorme. Sur-le-champ, Françoise s'est occupée de Simonne avec cette imagination et cette minutie dans le concret que seule une femme sait avoir, de l'eau de Cologne, un peigne, une brosse, et que sais-je ? Immédiatement, elle a pensé au moment où Simonne demanderait un miroir... Entre deux comas, vint ce moment. Simonne se contempla plusieurs minutes, essaya de déchiffrer cette figure grotesque couverte d'un plâtre, tenue ensemble par des bandages. Son regard si clair filtrait à travers deux énormes boursouflures noires qui lui mangeaient les paupières, les joues. Déjà dans l'ambulance, durant la minute où elle fut consciente, elle avait pensé : « Maintenant il va falloir que j'apprenne à vivre avec ce visage en bouillie. » Le voyant enfin, elle n'eut aucun sursaut : bon, fit-elle.

Sa vaillance ne cessera au long des années de me plonger dans un sentiment d'admiration et de crainte. C'est vrai que je suis ainsi fait qu'il m'est impossible d'aimer que je n'aie d'abord admiré. Mais Simonne me fait peur aussi. Son incroyable et constante vaillance évoque ces incandescences qui, dans l'aventure des Prophètes de sa race, tombaient du ciel, consumaient instantanément, réduisaient en cendre ce qui devait périr. L'amour que Simonne porte à quelqu'un est par essence dévastateur de toute idolâtrie et même de toute image pieuse : ses propres enfants, dont elle a si bien parlé dans ses livres, et qui maintenant ont tous dépassé la quarantaine, me semblent conserver pour elle une révérence, qu'ils tiennent très secrète, parce que familière de ce haussement de leur mère vers plus haut qu'elle, et dont à la fois ils se défendent de prendre la mesure bien qu'ils en soient eux-mêmes imprégnés. C'est criant.

Malgré une lenteur d'esprit peu ordinaire en toutes choses anecdotiques, subalternes, et qui, lorsqu'elle s'en rend compte, la font pleurer de rire, tout prend un sens chez elle. Elle me rappelle cette fameuse bourde de Thomas d'Aquin, qui ne me paraît pas à moi aussi stupide qu'il y paraît. Thomas d'Aquin était un lent et un candide, au point qu'on pouvait le prendre pour un simple d'esprit dans la vie superficielle et journalière. Un jour, au cours d'une récréation conventuelle, un Frère qui voulait rire à ses dépens l'interpelle à l'improviste: « Frère Thomas, venez vite à la fenêtre ! Venez voir un bœuf qui vole ! » Thomas d'Aquin se lève, va à la fenêtre, ne voit rien et le Frère de s'exclamer : « Vous l'avez cru ! Vous l'avez cru ! » Et Thomas d'Aquin : « Le fait qu'un bœuf puisse voler dans le ciel me semble mille fois plus facile à croire que le fait qu'un Dominicain puisse mentir ! » J'imagine très bien le regard clair de Thomas d'Aquin sur le plaisantin. Celui-ci ne dut jamais oublier ce regard.

Bien des hommes trouveraient que de vivre auprès d'une femme comme Simonne n'est pas une condition facile, qu'elle est même insupportable. Je ne la prends pas pour facile, mais je me lasse vite de ce qui est facile. Dans ses livres, Simonne a mis en relief mieux que personne — et c'est même l'une de ses vues les plus frappantes — la valeur et le poids respectif du *oui* et du *non*. Elle surexcite en moi ce goût naturel que j'ai, que j'appelle mon « cubisme », pour les juxtapositions violentes et contrastées.

Son acharnement au travail de l'écriture me stupéfie ; m'a irrité bien des fois, tel un reproche silencieux à ma paresse. Elle m'a fait comprendre ces lignes de Paul Valéry : « Un écrivain est quelqu'un qui ne trouve pas ses mots. Ne les trouvant pas, il les cherche. Les cherchant, il trouve mieux. » Cela est vrai de toutes les activités de l'art, c'est même vrai de la vie spirituelle: un saint est quelqu'un qui ne trouve pas Dieu. Ne le trouvant pas, il le cherche. Le cherchant, il finit par trouver Dieu mieux que s'il ne l'avait pas cherché. C'est une erreur commune que de croire que le don dispense de l'effort. Il contraint à plus d'exigence sur soi : alors seulement il s'épanouit. Les peintres les plus doués ont travaillé comme des forçats. Simonne se surmène et surmène ceux qui l'entourent, avec un sourire qui désarme les résistances, arme les volontés. Chaque matin est jour de mobilisation générale, chaque matin son rire sonne comme un joyeux tocsin. Chaque matin, je me sens déshonoré si je ne réponds pas « présent » !

Après ce terrible accident, qui pèse sur ma mémoire, sur ma conscience, y pèsera jusqu'à mon dernier souffle, se passe une chose extraordinaire, seulement plus tard, bien plus tard, Simonne et moi, nous rendrons compte que nous avons agi avec une inconscience frôlant la plus absurde témérité. Notre excuse, s'il y en a une, est que, sur le moment, aucun médecin ne nous aura mis en garde. Ayant été atteinte d'un traumatisme crânien des plus sévères et surtout de cette très forte commotion cérébrale, non seulement elle eût dû être retenue à l'hôpital sensiblement plus longtemps qu'elle ne le fut, mais encore, une fois rentrée, elle eût dû demeurer au moins deux à trois mois sans faire travailler son cerveau encore sous le choc.

Seulement cinq semaines après l'accident, nous entreprenons de travailler ensemble sur la traduction des quatre Évangiles. Chapitre après chapitre, nous procédons de la manière suivante : je fais seul une première traduction que je retape à la machine en serrant le texte au plus près tout en lui imprimant un certain élan qui est l'âme de la langue française. Ce premier, ou plutôt second jet, nous servira de brouillon. Debout ou assise, même dans un fauteuil, Simonne a des malaises, mais étendue sur son lit, le buste rehaussé, tout va bien. Je m'installe donc auprès d'elle, dans sa chambre, devant le grand secrétaire qui est près de son lit. Autour de moi le texte grec original, le texte latin de la Vulgate, diverses traductions françaises, dont la Synopse du Père Lavergne, d'une remarquable exactitude, malheureusement écrite en un français petit nègre. Le brouillon en main, genoux repliés pour avoir un appui, Simonne rédige les corrections. C'est lent, long pour trouver ensemble l'expression équivalente du texte original en français vivant, sans en trahir le sens, parvenir à une musique des mots porteuse ; discuter, se mettre d'accord.

Simonne ne connaît pas le grec, pourtant combien de fois me demande-t-elle de lui lire à haute voix le texte grec pour en saisir par l'oreille le rythme, la mélodie ? Étrange personnalité, qui vibre à ce texte étranger comme un violon accordé à un violon-maître tressaille de toutes ses cordes lorsque le violon-maître se met à jouer. Et je ne sais comment, elle attrape aussi un sens enfoui qui me serait à moi inaccessible. N'est-elle pas juive ? N'appartient-elle pas à la même race que trois Évangélistes sur quatre, à la même race que ce Jésus lui-même qui est le sujet des Évangiles, à la même race que tous les témoins de sa vie, de sa mort, de sa résurrection d'entre les morts ? Je crois qu'il faut être né dans la langue française pour capter certaines résonances de Villon, de Pascal, de Chateaubriand. Peut-être vaut-il mieux être juif pour capter les effluves plus subtils qui émanent de la Bible et des Évangiles ?

Simonne n'avait pas lu les Évangiles, avait tenté d'en lire un, un autre, avait à chaque fois abandonné sa lecture au bout de quelques pages, se crut allergique à ces textes. Et voilà qu'elle y plonge, y nage comme poisson dans l'eau ! J'en reste cependant le maître d'œuvre, responsable en dernier ressort.

Durant plus de deux ans, Simonne et moi vivrons côte à côte dans la sérénité lumineuse des Évangiles. À coup sûr, l'un comme l'autre, nous en avons été marqués, chacun à sa façon, et sans qu'aucun puisse savoir ce que lui a valu une telle électrocution douce, au ralenti.

La traduction des Évangiles parut chez Albin Michel au cours de l'été 1976, il y a maintenant plus de dix ans. Un tel livre ne pouvait mieux tomber qu'entre les mains de cet éditeur. Francis Esménard et son chef de fabrication déployèrent tant d'efforts dans l'imprimerie et la présentation de l'ouvrage que je ne crois pas qu'il existe, en langue française, une édition des Évangiles plus belle. Néanmoins, l'ouvrage n'eut pas du tout le succès qu'on en attendait, bien qu'il fût couronné par le Prix Chateaubriand. Pourquoi ? Personne, dans l'Église de France, ne s'y intéressa vraiment : décidément l'Église de France, et depuis longtemps, est devenue allergique à la beauté, et cette allergie tourne, comme toutes les allergies, en irritation nerveuse. L'appui inappréciable qu'elle eût pu apporter à cet ouvrage, elle l'en a privé.

Un livre a son destin, toute œuvre a son destin, il n'est que de l'accepter. Un destin parfois bien imprévisible pendant longtemps.

Aujourd'hui où je suis près du terme, si on me demandait ce qui m'a le plus étonné durant ma vie, je serais tenu de dire que c'est ma propre vie. Tout y a été impromptu, inattendu, improbable. Sans ce terrifiant accident, que Simonne a payé plus tard si cher, il est certain que nous nous serions séparés. J'ai même, malgré l'accident et la responsabilité qui était la mienne, voulu m'éloigner d'elle. Je suis parti, j'ai passé six mois en France, seul. Et puis je suis revenu. Entre-temps, Simonne avait quitté Chardonne, avait acheté un appartement à Chexbres, ce petit village vigneron, que tous ceux qui connaissent « la Riviera suisse » admirent et qu'on appelle « le Balcon du Léman ». C'est là que j'écris ces Mémoires, un peu au-dessus des vignes, avec, en premier plan, des arbres et les vieilles maisons du bout du village, le fond du lac cerné par les montagnes. Il n'y a pas d'endroit au monde où l'on perçoive mieux le miracle quotidien de l'avènement de la lumière. Avant que le soleil ne se lève derrière le Rocher de Naye, il souligne d'un trait doré le dessin net et sublime de cet horizon de montagnes. Dès qu'il est apparu, en toutes choses, sur le lac, les vignes, les pentes et jusqu'au fond du Valais, explose une joie d'épousailles silencieuses, l'offrande à la lumière de tout ce qui est. La nuit, toute nuit n'est qu'une gestation, chaque matin le monde est délivré.

Je suis un lève-tôt. Mais pour tôt que je me lève, le premier bruit que je perçois est le doux crépitement de la machine à écrire de Simonne, dans la chambre voisine. Chaque jour, il me tarde de la revoir, de recevoir l'offrande de son sourire aussi irréfutable que le soleil levant. Qu'est-elle pour moi ? Une distance, un affrontement, en même temps que la plus profonde des complicités. Sans doute parce que je suis voué, la sexualité n'est pour moi qu'origine d'inépuisables malentendus, dont je suis heureux d'être enfin délivré. En vérité, mon abstinence d'aujourd'hui n'a plus grand-chose à voir avec la chasteté juvénile et enthousiaste de ma jeunesse monastique : j'ai trop vu autour de moi des vieillards, par ailleurs merveilleux, parfois géniaux, se déshonorer dans des servitudes ancillaires, pour ne pas éprouver quelque dégoût de telles chaînes. Ce serait équivoque de considérer mon abstinence de cette dernière tranche de ma vie comme vertueuse, elle m'est au contraire un formidable soulagement.

Il est des inventions, même anciennes, dont je ne cesse de m'émerveiller comme celle du miroir. Que le miroir nous soit devenu un objet familier n'enlève rien à son miracle. Le phénomène du miroir est l'un des plus importants dans l'usage que l'humanité fait de ce monde et d'elle-même, plus important il est vrai pour les femmes que pour les hommes, au point qu'il semble qu'une femme ne commence à exister que lorsqu'elle s'est regardée dans un miroir. De lui émane pour une femme, ainsi que le ferait une boussole, des informations infaillibles et des commandements impérieux.

L'homme antique grec, l'homme des religions asiatiques, semble vivre en se référant à des reflets provisoires, fugitifs, flous, de lui-même, parce qu'il n'a pas encore le moyen de fixer, de préciser, de stabiliser sa propre image, ce qui paraît l'avoir amené à nourrir un idéal où sa personnalité se diluerait en une vaste et infinie conscience collective : sa dignité se limitait à subir provisoirement son destin sans en assumer la responsabilité singulière et définitive. Il n'avait pas découvert le miroir, son impitoyable précision.

Avec la révélation hébraïque, dans l'ordre moral, spirituel, mystique, a été inventé le miroir, ou plutôt a-t-il été donné d'ailleurs. « *Tibi soli peccavi, et malum coram te feci* » — « Pas un de mes péchés qui ne relève que de Vous seul, et c'est devant Vous seul qu'existe le mal que j'ai commis ! » Prodigieuse confiscation de tout l'ordre moral concentré en un seul foyer, qui est Dieu : le miroir était inventé. Toutes les vertus qu'une femme belle, soucieuse de sa parure, confère au miroir, toute la confiance qu'elle lui fait, il n'est aucun d'entre nous qui ne sache désormais que Dieu les détient. Le commandement de l'Évangile : « Soyez parfaits comme votre Père du ciel est parfait » ne fait que nous assigner cette comparution permanente devant ce miroir. Les femmes à leur toilette m'ont appris le caractère obligatoire et impitoyable d'une telle comparution. Un miroir ne dit jamais que la vérité, c'est la première de ses vertus, sans doute l'unique, mais comme elle suffit à elle seule !

Simonne a du rôle de la femme auprès de l'homme une conception que je n'ai rencontrée chez aucune : pour elle, la femme est le miroir de l'homme, l'homme a besoin de la femme pour se découvrir lui-même tel qu'il est, et sans doute pour se supporter lui-même sans mépris, pour puiser la force de se dépasser, car la femme amoureuse renvoie à l'homme une double image, l'image de ce qu'il est, mais aussi l'image de ce qu'il doit être, s'il veut être digne de l'amour qu'on lui porte. La fréquentation des miroirs est dangereuse parce qu'elle est la suprême exigence.

À mon âge, et plus j'avance en âge, deux paroles de Jésus-Christ me sont un viatique : elles m'aident à vivre et m'aideront plus encore à mourir. L'une : « Ne jugez pas et vous ne serez pas jugé. » L'amour est une émulation de générosité. Dans les dernières lignes du journal intime de son fameux « *Curé de campagne* », Bernanos le dit mieux que je ne saurais le dire: « Il est plus facile que l'on croit de se haïr. *La grâce des grâces est de s'oublier.* Mais si tout orgueil était mort en nous, la grâce des grâces serait de s'aimer humblement soi-même, comme n'importe lequel des membres souffrants de Jésus-Christ. » Dans quelle entreprise, peut-être absurde pour un chrétien, me suis-je lancé en écrivant des Mémoires, qui me contraignent à me ressouvenir de moi ? Cependant peut-on s'oublier de la bonne façon sans s'être auparavant, et même si peu que ce soit, pris en charge ? Ces Mémoires auront été, au prix d'un harassement de l'âme, cette prise en charge de moi-même à laquelle je me suis si longtemps refusé.

L'autre parole du Christ, non seulement m'aide à vivre, mais elle remonte à fond — et à présent plus encore que jamais — le seul ressort qui fasse fonctionner mon horloge intérieure: « Je ne suis pas venu appeler les justes mais les pécheurs. » Jésus-Christ s'est volontairement soumis à son indicible calvaire pour moi en personne, tel que j'ai été, tel que je suis et que je serai à ma dernière heure. Haut et cher Seigneur, donnez-moi la force que l'amour infini que vous m'avez offert ne l'ait pas été pour rien ! Je ne le sais que trop: si vous êtes venu pour les pécheurs, vous ne l'avez pas fait pour les rassurer dans leur péché, ni pour les approuver, ni pour vous faire le complice de leur faiblesse et de leur malignité, mais pour les « appeler », et l'Évangile de Luc ajoute: « à la pénitence », au retournement, au retour de l'Enfant prodigue vers la maison paternelle. D'ailleurs pour nous, Français, depuis un certain 18 juin 1940, le mot « appel » a pris sans équivoque une signification d'héroïsme sacrificiel et d'espérance, de contestation totale de la démission et du fait accompli. Seigneur, le moins que je puisse faire est de tendre de toutes mes forces à me remettre debout avant d'avoir à paraître devant vous.

À toutes mes fautes, mes faiblesses, mes lâchetés, je n'ajouterai pas celle de me faire meilleur que je ne suis, ni celle bien pire de l'exhibitionnisme. Mais je sais, depuis toujours j'ai su, quel est mon chef de guerre: c'est vous. Et je ne vous ai jamais pris pour une mauviette, vous ne l'êtes pas : vous êtes le jeune Condé au matin de Rocroi, vous êtes Bonaparte au pont d'Arcole : Qui m'aime me suive ! dites-vous, qu'il empoigne sa croix et qu'il me suive ! C'est pas rigolo ? Qu'en savons-nous ? La guerre est une affaire terrible, mais les bons soldats ont toujours trouvé le moyen d'y rigoler, même aux pires moments. Imbécile, tu ne vas tout de même pas manquer cette affaire-là ? « Nous avons combattu à Arques, et tu n'y étais pas ? » Allez, debout ! Comme la victoire, le Paradis est au bout de la lance ou du missile Exocet : deviens le fer de la lance, deviens la tête chercheuse du missile !

Le Paradis est pour les violents, cela aussi est dans l'Évangile, pour ceux qui sont capables de l'emporter d'assaut. Ne crois pas que tu partageras la victoire, si tu ne partages pas la bataille ! Quelle bataille ? Ton véritable ennemi, c'est toi, puis quelques autres derrière toi, les sept démons dont j'ai délivré ta bien-aimée et la mienne, Marie-Madeleine. Ne crois pas qu'après que je l'aie délivrée, les sept démons ne soient pas revenus à la charge. Si longtemps que tu n'auras pas rendu le dernier souffle, les démons ne déposeront pas les armes. À toi, de ne pas déposer les tiennes.

VII

Duels à la plume

Oeil de verre ! Bonnes âmes ! Cœurs sur la main ! Pieds au sec ! Spectateurs impartiaux du malheur de l'homme ! Tartuffes !

L'affaire Bassompierre m'a laissé dans la bouche une saveur amère. J'étais entré dans l'Ordre dominicain par obéissance à Dieu, certes, et à une haute vocation, mais aussi pour trouver dans cet Ordre une fraternité, et cette fraternité, je m'apercevais qu'elle m'était avaricieusement ménagée. Ce n'est pas aujourd'hui que je vais m'en plaindre. J'ai assez vécu pour savoir que la vie elle-même est débordante de générosité, qu'elle donne toujours plus qu'elle ne prend, que ce qui vous est enlevé d'une main vous est rendu au centuple de l'autre. Mais la loi de chacune de ces deux mains est que l'une doit ignorer ce que l'autre donne ou refuse. Si les choses ne s'étaient pas passées comme elles se sont passées, je n'aurais pas connu la vigoureuse fraternité de la Légion étrangère, ni la merveilleuse Amérique. En France même, je n'aurais jamais pu entrer dans l'univers du journalisme.

Quelle chance aurais-je eue d'y pénétrer jamais sans les circonstances tragiques, scandaleuses, du procès Bassompierre, de la condamnation à mort et de l'exécution de ce garçon français dont l'honneur était intact ? *L'Intransigeant*, à l'époque grand journal du soir, m'a donné l'occasion d'exprimer ma colère et mon indignation, ce que je fis à ma manière, fonçant droit devant moi. En trois articles retentissants, je réussis le coup de maître d'attaquer tout ce qui comptait alors dans la vie politique française : le Président de la République, les démocrates-chrétiens, les pétainistes, le Parti communiste. Pour faire bonne mesure, s'ajouta le désaveu public de mon Ordre. J'étais fier et content : je n'avais plus qu'à quitter mon pays, en secouant la poussière de mes pieds : Afrique, puis Amérique.

Les batailles de presse ont ceci de commun avec la guerre qu'elles créent entre tous ceux qui y ont été engagés une fraternité des armes, indissoluble. Quand on a livré ensemble une bataille de presse, on n'oublie plus les copains, surtout si la bataille a été perdue. On les connaît trop bien, on les a vus, jugés, soupesés, au feu. Il suffit qu'une occasion analogue surgisse, on se retrouve spontanément côte à côte : « Allez, les gars ! Encore une fois, on va ! »

L'affaire Ben Barka éclata en novembre 1965. Ben Barka était marocain, en rupture avec le gouvernement chérifien, c'était une des personnalités les plus marquantes du Tiers Monde. Ah ! la Révolution s'est bien embourgeoisée ! C'est devenu une carrière qui entretient luxueusement son haut personnel, de palace en palace, lui confère autant de prestige que l'Académie, carrière assortie de quelques dangers personnels, qui en relèvent d'ailleurs le piment. Quel abîme entre la misère où, au début du siècle en Suisse, végétait Lénine, et le faste où vivent et meurent actuellement les grands fauves internationaux de la Révolution. Ben Barka ne se séparait jamais d'une petite valise qui contenait, en coupures, cent mille dollars. Cette valise à elle seule était une tentation.

Bref, Ben Barka fut victime d'un accident de parcours, et disparut de la circulation juste avant le grand week-end de la Toussaint 1965, en des circonstances demeurées obscures, où étaient impliqués deux authentiques policiers français, nos services de renseignement, finalement aussi bien le gouvernement français que le gouvernement marocain, plus, pour faire bon poids, quelques truands de haut vol, qui d'ailleurs avaient pris le large. La gauche écartée du pouvoir et de ses profits, depuis le retour du Général De Gaulle, flaira dans l'affaire l'un de ces scénarios où elle peut déployer toute sa virtuosité subversive, et où la droite s'empêtre régulièrement, une nouvelle « Affaire Dreyfus », où tous les bons sont d'un côté, tous les méchants de l'autre, nos westerns à nous autres Français. C'est comme un « remake » du même film, qui apparaît de loin en loin dans notre histoire, avec des acteurs différents, généralement de plus en plus médiocres. Qu'importe ? C'est le hourvari qui compte. Le seul souci de De Gaulle est de se tenir au-dessus de ce qu'il considère une affaire subalterne. Je suppose qu'il n'est pas fâché d'observer en spectateur le jeu des acteurs, y compris de ses propres ministres. C'est en ces circonstances que *Paris-Presse*, qui a pris la suite de *L'Intransigeant*, se souvient de moi et me demande de « couvrir » le procès. À la rédaction du journal, je retrouve Jacques Imbert, qui s'était battu à mes côtés au cours de l'affaire Bassompierre.

Tâche harassante ! Le procès s'ouvre à 13 heures au Palais de Justice : il réunit tous les grands ténors du barreau parisien, tous les grands reporters spécialistes des affaires judiciaires. Chaque jour, la salle est pleine. Chaque jour, je déjeune légèrement dans un bistrot près du Palais. En principe, la séance dure jusqu'à 18 heures, le plus souvent elle se prolonge jusqu'à 19 heures, parfois 20 heures. Alors je vais dîner dans un bon restaurant du boulevard Saint-Germain à proximité de mon domicile rue de Tournon. Je me couche, ivre de fatigue. Le lendemain, je me lève à 4 heures, me rends en voiture au Cabinet Parlier où j'ai mon bureau, je rédige à la main brouillon sur brouillon de ma chronique : après le sommeil, aussi court soit-il, le paysage de la séance de la veille surgit et s'organise devant moi dans la proportion de ses masses et tous les contrastes des ombres et de la lumière. Enfin je dactylographie le texte définitif. À neuf heures exactement, le motocycliste du journal vient le chercher.

À treize heures, je suis de nouveau au Palais. On avait parlé de trois semaines. En fait le procès durera plus du double de ce temps, avec la seule interruption du dimanche.

Spectacle fascinant ! Les grandes affaires en cour d'assises sont chez nous une leçon d'anatomie de la société française. On voit de l'intérieur comment fonctionnent, s'enchevêtrent ou s'articulent les organes secrets de cette société. Tout ce qui est vivant ne sent pas forcément la rose et, pour poursuivre jusqu'au bout l'observation, il faut parfois se boucher le nez. Je me souviens d'un marchand des halles, encore jeune et bel homme, au parler simple et direct, qui conclut son témoignage par ce conseil au Président : « Croyez-moi, monsieur le Président, je suis dans les agrumes. Quand, dans un cageot, je trouve une orange pourrie, c'est tout le cageot que je jette à la poubelle ! » Et il quitte la barre.

Juges et jurés ne peuvent suivre ce conseil, pas plus qu'un chirurgien : tous sont là pour assainir le corps social, non pour le jeter à l'égout. Un procès d'assises, surtout celui-là, ressemble assez à ces opérations cliniques où on « ouvre » le malade : ce qu'on découvre est tellement avancé, que la tentation est grande de refermer sur-le-champ et de renvoyer le patient mourir dans ses foyers. Pour être juré ou journaliste d'assises, il faut avoir le cœur bien accroché, c'est tout.

Dans l'interminable défilé à la barre, deux catégories de témoins m'ont impressionné par l'étrangeté et l'identité de leur comportement : ces témoins-là sont sourds, muets, aveugles. Ils n'ont jamais rien vu, rien entendu, ne savent rien, ne peuvent rien dire, rien de rien. Pourquoi viennent-ils à la barre ? Ils viennent pour avouer qu'ils ne peuvent pas parler, qu'ils sont muets de nature. Au moins témoignent-ils d'une chose :

La raison d'État frappe de stupidité ses serviteurs ; quant aux femmes de truands, elles restent farouchement irréductibles dans leur fidélité à leurs hommes. Ces dernières autrement plus sympatiques que les précédents :

leur cas relève d'un motif biologique élémentaire, non dépourvu d'une certaine noblesse.

On connaît le mot de Forain, à propos d'un autre procès : « Le cadavre bafouille ! » Le cadavre de Ben Barka n'a pas été retrouvé. Tous ne sont pas moins convaincus que Ben Barka est mort. D'ailleurs peut-être qu'il n'a pas été assassiné (il avait le cœur fragile), et qu'il a suffi qu'on le bousculât un peu trop vivement. L'impression est des plus étranges, de ce mort absent, dont le bafouillis est entendu de tous, couvre parfois les voix les plus retentissantes de France. Ce bafouillis qui emplit la salle d'audience, reste cependant indistinct, confus, indéchiffrable. Ce bafouillis, conjugué avec l'absence d'un vrai cadavre, donne par moments à tout le débat l'aspect d'une fin de nuit de Mardi gras, quand les masques sont de travers sur les visages, que les corps sont épuisés d'ivresse et de fatigue, quand il est plus que jamais impossible de savoir qui est qui, qui a fait quoi, et qu'une seule chose est certaine : l'aube naissante n'éclairera que le chaos : la vérité n'est jamais apparue sur cette terre, elle n'est jamais qu'un fantôme aussi obsédant qu'insaisissable.

Les grands avocats qui représentent la partie civile sont presque tous des intellectuels de gauche, empreints non seulement des idéologies, mais des habitudes révolutionnaires, pernicieuses moins parce qu'elles sont fausses, que parce qu'elles sont des habitudes, mauvais plis indéfroissables : à leur insu, le jugement de ces hommes est asservi. De commerce agréable quand on les rencontre dans les coulisses du prétoire, intelligents, de caractère généreux, après chaque interruption de séance, ils se transforment subitement en pourfendeurs des institutions, et mettent en pratique la maxime du marchand d'agrumes : s'il y a une seule orange pourrie, il faut jeter tout le cageot. Parce que deux policiers, peut-être plus bêtes que méchants, sont compromis jusqu'au cou dans l'affaire, c'est tout le corps de police qui est pourri. Parce que deux agents de nos services secrets sont également mouillés, c'est tout l'organisme de ces services, pourtant essentiels à notre Défense nationale, qu'il faut jeter bas. On fait flèche de tout bois pour, à travers le régime gaulliste abhorré, percer le cœur même de la patrie.

Dans la grande presse parisienne, il me semble que je suis le seul à dénoncer clairement ces attaques sournoises contre deux organismes essentiels de la défense de notre pays. Que mon entreprise ait été honorable, je ne m'y serais pas aventuré si je ne l'avais crue telle. Comme toujours, la solitude où je suis ne fait que stimuler mon ardeur au combat. Ce n'est pas parce qu'on est seul qu'on a tort. D'ailleurs on peut être seul, et aussi avoir tort. Je veux dire que, même si en politique je l'accepte faute de mieux, le verdict du nombre m'est suspect d'instinct, en quoi je ne suis pas démocrate. Que mon entreprise ait été efficace, qu'elle ait porté, je ne saurais en être juge, mais les attaques dont j'ai été l'objet m'en donnent la présomption. « *Le Canard Enchaîné* » m'en donna confirmation en m'affublant du surnom de « Révérend Père Flicberger ». Plus significative encore et de plus de poids, l'interpellation publique en pleine audience dont j'ai été l'objet par Me André Stibbe, leader de la partie civile. Au banc de la presse, je ne pouvais que subir cette attaque à feu nourri, sans répondre. Ni l'avocat général, ni la défense, ni le Président, ne jugèrent opportun de relever ou d'interrompre cette diatribe et cette offense publique à la liberté de la presse. Le lendemain, aucun journal ne la dénonça. Il est vrai que je n'étais qu'un journaliste occasionnel. Mais je garde une certaine fierté d'avoir si bien rempli mon rôle de journaliste qu'un grand avocat en soit venu à mobiliser ses foudres contre moi. J'avais d'évidence gagné mes éperons. C'est un trophée qui ne se donne pas au hasard.

L'une de mes faiblesses, du moins du point de vue d'une carrière temporelle, est que je ne fais pas de bilans. Seulement maintenant, dans ce livre, je tente d'en établir à tâtons quelques-uns... L'affaire Ben Barka m'apporta de grands avantages, dont je n'ai pas tout de suite mesuré l'étendue. Du jour au lendemain, j'étais devenu une vedette de la presse parisienne. *Paris-Presse* augmenta son tirage en de telles proportions que le journal édita une affichette avec ma photo, et on trouvait cette photo dans tous les kiosques à journaux de la région parisienne. À chaque audience, au cours de l'interruption de séance de dix-sept heures, les avocats se précipitaient pour acheter *Paris-Presse* au kiosque qui est au pied des marches du Palais. J'étais tellement harassé de fatigue que ce succès, qui eût dû me monter à la tête, me laissait indifférent. Ma seule préoccupation était de tenir le coup, de garder ma lucidité et mon indépendance de jugement jusqu'au bout de cet interminable film qui déroulait devant moi ses épisodes monotones, où surgissaient tout à coup quelques êtres grotesques ou hagards, paraissant et disparaissant, entraînés dans le courant de la justice qui passe lentement, si lentement. Inexorablement.

Ce succès de presse n'eut pas de lendemain, puisque aucun journal ne sollicita mes services. Mais il eut des surlendemains. Un jour viendrait où l'on se souviendrait de moi. Comme dans toute industrie, dans le journalisme, le succès, ou même la qualité du produit, sont jugés sur l'étendue de la vente. Ni dans le cinéma ni dans la presse, je n'ai jamais été un mauvais cheval, ce qui veut dire en clair : je n'ai jamais fait perdre d'argent à ceux qui m'ont commandité, loin de là !

Dans l'immédiat, je sortis de cette expérience avec d'autres bénéfices que l'argent. Je m'étais fait deux amitiés qui se révélèrent indéfectibles, celle de Jean-Paul Lacroix, qui « couvrait » avec moi le procès pour *Paris-Presse* : il y faisait les comptes rendus d'audience. Il eût pu ressentir à mon endroit quelque jalousie : ma chronique avait plus de retentissement que son article... Il n'en fut rien, au contraire, il s'ingénia à favoriser mon insertion dans le milieu professionnel des journalistes, tirait fierté de notre association. Jean-Paul Lacroix est à coup sûr l'un des êtres les plus désintéressés, les plus serviables, les plus dénués d'envie que j'aie rencontrés. Au lieu que je lui fasse ombrage, on eût dit que mon succès était le sien ; il l'était en effet aussi, tant il m'a aidé au jour le jour à me protéger dans cet univers du journalisme et de la justice, où je ne connaissais rien ni personne et qui n'est pas dépourvu de méchanceté.

À la rédaction de *Paris-Presse*, je retrouvai Jacques Imbert qui avait été à *L'Intransigeant* lors de l'affaire Bassompierre. Il se souviendra de moi un peu plus tard, me mettant pour tout de bon le pied à l'étrier dans le journalisme. Je suis entré dans cette nouvelle carrière, selon ma nature, de face, sans biaiser. L'affaire Bassompierre, puis l'affaire Ben Barka : du moment que je m'engageais dans cette voie, je ne pouvais le faire qu'à ma façon : de tout le poids de ma forte vie.

Dans un procès, il n'y a pas que juges, jurés, avocats, témoins, il y a surtout ce qu'on appelle le banc ou le box des inculpés. Leur présence emplit la salle, donne une signification à la présence de tous les autres, pose au sujet de chacun d'eux la question fondamentale que l'on se pose à propos de tout homme que l'on regarde attentivement : qui est-il ? Qu'a-t-il fait ou pas fait ? Ment-il ou dit-il la vérité ? Dans quelle mesure sait-il vraiment ce dont il s'agit ? Pour répondre à toutes ces questions on n'a vraiment qu'une seule ressource : le visage, le comportement, le ton d'un homme pour l'instant mis au ban de la société et montré du doigt. Ce n'est pas une si mauvaise situation que d'être mis une fois dans sa vie dans la nécessité d'avouer qui l'on est. Jeanne d'Arc s'y est trouvée, et son procès de condamnation est à mes yeux la plus parfaite expression du génie français.

Ici, le premier coup d'œil jeté sur le banc des accusés est décevant : il y manque les vedettes, le Général Oufkir, ministre dans le gouvernement chérifien, Figon qui s'est suicidé, plus quelques truands, qui ont eu un rôle majeur, et qui sont partis à temps. Parmi les présents, un seul du premier coup se révèle en entier. Dès ses premières paroles, il est évident qu'il sait tout, non moins évident qu'il ne dira rien, Lopez. Non pas seulement parce qu'il ne veut pas dire la vérité, mais peut-être parce qu'il en est incapable. Il y a certains états de mensonge substantiel qui rendent l'aveu tout aussi inconcevable que le coït chez un castrat. En politique, nous avons connu de tels personnages qui sont ennuques pour l'Empire du Diable : le mensonge les a dévorés, comme le feu du ciel réduit en cendres la victime de l'holocauste. Lopez me fait penser, dans le roman de Bernanos, « *L'Imposture* », à ce clochard qui accompagne l'abbé Cénabre dans son errance nocturne dans un Paris vide : « Un pauvre bougre comme vous voyez moi, ça n'a pas d'histoire. Pourquoi voulez-vous m'en donner une eh ! face de cadavre ? Là-dedans (il entrouvrit le drap de son paletot sur sa peau ridée), ça remue et c'est que des mensonges ! Où voulez-vous que j'aille démêler ça ? C'est trop vieux, ça ne fait qu'un tout ensemble, ça bloque, bon Dieu ! Cinquante-huit ans ! » De Lopez, personnage étrange, à force d'être banal et vulgaire, avec ce geste de débardeur qu'il a, de remonter son pantalon chaque fois que le président lui ordonne de se lever, on sent que rien de vrai ne peut sortir. Même quand il lui arrive de dire quelque chose d'objectivement vérifiable, ce quelque chose est souillé. On n'ose pas le ramasser.

Pour la première fois, à vrai dire la seule fois de mon existence, il m'était donné d'assister à un grand procès d'assises. Je suis comblé, ce procès est en même temps un grand procès politique, grandes manœuvres, dans un espace symbolique et étroit de ce que sera mai 68. L'absence du corps du délit, le cadavre de Ben Barka, favorise toutes les ambiguïtés, toutes les dérives. Il y eut un moment extraordinaire. Lopez expliquait que sa présence même dans le box des accusés faisait présumer de son innocence : « Avec la situation qui était la mienne à l'aéroport d'Orly, j'avais toutes facilités, à n'importe quel moment, sans billet et sans passeport, de prendre n'importe quel avion, en partance pour n'importe où. Si j'avais eu quelque chose à me reprocher, croyez-vous que je serais resté là, à attendre qu'on vienne me cueillir ? »

L'Avocat général: Lopez, ces facilités que vous aviez pour votre personne, les aviez-vous également pour n'importe quel bagage?

Lopez fait une mimique de clown ahuri, ouvre la bouche pour répondre, se ravise, se rasseoit. À ce moment-là j'ai eu le sentiment qu'on ne retrouverait jamais le cadavre de Ben Barka, qu'il reposait désormais en pièces détachées, dans la terre de ses ancêtres. Dans la moiteur de la salle d'audience, au cours d'un mois de septembre étouffant, on sent se plier, se déplier, se nouer sous nos pieds les silencieuses et incestueuses reptations de serpents en cage. Je garde de ce procès un souvenir d'angoisse et d'effroi, celui du voisinage non seulement d'une ténébreuse affaire, et qui le resta jusqu'au bout, mais d'une affaire impure. Ben Barka lui-même qui au départ n'était qu'un fantôme devenait de plus en plus fantomatique, réduit à l'espace abstrait d'un alibi pour les principaux acteurs. Qu'importait Ben Barka? Quel qu'ait été leur rôle en ce monde, comme les hommes passent vite! Comme leurs intentions, leurs plus chers objectifs, sont subitement réduits à néant! Comme sont vains les battements d'un cœur qui n'ont d'harmoniques que dans le temps!

Je ne suis, moi, qu'une cloche d'airain. Je vibre à toutes les secousses de ce drame qui se reconstitue devant moi. Il y a des creux effrayants, des trous noirs, dont on sait qu'ils ne seront jamais comblés. Je vibre aussi aux trous noirs. Par-dessus tout, je vibre à la solitude des hommes.

Quel est, dans le box, cet homme petit, maigre, attentif comme un chat de gouttière, dont je vois pour la première fois la face creuse, qui a cette lividité caractéristique de ceux qui sont restés longtemps en prison? Il a ces yeux mobiles, ardents, pointus, auxquels n'échappe aucun détail, aucun mouvement, aucune péripétie. Il se lève tout à coup sans qu'on lui ait donné la parole, invective, proteste, seul comme un homme adossé à l'arbre défend sa vie. Visiblement, il ne ménage rien, ni personne. Dans cette assemblée mouvante, il n'a pas de complice, pas d'allié, il est seul, il se veut seul. Ce qu'il défend est à lui, rien qu'à lui, il n'y a pas de partage en lui, nulle obédience. Éventuellement, il houspille même ses avocats. D'ailleurs il incommode tout le monde : autour de lui il n'y a qu'hostilité, d'évidence il est inutilisable. Oui, un chat de gouttière, toutes griffes dehors, plein de charges magnétiques, prêt à sauter au visage de quiconque approcherait de trop près. Ah ! croyez-moi, c'est une chose admirable, quelqu'un de seul, d'absolument seul, qui jette à pleines mains toutes ses réserves, qui joue son va-tout. Je me donne trois jours pour l'observer et dire publiquement ce que je pense de lui. Du moins, de tous, jurés, avocats, témoins, inculpés, c'est lui que je regarde le plus attentivement. Cet homme, c'est Philippe Bernier ! Que diable fait-il dans cette galère ?

Dans la salle d'un tribunal, l'espace est soigneusement organisé pour créer un rapport de forces défavorable à l'inculpé, tout un sytème de rites se déroule dans le temps pour renforcer cet état d'infériorité : tout est construit ici pour convaincre que l'âme de l'inculpé est de petite dimension, comme pourrait le faire un décor de théâtre. Et tout à coup, avec une soudaineté stupéfiante, un cri s'élève du banc des inculpés qui fait voler en éclats les rites et le décor, reconstruit instantanément l'environnement à son profit, soumet la liturgie conventionnelle à un autre rythme, y introduit des ruptures imprévues, ménage une autre cage sonore, d'autres lignes de fuite dont il devient subitement le centre :

— Vous, monsieur l'Avocat général, prenez garde à vous ! Dès le moment où je suis entré pour la première fois dans cette salle et que nos regards se sont croisés, j'ai vu dans vos yeux que vous me tenez pour coupable. Vous vous apprêtez à me tourner et me retourner sur le gril. Vous serez déçu, monsieur l'Avocat général, et je vous préviens ! À la moindre incartade frauduleuse de votre part, comptez sur moi : je ne vous raterai pas !

Une autre fois, faisant face à la partie civile qui l'attaque :

— Maître Germaine Sénéchal, avec vos mains soigneusement manucurées, vous venez me chercher des poux dans la tête. Vous n'êtes pas de taille, Maître Sénéchal. Ce qui est vrai, ce qui est faux, ce qui est juste, ce qui est injuste, que pouvez-vous en savoir ? Vous dînez trop en ville pour ça ! Allez-y, Maître Sénéchal, ma tête est plus propre que la vôtre qui sortez de chez le coiffeur ! Et puis un conseil : changez de parfum : le vôtre, qui parvient jusqu'ici, sent la bête traquée et qui a peur !

Au Président lui-même :

— Monsieur le Président, c'est à vous, non ? de veiller au bon déroulement de ce procès et à la sérénité des débats ! Veuillez ramener la partie civile aux faits établis et à une certaine décence dans le propos !

Un grand procès est une vaste machine qui, une fois mise en route, ne demande qu'à ronronner. Très vite, tous sont complices du ronron. Tous, sauf Bernier ! À quel accent reconnaît-on l'innocence ? Une telle insolence ne peut germer sur un sol pourri. De ceci, je suis très vite sûr : Bernier n'a été amené là que par d'autres, pour jouer un rôle dont il ignorait le sens. Il est tombé par hasard dans l'énorme machinerie judiciaire, il ne peut être le complice d'un crime. À quoi bon être journaliste dans un grand procès, si ce n'est pour constater et proclamer une telle évidence ? Avant de mourir, Figon avait dit de Bernier le mot vrai : « la chèvre dans la chasse au lion ! »

Je consacre mon quatrième article à ce singulier personnage. Je le crois innocent, je le dis. En fin de procès, il sera acquitté. Dans la suite, je l'ai rencontré par hasard, il a travaillé avec moi dans la tournée de mon film « *Tu moissonneras la tempête* » ; tout cela aboutira à une de ces amitiés sur laquelle le temps n'a pas prise.

La vie ne va jamais aussi vite qu'on croit. Vue de l'extérieur, ma vie peut apparaître pleine de surprises et de rebondissements. À moi qui l'ai vécue, elle me paraît aux deux tiers dépensée en de longs piétinements. De nature, je ne suis pas patient. La vie m'a appris la patience, la longue patience, où il ne faut pas dormir, où il faut toujours tendre l'oreille, la patience de l'affût. Après « *Le Dialogue des Carmélites* », qui fut un éclatant succès, j'aurais cru qu'il me serait facile de faire un nouveau film. Il n'en fut rien. Après l'affaire Ben Barka, où j'avais fait la preuve que j'étais capable de maîtriser l'expression journalistique, j'espérais qu'un grand journal s'intéresserait à moi. Il n'en fut rien. Je rentrai dans ma retraite suisse, écrivis des livres, attendis. Rien ne m'est plus bénéfique que de rester au repos, d'attendre, apparemment dans le vide. C'est quand je ne demande plus rien, que tout m'arrive. Un soir, coup de téléphone. Je reconnais mal les voix au téléphone :

— Je vous demande pardon, mais « Jacques Imbert », cela ne me dit rien...

— Enfin, Père Bruck, souvenez-vous ! L'affaire Bassompierre ! L'affaire Ben Barka !

— Ah, Jacques Imbert, cette fois-ci j'y suis ! Comment allez-vous ?

— Écoutez, Père Bruck, je suis maintenant directeur de la rédaction du *Journal du Dimanche*. J'ai un trou dans mon prochain numéro et j'ai pensé que vous pourriez le combler ; sept ou huit pages de vingt-cinq lignes. Pour quand ? Nous sommes jeudi soir, ce serait pour samedi matin au plus tard. O.K. ? La sténo vous appellera samedi matin à dix heures !

On est en pleine ébullition de l'après-Concile et de l'affaire Lefebvre. Ce n'est pas Jacques Imbert qui tient les cordons de la bourse et mes articles ne sont pas royalement payés, qu'importe ! Depuis longtemps je sais que les pauvres ne doivent pas être exigeants. Avant tout, ne pas laisser tomber Jacques Imbert, la fidélité en amitié porte bonheur et il est rare qu'elle n'ait des effets secondaires bénéfiques. Le premier de ces effets est que ma signature est de nouveau présente dans la grande presse parisienne, même si Jacques Imbert n'a besoin de moi que de loin en loin, toujours à la dernière minute, sur un sujet d'actualité que je ne choisis pas, et pour un article assez long. Cela m'oblige à extraire de moi, en un minimum de temps, le meilleur de ma réflexion que j'applique à un objet inattendu. Je m'en tire bien. De plus, j'aime ces brusques urgences où je m'étonne moi-même.

Depuis le début du siècle, s'est introduit dans notre univers quotidien un petit animal, imprévisible, capricieux, brutal. Ce n'est pas un animal domestique, nous sommes au contraire domestiqués par lui. Il n'aboie pas, ne miaule pas, il sonne, et, selon le mot de Degas, vous y allez. Le téléphone.

Le Concile s'était terminé dix ans auparavant. Le téléphone retentit, je décroche :

— Ici, Georges Merchier, rédacteur en chef à *L'Aurore.* Je m'occupe des informations religieuses au journal. Le Père Lelong, de votre Ordre, tenait la chronique religieuse du jeudi. Il est obligé de nous quitter. Seriez-vous disposé à le remplacer ?

Tout de suite, je dis oui. Pendant des années, j'ai cherché à obtenir une chronique hebdomadaire dans un grand journal parisien. J'ai frappé à toutes les portes qui m'étaient accessibles. En vain. Maintenant que j'ai renoncé, définitivement retiré sur mon perchoir vaudois, j'obtiens sans l'avoir demandé ce que j'ai si passionnément désiré. Décidément, il faut que j'assassine moi-même mon désir et que j'en porte le deuil, pour que la chose que j'ai désirée me tombe du ciel. Mais Dieu qu'il me faut de temps pour que je devienne l'assassin de mes désirs !

Le journalisme ressemble trop à la guerre pour que je n'en aie pas le goût, la passion. Il exige les mêmes vertus que la guerre : d'abord les armes, la compétence de s'en servir, le courage de s'en servir en effet. Deux types d'armes, offensif et défensif, l'épée et le bouclier. J'aime les moments de l'épée. Pour un ferrailleur comme moi, disposer d'une chronique religieuse au milieu des années 70, c'est le paradis sur terre. Ce que j'ai à défendre est ce que j'ai de plus sacré, la foi catholique. En face, l'essaim tourbillonnant de cuistres, zélotes du Concile, experts en « théologie nouvelle » et en sciences humaines, cour des miracles, agglomérat d'évêques crédules, de jeunes prêtres fanatisés de changement, de professeurs péremptoires, tous aimant le monde entier sauf le petit troupeau de fidèles de nos églises, croient dur comme fer à toutes les lubies intellectuelles et techniques du moment, prêts à s'incliner devant toutes les modes sauf devant la tradition et le dogme catholiques qui leur sont objet de répulsion, au point qu'il semble qu'ils ont quelque revanche à prendre sur eux. Non ? Mais qu'est-ce qu'ils croient ces jean-foutre ? Qu'ils peuvent chahuter l'Épouse de Jésus-Christ comme des loubards bousculent une copine dans le fossé ? Bas les mains ! À genoux, misérables ! Telle était la tonalité de ma chronique au moment où j'entrai dans cette bataille.

Mon premier article, je le fais sur-le-champ en rendant hommage à mon prédécesseur, je dénonce la coalition occulte et sournoise dont il a été la victime. C'est aussi une manière d'avertir les autorités ecclésiastiques françaises que je suis un coriace et qu'on ne me possédera pas, moi, aussi facilement qu'on a possédé le Père Lelong. Pauvre Père Lelong ! Malgré la version officielle que sa démission est venue de lui-même, qu'elle a été spontanée et tout à fait libre, je connais trop les milieux ecclésiastiques français pour qu'on m'en fasse accroire. Comment veut-on qu'un Dominicain, qui vit dans une communauté, qui ne peut faire autrement que d'y vivre, à la longue puisse seulement respirer, quand, chaque jeudi matin, moment où sa chronique paraît, il voit autour de lui les visages s'assombrir, et même devenir menaçants ? Bienheureux suis-je qu'entre la France, ses querelles et moi-même, il y ait une frontière ! Je suis hors de portée. Certes, ce n'est pas pour me mettre à l'abri que je suis venu en Suisse, si j'y suis c'est bien par hasard, mais le fait est que j'y suis. Grâce à cette situation privilégiée, je puis jeter sur la France et sur l'Église de France un regard plus lucide et plus froid. Tout chasseur sait d'instinct que, pour ne pas rater la bête, il y des endroits absolument privilégiés pour le guet et l'affût, en ces heures indécises entre jour et nuit, où toute l'attention de l'oreille et de l'œil est mobilisée.

L'Église de France est en guerre civile. La guerre civile est une guerre fratricide à l'intérieur d'un même corps social. Le Cardinal de Retz l'a dit avant moi : le malheur des guerres civiles est que, quoi qu'on fasse, on ne peut que faire mal. À l'heure où j'écris ces lignes, Mgr Lefebvre, qui a si longtemps porté à bout de bras et si haut l'espérance de l'orthodoxie catholique, vient de consommer le schisme. Cela n'innocente pas la partie adverse pour autant. J'ai peur pour les catholiques français qu'ils se trouvent désormais dans un terrain vague, pris entre un évêque officiellement schismatique et un épiscopat profondément contaminé par le modernisme, c'est-à-dire par l'hérésie. Comment oublier que cet épiscopat depuis vingt ans a privé la jeunesse de France de catéchisme, donc d'enseignement authentique de la foi catholique ? Cet épiscopat a toléré, parfois favorisé les pires déviations liturgiques ; dont on ignore, tant il les professe discrètement, s'il croit encore en la divinité de Jésus-Christ, en la virginité de Marie, mère de Dieu, en la présence corporelle et sacrificielle de Jésus dans l'Eucharistie. Bref et à quelques rares exceptions près, cet épiscopat ne nous inspire aucune confiance quant à l'intégrité de la foi catholique.

Ainsi donc, dans le journalisme, je me suis tenu constamment et, je crois sans peur, à cette maxime où saint Albert le Grand, Dominicain, définissait de manière précise la vocation dominicaine : « Notre mission n'est pas de dire le droit par sentences, à la manière des juges ; notre mission est de dire d'une action qu'elle est juste ou injuste, ainsi que peuvent le faire des hommes de principe et de doctrine (*ut doctores*). Et cela, quel que soit l'auteur de ladite action : au-dessous de nous ou au-dessus. » Je n'ai jamais contesté que le moindre évêque soit infiniment au-dessus de moi dans la hiérarchie et même sans doute dans la dignité personnelle. Mais je me suis toujours senti le plein droit de dire qu'il avait tort ou raison en regard de la théologie catholique qui m'a été enseignée, et de la tradition de l'Église.

Le paradoxe — et il est grand ! — est que ce soit à moi, de fait à moi seul, qu'incombent, dans la grande presse parisienne une telle charge et une telle responsabilité, charge et responsabilité en si profonde harmonie avec la grande vocation dominicaine. Dans ce livre même, j'ai été suffisamment sincère dans l'aveu de mes défaillances envers ma vocation de Dominicain pour que le lecteur juge qu'il y en avait sûrement de beaucoup plus dignes que moi d'une telle charge et d'une telle responsabilité. Mais il y a une loi de l'incarnation chrétienne : c'est l'inlassable complicité de Dieu avec ce qui est infime, ou même défaillant, pour accomplir les tâches qu'il juge nécessaires. Au fond, pour les tâches qui lui sont propres, Dieu n'aime pas le progrès : pour faire faire ce qu'il faut faire, Dieu en est resté à l'âge de pierre, il utilise les instruments les plus rudimentaires, dont nous-mêmes aurions honte : des silex durs qui ne deviennent outils que lorsqu'on les a taillés dans le fil de la pierre, ce qui ne va pas sans éclats, étincelles. C'est à peu près ainsi que je me ressens : aussi grossier que je sois, si j'étais bien dans la main de Dieu, quels chefs-d'oeuvre ne produirait-il pas ? Seulement voilà, si Dieu ne m'a pas très en main, c'est assurément de ma faute.

Il y a autre chose. Qu'on lise et relise tout le Nouveau Testament et même l'Ancien, quand il s'agit de la souveraineté de Dieu sur l'univers et sur les âmes, le mot « empire » n'est jamais employé, il s'agit toujours de « royaume », à mon sens parce que l'empire implique une perte de la liberté et que le royaume a un tout autre sens tant du côté des sujets que du côté du roi. Le Royaume est un univers simple pour des hommes simples : il repose sur la fidélité du sujet au roi, parfaitement exprimée par ce dicton de nos chansons de geste : « Quiconque renie son droit Seigneur, a renié Dieu ! » Mais du côté du roi, la loi du royaume, qui scandalise le plus les cuistres modernes, c'est le bon plaisir : « Tel est notre bon plaisir ! » Pour un bon roi, son bon plaisir ne peut être que le salut de son royaume, la dignité et le bien-être de ses sujets. C'est bien ainsi que l'Église est le Royaume de Dieu par Jésus-Christ.

Il est arrivé à tel ou tel roi, pour une tâche tout à fait particulière, urgente et difficile, de faire ouvrir une prison, de se faire amener un chenapan pour lui dire : « Tu es un vaurien. C'est pour cela que je te choisis, toi. La tâche que je te demande d'accomplir pour moi, c'est ta chance, je suis sûr que tu l'accompliras bien parce que tu es un hors-la-loi, exactement le genre de type qu'il me faut en la circonstance. » Le chenapan baise la main du roi et fait avec allégresse ce qui lui a été commandé. Jamais je ne me suis senti plus en service commandé que dans ma tâche de chroniqueur à *L'Aurore.*

Un grand journal est une famille, il en a les rites ; entrer dans la rédaction d'un grand journal, c'est une sorte de mariage. Pour introduire et présenter l'étranger dans le cercle étroit de la rédaction, il fallait un repas qui consacrât l'événement. Le déjeuner eut lieu à *L'Aurore.* À lui seul le cadre en était mémorable. À l'époque, *L'Aurore* occupait un vieil immeuble qui lui appartenait au numéro 100 de la rue de Richelieu, tout près des Grands Boulevards, à l'intérieur du périmètre de ce qui fut le centre vivant, turbulent, de Paris, de 1830 à la guerre de 1914 : le Paris de Balzac, de Victor Hugo, de Nadar, d'Alexandre Dumas, mais aussi de Zola, de Clemenceau, de Drumont. C'était l'époque où la profession d'intellectuel était encore honorable, car chacun y était tenu de savoir les armes et d'y risquer sa vie en duels qui n'étaient pas pour rire : Clemenceau était si adroit au pistolet qu'il était capable de traverser d'une balle une pièce de cent sous jetée en l'air.

Les grands cafés de l'époque, fréquentés par les écrivains et les grandes courtisanes, avaient tous été situés à proximité, et même ce « Boulevard du Crime » illustré par Marcel Carné dans «*Les Enfants du Paradis*». Ce fut au journal *L'Aurore* que Zola publia l'article *J'accuse*, qui mit le feu aux poudres de l'affaire Dreyfus. L'ambition secrète de tout grand journal parisien est d'être un jour en situation de renouveler cet exploit. Pour parler clair, chacun de ces grands fauves qui peuplent la jungle obscure du journalisme parisien, oreille tendue, œil aux aguets, rêve de pouvoir déclencher une guerre civile.

Attention, mon ami, le repas où tu es l'invité d'honneur n'est pas n'importe quel repas, la terre que tu foules est volcanique. En cet endroit de Paris, l'histoire bouillonne sous une mince couche terrestre, toujours prête à faire irruption en coulées de lave et de feu, comme sur les flancs du Vésuve. L'immeuble de *L'Aurore* est l'organe témoin de grandes secousses dont on parle dans les livres d'histoire: ses murs imprégnés d'une imperceptible odeur de barricades, de combats de rue, de duels et d'encre vitriolique. Je crois au rayonnement magique de certains lieux, à leur destination fatale. Ce centre de Paris est l'endroit du monde dont émanent le plus d'influences telluriques porteuses de guerres civiles. J'en étais tout émoustillé.

Je humais tout cela dans cette salle à manger de style Second Empire, lambrissée de stucs, d'or et de frivolité. Tout le haut état-major du journal était là ; Francine Lazurick présidait la table. Elle était la veuve de Robert Lazurick qui avait si longtemps dirigé le journal appartenant à son ami Boussac. L'empire Boussac, alors en pleine déconfiture, *L'Aurore* devint l'enjeu d'antagonismes qui à la fois dépassaient toute l'équipe du journal et dont cependant elle dépendait. En fait Marcel Dassault s'était mis au rang des acheteurs: lui seul disposait d'assez d'argent pour offrir du journal un bon prix, pour le renflouer et en refaire un grand quotidien populaire. Marcel Dassault entretenait des liens étroits d'amitié avec Jacques Chirac.

L'Élysée, où régnait à cette époque Giscard d'Estaing, mit soudain son veto à cette tractation dont l'heureux aboutissement eût sauvé un journal chargé d'histoire et de gloire. On s'étonne que, dans un pays majoritairement de droite, la droite perde le pouvoir. Je m'étonne, moi, qu'elle l'ait parfois obtenu. Au sein de la droite française, les rivalités de personnes, les ressentiments immédiats les plus médiocres, éclipsent tous les impératifs, y compris celui de l'intérêt national et de l'honneur du pays. Comme je n'y peux rien, je préfère me tenir à l'écart de ce nœud de vipères. À chacun de suivre son propre chemin, comparable à nul autre.

Francine Lazurick gouverne le journal avec compétence. Elle connaît évidemment toutes les batailles obscures qui se livrent autour de lui, fait mine de les ignorer, conserve la sérénité de quelqu'un qui s'apprête à prendre une retraite dorée. Guilleminault directeur de la rédaction, et que je rencontre pour la première fois, est une véritable bête de presse : petit, maigre, nerveux, il semble n'avoir d'autre vie que celle de son journal. Homme de très grande culture, ancien normalien des lettres, visiblement il s'éveille chaque matin avec l'ambition toute neuve que le numéro qui sortira aujourd'hui sera le mieux fait de France, et tant dans chacune de ses rubriques que dans son ensemble. Rien ne le distrait de cette passion qui le ressaisit chaque matin avec l'aube. Les passionnés ne s'intéressent qu'aux passionnés. Guilleminault sait que, pour faire un bon journal, il faut avoir autour de soi quelques hommes de ferveur, qui savent précisément pour quoi ils se battent, peuvent définir leur but, sont capables d'encaisser les coups, sont aussi capables d'en donner, et de préférence des coups qui fassent mal. Le métier de journaliste est fait pour moi.

Un journal qui veut vivre a besoin d'une clientèle, et fidèle. Une clientèle ne s'acquiert que par les services qui lui sont rendus. Les lois du marché ne sont pas sentimentales, elles se résument au donnant-donnant. Plus large est la clientèle d'un journal, plus volontiers la publicité vient à lui. Or un journal vit de la publicité... À ce point de vue, la politique de *L'Aurore* est claire comme de l'eau de roche. Guilleminault me l'explique nettement : « *L'Aurore* est un journal de minorités, particulièrement si ces minorités sont maltraitées. Telle est notre raison d'être, notre vocation, notre moyen de subsistance. Au moment de la liquidation de l'Algérie française, nous avons compris que plus d'un million de Français allaient être rapatriés en catastrophe et dans les pires conditions, que tous ces gens allaient être affrontés à des problèmes de transplantation, pratiquement insolubles s'ils restaient des isolés. Le gouvernement ne pouvait tout faire, et d'ailleurs ne les aimait pas. Nous avons délibérément décidé d'aider cette masse énorme d'hommes, de femmes, d'enfants, dans la détresse, de leur donner la parole, c'est-à-dire d'en faire une communauté à l'intérieur de la vie nationale. Il leur fallait un grand journal qui se mette quotidiennement à leur place, qui rompe leur solitude, qui éventuellement favorise les retrouvailles entre eux, dans cette débâcle où ils étaient submergés. Vous n'imaginez pas les services que peut rendre un grand journal à toute une population sinistrée. Ces services, nous les avons rendus, et cette population nous en est encore reconnaissante.

« Sans vouloir entrer dans des considérations théologiques et proprement ecclésiales — qui ne sont pas de notre ressort mais qui sont du vôtre —, nous constatons que, depuis le Concile, en France, il y a une autre population, également sinistrée, pratiquement livrée à elle-même, et même persécutée, en tous les cas très mal vue par les évêques ; exactement comme les pieds-noirs étaient mal vus et même persécutés par un gouvernement qui avait causé leur malheur. Au fond, voyez-vous, quand l'autorité — n'importe quelle autorité — se sent dans son tort, elle n'a jamais trouvé de meilleur moyen de paraître se justifier, que de frapper encore plus fort sur les victimes dont elle a causé la détresse. C'est vieux comme le monde. En résumé, ce que nous attendons de vous, c'est de refuser de hurler avec les loups, si c'est possible, de hurler contre les loups. Ce n'est pas toujours facile, vous le constaterez vite, mais telle est notre tâche, et c'est pourquoi nous faisons appel à vous. Voilà pourquoi vous êtes à nos côtés. Et nous devons pouvoir compter sur vous. De votre côté, vous pouvez compter sur nous. Nous savons défendre nos collaborateurs, vous en ferez vite l'expérience. »

Aucun langage ne pouvait me stimuler davantage : pacte passé de part et d'autre, pacte scrupuleusement tenu ! Chaque jeudi, pendant trois ans sans en manquer aucun, je mènerai aux points un épiscopat français complètement déboussolé, animé d'un seul sentiment qui tournait à la frénésie : brûler et réduire en cendres ce qu'il avait la veille adoré. Pas d'exception, aucune limite à cette ardeur. C'est exactement ce que j'ai vécu et connu au moment de Vichy et du Maréchal. Le reniement exerce une contagion foudroyante, comme la peste ou le choléra : quand le reniement se déclenche, il se propage à la vitesse de l'ouragan. La seule résistance qu'on puisse lui opposer est alors une obstination inébranlable et un courage sans faille dans la naïveté d'appeler les choses par leur nom : il importe au plus haut point de dire et de répéter que la peste est la peste, que le choléra est le choléra, que la merde est la merde et qu'elle ne dégage pas des odeurs suaves. Il faut dire et répéter que le reniement de ce qu'on est ordonné à honorer et à défendre constitue le pire des déshonneurs.

Décidément oui, tout cela me donnait l'impression du déjà-vu et du déjà-vécu : il fallait honorer la défaite à l'égal d'une victoire, et la capitulation comme un triomphe. Alors que l'essence de la mission de l'Église de Jésus-Christ est de contrecarrer partout le monde dont le Diable est le Prince, tout un épiscopat interprétait l'« *aggiornamento* » ainsi que l'acceptation d'un fait irréversible : c'était l'Église qui avait eu tort de s'opposer au monde, il fallait au plus tôt se réconcilier avec lui. À la racine peut-être inconsciente d'une telle attitude il y avait non seulement le soulagement des vaincus, mais ce que Bernanos appelait « l'ignoble amour du vainqueur », l'irrépressible envie de chanter à tue-tête le « *Te Deum* » des lâches. On n'avait même plus l'idée que ce monde pût être vaincu, et vaincu par quoi, je vous le demande ? Par la foi au Seigneur Jésus-Christ. Alors on se mit à ne plus aimer la foi, or on ne défend bien que ce qu'on aime. Il fallait rendre au peuple chrétien le goût de la victoire. C'est l'honneur de Jean Madiran d'abord, de Mgr Lefebvre ensuite — et qui ne leur sera jamais enlevé —, d'avoir d'emblée rejeté et dénoncé cette capitulation sans condition, et pour ainsi dire préventive. Pour bien préciser, j'écris cela en juillet 1988, alors que Mgr Lefebvre a cédé à la tentation du schisme. Mais son erreur actuelle ne peut m'empêcher de lui rendre l'hommage qui lui est dû.

À *L'Aurore*, mon patron direct est Georges Merchier, vieux routier du journalisme d'information, chargé entre autres rubriques, de la page religieuse, qui a pris une grande importance depuis le Concile. Affecté d'une malformation physique, c'est pourtant le journaliste le plus vif, le plus prompt, le plus enthousiaste, le plus dévoué. Il a découvert un informateur aussi discret que sûr à l'intérieur même du Vatican : soit pendant le Concile, soit après, aucune information romaine publiée par *L'Aurore* ne s'est révélée fausse, ni même incertaine. Cette sûreté dans l'information, qui est la qualité première du journaliste, s'affirmera sans faille jusqu'au bout. Avant le Conclave, qui suivit la mort subite de Jean-Paul Ier, *L'Aurore* fut le seul journal en Occident à avancer le Cardinal Wojtyla comme « papabile ». Quand le résultat fut proclamé sur la place Saint-Pierre : « *Habemus papam, eminentissimum, reverendissimum Carolum Wojtyla...* », les journalistes furent déconcertés. Ce fut une ruée sur Georges Merchier qui était le seul à savoir quelque chose sur cet archevêque de Cracovie, depuis des siècles premier pape non italien, premier Slave, et qui nous venait de derrière le rideau de fer.

Je ne comprends pas qu'on puisse contester la réalité de la prédestination. Il semblait que tout ce que j'avais vécu jusque-là, en bien comme en mal, et jusqu'à ma situation marginale dans l'Ordre dominicain, ne s'était produit que pour que j'en arrive à ce poste de chroniqueur religieux à *L'Aurore*, au moment même où l'Église de France traversait une crise effroyable, où étaient menacées directement la légitimité de sa hiérarchie et jusqu'à son identité catholique. Dans les temps modernes, l'Église de France a la manie d'être à la mode. Comme l'Église est naturellement accordée, non au temps mais à l'éternité, cette manie d'être à la mode fait que l'Église de France est sans cesse en retard d'une mode ; alors qu'elle est la jeunesse du monde, elle court après une jeunesse illusoire, et se débrouille pour être ridicule, comme ces coquettes qui à cinquante ans jouent encore les étourdies de vingt ans. Dans cette Église, et avec une puérilité désarmante, tout était contesté, y compris et surtout l'essentiel, les principaux mystère de la Révélation, tous les articles du Credo, la liturgie, le célibat des prêtres, l'autorité du pape, le soi-disant machisme du sacerdoce. Une seule chose restait debout, redoutable, incontestable : l'autorité absolue des évêques de France, d'ailleurs anonyme puisqu'il étaient tous confondus dans la collégialité, constitués eux-mêmes en Soviet suprême infaillible puisqu'ils s'étaient débrouillés pour se recruter eux-mêmes par cooptation et qu'ils se souciaient pratiquement du pape dans la mesure où ils en tiraient profit. Quatre siècles de jésuitisme avaient réduit la grande Église gallicane à une servilité dégradante envers un épiscopat dont je pense qu'il n'est pas injuste de dire, qu'au cours de sa longue histoire, la France n'en avait jamais eu de plus médiocre. Pris individuellement, les évêques n'étaient pas tous de mauvais bougres, mais la pratique de la collégialité les frappait d'une sainte frousse de se singulariser. Le refus de sa propre singularité est l'amorce de toutes les démissions.

À tout seigneur, tout honneur !

Mgr Marty, Cardinal-Archevêque de Paris, était l'illustration vivante du fameux axiome : « Il faut bien que je suive, je suis leur chef ! » Cet Aveyronnais avait une tête de maquignon et l'accent du terroir d'un conseiller général radical-socialiste. Propulsé soudainement au siège archiépiscopal de Paris, le plus important de France, la pourpre cardinalice lui était tombée sur les épaules : avec une fausse naïveté, au lieu d'y voir le symbole du martyre et d'une fidélité à toute épreuve à la foi catholique et au siège de Rome, il l'avait tout bonnement prise pour une investiture révolutionnaire privilégiée. « L'imagination au pouvoir ! » C'était le slogan de l'époque. Le Cardinal Marty a cru candidement que le pouvoir conférait l'imagination. Hélas ! L'imagination n'est créatrice que chez les créateurs. Des hommes médiocres ne conçoivent l'imagination que dans la destruction de ce qui existe, et ça s'arrête là. Et tels sont bien les effets ordinaires des révolutions : le Cardinal Marty confondait imagination avec table rase. Pour un peu, il se fût pris pour un des grands ancêtres de la République française, à tu et à toi avec Danton, Saint-Just, Robespierre, Camille Desmoulins. Il fonça droit sur ma chronique comme le toro sur la muleta, encore que cette comparaison soit sans doute offensante pour la noble bête dont le royaume est une arène, où le sang doit couler. Ce lointain successeur du Cardinal de Retz commit l'imprudence d'envoyer à *L'Aurore* des réponses, d'ailleurs trop longues et d'un style filandreux, à mes articles, qui n'eurent d'autre effet que d'augmenter l'importance de ma chronique à laquelle le Cardinal-Archevêque de Paris daigna s'en prendre : en fait, et pour le grand public, il contribua de manière décisive à mettre ma chronique sur orbite. La direction du journal n'en demandait pas davantage. Je rougissais de la médiocrité intellectuelle des longues missives de l'Archevêque ou de ses porte-plume. Il était clair que si je n'étais pas Leibniz, de l'autre côté on était bien loin d'être Bossuet. Il n'y a pas à reprocher à un évêque son manque d'envergure intellectuelle. Un évêque est d'abord un pasteur, un berger. Mais c'est précisément sur la nature de leur mission pastorale que je me trouvais en désaccord avec les évêques français. Dans la longue histoire de l'Église de France, il était clair que l'ultime recommandation du Seigneur à ses Apôtres de mener paître agneaux et brebis était traduite par ces mots : « Allez-y, les gars, frappez sur le troupeau comme des sourds ! » Je mettais publiquement en doute l'authenticité de cette version de l'Évangile.

Ma chronique du jeudi fut un succès. Non seulement ce jour-là le journal augmentait considérablement son tirage, mais un peu partout en France mon article était photocopié et répandu sans qu'il me soit possible d'évaluer cette diffusion. Je connais suffisamment les mœurs ecclésiastiques françaises pour supposer sans risque d'erreur que des pressions furent exercées contre moi sur la direction du journal. Mais si elles eurent lieu, elles furent sans effet. Francine Lazurick était juive, c'était de plus une sorte de « dame de fer » de la presse parisienne. Quant à Guilleminault, il représentait l'incarnation vivante de ce que l'on appelle « la liberté de la presse ». Toute pression exercée se trouvait vouée à produire l'effet contraire à celui recherché. Enfin avec Georges Merchier, notre collaboration se mua en fraternité d'armes. Jamais je ne me suis senti à l'abri et chez moi, comme à *L'Aurore*.

Depuis l'intervention miraculeuse du Père Maillard, j'appartenais juridiquement à la Province de Paris, qui avait délégué son autorité sur moi au Père Carré. Cette autorité, le Père Carré tenta en effet de l'exercer, mais que pouvait-il faire ? Chargé de chronique religieuse, l'aurais-je voulu que je n'aurais pas eu le temps de soumettre mes articles à une censure préalable à leur publication. D'ailleurs je ne le voulais pas et ne l'ai pas fait. Dans tout le contexte de l'Église de France, il y avait pour moi quelque chose de scandaleux et d'inacceptable que n'importe qui pût mettre en cause publiquement et impunément la divinité de Jésus-Christ, sa présence corporelle dans l'Eucharistie, la valeur sacrificielle de ce sacrement, les privilèges de Marie, mère de Dieu, à la seule condition d'idolâtrer les évêques de France. À mon égard, les supérieurs en furent donc réduits à lever les bras au ciel, attitude parfaitement légitime mais complètement inoffensive. J'étais hors de portée. L'exaspération des supérieurs à mon égard finit par s'exprimer par un communiqué signé des trois Provinciaux de France, plus par le Maître Général pour faire bon poids, se désolidarisant de ma chronique. Ce désaveu public n'eut sur moi et sur la direction de *L'Aurore* pas plus d'effet qu'une flèche de sauvage lancée contre un avion de ligne en plein vol.

Si j'avais eu tort, théologiquement tort, je sais que l'Ordre dispose contre moi de l'arme absolue, le « précepte formel » : « au nom de la sainte obéissance et en vertu de l'autorité du Saint-Esprit ». Cette arme seule eût pu m'impressionner. Jamais, jamais, à aucun moment de ma vie, elle ne fut brandie contre moi. J'ai toujours considéré, je considère encore comme un champ libre toute la marge de manœuvre qui m'est ainsi laissée par cette retenue de l'Ordre envers moi. Je ne sous-estime pas cette retenue, je ne la prends en aucune façon pour de la lâcheté. En mon for intérieur, j'en éprouve de la gratitude. J'y vois, à mon égard, l'expression de cette miséricorde de l'Ordre, que j'ai sollicitée le jour où j'y suis entré, et dont, tout au long de ma vie, j'ai constamment éprouvé le besoin.

Aujourd'hui où je relis cette longue série de chroniques parues semaine après semaine dans *L'Aurore* pendant trois ans, je n'ai à rougir d'aucune d'elles, il n'y en a qu'une que je ne serais pas de nouveau prêt à signer. Dans cette bataille confuse, où les coups bas n'ont pas manqué, je crois avoir été fidèle à la foi catholique, je crois n'avoir jamais — du moins en cela —, démérité de la tradition de l'Ordre dominicain, Ordre de chevalerie, où le marteau de la porte est à hauteur de cavalier.

Stupeur et gratitude restent intactes dans mon cœur, que le Seigneur Jésus-Christ (chef suprême de toutes les guerres que mène son Église), m'ait fait l'honneur de me confier ce poste avancé dans un combat dont il fallait qu'il fût livré. Le bienfait de la guerre est que les choses y deviennent simples. Quand on est appelé à remplir une mission précise, il n'y a aucune question à se poser, ni sur sa propre aptitude ni sur la difficulté ou les dangers de la tâche : il suffit de répondre « présent », d'aller, et de faire de son mieux pour que la mission soit jusqu'au bout remplie. Je me souviens de cette réponse de Jeanne d'Arc à ses juges de Rouen, dans l'atmosphère étouffante de la salle d'audience : « Puisque Dieu le voulait, il fallait bien que cela fût ! » Un historien récent — plus romancier qu'historien —, a prétendu que la Pucelle avait été manipulée tout au long de son procès. Il suffit de lire les minutes de ce procès pour se rendre compte que c'est plutôt elle qui a manipulé ses juges par des reparties, soufflées de plus haut qu'elle.

Je l'ai dit, *L'Aurore* fut torpillée, coulée par le fond alors que toutes les circonstances étaient réunies pour qu'elle pût redevenir un grand journal populaire. Francine Lazurick et Guilleminault s'en allèrent. Roland Faure prit la direction de la rédaction avec un nouveau propriétaire, Marcel Roux, le grand patron des magasins *Carrefour.* L'Aurore n'était plus qu'une carte, même pas maîtresse, dans un jeu de poker menteur. C'était le moment où la France, en catimini, honteusement, achevait de renier la parole qu'elle avait jadis donnée par la bouche de Saint Louis aux populations du malheureux Liban : avant Giscard, aucun souverain, aucun régime en France n'avait osé renier cette parole. Seul, dans toute la presse française, Roland Faure dénonça ce reniement : il exigeait même le départ du ministre des Affaires étrangères. Ce fut lui qui fut obligé de partir. Je le suivis et quittai *L'Aurore*, sans m'être ménagé un point de chute.

Où serais-je allé d'ailleurs ? La presse officielle catholique me tenait, me tient toujours, pour sa bête noire. Dans cette presse, j'étais et je reste aujourd'hui marqué d'un ostracisme absolu, qui va jusqu'à refuser tout compte rendu d'un livre signé de moi. J'ai la faiblesse de considérer cet ostracisme comme un honneur. Cette presse, tout entière à la dévotion de l'épiscopat, est actuellement à marée basse. Entre temps, *Le Journal du Dimanche* avait changé de propriétaire et Jacques Imbert avait été éliminé, je n'avais plus rien à attendre de ce côté-là. N'ayant plus aucun journal où je pusse m'exprimer, je me retrouvai sur le sable, ce qui eut un retentissement fâcheux sur l'état de mes finances. Je fis par ailleurs plusieurs fausses manœuvres, bâtis quelques châteaux en Espagne qui s'écroulèrent. Mon séjour en Suisse lui-même s'en trouvait compromis, en tous les cas de plus en plus difficile : tant que De Gaulle — un militaire ! — fut aux affaires, le franc français resta presque à parité avec le franc suisse. Dès que les affaires de la France furent entre les mains d'économistes et de financiers, le franc français s'est mis à dégringoler inexorablement par rapport au franc suisse... Ce qui autorise la conclusion qu'en France, la monnaie est une chose trop sérieuse pour être confiée à des financiers. Je ne fais pas de mauvais esprit, ni même de l'esprit, je constate des faits contrôlables par n'importe qui et qui se produisirent sous Pompidou, sous Giscard d'Estaing, sous Raymond Barre.

Le premier tome de mes Mémoires, « *Tu finiras sur l'échafaud* », dont mon éditeur en premier, moi en second, attendions merveille, fut un échec en librairie. Ma situation matérielle empirait. Paris prend un visage terrible quand l'une après l'autre toutes les portes se ferment devant vous. Au fur et à mesure que mon âge avançait, mes dettes s'accroissaient, et s'il y a une chose qui survit en moi de mon ascendance paysanne, c'est bien le désir de mourir sans dettes en ce monde. Ce désir lui-même, je l'ai abandonné. Ajoutez à cela que, par insouciance de ma part sans doute, je n'ai ni pension ni retraite, soit civile, soit militaire, soit ecclésiastique. De cette dernière, je ne voudrais à aucun prix : les curés seraient trop heureux de me tenir par les cordons de la bourse. Je dis ceci sans forfanterie, mais parce que c'est littéralement vrai. Ayant une fois dans mon enfance, expérimenté la misère, la vraie, je crois être encore capable de me laisser crever de faim et de froid plutôt que me laisser mettre la muselière. D'où mon extrême méfiance à l'égard du clergé français : les chefs ne sont accueillants et « ouverts » que pour ceux qui partagent leurs fanatismes.

Ma collaboration à *L'Aurore* pendant trois ans m'a mis en mesure de connaître trop de cas, où de pauvres prêtres diocésains ont été écrasés sans pitié par le pouvoir absolu des évêques seulement parce qu'ils étaient fidèles à la messe de leur ordination, au catéchisme de leur enfance, à la procession de la Fête-Dieu, et autres crimes de ce genre. « Voler les pauvres, c'est voler deux fois », disait Péguy : user de l'investiture épiscopale, et du droit divin qu'elle confère, pour écraser de faibles prêtres sans défense, coupables seulement de trop de fidélité catholique, c'est un redoublement du poids de la tyrannie pure. Ce scandale, dont j'ai été tant de fois témoin, me brûlera les os jusqu'à mon dernier souffle.

Dans ma vie, il m'est impossible de compter les occasions où la chance m'est venue par amphibologie et même par calembour. Elle n'en est pas moins la chance. Me trouvant à Paris, je reçois un coup de fil d'une rédactrice d'Europe 1 qui, au cours de l'après-midi de ce dimanche prochain organise une conversation à bâtons rompus autour de Jean Piat. Depuis le temps que je vis loin, je suis si ignorant de la chose parisienne que j'ignore — je le dis aujourd'hui à ma honte — qui est Jean Piat, et qu'il est l'un de nos meilleurs comédiens. Le journaliste d'Europe parle vite, et je crois qu'il s'agit de Pascal Pia, le résistant, ami de Camus et de Claude Bourdet, l'un des fondateurs de *Combat.* Je ne l'ai pas vu depuis une éternité, et je me demande bien pourquoi il fait appel à moi, mais enfin j'accepte. C'est ainsi que je me trouve propulsé dans une petite assemblée autour d'un micro où se trouvent, à côté de Jean Piat dont je fais la connaissance, un célèbre astrologue, et Louis Pauwels, qui vient de fonder chez Hersant *Le Figaro-Magazine.* Raison pour laquelle Jean Piat m'a invité ? Il avait lu plusieurs années auparavant, juste après la mort de Paul VI, un article de moi où, vu l'état présent du monde et de l'Église, je suppliais les Pères du Conclave de nous donner un pape qui fût un pasteur, et qui nous vînt de derrière le rideau de fer. Il avait découpé cet article, le gardait avec une dévotion un peu superstitieuse, d'autant plus qu'il s'était révélé prophétique de l'élection de Jean-Paul II, dont Frédéric Dard a écrit dans son langage : « Je me demande bien comment toutes ces vieilles filles habillées de rouge ont pu sortir un mec pareil ! » C'est vrai que la haute hiérarchie catholique contemporaine a plutôt des airs « femmelins », selon le mot de Proudhon, et qu'elle donne généralement l'impression de manquer de couilles, comme disent les soldats. Notre petite parlotte à Europe 1 se termine naturellement dans un bistrot voisin. Je revois Pauwels que je connais à peine. En professionnel du journalisme, il me dit combien il regrette ma disparition totale des grands journaux parisiens. Très logiquement, il m'ouvre la porte du *Figaro-Magazine,* où il m'arrive en effet depuis de publier de loin en loin un article. Rien n'est plus précieux aujourd'hui pour un écrivain que d'avoir l'appui et l'amitié d'un grand journal. Cette collaboration, toute occasionnelle, fut aussitôt très mal ressentie par les évêques français. Au point que Robert Hersant reçut un jour la visite d'un évêque français, dont j'ai oublié le nom, mais qui dans la collégialité s'occupait de la presse et de l'opinion publique. Pour la seule raison qu'il arrivait que mon nom parût dans *Le Figaro-Magazine,* ce personnage n'hésita pas à demander à Robert Hersant de se défaire, non de moi, mais de Louis Pauwels. Rien que ça ! Bien entendu cette démarche reçut la réponse qu'elle méritait : une fin de non-recevoir.

En vérité, je me suis toujours réjoui d'avoir des ennemis, c'est une sorte de preuve en creux que je ne suis pas dépourvu d'un certain courage. Mais au-delà de tout ce que je suis capable de dire, je me réjouis d'avoir des amis. Ils sont entrés dans ma vie, habituellement par effraction : comme dans le tableau de Tintoret sur l'Annonciation, l'Ange entre dans la cellule de la Vierge Marie : il traverse le mur, qui s'écroule derrière lui. Ma vie est pleine d'écroulements délicieux.

VIII

Place du Cœur-d'Or

TANT j'étais habitué aux voyages sans retour et à vivre racines à l'air, qu'il m'a fallu beaucoup, beaucoup d'années pour apprendre ce que c'est que « la maison » que l'on habite, que l'on quitte éventuellement pour se déplacer, voyager, mais avec au fond de soi le désir constant d'y revenir, d'y rester. Le Pays de Vaud m'a révélé, m'a peu à peu appris ce qu'est l'enracinement temporel : maintenant j'ai un point fixe, un centre de gravité, où je retourne naturellement pour m'y tenir au repos, sensation toute nouvelle pour moi. C'est vrai que le paysage du fond du lac est l'un des plus beaux qui soient. J'en ai connu d'autres aussi beaux qui ne m'ont pas fixé. Mais c'est un paysage de montagne auquel je ne suis pas spontanément accordé. Par mes gènes danubiens, je suis fils de la steppe : à cause de leur monotonie et de l'infinitude à l'horizon, j'aime la plaine et la mer ; mais peut-être en cela aussi faut-il que je devienne l'assassin de mes désirs. Ce qui m'a enraciné dans ce pays aura tout d'abord été autre chose que la beauté stupéfiante du site. Qu'est-ce donc ?

Il y a la vigne, il y a le Rhône ! Il y a pour les hommes une manière définie de vivre avec la vigne, qui n'est pas celle qu'ils ont quand ils vivent avec des champs de blé ou de betteraves, avec les pâturages ou la forêt. Il y a aussi, de sa source à son embouchure, une manière certaine de vivre avec un fleuve : la manière de vivre en compagnie du Rhône ne peut être la même que celle vécue au pays de la rivière de Loire. Par mon patrimoine génétique, il est certain que je suis danubien, mais par les circonstances de ma vie, je suis rhodanien. Le Massif alpin est le château d'eau de l'Europe, où les sources de trois fleuves les plus chargés d'histoire s'adossent l'une à l'autre : Danube, Rhône, Rhin. Je ne suis pas rhénan pour un sou. Mais par mes fibres les plus vivantes, je me sens à la fois rhodanien et danubien. Mes années de jeunesse les plus heureuses, les plus déterminantes pour moi, je les ai passées en Provence, pays du Rhône. Pour frayer, les saumons remontent la rivière de leur nativité. Moi je remonte le Rhône pour vieillir et mourir. Et ici, je sens quelque part dans la montagne frémir l'autre source de mes origines, le Danube. Comme on dit d'un violon, je suis accordé. Je suis remonté d'aussi près qu'il m'est possible à la matrice originelle.

C'est bien après coup que j'essaie de deviner la cohérence de ma vie, si toutefois elle en a une. De toute mon existence, je n'ai jamais fait aucun plan, aucun arrangement, j'étais là où une autre main que la mienne m'avait placé sur l'échiquier. Il me semble que mon destin ressemble à celui du cheval au jeu d'échecs : je suis par excellence l'acteur des écarts contrôlés. Contrôlés à coup sûr par un autre que moi. Assurément je n'ai jamais prétendu mener un jeu dont je ne connais même pas les règles. À dire la vérité, ce n'est pas moi qui joue. Je suis joué. Perdu, gagné ? par un autre que moi. À vrai dire encore, je trouve cela délicieux.

À propos des États-Unis d'Amérique, j'ai dit qu'il y a deux manières d'être secret et difficile à comprendre : c'est de ne rien dire ou de trop parler. Si l'Amérique parle trop, et habituellement pour ne dire sur elle-même que des choses hors de propos, le Pays de Vaud est à l'extrême opposé : il ne dit rien sur lui-même, ni en bien ni en mal, rien. Il n'a aucun souci d'être connu pour ce qu'il est. Par contre il a un souci persévérant d'être ce qu'il est, d'être de plus en plus, de mieux en mieux rien d'autre que lui. alors il se tait. À vous de le deviner ! Et si vous ne le devinez pas, qu'importe ? Il n'en restera pas moins lui-même. Peu lui chaut que vous le saisissiez ou pas.

On peut ignorer un pays de deux façons : n'en savoir rien du tout ou en savoir beaucoup trop, lorsque ce qu'on croit en savoir est faux. Ce dernier cas était le mien quand je suis arrivé ici. Ce qui m'a longtemps empêché de faire connaissance avec le Pays de Vaud, c'est ce que j'en savais, ce que je croyais en savoir. Quel obstacle ! et qu'il est long le temps pour en venir à bout !

Je le dis aujourd'hui à ma grande honte, lorsque j'arrivai en Suisse pour m'y établir, à la fin de l'année 1962, je nourrissais, contre la Suisse et ses habitants, tous les préjugés, toutes les préventions qui encombrent à ce sujet les cerveaux bien-pensants du monde parisien. Comme il arrive quand on a mauvaise conscience, je reprochais à ce pays, tels des vices honteux, ce qui eût dû au contraire susciter mon admiration, en premier lieu sa neutralité et le fait qu'il n'ait pas participé aux deux guerres mondiales où j'avais été si directement impliqué. Les manœuvres de l'armée suisse, qui à l'automne encombrent villages et chemins, m'exaspéraient. À mon sens, à quoi bon jouer au soldat, quand on se débrouille pour n'avoir jamais à faire la guerre ?

Dans les magasins, je m'impatientais contre la lenteur appliquée des vendeuses. Comme je ne rencontrais devant moi que réserve et silences, j'interprétais cette retenue ainsi qu'une lourdeur d'esprit. Je ne faisais crédit de rien aux gens de ce pays dont je ne percevais pas les hautes vertus. Il n'est pas jusqu'à la propreté des maisons et des rues que je n'incriminasse de puritanisme. J'érigeais la pagaille qui m'est connaturelle et que pourtant je supporte mal, en règle universelle. Bref, je devais être aussi puant que n'importe lequel de ces intellectuels parisiens (que je ne porte d'ailleurs ni dans mon cœur ni dans mon estime), qui ne savent même pas faire leur lit et qui prétendent changer le monde et la vie par d'interminables palabres au Café de Flore, chez Lipp ou à la Rhumerie Martiniquaise. Le premier miracle dont, en Suisse, j'ai été favorisé — mais dont je n'avais nulle conscience —, est qu'on m'y ait supporté. D'autres miracles suivraient.

J'habitais Chardonne, mais je me gardais de fréquenter le village. J'allais faire mes courses à Vevey et jusqu'à Clarens. Sauf mes voisins Monnard et, au cours du week-end, Robert Schyrr, mon propriétaire, j'affectais de ne fréquenter personne. Et comme la manière des gens de ce pays n'est pas de se jeter à votre tête, il n'y avait aucune raison que nous cessions de nous regarder plus ou moins en chiens de faïence. Au fond, je me comportais comme un malotru, mais nul ne se fût avisé de me le dire. Aujourd'hui que j'y pense, mon attitude était si excessive qu'à distance elle me paraît étrange. En Amérique, j'avais fait d'immenses efforts, et tenaces, pour m'incorporer au pays, n'en jamais froisser les us et coutumes. Ces efforts avaient été récompensés par de solides et chaleureuses amitiés : l'Amérique est sûrement le pays du monde où j'ai été le plus prévenant et le plus poli. Alors, qu'est-ce qui m'a rendu si attentif en Amérique, si désinvolte en Suisse ?

Mon intégration à l'Amérique s'est présentée dès l'abord ainsi qu'un parcours parsemé d'obstacles, à première vue infranchissables, et rien ne me stimule, ne me mobilise mieux que l'obstacle : jette ton cœur par-dessus l'obstacle... Au pays de Vaud, tout se présentait sous l'apparence de la facilité : n'y parlait-on pas français, ce pays ne se présentait-il pas lui-même comme une province marginale de la France ? Cette apparente facilité est un piège dans lequel je suis tombé comme un étourdi. C'est vrai que ce pays parle français, mais il le parle sur une autre longueur d'onde que nous, et cette longueur, nous avons toutes les peines du monde à la capter, à cause des brouillages. Pendant la guerre les brouillages étaient produits par l'ennemi. La difficulté pour un Français à comprendre le Pays de Vaud est que les brouillages sont produits par sa propre cervelle. Et ça, accorder une cervelle qui est en désharmonie, la purifier des brouillages qu'elle émet naturellement, alors ça, oui, constitue un obstacle d'autant plus infranchissable qu'il n'est pas perçu comme tel. J'aurais dû me méfier de moi.

De ce piège, comme de tant d'autres, je n'ai pu me dégager seul. C'est avec l'entrée dans ma vie de Simonne Fabien que j'ai commencé à me sentir, par-ci, par-là, ébranlé dans mes opinions si arrêtées sur le Pays de Vaud, où je vivais depuis bientôt quinze ans, et à le voir vraiment. Pas plus que moi, Barbara n'avait su le regarder, nous vivions côte à côte, chacun perdu dans son propre brouillard, elle dans celui de son rêve, moi dans celui de l'alcool. Simonne a le don très exceptionnel de voir les choses telles qu'elles sont. Elle possède une baguette magique qui dissipe le brouillard, tous les brouillards. Et comme, à l'intérieur d'elle-même, elle possède en outre une échelle des valeurs qui lui est singulière, mais qui est à l'unisson de ma vocation profonde, peu à peu, au fil des jours et des saisons, à son contact et dans sa conversation familière, j'ai eu la surprise, d'abord de percevoir ce Pays de Vaud dans ses formes distinctes et à travers lui plus ou moins la Suisse tout entière, puis de me retrouver moi-même. Dans ma mémoire profonde, les deux expériences sont liées, c'est pourquoi il m'est impossible de les dissocier, dans ma gratitude envers celle qui en fut l'agent provocateur. Ainsi que je l'ai raconté, cela commença par les promenades pédestres. La marche à pied en toutes saisons est une infaillible initiation à un pays et à ses habitants, ses vrais habitants, sans sélection particulière, ceux qui travaillent la terre, taillent les haies, bêchent le jardin, mènent le troupeau au pâturage et le ramènent le soir, mais aussi les commerçants, les artisans — tous ceux du village qu'on croise sur les chemins. Simonne m'a appris à les saluer tous, et en premier, puisque c'est nous qui sommes les étrangers. Parfois, au hasard d'une halte, la conversation s'engage :

— Comme votre vigne est belle, bien entretenue. La vendange sera bonne cette année ?...

— Oui, elle sera bonne, s'il n'arrive pas malheur... Mais ce n'est pas ma vigne ! Je travaille à la journée...

— ?...

— Oh ! mon père avait de quoi. Il était propriétaire d'un très grand domaine, qui était sur un nuage. Un jour de forte bise, le ciel a été balayé d'un coup, le domaine emporté au diable, disparu ! Comme vous voyez, c'est pas de chance ! Enfin, c'est toujours une chance de pouvoir travailler !

Tiens ! moi qui pensais que ces Vaudois étaient un peu balourds !

Sacrés Vaudois ! Simonne leur trouve une parenté avec les gens de son pays d'origine, l'Alsace. Un peu marginaux par rapport même à toute la Suisse — mais peut-être peut-on dire cela de chaque canton —, secrètement fiers d'être ce qu'ils sont, même avec leurs défauts dont ils conviennent, et qui leur sont peut-être plus chers que leurs vertus, dépourvus d'ostentation, « *underplaying* », comme on dit dans le jargon théâtral, attachés à leur terroir, à leurs coutumes, à leur vie associative, à leurs particularismes locaux, méfiants envers ce qui vient de Berne, comme les Alsaciens le sont envers ce qui vient de Paris. Les communications entre Vaudois et Alsaciens sont chaleureuses, frôlent le cousinage et la complicité. Quand en 1871, l'Alsace fut rattachée à l'Empire allemand, on sait que beaucoup d'Alsaciens émigrèrent vers la France, vers l'Algérie. Quelques-uns se fixèrent en Pays de Vaud. Mon propriétaire de Chardonne, Robert Schyrr, personnalité populaire dans tout le canton, était lui-même fils d'un Alsacien, réfugié ici pour continuer de parler français et n'être pas prussianisé. D'ailleurs, et c'est étrange, les deux provinces françaises que les Vaudois fréquentent le plus volontiers sont l'Alsace et la Bourgogne, plus facilement que la Savoie de l'autre côté du lac, à laquelle pourtant les rattachent tant de liens historiques : le Pays de Vaud a longtemps fait partie du duché de Savoie.

D'où proviennent ces affinités électives ? longue, infiniment longue et tenace, est la mémoire de la race qui précède de loin l'écriture, l'accompagne d'ailleurs et persiste sous elle, s'exprime au moyen de symboles. Quelle que soit la réalité ou non-réalité de Guillaume Tell dans l'histoire, il existe dans la mémoire symbolique de la Suisse l'Archer rebelle et victorieux qui conquiert la liberté de son peuple comme un butin, détient par son courage et son savoir-faire la souveraineté de son espace et de sa terre. L'éloquence du mythe de l'Archer remonte bien en amont de l'histoire, jusqu'à cette époque néolithique où sont encloses les premières civilisations, il y a six ou sept mille ans. Quand les peuples sont fidèles à leurs mythes fondateurs, leur histoire confirme et illustre ces mythes, elle ne les détruit pas. L'Archer reste le symbole mythique de la Suisse, le symbole est toujours resté fécond : de ce petit territoire sont à maintes reprises sortis des projets surprenants parfaitement ciblés, dont les effets se sont étendus bien au-delà des frontières proprement helvétiques.

Sainte Adélaïde est née vers 931 au château d'Orb, dans ce qui deviendrait le canton de Vaud. Elle est morte je ne sais où, avant la fin du premier millénaire de l'ère chrétienne, en 999 exactement. Entre-temps elle est devenue reine d'Italie par son mariage avec Lothaire Il. Veuve, elle épousa Otton Ier, fondateur de ce qui deviendra cette énorme machine politique qui dominera toute la fin du Moyen Âge et jusqu'au XXe siècle, le Saint Empire romain germanique. Bon ! il faudrait fouiller les archives, peut-être écrire un livre pour raconter comment tout cela s'est passé. Il me suffit de savoir que tout cela a commencé à quelques lieues de l'endroit où j'écris, dans ce Pays de Vaud, et que l'outil premier de cette énorme réalisation a été une femme de ce pays, que ce pays lui-même s'est trouvé au centre de l'affaire et à son origine. Le Pays de Vaud faisait alors partie de la Bourgogne transjurane.

La Bourgogne française telle qu'elle existait encore sous Louis XV, n'était qu'un résidu, un organe témoin, un petit moignon de ce qui avait été jadis après Charlemagne l'immense Lotharingie, qui couvrait une étendue allant de la Provence, terre d'Empire, aux Flandres, et dont ce que nous appelons aujourd'hui la Suisse romande était naturellement le centre. La Suisse a toujours sécrété des rêves infiniment plus vastes qu'elle. On sent bien ces rêves millénaires traîner encore dans les sous-sols de l'imaginaire de ce peuple rêveur. Plus que le Pays de Vaud de la Bourgogne, la Bourgogne a dépendu du Pays de Vaud : le rêve d'une grande et toute-puissante Bourgogne a été finalement brisé par la défaite de Charles le Téméraire, que les Suisses lui ont infligée à Granson dans le pays de Vaud et, à deux pas des limites du Pays de Vaud, à Morat, en 1476. Car si ce pays, qui allait devenir la Suisse, a toujours fabriqué de grands rêves, il a su aussi les fracasser. La chronique rapporte que la puissante armée de Charles le Téméraire a d'abord été terrorisée et complètement démoralisée par les accents déchirants et sauvages des cors des Alpes qui s'élevaient du camp des Suisses.

C'est un fait historique que pendant longtemps, à l'aube des temps modernes, la Suisse a détenu la plus grande puissance militaire de l'Europe ; c'est un fait que cette puissance ne l'a jamais fait succomber à la tentation de l'empire, à laquelle ont cédé la France comme l'Espagne, la Prusse comme l'Angleterre, la Pologne comme la Russie. En cela, je trouve que la Suisse a été exemplaire, mais nul ne s'en est aperçu. Telle est la Suisse. Aujourd'hui, elle rêve l'Europe, peut-être parce qu'elle est elle-même l'image de l'Europe la plus réussie, la plus achevée. Elle se garde de le dire à haute voix : c'est sans doute pour cela qu'on y prend trop peu garde. Je pense qu'on devrait être plus attentif qu'on ne l'est aux rêves de la Suisse.

Entre Alsace et Bourgogne d'une part, et Pays de

Vaud d'autre part, il y a aussi une fraternité du vin et du culte de la vigne. La parenté est sans doute plus profonde, inconsciente, et d'ordre quasi génétique. L'Alsace plus directement, mais la Bourgogne aussi, ont longtemps été dans l'orbite du génie germanique. Comme le Pays de Vaud, ce sont des régions ouvertes, qui sont restées sensibles à ce génie, tout en ayant un attachement profond au génie français. Il y a ici dans l'air quelque chose d'imperceptible, qui refuse de choisir entre la rigueur latine et les puissantes harmoniques sentimentales de l'antique Germanie. C'est peut-être pour cela que je m'y trouve bien. Ma double ascendance me prédestinait à ce pays, qui hume tous les effluves de l'est et de l'ouest. Le Rhône y est encore près de sa source, tout près de celle du Danube.

Dans une résidence nouvellement construite à Chexbres, à quelques kilomètres à l'ouest de Chardonne, Simonne avait acheté un appartement. Elle a un don exceptionnel d'aménager l'espace, d'établir une harmonie entre les meubles dans leurs proportions et leur commodité, de faire chanter cet espace en le réchauffant, le modelant avec un ou deux tapis, des doubles rideaux, quelques tableaux et des gravures intuitivement diposés. D'un trois pièces et demie, elle a réussi à faire un séjour confortable pour nous deux. Cette résidence resterait plutôt banale n'était la situation, au bas du village, au-dessus des vignes, dans un site d'une grandeur et d'une beauté rares. Au premier plan, l'étagement des vieux toits du village couleur de rouille parmi les arbres qui changent de vêture selon les saisons ; juste au-delà, les vignes en escarpement, telles qu'elles sont plantées dans ce pays, montant de palier en palier à l'assaut de la montagne ; dans l'axe central de la vue, l'échancrure profonde du Valais, barrée, au bout de l'horizon, par la pyramide du Catogne. De Chexbres, on ne voit pas les Dents du Midi, par contre sur la droite, s'élève de l'autre côté du lac le massif du

Grammont et les Alpes savoyardes. Nous sommes à quelques encablures de Saint-Gingolph, en une heure de route, je puis aller à Évian, sur la rive d'ombre du lac.

Le touriste, type apparu récemment dans l'évolution de l'humanité, est au petit pied un Don Juan de la beauté, amateur papillon de paysages, de monuments, de musées, et qui ne fait pas plus de miel qu'un bourdon, qui viole par contre sans le savoir des silences sacrés. J'ai vu beaucoup de belles choses au long de mon existence, mais je n'ai jamais appris à photographier : les photographies perturbent les fantômes personnels qui peuplent ma mémoire. Il m'arrive d'aller au Louvre de loin en loin : je ne fais qu'entrer et sortir, comme on va faire une visite hâtive à un ami qui est à l'hôpital. Je vais tout droit à tel tableau du Quattrocento, dont je m'imagine que je suis le seul à l'aimer, perdu qu'il est dans la hideuse promiscuité des chefs-d'œuvre, c'est une visite toujours humiliante puisque je n'ai autre chose à lui dire sinon que je l'aime mais que je me trouve dans l'impossibilité de payer sa rançon et de l'emmener avec moi à l'air libre. Je ne peux seulement que l'exhorter à supporter sa captivité et sa solitude ; les musées sont les Eros-centers de la beauté. Puis je m'en vais, comme on s'enfuit. Je descends dans les sous-sols, pour revoir le casque en bronze, qui ressemble à une tête de mort et que portait quelque guerrier grec, peut-être aux Thermopyles. Rien comme ce casque pour m'évoquer le mystère caché de la guerre : de sa complicité fervente avec la liberté et la mort.

J'ai le même comportement avec les paysages, j'aime vivre avec eux à l'air libre, qu'ils soient libres de m'accepter ou de me refuser, que de mon côté je ne sois pas pressé par le temps et par les horaires d'un voyage organisé. J'aime leur faire une longue cour. J'aime voir à longueur d'année l'éveil de l'aurore sur les montagnes à ma gauche, la splendeur du soir sur le lac et jusqu'au fond de la plaine étroite du Valais. J'aime surprendre les jeux changeants de la lumière sur l'énorme et énigmatique carapace du Grammont. J'aime même ces moments de l'arrière-automne où un brouillard blanc monte soudain du lac, réduit la portée de ma vue aux toits du village et aux arbres de la résidence, qui commencent à perdre leurs feuilles. Au mois d'août, Simonne et moi guettons le lever de la pleine lune, démesurément grosse quand elle surgit derrière les Rochers de Naye : sa lumière jette un filtre bleu sur tout ce que nous avions cru connaître si bien ; ce lac, ces montagnes surgissent devant nous dans une apothéose qui trahit leur âme mieux que ne le fait la gloire du plein soleil. J'aime les feux qui tournent plus ou moins vite et qui déclenchent l'alarme aux approches de la tempête. J'aime le calme trompeur du lac et ses colères soudaines qui rendent sa navigation dangereuse. J'aime le bateau blanc qui le sillonne chaque jour, que nous n'avons jamais pris, ce qui semble indiquer que nous devenons de plus en plus vaudois, si l'on en croit le dicton local : « Le Vaudois, il aime le lac depuis le bord, la montagne depuis le bas, l'église depuis le dehors, et la pinte du dedans ! » On appelle « pintes » ici les bistrots de village.

Nous aimons beaucoup le Grammont, énorme, accroupi, taciturne, notre horizon familier et fidèle, avec ses cimes blanches d'octobre à la fin mai, mauves l'été au soleil couchant. Un soir du dernier été, après l'orage, il s'est tout à coup et silencieusement transfiguré comme un Sinaï. Le phénomène lumineux n'a pas duré plus d'une minute. Dieu venait d'effleurer du pied la haute montagne : à ce seul contact, la nature révélait soudainement toutes les harmoniques transcendantes qui l'unissent au Créateur. Le Grammont était devenu l'escabeau de la Gloire. Simonne et moi étions là comme des enfants, le souffle coupé, conscients l'un et l'autre que nous n'habitions là depuis tant d'années que pour être les témoins de cette fugitive théophanie, baptême qui efface d'un coup toute la laideur du monde. Puis cet éclairage surnaturel a été coupé. Nous en garderons la grâce jusqu'à notre lit de mort, peut-être même un peu au-delà, quand il y aura un autre ciel, une autre terre, d'autres saisons.

Nous aimons le Grammont dans tous ses états, même

les plus menaçants, quand il prend les allures d'une cité farouche, debout dans un ciel noir hanté d'éclairs, tel Manhattan un jour où je l'abordai par la mer. Ce paysage, certes, ne nous appartient pas, nous lui appartenons de plus en plus, c'est lui maintenant qui nous apprivoise : une haute sagesse, austère, discrète, familière, émane de lui. Les Vaudois lui ressemblent, avec leur sens aigu de ce qui est changeant et de ce qui est immuable, se mettant eux-mêmes de bon cœur du côté de ce qui est le moins sûr. Au premier abord, leur prudence, leur réticence à s'engager peuvent être mis sur le compte du fatalisme. Je crois qu'il faut aller plus profond : ce n'est pas de vous qu'ils se méfient, c'est d'abord d'eux-mêmes. Les Français hâtifs prennent aisément pour de la lâcheté ce qui n'est que le sentiment de sa propre mesure. Ce pays, d'une majesté si présente et à la fois si légère, a, une fois pour toutes, convaincu les Vaudois que la médiocrité est la chose du monde la mieux partagée, qu'il ne faut pas juger sur les apparences, que la grandeur d'âme n'est pas forcément ostentatoire, que la vraie balance où s'apprécient les choses humaines est un peu au-delà de notre portée et de nos évaluations banales.

En Suisse, c'est à peine si un homme est identifiable, tant qu'il n'appartient pas à un lieu habité précis, ce lieu serait-il un village, voire un hameau de quelques feux. Les Américains, dévoreurs d'espace, sont certes originaires de tel État, appartiennent à telle communauté, mais le sentiment domine chez tous que leur pays aux proportions d'un continent appartient tout entier à chacun d'eux, «*from coast to coast*», de l'Atlantique au Pacifique. Ils déménagent avec une facilité extrême, meurent rarement au lieu où ils sont nés. En France, toutes les appartenances sont faussées par Paris. Il est impensable que quelqu'un puisse y être distingué si ce n'est à Paris. Or Paris est extrêmement sensible aux modes, aux conformismes du moment : il n'y a pas ville au monde où il soit plus difficile de rester soi-même. Pour vous accueillir et vous donner droit de cité, Paris exige d'abord que vous abdiquiez sans conditions vos propres origines.

En Suisse, la loi de la production artistique est tout autre. Il n'y a pas de vie, de croissance, de floraison, de fécondité, en un mot de création artistique qui ne soit enracinée en un lieu-dit et situé sur la carte, aussi petit soit-il. Berne ne représente rien que l'administration fédérale, c'est-à-dire une abstraction, dont les Vaudois, peuple naturellement ordonné au concret, se méfient naturellement. Mais de temps en temps, on apprend par hasard, que dans tel bourg, en pleine campagne, il y a un poète, un écrivain, un peintre, un sculpteur, qui assez souvent n'a jamais quitté son village natal, qui a poursuivi obstinément depuis quarante ou cinquante ans la recherche des formes et leur expression. Il est là parmi les siens : même s'il n'est pas toujours pleinement compris, il est respecté : l'entourage est fier qu'il soit des siens. Et on vient d'autres villages, d'autres bourgs, des villes pour le voir parce que les siens parlent de lui avec fierté !

Il y a des traditions et des grâces, locales elles aussi. Sans exclure complètement les autres moyens d'expression, c'est vrai que les Vaudois sont plus enclins à l'écriture, les Valaisans à la sculpture et à l'architecture : nés au milieu des montagnes aux formes surprenantes, et qui restent dangereuses, les Valaisans déchiffrent-ils naturellement les formes, calculent-ils plus aisément les volumes et leur harmonie naturelle ? Hérémence est un petit village en bois du Valais. J'y ai vu l'église moderne en béton, certainement la plus belle que je connaisse, et qui s'accorde, on ne sait par quels mystère et merveille, à l'environnement, ce qu'on ne peut pas dire de Lourdes ou de la basilique de Lisieux. Ici, tout est fait pour évoquer les origines des formes et leur douce incarnation : le feu et la lumière sont complices de l'ombre. Une fontaine ne révèle sa présence réelle qu'à l'oreille qui perçoit en fond sonore le discret écoulement du temps, inexorable.

Je ne veux pas parler ici des vivants pour ne pas risquer d'omettre tel ou tel dont j'admire le don d'expression poétique ou romancier. Le Pays de Vaud est peut-être, de tous les pays francophones, celui où il y a le plus grand nombre d'authentiques écrivains au kilomètre carré. Paul Morand, qui a très longtemps vécu à Vevey, disait de ce fond du lac, que c'est un vaste encrier.

Pour donner une indication sur la contribution de la Suisse à l'expression de notre époque, je rappellerai — toujours en m'en tenant aux morts —, que Cendrars, Honegger, Giacometti, Nicolas de Stael étaient suisses. Si j'omets Le Corbusier, c'est exprès : il n'a fait que copier les principes du grand architecte américain Frank Lloyd Wright qui lui est antérieur et dont les réalisations sont plus saisissantes et belles que les siennes.

Dans l'ordre de l'expression artistique, rien n'est plus révélateur de la vigueur d'une race que les fêtes qu'elle se donne. Ce sujet de la fête est gros d'ambiguïtés. Comme la sexualité, l'instinct de la fête est une dimension constituante et primitive de l'homme. Mais comme la sexualité, l'homme peut aussi refouler son instinct de la fête : il ne l'abolit pas pour autant, mais le résultat de ce refoulement est une série d'aberrations aussi imprévisibles qu'épouvantables. Je crois que l'universelle propagation du crime, la diversité des crimes et leur raffinement pervers, la manière dont ils sont commis à l'intérieur de rituels et dans une joie sombre, je crois qu'on peut discerner là autant de manifestations d'un instinct refoulé. Qu'on se souvienne : dans les années soixante, la mode était de parler de « fête », on en parlait jusqu'à plus soif : même les curés en parlaient. Quand un certain langage contamine les curés c'est le signe infaillible qu'il y a quelque chose de profondément pourri quelque part. Ce qui était pourri, c'est l'instinct même de la fête, dont on parlait toujours, sans doute par impuissance. Don Juan est un impuissant sexuel, qui éprouve le besoin de multiplier les conquêtes féminines pour se prouver qu'il est encore un homme, ce dont il est de moins en moins sûr. De même cette logorrhée, dont nous fûmes atteints dans les années soixante au sujet de la fête, ne prouvait que notre impuissance à la faire, à retrouver entre nous cette communion des profondeurs d'où jaillit naturellement la fête. Au fond, au fin fond des choses, pour nous autres hommes et femmes d'Occident, la vraie fête avec toute sa contenance de joie et d'initiation concentrées, c'est la liturgie catholique, qui elle-même charrie les symboles mythologiques les plus antiques : rite de mort et de résurrection, rite sacrificiel qui assume et transfigure tout le cycle cosmique des saisons, du jour et de la nuit : cette manière la plus authentique de faire la fête est la mission propre de l'Ordre bénédictin.

Ce n'est pas par distraction de mon sujet que je soulève ici la question de la liturgie. Le malheur a voulu que c'est au moment même où les curés parlaient le plus de « faire la fête » qu'ils ont laissé saccager ce qui était l'exemplaire le plus haut de la fête, la sainte liturgie. De même Don Juan saccage l'amour alors qu'il ne fait qu'en parler. Il y a une raison pour moi plus déterminante : il y a un peu plus de mille ans l'Ordre bénédictin a eu au Pays de Vaud un rôle décisif dans l'introduction de la culture de la vigne et dans le culte du vin qui s'y perpétue si fortement : ce peuple tient par toutes ses fibres à conserver vivant ce culte parce qu'il sent que ce culte le maintient lui-même dans sa permanence et sa singularité. Comme toute l'Europe occidentale, avant le XVIe siècle, le peuple vaudois était catholique. Il est devenu protestant par force, à la suite de la conquête par Berne. Il ne semble pas qu'il ait manifesté une grande résistance : le martyre n'est pas dans le caractère vaudois, et les méthodes bernoises étaient sommaires, expéditives. Mais c'est un fait aussi que la mémoire de l'Ordre bénédictin et de ses bienfaits paraît subsister plus dans l'inconscient de ce peuple que le souvenir de son catholicisme passé : cette « mémoire bénédictine » est liée au culte de la vigne, qui est peut-être la seule religion incontestable de ce peuple, dans laquelle il communie tout entier et sans schisme.

Pour comprendre un peuple, il faut donner la plus grande attention aux mots qu'il emploie. Ici, la culture de la vigne et la fabrication du vin sont sous le patronage et même la juridiction d'une « confrérie », « La Confrérie des Vignerons ». Je regarde le *Grand Robert* et au mot « *confrérie* » je lis : « Association généralement formée par des laïcs dans le but d'accomplir des œuvres de piété, de charité. » Ici, la culture de la vigne et la fabrication du vin sont œuvre de piété et de charité. Mais le plus caractéristique est que cette Confrérie des Vignerons se trouve traditionnellement et encore aujourd'hui sous la présidence d'un « Abbé », le titre de « Père Abbé » étant depuis toujours réservé au chef d'une abbaye bénédictine, laquelle est une famille, « Abbé » étant la transposition littérale du mot « Père », en hébreu « Abba ».

Il y a au monde beaucoup de pays de vignobles. Parmi eux tous, dans le pays de Vaud, il y a aussi une orthodoxie de la culture de la vigne et de la fabrication du vin. Au nom de cette orthodoxie, il faut toujours améliorer les procédés de la culture de la vigne, ceux de la fabrication du vin. La Confrérie des Vignerons est la gardienne vigilante de cette orthodoxie, juge infaillible et suprême de ces procédés. Elle exerce sa juridiction au fil des saisons et d'année en année.

Mais elle a une tâche littéralement spectaculaire quatre fois par siècle. Autour de la sélection des meilleurs ouvriers viticulteurs et de la remise des récompenses, elle organise et produit environ tous les vingt-cinq ans, sur la place du Marché à Vevey, « La Fête des Vignerons », la plus grande célébration du Pays de Vaud, reprise de génération en génération. J'ai vu la Fête des Vignerons de 1977 : j'ai beaucoup bourlingué dans ma vie, à travers une moitié du monde, la Fête des Vignerons de 1977 est certainement le spectacle qui m'a le plus marqué, non seulement par la perfection de sa réalisation artistique, mais par cette unanimité qu'il a su créer autour de lui, de tout un peuple qui affirme, sans arrogance mais sans équivoque, dans une subtile harmonie de tous les détails, son identité propre et irréfutable.

Par un réflexe de modestie qui est naturel aux Vaudois, la Confrérie des Vignerons pensa d'abord qu'il était nécessaire de faire appel à un metteur en scène étranger; on prit successivement contact avec Maurice Béjart, Marcel Maréchal et un metteur en scène italien. Faute de pouvoir conclure, on résolut de chercher dans son propre panier, et c'est là certainement la décision initiale la plus heureuse, la plus féconde qui ait été prise, qui garantissait à l'avance ce qui fait le prix singulier d'une fête populaire: l'authenticité. Le peuple français est trop divisé sur la signification même de la Révolution française, la réalité historique est elle-même trop ambiguë, pour que la commémoration de l'événement trouve jamais cette saveur de l'authenticité. Il n'y a que les rois, chez nous, qui aient eu le sens de la fête populaire, et encore, après Henri IV, même nos rois le perdirent.

On résolut donc de faire appel uniquement à des artistes du cru: texte et poèmes, chansons, musique et chorégraphie, mise en scène, décors, costumes, grande et petite figuration (qui mobilisait environ six mille personnes, à titre gracieux), tout fut élaboré et exécuté sur place. Le thème central en était la vigne dans le cycle des quatre saisons et la célébration du soleil. Un tel thème englobait bien des thèmes essentiels mais secondaires, dont aucun ne fut oublié. On avait bâti pour la circonstance sur la place du Marché une arène face au lac et aux montagnes, d'une contenance de seize mille personnes assises. Le spectacle durait sans interruption un peu plus de trois heures, deux cent vingt minutes avec une séance de jour et une séance de nuit. Ce qui fait qu'environ cinq cent mille personnes ont assisté à cette fête. J'ai vu beaucoup de spectacles, soit folkloriques, soit des plus sophistiqués: je n'en ai jamais vu un seul qui se soit insinué en moi de manière si totale, si décisive.

Il y a deux sortes de fêtes : celles qui transgressent exprès l'ordre du monde et célèbrent le retour au chaos : c'est l'origine des Carnavals, où aucun pays n'a jamais surpassé dans la poésie et l'authenticité l'Amérique latine. Et puis il y a les fêtes qui célèbrent l'ordre, telle la liturgie bénédictine. Il y a les fêtes qui présagent la fin du monde, sa dissolution déjà entamée. Il y a d'autres fêtes, qui présagent « la vie du siècle futur », déjà préfigurée dans le cycle des saisons et les éternels symboles de la vie et de la fécondité : l'eau, le feu, la lumière, la terre, le sang de la vigne et le lait des collines, le travail de l'homme et le pain des moissons, l'amour, la nativité, la mort et la résurrection : les dons sacrés, ordonnés depuis toujours à leur plus haute destination eucharistique, celle du pain et du vin. Il n'y a pas au monde pays plus « bénédictin » que le Pays de Vaud. Je dis cela au sens liturgique, comme on dit qu'il y a des « paysages franciscains ».

Chaque parcelle de notre planète sécrète une odeur. Il est des pays qui sécrètent l'odeur de la force et de la violence : la Prusse je suppose, ou des villes comme New York et Chicago. Il y a des pays qui sécrètent l'odeur du silence, comme les pays de haute montagne. Ou encore l'odeur de l'infini comme le désert et la haute mer. L'odeur singulière du Pays de Vaud est celle de la paix et de la joie : on ne peut en capter le parfum subtil qu'avec la plus grande attention et la plus grande patience : c'est une vague d'encens qui, si on sait vraiment l'accueillir, trouve naturellement le chemin du cœur. Voilà pourquoi j'appelle ce pays « *un pays bénédictin* ». Le temps s'y écoule plus lentement qu'ailleurs, au rythme profond d'une liturgie, qui scande imperceptiblement les travaux et les jours.

Quatre fois par siècle, la Fête des Vignerons concentre et ouvre toutes ces essences, tous ces parfums, qui montent tout soudain à la tête, exaltent tout un peuple dans un enthousiasme révérencieux. Et les maisons redeviennent ce qu'elles furent à l'origine, « des feux » autour desquels on vit ensemble. Et la vigne un espace sacré qui, par sa complicité avec le travail et la patience de l'homme, produit le vin qui réjouit les cœurs. J'ai dit que les Vaudois n'avaient pas vocation du martyre : je crois qu'ils se battraient comme des lions pour défendre leurs vignes. C'est leur invincible attachement à leurs vignes qui a sauvé ce paysage, l'un des plus beaux au monde : aucune concupiscence d'argent n'a réussi à leur faire céder leurs vignes, depuis les années soixante où la folie immobilière a dévasté les paysages, même en Suisse comme à peu près partout en Europe. Ici, la vigne est littéralement sacrée. C'est la même sensibilité au sacré — et à ce sacré précisément — qui a sauvegardé le paysage, et qui a produit la Fête des Vignerons. Je ne connais pas de pays qui produirait une fête pareille, même les États-Unis d'Amérique, pourtant si neufs, si inventifs, mais où les gens passent trop vite d'une chose à l'autre. Encore moins la France qui ne connaît plus la fête que sous la forme d'une révolution, de « la table rase » : pays des engouements qui ne laissent dans la bouche que la saveur amère de la déception et du néant.

Les seules célébrations qui soient comparables à la Fête des Vignerons sont les cérémonies de la Semaine Sainte en Andalousie et les courses de toros, aussi chargées de significations cosmiques, de symboles à la fois concrets et universels. Mais l'Espagne est fanatiquement attachée à l'immutabilité des rites : il faut que toutes choses restent ce qu'elles ont toujours été. Le miracle de la Fête des Vignerons est qu'elle n'a lieu que quatre fois par siècle. Et qu'à chaque fois, c'est une génération nouvelle qui jette le défi à la suivante : voilà ce que j'ai fait pour exprimer et chanter le patrimoine de la race, que j'ai reçu et que je te transmets. On verra bien ce que tu feras pour célébrer à ton tour ce patrimoine de lumière et d'eau, de montagnes et de soleil, de vignes et de travail des hommes, continué par tous, et que tu perpétueras toi aussi. La Fête des Vignerons est à la fois la célébration de la lente patience et de l'unanimité, du travail et de l'espérance.

Cette fois-ci, il était clair que l'auteur du livret, Henri Debluë, avait décidé de lui donner un sens secrètement eucharistique. Les grands thèmes de l'imaginaire chrétien sont le pain et le vin symboles de la chair et du sang de Dieu, auxquels le peuple communie, et grâce auxquels il trouve et exprime sa communion. Cette volonté partout présente de retrouver les sources mêmes de l'imaginaire chrétien fait la singularité et le cachet de grandeur qui ont caractérisé pour tous cette célébration de 1977.

L'élaboration effective de la Fête des Vignerons de 1977 commença dès 1971 : six ans de travail. Le génie de ce Pays de Vaud est de comprendre d'instinct la force invincible de la lenteur et des tâtonnements, d'en accepter toutes les humilités, de s'en faire des complices, d'en revendiquer les doutes, les erreurs, les risques : ainsi parvient-on au chef-d'œuvre.

On sait que la Présidence de la Confédération helvétique s'exerce par roulement annuel entre les sept membres du Conseil fédéral, de sorte que même les Suisses ne connaissent habituellement pas le nom du Président en exercice. Un soir de 1er janvier, j'ai entendu la Radio Suisse Romande transmettre les vœux du Président de la Confédération alors en fonction, un Suisse alémanique, à l'accent appliqué et rugueux : « Mes chers compatriotes, dit-il, n'oublions jamais que la Suisse est une île, entourée de terres ! » Ça, je n'ai jamais oublié : une île, avec toute la fascination de secret qui nimbe les îles. Les îles ont une manière à elles, rien qu'à elles, de vivre l'histoire, d'y participer, sans y perdre jamais leur inaliénable identité. C'est d'ailleurs aujourd'hui le problème majeur que pose à la Suisse l'unification de l'Europe.

Il y a vingt-sept ans que j'habite la Suisse, précisément le canton de Vaud, qui n'est pas celui de Genève, ni celui du Fribourg, ni du Valais, ni aucun des autres cantons. Je pousserais plus loin que l'ancien Président de la Confédération. La Suisse n'est pas une île, c'est un archipel, au sens où l'on parle de « l'archipel des Cyclades », encore plus fortement archipel que les Cyclades qui ne sont qu'une désignation géographique. La Suisse est un groupement non seulement géographique, mais aussi politique, monétaire, militaire, économique, d'îles que, par commodité, on peut bien appeler « la Suisse » à la condition de ne jamais oublier que ces vingt-trois îles n'ont consenti à l'union confédérale que pour mieux sauvegarder et protéger ce que chacune a d'irréductible et de singulier. Je ne crois pas qu'on puisse pousser plus loin que la Suisse la force du particularisme. On m'a raconté l'histoire d'une jeune femme du Valais qui, venant de la vallée voisine, refuse de laisser ses enfants à l'école du village, de peur qu'ils n'attrapent l'accent de ce village. Résultat : par tous les temps, elle parcourt deux fois par jour en auto le trajet jusqu'à sa vallée d'origine pour y mener ses enfants à l'école et les en ramener. C'est dingue, direz-vous ? C'est ça, la Suisse ! Pour moi, je préfère cet excès à celui du conformisme à outrance, tel que nous le pratiquons en France.

On ne peut écrire l'histoire de « la Suisse ». Chaque canton a son histoire. Au sens strict et juridique du mot, la Suisse n'est pas une nation, elle ne s'est jamais voulue une nation comme la France. À part les trois premiers cantons fondateurs, tous les autres sont entrés dans la Confédération à des dates différentes, Genève seulement en 1815. Qu'y a-t-il donc de commun entre tous les Suisses ? Évidemment le pacte confédéral, lu solennement dans toutes les communes, au soir du 1er août, jour de la fête confédérale. Ce pacte confédéral n'est lui-même que le produit d'un certain bon sens élémentaire, qui se traduit par une méfiance instinctive de toute idéologie, par un sentiment aigu que tous ont intérêt à rester ensemble, par l'expérience, chaque jour renforcée, que cette union leur est bénéfique, même si de temps à autre elle exige certains sacrifices immédiats.

J'ajouterai une opinion qui m'est personnelle et que je ne livre que pour ce qu'elle vaut. Chez tous les Suisses, il y a une expérience commune et universelle, ancestrale de la pauvreté, vécue pendant des millénaires. Qu'on lise l'admirable récit d'Alexandre Dumas de son voyage en Suisse en 1830, et l'on verra l'état de pauvreté où vivaient encore les Suisses il n'y a pas deux siècles. Pendant toute la fin du Moyen Âge, et pratiquement jusqu'à la Révolution française, la Suisse s'est trouvée dans la situation où sont actuellement des pays qui exportent leur main-d'œuvre masculine pour faire subsister leurs familles : les Suisses allaient faire la guerre loin de chez eux au profit de souverains étrangers, et ils étaient payés pour cela. C'est ainsi qu'ils ont survécu, fait survivre leurs familles. Et comme leur sol n'est pas riche, ne le sera jamais, c'est par leur seule ingéniosité, par leur seul travail, qu'ils sont sortis de cet état de pénurie : quelle leçon toujours actuelle pour les pays encore pauvres !

D'où chez les Suisses le respect de l'argent : n'a-t-il pas été, et pendant si longtemps, le symbole vivant des dangers encourus et du sang versé sur les champs de bataille de toute l'Europe ? L'argent dans ce pays a sa plus haute signification, et un sou est bien plus qu'un sou. Frédéric Dard habite aussi ce pays depuis des dizaines d'années, dans un canton voisin. Un personnage d'un de ses grands romans a cette réflexion : « Je crois à la générosité de ce peuple (il parle des Suisses), parce qu'il a le respect de l'argent. L'enfant prodigue n'est pas généreux. » Cette remarque ouvre une perspective profonde sur le caractère du peuple de ce pays : il ne doit sa survie et sa prospérité actuelle qu'à ses sacrifices, à sa patience, à son travail, et, pendant un très long temps, à son courage guerrier. Dans l'air léger de ses montagnes, il y a des effluves de la béatitude des pauvres. Zermatt est aujourd'hui une station prospère au pied du prodigieux Cervin. Qu'on observe les vieilles maisons du village que ses habitants ont eu la sagesse de conserver en témoignage du passé : on reste interloqué par la vaillance obstinée de ce peuple, pour subsister seulement pendant des millénaires. Il n'y a pas à gratter profond pour découvrir la Suisse primitive et sacrée.

Je crois que ce qui fit de la Fête des Vignerons 1977

un spectacle littéralement poignant, c'est que le fond primitif de ce Pays de Vaud s'y est révélé pleinement. L'art n'atteint à la grandeur qu'en redécouvrant ce qu'il y a de fondamental, et la poésie ne jaillit que lorsque sont délivrées les sources élémentaires.

Je garde en moi de cette Fête des Vignerons 1977 un rayonnement de beauté. Parvenue à un certain stade, la beauté est l'aveu non déguisé de l'émerveillement candide et se fait le véhicule de cet émerveillement. Depuis quinze ans que j'habitais ce Pays de Vaud, j'y avais été jusque-là comme un étranger et qui se veut tel. Le jour où j'ai vu cette fête, j'ai commencé d'aimer ce pays parce que j'en ai perçu toute la secrète et discrète splendeur.

Reste cette question qui, comme la fleur éclate du bouton, surgit du bien-être que j'éprouve de vivre mes vieux jours ici. Qu'on y parle français, que j'y sois à proximité de Paris ne sont pas des raisons suffisantes. Au fait, je m'y sens plus chez moi qu'en n'importe quel endroit de France où il m'est arrivé de vivre, plus chez moi qu'en Provence, dont j'ai tant aimé la lumière, les platanes, les fontaines, au temps de ma jeunesse monastique. Le sentiment d'exil, que j'ai éprouvé tout au long de ma vie, même quand j'étais en France, s'est ici dissipé. Ici, à Chexbres ! je ne suis plus en exil.

Je reste pourtant français, je ne me ferai pas naturaliser suisse. À vingt ans, j'ai déjà changé de nationalité : français je suis devenu, français je mourrai. Pourtant, très profondément en moi, quelque chose refuse désormais que je me sente ici en pays étranger : pour bizarre que cela soit, ma condition de Français, de Vaudois d'adoption, d'habitant de Chexbres, les trois ne font qu'un.

Contradiction, paradoxe, ou ne serait-ce pas plus simplement une de ces nombreuses absurdités qui jalonnent ma vie, auxquelles je consens si aisément, parce que depuis toujours j'ai renoncé à introduire dans ma vie quelque cohérence logique? Même et surtout cela, je ne le concéderai pas, puisque précisément ce bien-aise que j'éprouve maintenant ici est fait d'une cohérence certaine et paisible que me donne ce pays, et dont auparavant je n'avais jamais fait l'expérience.

Je crois avoir découvert la solution à cet imbroglio. Ma solution n'est intelligible que dans un contexte infiniment plus vaste que moi dans l'espace et surtout dans le temps.

Pour ce qui concerne la France, entre elle et moi c'est une affaire de sensualité: que je l'aborde par terre, par eau, ou par les airs, je reste d'une sensibilité extrême aux frontières de la France: je suis sensible jusqu'au désordre à sa peau, au point que je souffre douleur en la quittant, que j'éprouve à la retrouver un bonheur excessif. Il en a toujours été ainsi pour moi, sauf à présent quand je passe la frontière entre la France et le Pays de Vaud, qui ne me donne absolument plus la sensation d'avoir quitté la France. Cela date d'une poignée d'années, peut-être de plus d'années que je ne crois, huit, dix? J'ai volontairement précisé quand je passe de la France au Pays de Vaud: à Genève, je me sens tout aussi perdu que chez les Papous, à Bâle de même. Abordant le Pays de Vaud, l'impression que j'ai quitté la France s'évanouit. Je vais dire quelque chose d'encore plus surprenant: me vient, très fort, le sentiment que non seulement je n'ai pas quitté la France, mais que j'entre dans une partie de la France encore plus française que toutes les autres. Le Pays de Vaud est vraiment le seul où, n'étant plus en France, loin de m'y sentir exilé, je trouve refuge au plus profond d'un repli caché de la France, dans son sanctuaire inviolé.

Du strict point de vue de ce qu'on appelle « l'histoire de France », Bernanos a fait une découverte capitale, qui pourrait se révéler des plus fécondes, si les historiens, les techniciens de l'histoire, s'en emparaient et se mettaient à l'exploiter. Il disait que sous le mot « France », il y a équivoque, amphibologie; que le mot « France » a deux sens qui ne recouvrent pas les mêmes réalités temporelles et spatiales. Il y a d'abord le sens récent, celui qui vient à l'esprit de chacun quand le mot « France » est prononcé : elle a sa couleur et ses limites dans les livres de géographie, c'est une nation qui a son histoire, qui a eu différents régimes et révolutions politiques, la France dont parlait Maurras lorsqu'il disait qu'elle a été faite par quarante rois ; elle a son drapeau, ses fonctionnaires, son administration, tout cela étalé, visible. Bref, une nation comme tant d'autres, peut-être pas des plus sympathiques d'ailleurs.

Mais il y a un tout autre sens du mot « France », moins perceptible, à vrai dire invisible, qui ne dispose pas des signes extérieurs du premier, alors qu'il lui est de beaucoup antérieur, plus riche de vie, d'invention et de symboles. Prise selon son second sens, la France est une civilisation, une manière de penser, d'agir, de vivre. Cette France-civilisation a inventé un régime politique souple et concret, fondé sur les liens de vassalité et de féodalité, elle a surtout inventé une langue qui a produit nos admirables chansons de geste, un art qui s'est épanoui dans les églises et monastères romans, une manière extrêmement stylisée de faire la guerre et l'amour qui s'est appelée la chevalerie et l'« amour courtois ». La France de ses poètes et de ses saints.

C'est de cette civilisation, de son génie, de son art de vivre, que les peuples sont tombés amoureux. Michelet a le mieux défini cette France féodale, antérieure au pouvoir royal capétien : « un pays hérissé de libertés ». Il y a bien de quoi ressentir quelque nostalgie.

Louis VII, roi de France de 1131 à 1180, a eu, lui aussi, une merveilleuse définition de la France quand il disait qu'elle représentait : « le pain, le vin, et le sourire ! » Ce serait contresens absurde que de croire que Louis VII limitait cette définition au seul domaine royal. En réalité, la France féodale était infiniment plus étendue que ce qu'aujourd'hui on appelle « la France ». Par l'enchevêtrement des allégeances féodales, la France d'alors englobait l'Aquitaine et le Duché de Savoie (avec une partie de l'Italie) ; la Bourgogne (beaucoup plus étendue au sud et à l'est qu'elle ne l'est aujourd'hui); les Flandres qui allaient jusqu'aux bouches de l'Escaut. En ces temps de communion et de mythes fondateurs — et c'est bien ici que je voulais en venir —, où se sont constituées l'âme et la civilisation de la France, le Pays de Vaud faisait partie d'abord de la Bourgogne transjurane, puis du Duché de Savoie, il était en entier partie prenante de la France-enfant, de la France-civilisation, de l'immense France féodale, qui débordait de partout ce qui deviendrait l'État français, le squelettique Hexagone.

La chance privilégiée du Pays de Vaud fut que, par son appartenance à la Bourgone transjurane puis au Duché de Savoie, enfin par son incorporation à la Confédération helvétique, il a échappé et à la rupture fondamentale entre France-nation et France-civilisation et à l'évolution qui s'en est suivie; il a gardé la saveur authentique d'un morceau de la France antique et primitive, au temps où elle n'était encore ni une nation ni un État, mais où elle était déjà et pleinement une civilisation. Ce que je retrouve avec délices au Pays de Vaud, c'est un morceau savoureux de la France antique et courtoise, quand on l'appelait « France-la-doulce », pays hérissé de libertés. Un Armailly ou un vigneron vaudois ressemble plus à ces paysans français des « *Très Riches Heures du Duc de Berry* » qu'à leurs lointains cousins actuels de Picardie ou du Bordelais, déformés et malaxés par sept siècles d'administration royale, impériale et républicaine. Adhérant au Pays de Vaud, c'est au tuf primitif de la France que j'ai adhéré. Du coup, je me retrouve ici plus français et plus chez moi que dans n'importe quel département français.

Voilà qui devrait aider à gommer le complexe d'infériorité qu'éprouvent encore quelques jeunes écrivains vaudois à l'égard de Paris qu'ils considèrent comme l'empyrée, à eux inaccessible, du goût et de la fortune littéraires. Personnellement, je reprocherais plutôt aux grands éditeurs parisiens de ne prêter que trop peu d'attention à ce qui se produit au Pays de Vaud. Le génie français ne serait ni français ni génial s'il se contentait d'être ainsi assigné à résidence surveillée dans l'Hexagone. Le Pays de Vaud a eu la chance d'être politiquement séparé du domaine royal au moment où ce domaine s'efforçait de devenir une nation et un État moderne : il a naturellement gardé la saveur originelle et vivace d'une France antérieure, de la France antique, hérissée de libertés ; et cette saveur maintenant je ne me lasse plus ici de la chercher, de la reconnaître, de l'identifier, de la savourer.

« Le pain, le vin, le sourire ! » Heureuse, trois fois heureuse, la patrie qui peut ainsi se définir, en termes si familiers que chacun peut se retrouver chez soi, en communion avec tous, avant même d'avoir parlé. Les Français modernes parlent trop pour qu'on ne les soupçonne pas d'être mal dans leur peau : leur volubilité est un masque qui camoufle une angoisse, un vide, la peur qu'on leur demande de quitter le masque, d'aller un peu plus profond en eux, vis-à-vis d'eux-mêmes et de la vie. Le Vaudois a le goût du silence, parce qu'à l'intime de lui-même il ose se prendre pour ce qu'il est, comme il est, devant la vie telle qu'elle est. Il en dit le moins possible sur lui-même et les autres, il recueille, médite, s'imprègne du fruit de sa méditation. Tout protestants qu'ils soient devenus, les Vaudois trouvent encore au pain et au vin un arrière-goût eucharistique. Je ne puis exprimer autrement la vénération joyeuse dont le pain et le vin sont ici l'objet. Dans ce pays, celui qui fait le pain, celui qui fait le vin, sont revêtus d'une dignité sacrée, je pourrais dire d'une fonction sacerdotale, tant le pain et le vin y sont eux-mêmes en attente d'une fonction nourricière, peut-être sacrificielle, artisans reconnus d'une communion. Par l'œuvre de leurs mains, par ce que cette œuvre a de vivifiant et de concret, l'artisan boulanger (il y en a encore beaucoup), et le vigneron inspirent plus de respect que le pasteur. Le pasteur est ministre de la parole : et la parole, serait-ce la Parole de Dieu, sans doute parce que nous ne savons pas la prononcer ni l'entendre comme elle devrait l'être, est forcément dans l'immédiat moins concrète dans sa fonction que le pain qui nourrit les corps et le vin qui porte aux cœurs la joie de la vie et de l'amitié.

Tout cela, oui tout cela était plus que sous-entendu, exprimé pudiquement et vaillamment, dans cette Fête des Vignerons à laquelle j'ai eu la chance d'assister. « Je voudrais, disait Lao-Tzeu, que tous les villages ne se distinguent plus les uns des autres que par le chant de leurs coqs. » Il n'y a plus beaucoup de coqs dans les villages, chaque village n'a pas ici son poète patenté, mais dans chaque village persiste encore un chant secret auquel le nouveau venu est tenu de s'accorder. Il n'y a pas ici de village qui n'ait son chant propre et sa chorale. Le Pays de Vaud, c'est le chant. Pour une oreille attentive, il y a ici, à Chexbres, un écho assourdi de ce que Rimbaud appelait « le chant raisonnable des anges ». Ne le perçoit que celui qui s'y est déjà quelque peu accordé.

Les Vaudois reconnaissent qu'ils sont enclins à la mélancolie. Mais n'attendez pas d'eux qu'ils en fassent de superbes éclats romantiques. Leur mélancolie reste une passion secrète, presque une jouissance solitaire, une délectation morose. Ils me rappellent les mots de Montaigne : « Il y a quelque ombre de friandise et de délicatesse qui nous rit et qui nous flatte au giron même de la mélancolie. » Ils se tiennent quiets dans ce doux giron, encore moins consentiraient-ils à le quitter.

D'où leur vient leur mélancolie ? De la douceur et de la grandeur du paysage, à la fois familier et hors de portée à moins de s'exposer à de mortels dangers ? Du charme odorant des longs automnes ? De l'humeur changeante du Léman, lui encore source possible de grands dangers ? Des arcs-en-ciel fugitifs, les soirs d'orage ? Des nuits d'été où la pleine lune répand une lumière sur le lac qui transforme tout aux couleurs des songes ? Est-ce les longs crépuscules qui donnent le spectacle d'une bataille inutilement engagée, forcément perdue d'avance, suivie d'une défaite inexorable, d'un naufrage corps et biens ? Est-ce l'étrangeté de ce pays, où la nuit ne tombe pas, ne descend pas, où elle monte au contraire d'on ne sait où, de partout, comme l'eau monte au cours d'une inondation sans qu'on puisse limiter, circonscrire le désastre? Chaque soir se déroule le même scénario angoissant. Soudain la nuit a jeté sur toute l'étendue du lac son linceul: le lac se rétracte sur lui-même, prend une couleur livide, hostile comme l'acier nu: d'abord supprimer les témoins potentiels de l'attentat, tous les miroirs. Puis rongeant peu à peu les bases de la montagne par toutes ses ravines, la nuit lance à l'assaut des sommets la Grande Armée, irrésistible et muette, des serpents noirs. Un bref moment, les cimes seules restent éclairées, telle une vaste épave qui surnagerait, de la montagne déjà presque engloutie. D'un bout de l'horizon à l'autre les sommets jettent ensemble leurs derniers signaux de détresse auxquels il ne sera pas répondu. Puis ils sombrent à leur tour dans le gouffre sombre. Les Vaudois vivent avec la fin du monde. Ramuz était vaudois, qui a écrit sur le sujet son meilleur roman, dont Goretta a tiré un film admirable: « *Si le soleil ne revenait pas* ».

Le Vaudois a la certitude charnelle que tout passe et s'enfuit. Il vit en présence de la mort: rien autour de lui ne l'en distrait et il ne s'en laisse pas distraire: voilà qui donne à la courtoisie et au sourire des Vaudois la signification d'arrière-plan d'un courageux et ultime hommage. Le fait est que le Vaudois ressent de quelque façon et de manière permanente la difficulté de vivre à hauteur d'homme. Il arrive que cette difficulté lui devienne tout à coup insurmontable. Les suicides inexpliqués sont relativement nombreux dans ce pays. Vous rencontrez chaque jour un paysan qui mène ses vaches au pâturage et qui les ramène, hier vous l'avez aperçu au bistrot du village, buvant tranquillement ses trois décis de dézaley. Aujourd'hui, vous apprenez qu'il s'est pendu dans son écurie. Avait-il des dettes ? Non ! Une maîtresse ? Même pas ! Il avait femme et enfants, il faisait avec application et régularité son métier de paysan, il jouissait de l'estime de tous. Il s'est fait périr, nul ne peut rien dire de plus.

Ce peuple porte-t-il, dans son histoire, quelque déception qui ne concerne que lui-même ? Peut-être, inconsciemment, se reproche-t-il sa prudence : il a toujours été, plutôt qu'un acteur, un enjeu de l'histoire. Les grands choix cruciaux le concernant lui ont été imposés.

Si ce pays n'a pas fait l'histoire, il a toujours été hanté de grands rêves historiques. Ses songes immenses se sont concrétisés, sans lui, loin de lui, parfois sous des masques hideux qu'il n'avait pas voulus mais dont, les ayant rêvés, il se sent vaguement coupable. Peuple à la conscience, non pas malheureuse, mais excessivement scrupuleuse : c'est très impressionnant à la longue, à le regarder vivre.

De son enfance bourguignonne et de sa jeunesse savoyarde, le Pays de Vaud garde le goût natif de la liberté. Plus tard, la conquête par Berne lui a donné l'expérience de la servitude, qui a duré deux siècles et qu'il a supportée avec amertume. Il n'y a pas beaucoup d'endroits où Berne ait laissé de plus mauvais souvenirs : l'occupation fut rude et brutale. Comme on était au temps de la Réforme et que Berne était devenue protestante, elle exigea que les Vaudois le devinssent aussi. Cela se fit sans éclat mais de mauvais gré. Au fil des temps, il en est résulté pour le peuple une méfiance instinctive envers le nouveau clergé, compensée d'ailleurs par une attirance pour la métaphysique, mais à sa manière discrète, infiniment pudique. L'histoire que je vais raconter illustre à merveille ce dernier trait.

C'est le printemps. Il fait très beau et déjà chaud. Deux ouvriers agricoles travaillent dans la vigne à flanc de coteau. C'est le moment de la pause : ils sont assis sur une murette, partagent un morceau de pain et de fromage, une bouteille de vin blanc. Entre Vaudois, même familiers, les silences sont longs. Soudain l'un, pénétré de la beauté rayonnante qui l'entoure, hasarde cette réflexion :

— Tout de même, quand on voit ce lac, si beau, ces montagnes qui le ferment, ce ciel, cette lumière... on ne peut s'empêcher de penser, qu'au-dessus de tout ça, il y a quelque chose...

L'autre le coupe :

— Hé ! Dis-moi, Louis, est-ce que tu deviendrais fanatique ?

Fidèle à ma nature aussi bien qu'à ma vocation, je ne me suis jamais privé de dire d'une manière claire et même tranchante, ce que je pense et ce que je crois. Il me semble pourtant avoir toujours observé les règles de l'hospitalité que je reçois dans ce pays, n'avoir jamais utilisé un ton autoritaire, professoral, que j'ai même en horreur. À l'exemple de son maître, un prêtre de Jésus-Christ ne me semble pas appelé à imposer le joug sur la nuque, mais plutôt à alléger ce joug, que chacun porte silencieusement tout au long de sa vie. S'il m'est arrivé de manquer à cette règle, ce sont là parmi les fautes que je me reproche le plus. Autour des grands Dominicains que j'ai eu le privilège de fréquenter, je sentais régner une atmosphère allègre, si légère, de pleine liberté dans la pensée et dans l'expression. Je me suis efforcé de les imiter, laissant à Dieu le soin de la semence ainsi jetée.

En revanche, la prudence des Vaudois en tout ce qui concerne le domaine transcendant m'est une énigme que je ne suis pas parvenu à déchiffrer. Est-ce véritable scepticisme ? Sûrement pas. Est-ce pudeur et peur de s'engager sur un terrain où la part d'inconnu est trop grande pour qu'on puisse s'y aventurer à la légère ? Il y a probablement de ça. Est-ce respect du sacré, horreur instinctive de toute déclaration qui peut violer au plus intime la conscience de l'autre, la froisser, en frôlant, serait-ce d'une main légère, son interrogation, peut-être son angoisse la plus profonde, celle dont il met sa fierté à porter seul le fardeau jusqu'au seuil de la mort ? Il est certain que les Vaudois sont un peuple fier qui a ciselé en orfèvre le moyen d'exprimer sa fierté. Seul, celui-là qui a des oreilles pour percevoir certains silences, peut commencer de comprendre ce peuple et ce pays !

Du jour où ils ont consenti à me considérer comme des leurs, à ma grande surprise je me suis aperçu que l'une des caractéristiques les plus marquantes des Vaudois — de pratiquement tous — est une extrême sensibilité à la poésie. Par un mouvement qui leur est naturel, plus que l'expression directe, ils apprécient, savourent ce qui n'est que suggéré, indiqué par ricochet, le non-dit implicite qu'il faut deviner. Ils se prennent facilement à ce jeu qui honore les deux interlocuteurs quand il se déroule sans défaut. En fait, ce jeu crée une complicité beaucoup plus profonde, rieuse, vivante, entre chacun et chacun, que les apparences ne le révèlent à ceux qui ne sont pas invités à y participer, à ceux devant qui on se garde d'y jouer.

Ce qui nous est arrivé, à Simonne et moi, au cours de l'été 1986, illustre, de manière aussi stupéfiante qu'un arc-en-ciel sur le lac, la complicité que j'évoque.

Le journalisme — du moins celui des journaux à grande diffusion — ressemble au jeu: le hasard y est roi. La rédaction d'un grand journal dégage l'atmosphère qui règne autour des tables où l'on joue au poker, avec, dans les yeux des participants, les mêmes lueurs d'espoir et de déception. Zola écrit un éditorial qui passe entre les mains du directeur de la rédaction de *L'Aurore*, Clemenceau. Celui-ci est un professionnel, il le titre: « J'accuse! » Cet éditorial met le feu aux poudres. Zola a fait sauter la banque. Il n'y pas au monde de vrai journaliste qui n'ait attendu un coup pareil, qui n'arrive qu'une fois sur des millions, allez savoir pourquoi! Le 18 juin 1940, sur la radio de Londres, un général français sans mandat réussit un coup encore plus incroyable. Ni Zola ni De Gaulle n'étaient des journalistes professionnels. Dans le journalisme, les grandes réussites historiques sont le fait d'amateurs sans expérience: affrontement fortuit entre un événement énorme et un caractère d'homme à sa mesure.

La chance a des degrés. Je n'ai pas fait sauter la banque, mais j'ai eu mes coups de chance à mon échelle, dont l'effet s'est répercuté sur ma vie de manière tout à fait inattendue. Nous sommes à la fin de 1981, en France, la droite est battue par deux fois à plate couture, Mitterrand est élu à la Présidence de la République, et à la Chambre domine une écrasante majorité socialiste. La droite se frotte les yeux, cherche sa voie. Il lui est impossible de se rallier au vainqueur qui d'ailleurs lui fermerait la porte au nez, mais il lui faut se définir elle-même au plus vite dans son opposition fondamentale à « la bêtise au front de taureau » du socialisme triomphant. C'est, à ce moment-là, le mérite de Louis Pauwels à la tête du *Figaro-Magazine* de s'être jeté dans l'arène pour ressaisir l'armée des esprits en déroute, les ramener à la bataille.

Par mon expérience américaine, je suis à même de définir ce qu'est le capitalisme moderne. Je propose à Pauwels un long article sur le sujet. Que risque-t-il ? Si mon article est bon, il le passera ; s'il est mauvais, il ne le fera pas paraître. J'écris l'article, il passe. Quelques jours plus tard, je reçois de Paris un coup de téléphone, provenant du secrétariat personnel d'un industriel français, dont le nom est tellement connu que je préfère le taire. On a été si vivement frappé par mon article qu'on demande à me rencontrer lors d'un de mes prochains passages à Paris. La rencontre a lieu au cours d'un déjeuner, elle est exceptionnellement cordiale. J'ai affaire à un chef d'entreprise encore jeune, attentif, prudent, mais qui sait s'engager. Je parle d'abondance sur un sujet qui m'est familier : les lois de la réussite de l'entreprise sont partout les mêmes. J'apprends de mon interlocuteur qu'il a le projet de faire un livre sur le capitalisme libéral. Il me propose de nous associer : il se chargerait de l'aspect technique. Je serais chargé de l'aspect philosophique et historique. Nous tombons d'accord sur les conditions matérielles de notre accord. J'interromps tout ce que j'ai en chantier et me mets au travail avec entrain. Dès que je le trouve assez avancé, j'en envoie une photocopie dactylographiée à mon associé occasionnel. Très choqué par mon approche de la question, il coupe les ponts, sans que j'aie pu avoir avec lui une discussion approfondie. Notre collaboration s'arrêtera là.

Est-ce cela, autre chose? Je conclus, à tort ou à raison, que ce qui l'a fait revenir sur sa décision de travailler en collaboration avec moi, c'est mon hostilité déclarée à la bourgeoisie constituée en classe sociale avec son impérialisme propre, sa hiérarchie des valeurs, ses méthodes et sa stratégie, pour moi erronées et néfastes. La supériorité industrielle de l'Amérique, et actuellement du Japon, provient de ce que ces grands pays ne savent même pas ce que sont les bourgeois et la bourgeoisie. Je ne vais pas écrire ici ce que j'ai déjà écrit dans différents ouvrages; mes lecteurs persévérants savent à quel point je me suis appliqué maintes fois à définir les responsabilités de la classe bourgeoise dans la décadence de l'Europe occidentale et dans la genèse même du communisme, expression ultime de la pensée bourgeoise et sans le moindre hiatus. Je pense que mon interlocuteur se croit un « bourgeois », que du coup il m'a lu sommairement parce qu'il s'est aussitôt considéré comme offensé: dans ces conditions accoler son nom au mien lui est apparu comme une trahison, le reniement de son propre camp. Si sa réaction fut celle-là, je comprends qu'il ait rompu avec moi.

Ma déception est presque impersonnelle, j'ai l'habitude des coups de boutoir. L'homme qui me faisait faux bond est un brillant ancien élève de Polytechnique, dont on sait qu'elle est l'école par excellence qui fournit de cadres nos entreprises les plus performantes. C'est au sujet de cette prestigieuse École que ma déception frôlait le scandale. Certes, j'admets que l'enseignement y soit d'abord consacré à ce qui fait la signification de son nom: les mathématiques, les sciences exactes, les techniques d'application. Mais je ne comprends absolument pas, et je trouve que c'est humiliant pour la France, que n'y soit pas donné en outre aux élèves un minimum de formation historique, qu'on n'y dise rien du rôle déterminant et pervers qu'a joué la tradition bourgeoise formulée avec éclat par les grands économistes anglais d'il y a presque deux cents ans et dont Karl Marx a légitimement prolongé les conclusions. Comment rejeter les conclusions sans rejeter aussi les principes ? Comment échapper au communisme sans renier l'esprit bourgeois qui l'a engendré et qui a si profondément perverti l'exercice et la nature même du capitalisme ? C'est le capitalisme lui-même, qui me paraît être une dimension connaturelle de la nature humaine, que j'avais entrepris d'exposer sous cet aspect dans cet ouvrage.

Survient la rupture, d'ailleurs parfaitement courtoise de part et d'autre. Je me retrouve devant un travail déjà assez avancé, que je termine, et au fond, ravi d'avoir à le faire. Je n'ai toujours pas de titre. Le moment du choix d'un titre est un moment d'angoisse, qui peut durer des jours, des semaines. Un matin, Simonne Fabien s'encadre dans la porte de ma chambre, impromptue : « Je crois que j'ai trouvé ! » Pourquoi ne prendriez-vous pas comme titre : « *Le Capitalisme, mais c'est la vie* ! » Magnifique, c'est le titre qu'il me faut.

Comme au billard, les bonheurs ne m'arrivent jamais que tardivement et par la bande. J'espérais pour ce livre un succès de vente. Il n'en fut rien. Ma situation financière allait peu à peu redevenir très préoccupante, c'est le moins qu'on puisse dire. Il n'empêche, quelques-uns avaient perçu l'importance révolutionnaire de ce livre, grâce à eux, je sus que ma flèche avait atteint le centre de la cible. Je conserve précieusement dans mes archives une lettre chaleureuse de félicitations de Marcel Dassault, mais ce très grand monsieur n'eut pas pour autant l'idée de commander mille exemplaires du livre en cadeau pour les cadres de son entreprise. Les meilleurs des Français sont déconcertants. Il ne leur viendrait pas à l'esprit qu'une appréciation élogieuse se traduise par un acte concret à la fois pour venir en aide à celui à qui on la décerne, et pour que sa pensée se répande autant qu'elle le mérite.

En Suisse, par contre, l'ouvrage produit une onde de choc profonde, qui se révélera pour moi libératrice.

Ce livre, je ne l'aurais pourtant jamais écrit, sans l'article publié à l'origine dans *Le Figaro-Magazine.* C'est à ce propos que je dis : le journalisme ressemble à la roulette ou au baccara.

Comme Taine l'a si parfaitement analysé dans son livre, le mal de « *La France contemporaine* », son mal héréditaire et spécifique est cette propension, qui lui est devenue une seconde nature, de se satisfaire de mots et de témoignages abstraits, de croire que les idées et leur expression remplacent les choses, de passer à côté du concret et de le négliger, finalement de confondre l'abstrait et l'universel.

J'aurais aimé rencontrer Marcel Dassault que j'admirais pour ses réalisations de chef d'entreprise : peut-être était-il déjà trop vieux, mais l'idée ne lui est pas venue de me proposer une rencontre, aussi brève fût-elle. Ici, en Suisse, c'est tout le contraire de l'abstraction qui se produisit. Quiconque connaît un peu la Suisse sait l'importance et la signification des Coopératives Migros, fondées par Gotlieb Duttweiler. Au cours de ce siècle, avec un point de départ très localisé et minuscule, l'entreprise Migros a réalisé dans ce pays une véritable révolution économique, mais aussi sociale et culturelle, qui étend maintenant sa puissance et ses bienfaits sur tout le pays.

Un collaborateur retraité de Migros, Éric Agier, lit mon livre sur le capitalisme : il s'enthousiasme, y reconnaît une notion du capitalisme voisine de celle sur laquelle s'est fondée Migros. Il achète un nouvel exemplaire, l'envoie au Président effectif d'alors, de toutes les coopératives Migros, à Zurich, Pierre Arnold, qui est l'un des chefs d'entreprise les plus prestigieux de toute la Suisse. Débordé de travail comme tous les grands chefs d'entreprise, il trouve cependant le temps de m'écrire une lettre manuscrite pour me dire son accord profond avec mon livre et m'exprimer le désir de me rencontrer. Il m'invite à venir le voir à Zurich.

Éric Agier m'accompagne, a été chargé d'organiser le voyage et d'en assumer tous les frais — petit détail auquel un chef d'entreprise française n'eût pas songé; ici, on soigne tout jusque dans le plus petit détail. Agier me prend à la gare de Lausanne, nous arrivons à Zurich, où il me mène au bureau de Pierre Arnold. Un peu plus tard, Pierre Arnold nous conduit jusqu'à sa belle maison de campagne, nous offre le champagne. Après quoi, nous allons dîner ensemble dans un très bel hôtel, non loin de là, qui appartient à la Migros. L'amitié entre Pierre Arnold et moi a jailli comme l'étincelle du feu. L'homme est grand, noir de cheveux, aborde la soixantaine, est rayonnant d'énergie, de force physique aussi, a un sourire éclatant. L'amitié qui vient de naître entre nous est des toutes belles: je peux compter sur cet homme, il peut compter sur moi, bien qu'évidemment je ne puisse pas grand-chose pour lui sinon continuer à écrire mes livres, mais c'est précisément la seule chose qu'il attende de moi, en plus du bonheur de nous retrouver.

Peu de mois plus tard, je reçois un coup de fil du directeur d'une émission de télévision de la Suisse romande. Cette émission, à une heure de grande écoute, s'organise autour de Bernard Nicod. L'air encore plus jeune qu'il ne l'est, il approche la quarantaine, est élancé, a le cheveux noir, et le visage fin. Il est à la tête d'une importante entreprise immobilière. Pour l'heure, je ne le connais pas, mais il a lu mon livre, souhaite vivement ma présence. J'accepte: on viendra me chercher à Chexbres, on me reconduira. On me dit désirer la présence de Pierre Arnold, qui donnerait un lustre singulier à l'émission. Pourrait-on se recommander de moi ? Bien entendu! Et bien entendu, la réponse de Pierre Arnold est positive: « Ah! si vous me parlez du Père Bruckberger, alors c'est oui! »

On fait grand cas en France de ce qu'on appelle des « carrefours d'idées ». Dans ce pays-ci, ce qui compte d'abord ce sont les rencontres de personnes en chair et en os et le croisement des regards.

S'il fallait absolument définir dans son essence l'assemblage que nous formons, Simonne et moi, il conviendrait d'évoquer le couple mythique de Don Quichotte et Sancho Pança. Certes, Simonne serait en droit — elle, si menue, si vive, svelte, avec ses yeux admirables que traversent des expressions d'enfant de cinq ans —, de s'offenser d'être assimilée à Sancho Pança, et physiquement, je ne ressemble pas davantage à Don Quichotte. Cependant comme lui, je suis Marquis de Carrabas de mille châteaux en Espagne, et je m'aveugle volontairement sur la nature des choses et des situations où je me casse le nez. Quand j'ai décidé de ne pas voir les choses telles qu'elles sont, littéralement je ne vois rien. Simonne au contraire a, une fois encore, cette simplicité du regard de l'enfant qui est seul à dire que « le roi est nu » et pénètre sans broncher dans la sainte et inflexible réalité : c'est comme ça parce que c'est comme ça et pas autrement. Pour elle (il y va de la dignité de chacun), mieux vaut toujours regarder les choses telles qu'elles sont, s'adapter en permanence au tour qu'elles prennent, d'un mot prendre à temps les décisions qui s'imposent et avec assez de sang-froid pour en avoir une certaine maîtrise, quelque pénibles que soient ces choses. Il y a chez elle un refus spontané de se laisser acculer au dernier moment à la catastrophe, où rien n'est plus possible que bâcler sa propre histoire. Sur les entraves et les nécessités de ce monde, elle possède une terrible lucidité, pour moi irritante, empreinte d'un pessimisme effrayant, le contraire de ce qui l'anime, de ce qu'elle est en vérité. Petit à petit mais avec peine j'ai fini par partager son goût d'y voir clair, d'en tirer les conséquences. Simonne en vint donc à me dire :

— Dans l'état de nos finances, avec le change qui

devient impossible pour nous, vous ne cessez de le répéter, je ne vois plus d'autre solution que nous décider, et dès maintenant, à quitter la Suisse pour rentrer en France. Vous n'avez plus d'argent et quoi que vous en disiez le risque est grand que le nouvel ouvrage que vous allez publier ait, comme les précédents, une vente médiocre. Vous voyez bien que les éditeurs sont de plus en plus réticents à vous faire des avances. Quant à moi, n'en parlons pas, je ne trouve même plus d'éditeur, et ce n'est pas sur mes maigres revenus ni sur ce qui me reste d'argent, que nous pourrions vivre. Il faut que nous partions, Bruck. Et nous serons séparés... Mais quoi faire d'autre ? Oh, j'imagine trop bien ce que ce sera de ne plus pouvoir nous appeler d'une chambre à l'autre ! Mais seul, vous vous en tirerez toujours. Vous avez des amis fortunés, puissants, ils vous aideront peut-être. Au pire, vous pourrez vous retirer dans une des maisons de retraite de la Légion d'honneur, vous y avez droit. En dernier ressort, reste celle de Paul-Louis Weiller, qui vous a offert de vous y héberger gratuitement. C'est évidemment bien loin de Paris. Mais moi, jusqu'à l'achat de mon studio, je n'avais aucun des replis dont vous disposez. Croyez-moi, je suis aussi accablée que vous à la perspective de ne plus être à côté de vous... Bien sûr, je me console en me disant que je verrai plus facilement mes enfants, du moins un peu... Peut-être qu'en fin de compte les choses s'arrangeront mieux pour nous que nous ne l'imaginons pour le moment ? En tout cas, je crois que l'appartement d'ici se vendra vite et bien. Bon, il est sérieusement grevé par l'hypothèque que j'ai prise pour l'achat du studio... Mais allez savoir si nous n'aurons pas d'autres possibilités d'ici quelques mois ? Seulement nous ne pouvons pas nous permettre d'attendre !

L'art suprême du chef de guerre est de gérer une déroute. Simonne me réapprend ce dont j'ai été le témoin sur les champs de bataille et en prison : on peut tout perdre, tout ; la lucidité seule nous garde de céder à la peur, empêche une retraite de se transformer en panique. Ce

Pays de Vaud nous a été si accueillant et propice, nous lui devons bien de savoir le quitter avec dignité. Que se passera-t-il après ? Comment vivrons-nous, séparés l'un de l'autre, Simonne bien petitement, moi, peut-être sans ressources ? Allons, rien n'était perdu, qui sait si avec un peu de chance je n'aurais pas bientôt un succès avec mon prochain ouvrage ?... Et je recommence à tirer des plans sur la comète, d'ailleurs Simonne avec moi, mais à sa façon obstinée de chercher si par quelque biais, auquel nous n'aurions pas pensé, nous ne pourrions pas nous rendre notre situation moins pénible.

Elle a mis son appartement de Chexbres en vente, le fait visiter, en parle d'enthousiasme. Par trois fois, et très vite, il a failli se vendre, et puis non, en dernière minute, ça n'a pas marché. Des gens défilent, s'attardent, quelques-uns s'installent devant un verre de vin, de whisky, d'autres cherchent la petite bête pendant des heures pour finalement offrir sans vergogne un prix dérisoire, qu'ils défendent à coups d'arguments, espérant que Simonne se laissera convaincre. Elle flaire le piège, les éconduit. Pas question qu'elle accepte un prix en dessous du minimum qu'elle s'est fixé. Elle le fera dans une certaine mesure pourtant, parce que le franc suisse s'envole par rapport au franc français, ce qui lui laisse les coudées plus franches. Finalement, l'appartement sera vendu à un jeune industriel, venu le visiter par hasard et à tout hasard avec sa jeune femme. Tous deux deviendront presque sur-le-champ de vrais amis. Plus tard seulement, nous mesurerons la chance incroyable que nous avons eue de tomber sur eux.

Devoirs de l'amitié, obligations de courtoisie, le cœur affreusement serré, nous faisons nos adieux à nos relations, aux commerçants où nous avons nos habitudes et qui se sont montrés tellement chaleureux, attentifs avec nous ; puis à nos amis. À chaque adieu, s'avive en nous le sentiment des mille liens qui nous attachent à ce pays. Pénible ou pas, il faut pourtant que ce qui doit être fait soit fait, que ce qui doit être défait soit défait. Chaque jour apporte son amertume, chaque crépuscule sa tristesse dont, quand nous sommes seuls, Simonne et moi évitons de parler. En temps de pénurie, plus encore que d'argent, il faut être économe de son courage, dont les sources risquent de se tarir vite.

Ici, et pour que mon récit soit intelligible, une précision rigoureuse des dates est nécessaire, tant il y eut accumulation et enchaînement de coïncidences, de hasards, dont chacun s'est trouvé à la fin nécessaire pour renverser la situation. Véritable pièce de théâtre, tout se déroulera comme si les nombreux acteurs (qui parfois ne se connaissent pas entre eux), avaient cent fois répété ensemble pour qu'au moment où son tour arrive d'entrer en scène, chacun fasse le geste précis attendu de lui, dise la parole exacte et déterminante qui précipitera l'action en cours, la fera progresser vers son dénouement imprévisible, stupéfiant, pourtant fatal selon une nécessité interne inconnue. Il n'y a bien sûr jamais eu de répétition, tout se déroulera au petit bonheur la chance, tout, jusqu'au moindre détail sera issu de sa cause immédiate, sans aucun rapport avec les autres, arrivera pour la première et la dernière fois. Cependant si un seul fait était omis, si une seule rencontre ne se produisait pas, si une seule parole manquait au dialogue, jamais l'événement ne serait advenu. Chaque personne dans le jeu, chaque geste accompli, chaque mot prononcé, et l'espace limité, étroit, et le temps qui s'écoule selon sa pente naturelle comme la rivière, tout absolument tout, sera à la fois fortuit et nécessaire pour amener le dénouement unique, absolument inouï, absolument vrai.

Le rideau se lève en ce vendredi soir, 1er août 1986. C'est jour de la fête nationale, on devrait plutôt dire « confédérale ». Le jour n'est pas férié, l'essentiel de la célébration, le soir venu, ne sort pas de la commune : il comporte obligatoirement la lecture du pacte primitif fédéral, un feu de bois, évoquant les feux allumés de village en village sur la montagne, pour appeler le voisinage à l'insurrection contre les Habsbourg, en 1291, il va bientôt y avoir sept siècles. Habituellement le Syndic fait un petit discours. Un discours un peu plus important est prononcé par une personnalité suisse venue d'ailleurs. C'est tout.

En rupture avec tous les usages, le Syndic de Chexbres, Bernard Bovy, me demande de dire quelques mots en guise d'adieu à la population : « Une petite allocution d'au moins quatre minutes, pas de plus de six minutes ! » me dit-il. Que dans ce pays, un étranger prenne la parole publiquement, devant une assemblée communale, même réduite, et en plus au cours de la célébration du 1er août, constitue un privilège dont je ne connais pas d'autre exemple. On ne pouvait pas exprimer de manière plus significative que Simonne et moi étions considérés comme du « vieux village » et que, quelles que fussent les raisons de notre départ, ce village le regardait comme une blessure, une mutilation qui lui était imposée. Notre appartenance locale m'avait déjà ému aux larmes quelque temps auparavant quand, à l'occasion de mon élection à l'Académie des sciences morales et politiques, le Syndic et la Commune de Chexbres avaient organisé une fête en mon honneur, une « verrée » comme ils disent, au caveau des vignerons, avec philharmonique en uniforme et chorale en costume vaudois. J'en avais été bouleversé. Ici rien ne se fait qui ne commence dans le concret et par le concret d'un enracinement précis : on voulait me faire comprendre que le village entier était honoré par mon élection, que donc que j'étais d'abord et avant tout considéré comme chébriote. Pour moi c'était en effet le plus important.

Je n'ai pas excédé les six minutes qui m'étaient imparties. Je n'avais pas de papier écrit, je ne lisais pas : cela se passait en plein air sur la place du Cœur-d'Or, qui jouxte le terrain de sport et de jeu ; quelques amis étaient venus de Vevey, des bourgs voisins. Et voilà que ces visages, qui m'ont été si bienveillants, j'allais les quitter. Partir! Une fois de plus partir! Demain, dans trois jours exactement, je serai déraciné de ce sol, qui était devenu mon sol, ma terre, de ma pauvre vie temporelle, si pauvre, si hasardeuse, si merveilleuse. Quand je me tais, suit un grand silence, je devine ici et là des larmes au bord des yeux. Mon Dieu, se peut-il qu'à moi, le mal aimé par les miens, vous ayez fait cette grâce qu'ici du moins, dans ce village, je le sois comme si j'étais sien, que je me sente à ce point sien. Adieu! Merci! Vous m'avez donné à pleines mains ce que je n'ai cessé de chercher sans le savoir à travers les océans et sur les terres lointaines. Se peut-il? Merci! Adieu!

Samedi 2 août. La semaine précédente, nous sommes allés faire nos adieux à Pierre et Léo qui tiennent le Café du Raisin sur la place de la Grenette à Vevey. Pierre nous invite à prendre un repas la veille de notre départ, mais cela tomberait sur un dimanche ou un lundi, jours de fermeture. Va pour le samedi à midi! Ce jour-là, à cette heure-là, nous nous sommes retrouvés des années durant avec nos amis Marcel et Liliane Etter, entourés par quelques autres de leurs amis, pour prendre l'apéritif. Nous savions qu'ils seraient là. Ils le sont, avec auprès d'eux un homme jeune, Patrick Fonjallaz, que nous n'avons rencontré que quelques rares fois en leur compagnie. Marcel Etter, géomètre, ancien député au Grand Conseil vaudois, nous a appris que cet homme est le plus gros propriétaire de vignobles de la région et a une non moins importante entreprise de restauration pour congrès et assemblées. Il avait besoin de voir Marcel Etter d'urgence, n'ayant pas réussi à le joindre, au dernier moment, il a fait un saut au Café du Raisin, sûr que ce jour-là, à cette heure-là, il l'y trouverait. C'est le déclic, les choses prennent à partir de là un tour définitivement ambigu. Il fallait, c'était de nécessité absolue, que nous le rencontrions, lui; il ne s'y attendait pas plus que nous, ignorait autant que nous que notre sort allait, devait se jouer en cette ultime minute de notre rencontre.

Nous nous intégrons au groupe. Les deux seules places que nous pouvons prendre sont, l'une à droite, l'autre à gauche de Patrick Fonjallaz. Il se tourne vers moi :

— Alors vous partez ?

— Nous partons.

— Mais enfin ce n'est pas possible !

— Oh, vous savez, j'ai vu arriver réellement tant de choses qui ne paraissaient pas possibles ! Une de plus, une de moins...

— Vous me comprenez mal : vous ne partirez pas.

— Malheureusement, si ! Les déménageurs viennent mardi matin, et nous prenons le soir même le train autocouchettes à Évian.

— Ce n'est pas joué... Je vous téléphonerai après-demain, lundi, à huit heures.

Il se lève, prend congé de la compagnie. À Simonne, qui lui dit adieu, il répète, pensif et sibyllin : « Ce n'est pas joué... », s'éclipse rapidement. Patrick Fonjallaz est l'homme pressé du Pays de Vaud.

Le rez-de-chaussée, où nous déjeunons, Simonne et moi, est une « pinte ». Les Etter restent aussi pour déjeuner, mais ce jour-là montent à l'étage où se trouve le restaurant proprement dit. Simonne adore l'imprévu, même encore presque entièrement dissimulé dans les limbes du mystère. Rien que pour rire, d'un geste elle fait signe à Liliane Etter, l'interpelle : « Tu sais ce que Patrick nous a dit ? Que ce n'était pas joué ! » Liliane rit à son tour mais veut prévenir qu'une déception ne s'ajoute encore au chagrin de Simonne : « Arrête de gamberger ! »

Dimanche 3 août. Tout se tait, même le téléphone. Des caisses de livres sont accumulées sur la loggia, derrière le canapé, contre un mur dans un coin du salon. Comme tous les meubles n'ont pas la même destination, Simonne a posé partout des étiquettes de trois couleurs différentes. Silence, précision dans les gestes. Nous nous comportons comme on agit dans une maison où il y a un mort: c'est le silence du deuil, la rapidité de l'apparat funèbre.

Lundi 4 août. Avant le Concile, ce jour était la fête de saint Dominique, que je célèbre toujours à cette même date, aujourd'hui, le dernier que nous passons « chez nous ». Cette nuit nous irons coucher à l'hôtel. Chaque regard que nous posons sur chaque chose ou dehors sur le paysage est un regard d'adieu. Huit heures, neuf heures ; Simonne prépare nos petits bagages. Dix heures. Nous nous taisons. Le téléphone reste muet. S'il y eut gamberge, terminé !

Dix heures cinquante : le téléphone sonne, c'est Patrick Fonjallaz :

— Puis-je venir ?

— Mais oui ! À quelle heure ?

— Tout de suite.

Dix minutes après, il est ici : grand, beau. Avec ses yeux bleus attentifs, ses cheveux épais, bouclés, blond vénitien, sa barbe soignée, il me fait penser à Zeus ou à un pâtre grec, celui qui revient dans la série des dessins mythologiques de Picasso. Il rayonne de calme détermination bien qu'il se dise un angoissé, ce qu'il est sans doute. C'est la première fois qu'il met les pieds dans cet appartement, le découvre dans son état de sinistre organisé. D'autorité, il en fait le tour : le couloir, les deux chambres-bureaux, le salon, la cuisine, en tout 75 mètres carrés avec en plus la loggia. Il s'assoit sur le canapé, Simonne et moi en face de lui, sur les deux chauffeuses autour de la table basse. Ses questions sont brèves, claires, il est pressé mais conserve son ton d'autorité prévenante :

— Alors vous partez vraiment ?

— Vous le voyez... demain.

— Mais pourquoi partez-vous ? Vous n'aimez pas ce pays ?

— Oh si ! Nous le quittons la mort dans l'âme.

— Alors pourquoi partez-vous ?

— C'est une question d'argent. Nous n'avons plus les

moyens de vivre ici, le change est trop élevé. En France aussi, ce sera difficile. Peut-être un peu moins.

— Les questions d'argent, ça se règle !

— À la condition d'en avoir.

— Ça se trouve... je pourrais arranger ça.

— Nous nous connaissons à peine... Pourquoi feriez-vous cela ?

Une lueur d'ironie passe dans ses yeux :

— Je ne sais pas ! Vous savez, je crois que je suis un peu toqué... Au fond si, je sais. (Il est redevenu grave.) J'ai lu votre livre, « *Le Capitalisme mais c'est la Vie* ! » à un très mauvais moment de mon existence. Je commençais à me poser des questions. Je me demandais pourquoi je me crevais de travail, et je ne trouvais pas de réponse. Votre livre a été pour moi une illumination : j'y ai découvert ce que je cherchais, une raison de continuer à vivre comme je le faisais. (Puis, à voix presque basse :) Croyez que ce n'est pas rien, pour un type dans mon genre que de se trouver une raison de vivre...

Je le regarde sans vraiment comprendre. Simonne nous écoute, apparemment attentive, sans réaction : elle ne doit pas saisir mieux que moi ce qui nous arrive. Patrick Fonjallaz poursuit sans hâte mais avec netteté :

— On a dû vous rapporter que lorsque Bernard Nicod lui a appris que vous alliez partir, Pierre Arnold s'est écrié : « Il faut absolument empêcher cela ! »

On nous l'avait rapporté en effet. Cette émotion, cette joie de savoir qu'on tenait ainsi à nous ! Malgré ma foi tenace dans les miracles je n'ai pas cependant osé croire à celui-là.

— J'ai essayé de les joindre ce matin au téléphone, ils sont tous les deux en vacances. Et il n'y a plus de temps à perdre. En premier, il faudrait que je trouve où vous loger ! Et j'aimerais que vous me disiez quel serait le montant de la mensualité qu'il vous faudrait pour continuer à rester ici. Dans l'immédiat, j'en prends la charge avec le loyer. Après les vacances, je verrai si nous ne pouvons pas nous y mettre à plusieurs, rien que pour votre tranquillité parce qu'il peut m'arriver n'importe quoi n'importe quand.

Brièvement je lui dis où nous en sommes au plan financier. Il me repose une ou deux questions, puis à Simonne, conclut :

— Ce qui urge avant tout c'est de savoir où vous pourriez loger demain soir.

Il s'est adressé à Simonne. Un silence, qui me paraît vertigineux, tombe entre nous. Simonne tarde à répondre. Je pense aux déménageurs qui arriveront demain matin à sept heures et demie, derrière moi je sens l'amoncellement des caisses de livres sur la terrasse, contre le mur, près de la télévision. Je parcours d'un regard flou les étiquettes sur la table basse, le canapé, les bibliothèques vides en face de moi. Simonne hésite, paraît avoir quelque chose à dire qui m'échappe sur le moment, parle enfin :

— Les Butty, ils habitent tout près d'ici, à Puidoux comme vous, et qui sont les nouveaux propriétaires, regrettent que nous partions. Ils ont acheté l'appartement sur un coup de cœur, n'en ont pas un besoin absolu...

— Ils vous le loueraient ?

Simonne hésite de nouveau une seconde, se lance :

— Ils pensaient mettre leurs deux fils dans l'appartement et, pourtant, un jour m'ont demandé si de leur louer ne nous permettrait pas de rester à Chexbres. Je leur ai dit que même une location était maintenant complètement au-dessus de nos moyens. Ils ont paru très déçus...

— Téléphonez-leur tout de suite, dit-il, mais toujours avec le même calme d'une autorité qui ne se discute pas. Non, ne le faites qu'après que je serai parti. Je suis déjà en retard.

En riant, il jette un coup d'œil sur sa montre, se lève :

— Voilà mes numéros de téléphone au bureau, à la maison. Dès que vous aurez parlé aux Butty, appelez-moi. Les banques ouvrent à une heure et demie, à deux heures moins le quart je peux être chez vous.

À treize heures cinquante, coup de sonnette. À peine

assis, Patrick Fonjallaz tend à Simonne une enveloppe et une quittance à faire signer aux Butty.

— Allez leur porter le tout, tout de suite !

— Nous devons dîner ce soir ensemble, ils nous ont invités pour la remise des clés...

— Non. Immédiatement. Supposez que d'ici ce soir ils se tuent en voiture ! Téléphonez-moi tout de suite après que vous les aurez vus.

Il me regarde, songeur, et me dit d'une voix égale :

— Comprenez que c'est moi qui vous suis redevable.

Je n'arrive plus à émettre un son. La porte refermée derrière lui, Simonne et moi restons abasourdis, suffoqués, incapables de réaliser ce qui nous arrive. Il faut appeler les Butty. Ils sont encore chez eux, nous nous y précipitons. Ils sont aussi ahuris que nous, veulent ouvrir une bouteille pour fêter l'événement. Ce n'est pas possible, Simonne doit téléphoner à Patrick et moi descendre à Vevey annuler les billets de train, passer à l'hôtel à Chexbres, annuler les réservations de nos chambres.

Le déménageur ne croit pas un mot de ce que lui dit Simonne au téléphone. Il est furieux, réclame sans aménité son dédit. Simonne a appelé son fils, qui ne comprend rien, reste coi. Christiane, la jeune femme de celuici, avait projeté de nous faire la surprise de nous accueillir après-demain matin à sept heures, au train.. Tous deux se rongeront de souci : nous nous sommes embarqués une fois de plus dans une histoire qui pour des Français est sans queue ni tête, qui ne pourra que très mal finir. Même la fille aînée de Simonne, tellement fantaisiste, reste interloquée, s'inquiète.

Simonne et moi avons plongé dans une activité fébrile. D'abord, il faut refaire les lits, rendre nos chambres possibles pour la nuit. Simonne a vendu son beau buffet de chêne. À dix-huit heures trente arrivent deux grands gaillards. Ils viennent le prendre. Simonne pensait le vider ce matin, n'a réussi qu'à débarrasser ses tiroirs de leur contenu, et maintenant il nous faut partir pour aller dîner avec les Butty. Au retour, nous trouverons un champ de bataille : des piles et des piles d'assiettes, de verres, de plats et que sais-je, à droite, à gauche, par terre, sur la table du coin salle à manger... Le vide laissé par le buffet sera la petite cicatrice qui reste après un cataclysme évité de justesse : nous étions à deux doigts de partir ! Pour le moment nous ne savons absolument plus où nous en sommes : est-ce maintenant que nous rêvons d'aller nous coucher chacun dans notre chambre, rompus, ou serait-ce ce départ qui n'aurait été qu'un cauchemar harassant ?

Le lendemain, j'écris un mot à Patrick Fonjallaz, je lui cite Rimbaud : « Ce Monsieur ne sait pas ce qu'il fait. Il est un Ange ! »

L'Ange est revenu à l'improviste : « Ah ! Les étiquettes sont enlevées ! » Les yeux de l'Ange pétillent de satisfaction. D'un coup d'œil, il constate qu'il y a des livres qui ont repris leur place dans les bibliothèques. Oui, nous sommes de nouveau chez nous, devant ce lac, ces montagnes, la trouée du Valais avec au bout la pyramide du Catogne ! Chut ! Chut ! Prenons garde à ne pas devenir « fanatiques » !

Je téléphone à François Nourissier, qui passe ses vacances près d'ici dans la montagne. Il savait que nous devions partir. Je raconte brièvement. Il m'écoute avec une extrême attention. Et tout à coup, lui, l'agnostique, murmure dans le téléphone : « Mais, mais c'est un miracle ! »

— Je vous fais observer, Nourissier, que le mot « miracle », c'est vous qui l'avez employé...

Et quand j'ai raccroché, je me dis qu'on décrit avec les mêmes mots le miracle et la beauté, surtout s'il s'agit de la beauté, en somme fabriquée, d'un chef-d'œuvre d'art. La beauté comme le miracle sont littéralement incroyables et pourtant vrais d'une existence impossible à réfuter. Je me tiens au bas du grand escalier du Louvre, je regarde à quelques marches de moi « La Victoire de Samothrace » : cette femme sans tête, sans bras, avec des ailes frémissantes, entièrement en marbre : tout cela est incroyable, tout cela est même absurde. Et tout cela est vrai cependant, d'une existence criante. Comme les règlements des musées sont judicieux : « Prière de ne pas toucher ! » Grâce à cette bienheureuse interdicition, il m'est encore possible d'entretenir l'ambiguïté sur l'existence réelle de ce que je vois et qui me fascine. C'est une question qui se pose en effet : « La Victoire de Samothrace » est tellement incroyable, qu'on se demandera toujours si elle est vraie.

Patrick Fonjallaz prend contact, d'abord avec Bernard Nicod, puis avec Pierre Arnold. Ils s'entendent. C'est dit : ensemble, et peut-être ensuite avec quelques autres, ils me feront vivre, et assez largement pour que Simonne puisse rester auprès de moi.

Le premier mandat-poste est arrivé, et le mois suivant un autre, puis le mois d'après encore un autre... Je n'en crois pas mes yeux. À chaque fois, je n'en croirai pas mes yeux.

Le lendemain du jour où nous devions partir, je me suis lancé dans la rédaction de ce dernier tome de mes Mémoires, l'esprit libre, libre ! J'avais des ailes !

Au village, à Vevey, parmi nos amis, c'est une explosion de joie et même d'une fierté non dissimulée. Au moment où nous devions partir, quelques-uns nous avaient offert un cadeau en souvenir d'eux, maintenant, enthousiastes, flattés aussi de ce que leur pays compte des hommes d'une telle générosité, on nous en offre d'autres. Pas un mouvement d'envie, d'aigreur, ils sont émus. Une commerçante de Vevey, épanouie, me dit : « Il y a donc des gens qui ont de l'argent, et qui savent s'en servir ! » Le cœur serré, je songe qu'il n'y aurait sans doute pas eu en France une telle spontanéité unanime dans la joie, sans l'ombre d'une arrière-pensée, d'amertume. C'était un miracle et tous le regardaient comme tel. C'est donc que les miracles existent et ne se discutent pas.

Le 10 avril 1987, j'aurai huitante ans. Comment Pierre Arnold s'est-il souvenu de la date de mon anniversaire et que celle-ci serait celle de mes huitante ans ? Cet homme aux activités innombrables aura de plus l'idée extraordinaire d'organiser en mon honneur une fête au Lausanne-Palace — qui sera absolument fastueuse et pourtant si émouvante de simplicité, de modestie dans son déroulement, auquel il présidera de main de maître.

Pierre Arnold est l'un des hommes les plus impressionnants qu'il m'ait été donné de rencontrer, et je crois avoir rencontré quelques-uns des hommes les plus remarquables du siècle : ne serait-ce qu'Einstein et De Gaulle. Étrange singularité : à plus de quarante ans de distance, il est né le même jour de l'année, à la même heure, que le Général De Gaulle : l'un et l'autre sont nés sous les mêmes étoiles. Le fait est qu'il y a une étonnante similarité de hardiesse et de justesse dans leurs comportements.

Pierre Arnold et moi avons un point commun, celui d'avoir connu la misère dans notre enfance. Mais comme lui, je ne la regarde pas comme une « enfance malheureuse ». Pour que ce premier âge de la vie soit un lieu de malheur et même de malédiction, un enfant doit en venir à haïr la vie et à refuser toute espérance. Pour Pierre Arnold comme pour moi, de l'expérience de la misère dans nos très jeunes années nous est restée une force d'accompagnement qui s'imprègne du sentiment de la précarité de ce monde où nous sommes, du nécessaire courage de juguler la peur devant ce monde qui passe ; tout ce qui est matériel peut trahir instantanément, s'il faut se servir de ce monde transitoire, il faut se garder de s'y asservir jamais. Le privilège, et c'en est un, de ceux qui ont vécu très tôt la misère avec l'espérance au cœur, est qu'ils ont appris à affronter la vie sans baisser les yeux. La mort même ne les surprend pas.

Dès sa première adolescence, Pierre Arnold est

devenu chef de famille avec les moyens du bord, vraiment de très pauvres moyens et assumera en plénitude ce rôle de chef. Il est né chef, avec cette certitude des chefs qu'il n'est pas d'activité, si humble soit-elle, qui ne soit pleine de virtualités et donc de ressources pour développer leurs vertus de chef, et avant tout la première d'entre elles : l'exercice de l'attention aux détails, au déroulement des circonstances jusqu'aux plus infimes, à ce que recèle de possibilités encore inaccomplies même la plus banale des activités qu'il vous appartient d'accomplir. En véritable chef, Pierre Arnold n'usera pas de son attention à toutes choses seulement pour lui-même, mais aussi pour ceux qui l'entourent. Sa vision sera toujours une vision haute et d'ensemble. Il fera tous les menus métiers à sa portée. Ramènera sa famille de France en Suisse, à un moment où la vie y est encore très dure pour le petit peuple, mais il s'y sent chez lui.

Au prix d'un travail acharné pour se payer ses études, il sortira du Polytechnicum de Zurich avec un diplôme d'ingénieur agronome, s'occupera avec une énergie redoublée des conditions de vie, de travail de ceux qu'il côtoie, découvrira des solutions pratiques à des situations figées, jugées insolubles. Du même élan avancera et fera avancer tout l'ensemble des entreprises où il est appelé à œuvrer.

C'est un organisateur-né, je suis aussi désordonné qu'on peut le rêver, mais tous deux avons le même amour pour la vie, la regardons d'un même œil : boîte à surprises par excellence que, pleins de foi en elle, en Dieu, il ne faut jamais quitter des yeux.

Très grand, Pierre Arnold rayonne d'un charme vigoureux, conquérant, illuminé par un merveilleux sourire. Sa confiance en lui inspire confiance, son attention aiguë aux gens et aux choses pare son autorité d'une force irradiante. Cavalier et chasseur passionné, — son lit fait, car il le fait lui-même — il plonge dans sa piscine, et malgré l'incroyable multitude de ses activités il trouve encore moyen de lire, et de beaucoup lire, toutes sortes d'ouvrages. Son autorité sur lui-même et sur les autres est de celles qui sont au principe des grands règnes. On demandait à Marlène Dietrich quelle avait été la cause de son prestige mondial. Le journaliste s'attendait à ce qu'elle dît : « Mon sex-appeal, le galbe de mes jambes ou ma grande beauté ! » Elle répondit simplement : « My authority ! »

Quelle que fût l'envie qu'on avait de me ménager une surprise, on voulait surtout me faire plaisir. Il était inconcevable que ma joie fût complète dans la fête qu'on préparait, sans qu'il y eût au moins quelques-uns de mes amis suisses. Ces amis, c'était à moi de les désigner. De son côté Pierre Arnold se chargeait d'inviter quelques personnalités du monde politique et industriel, dont certaines de la Migros. Charlotte Hug, directrice de la presse Migros, ferait une sélection de journalistes. Nos invités réunis représenteraient près de soixante personnes : selon le mot fameux, dans cette assemblée, ce qui m'étonna le plus, c'était d'en être, et d'y être à son centre chaleureux. La fête se déroula suivant un rythme à la fois soutenu et détendu, dans une ambiance familière, les discours se succédaient, émouvants, dénués d'emphase ; ce fut à la fois bouleversant dans les témoignages de respect qui m'étaient adressés, et si simple dans la façon dont cet hommage m'était fait. Les Suisses ont une manière qui n'appartient qu'à eux de conférer même à une assemblée des plus officielles une dimension humaine, par toute absence de raideur, d'infatuation qui est la marque de la très grande noblesse d'âme de ce pays. Contrairement à ce que beaucoup croient, je n'ai jamais planifié ma vie, je ne me suis même pas assigné une ambition sociale, je ne m'en suis jamais autant félicité que ce jour-là. Cette fête aura été le surcroît promis à ceux qui ont une ambition plus haute, du moins j'espère qu'il en est ainsi pour moi. J'ai tâché d'être comme les petits oiseaux ou les fleurs des prés, qui ne filent ni ne tissent, et, s'il m'est arrivé d'avoir quelque succès, je peux dire qu'en ce monde, je n'ai jamais rien mis au-dessus de l'amitié, qui m'a été rendue au centuple.

L'amitié que l'on manifeste à l'égard d'un vieillard le rajeunit singulièrement, cela le projette à nouveau dans l'aventure. Cette réunion au Lausanne-Palace ressemble à une réunion au bord de la mer avant un grand départ : on souhaite bonne chance au navigateur qui va s'éloigner, seul, à la découverte d'Amériques invisibles, dont il ne reviendra jamais : c'est un mélange délicieux de joie et de gravité. C'est à ce vieillard de tenter maintenant la plus folle équipée de toute sa vie, celle qui lui réserve la plus grande part d'inconnu et de risques, la belle aventure de la mort. Tout le monde l'entoure, l'encourage et le félicite, comme s'il était tout jeune et qu'il partait en combat singulier pour défendre l'honneur de tout le clan. Et lui, il a déjà les yeux noyés d'horizons.

Le souvenir que je garde de cette réunion est un peu flou mais exquis. Je ne suis pas habitué aux hommages publics : ils me montent vite à la tête, me font exactement l'effet que produit sur une jouvencelle la première coupe de champagne. Je garde par contre un souvenir des plus précis de ce qui s'est passé pour moi après. Vers seize heures, Pierre Arnold me dit qu'il doit partir pour une séance de télévision qui lui est consacrée. Les studios de la télévision suisse romande sont à Genève. Il voudrait m'emmener avec lui et m'y associer pour mes huitante ans. Il pleut. Pierre Arnold conduit lui-même, il me fait asseoir à côté de lui, et Charlotte Hug, qui nous accompagne, sur la banquette arrière. Cette fin de journée qui durera jusqu'à minuit est le plus long moment d'intimité que j'aie eu jusqu'ici avec lui. Je lui raconte en détail la manière dont Simonne et moi sommes restés à Chexbres, lorsque Patrick Fonjallaz a pris l'initiative de nous retenir, à la veille de notre départ. Pierre Arnold parle peu, il écoute, il conduit, mais il est d'une présence attentive et forte, concentrée à l'extrême dans l'habitacle de sa puissante voiture, battue par la pluie d'avril, et qui avance sur l'autoroute, perce maintenant le crépuscule de ses deux faisceaux lumineux. Je ne sais pourquoi, je pense à ce que Cocteau disait à Maritain : « Vous êtes un poisson des grandes profondeurs, lumineux et aveugle ! »

Après l'émission, nous reprenons l'autoroute vers l'est. Charlotte Hug rentre sur Zurich, nous la déposons à la gare de Lausanne. Après son départ, Pierre Arnold me dit : « Cette femme, c'est un soldat, du genre de ceux que vous avez connus, qui se font tuer sur place plutôt que de céder un pouce du terrain. Au cours de mes plus grandes batailles, comme chef d'entreprise à la Migros, combien de fois me suis-je retrouvé seul, vous m'entendez, seul : avec Charlotte Hug à mes côtés pour me dire qu'il fallait coûte que coûte tenir, encore tenir !... Cette journée m'a creusé, j'ai faim. Vous aussi, j'imagine. La joie, ça creuse ! »

Nous faisons un dîner, exquis, au champagne, au restaurant du Continental, en face de la gare de Lausanne. Pierre Arnold connaît tous les serveurs, a l'air d'être chez lui : « Oui, je suis Président du conseil d'administration de la société propriétaire, une de plus. D'ailleurs, c'est très simple, nous sommes trois à ce conseil : le mari, la femme, qui sont effectivement propriétaires et qui travaillent comme des forcenés. Quand ils ne sont pas d'accord, ils me téléphonent l'un après l'autre : je tranche et ma décision est considérée sans appel. C'est une maison qui marche très bien ! »

Après dîner je propose de prendre un taxi : « Il n'en est pas question, je vous ramène ! » Sur la route, je m'étonne qu'il connaisse si bien et de nuit le chemin. « Quand j'étais jeune, j'étais garçon-fromager à Chatel-Saint-Denis, livreur à Vevey : j'ai appris à connaître les plus petits chemins et tous les recoins du pays. La vie était dure ici pour les pauvres gens ! »

Simonne était rentrée en compagnie des Butty directement de la fête chez nous, chargée d'une superbe gerbe de fleurs que Pierre Arnold a eu la délicatesse de lui offrir après qu'il m'eut présenté à ses invités, réunis avant l'apéritif dans une petite salle de conférence. Rien ne fut oublié, pas même d'associer officiellement Simonne à l'hommage qui m'était rendu !

À l'occasion de cet anniversaire, j'ai été comblé de cadeaux. Je n'en citerai que trois parmi tous ceux qui m'ont tout particulièrement bouleversé. Celui de Pierre Arnold : une grosse bougie en cire jaune, peinte et décorée par Mme Adèle Duttweiler, épouse du fondateur de Migros, cofondatrice avec lui de cette admirable entreprise. Cette bougie est l'un des objets auxquels Pierre Arnold tient le plus, et moi, maintenant à mon tour. Elle n'a jamais servi. Je voudrais qu'on l'allume et l'entame pour deux ou trois minutes au moment de ma mort, et qu'on la renvoie à Pierre Arnold : ce lui sera un double souvenir.

Le second cadeau proviendra de Benjamin Haller, Président de la Migros-Vaud : il contient, merveilleusement emballés, un gros pain de campagne, deux bouteilles de vin du pays, un morceau de gruyère et une boîte de sel. Les Vaudois ont à l'état naturel le génie poétique. Je saisis bien la signification de ces produits consommables : discrète affirmation de l'hospitalité et de l'amitié : qu'à jamais, je me considère ici chez moi !

Le troisième m'entraîne à remonter mon temps, rejoint en moi les rêves de l'enfance qui ont accompagné toute ma vie. C'est un tableau de grand format que j'ai accroché au-dessus de mon lit, je vis avec lui, comme je vis avec la grosse bougie d'Adèle Duttweiler. C'est une symphonie de bleus ponctuée d'un vert indéfinissable sur ses bords, et en son milieu d'une sorte d'explosion d'infimes taches et de lignes rouges. L'art de peindre y est d'une certitude éclatante. Le peintre s'appelle Dominko : il vit dans une petite ville de Serbie, il est danubien, comme moi, ce qui me touche parce que je peux l'admirer toujours davantage à mesure que passe le temps. Je serais incapable de vivre avec un tableau dont la facture serait médiocre. Il n'y a aucune raison que Dominko devienne jamais célèbre, mais c'est un grand peintre. Le sujet du tableau est à couper le souffle : c'est Don Quichotte, avec ses jambes arquées de cavalier, mais il n'y a plus ni Rossinante, ni Sancho Pança, ni moulins à vent à l'horizon. C'est pourtant incontestablement Don Quichotte. Il est déjà mort et squelettique sous la cuirasse. Voici qu'il ressuscite d'entre les morts, dans l'impétuosité de sa vie nouvelle, pulvérise dans son ascension le mausolée qui l'enfermait, dont on ne perçoit plus que quelques vagues chapiteaux, s'élève irrésistiblement dans le ciel, pour entamer un dialogue avec la colombe, qui vient se poser doucement sur son poing, comme jadis le faucon se posait sur le poing du chasseur.

Le lendemain, nouvelle fête au caveau des vignerons de Chexbres, où, entre autres, Simonne est priée de dire quelques mots, et elle recevra, là encore, des mains de Bernard Bovy, le Syndic, un superbe arrangement floral. Mais ce n'est pas tout : Bernard Bovy a eu l'idée, et la patience, de chercher et trouver une copie de mon film « *Le Dialogue des Carmélites* », qui sera projeté un peu plus tard au cinéma de Chexbres, avec invitation aux Chébriotes de le venir voir. Un hommage que je ne suis pas près d'oublier. Je n'avais pas revu le film depuis plus de vingt ans et j'ai été frappé qu'il ait si bien supporté le passage du temps, sans doute parce que ceux qui l'ont fait avec moi n'ont tenu aucun compte des modes du moment.

Chexbres, au Pays de Vaud, dessus le lac, dessus les vignes dans leur beauté militaire, est, dans le vaste monde, le lopin de terre où, pour toujours, quoi qu'il m'arrive désormais, je suis enfin ancré. Mon prochain enracinement sera dans la Mer inconnue, d'où toute vie est surgie, nourricière d'éternité, mer qui monte du grand large, comme la haute marée, de toutes parts, sous un soleil nouveau, avec la sourde rumeur des armées en marche dans la nuit.

Épilogue

JE suis une parole, prononcée ailleurs, avant que le monde fût. Cette parole, il n'est pas exigé de moi de la comprendre, mais de la tenir, d'y être fidèle. C'est à moi, à moi seul qu'il appartient d'accomplir cette parole qui m'est destinée dès avant la création du monde, et qui me fait être ce que je suis.

Si je ne suis pas ce que je devrais être, c'est que j'ai été infidèle à cette parole primordiale. À ma mort, son écho retentira dans l'espace éternel où elle a été depuis toujours prononcée. Mon espérance est que, vaille que vaille, je sois reconnaissable dans cet écho. Je n'aurai d'autre recours que l'oreille fine de Celui qui m'accordera à cette parole originelle. Le lieu et le temps de cet accordement qui m'introduira dans le concert final sont ce que le catéchisme catholique appelle « le purgatoire ».

Cela veut dire que je ne comprends finalement rien à ce qui m'arrive, à ce que je fais, à ce que je suis. Cela me donne toute latitude, dans l'espace, le temps, la réalité de l'histoire, d'être un imbécile en ce qui concerne mon véritable destin : de cela j'ai eu très vite le sentiment aigu.

Aussi bien n'ai-je jamais été proportionné qu'à l'improbable, à l'imprévisible, finalement à l'incompréhensible, qu'il faut vivre pourtant tel qu'il est, me gardant de curiosité qui serait sacrilège à l'égard de la part d'inconnu qui lui est essentielle. Dans ma vie, il ne m'est guère arrivé que ce que je n'attendais pas, ou que je n'attendais plus. Même mes péchés les plus évidents, je ne les attendais pas.

Tout au long de l'Évangile, le comportement de Jésus-Christ est clair et constant. Il s'est toujours déterminé, il a toujours pris parti en faveur des pécheurs suppliants : Marie-Madeleine fut sa bien-aimée et le bon larron sur la croix, son seul compagnon de route à travers la mort. Le pardon me surprendra moins que ne m'ont surpris mes péchés. Cette absence de surprise à l'égard du pardon devrait m'inquiéter : le pire n'est-il pas de s'accoutumer à la Merveille ? Décidément, je dois donner ma langue au chat de ce que je suis, de ce que je fais, de ce que je n'ai pas fait et que j'eusse dû faire. Soit ! Je donne ma langue au chat de tout.

Si j'ai écrit mes Mémoires, ce n'est certes pas pour me justifier. Me justifier devant qui ? La seule justification qui m'importe n'est pas en mon pouvoir, elle n'est au pouvoir de personne sur terre. Elle est don, caprice de Dieu. Pour reprendre une expression, volontairement provocante, de Bernanos, ma justification ne peut être l'effet que de « l'adorable iniquité de Dieu ». Cela vous choque ? Ce qui vous choque est ma source unique d'espérance.

Croyez-vous que je ne sache pas depuis toujours que, si la balance n'est pas faussée en ma faveur, je suis perdu ? Je sais aussi que le seul malheur à la mesure de ma vocation singulière serait d'être à jamais séparé de Dieu, et de celui qu'il a envoyé, Jésus-Christ. La vision de ce malheur, l'espoir malgré tout d'y échapper me tiennent debout. Tout le reste me paraît vain. Vous n'imaginez pas à quel point tout le reste me paraît vain.

Alors ces Mémoires, qui m'ont fait transpirer eau et sang pour les écrire, à qui serviront-ils ? Peut-être à moi seul ! J'ai toujours vécu à la surface de moi-même, c'est là sans doute mon plus grand péché. Il fallait bien qu'un jour le soc de la charrue aille profond, retourne de fond en comble mon destin, pour que je puisse en faire une lecture intérieure, stupéfiante en premier lieu pour moi.

Le sol profondément retourné, la semence peut être

jetée. Quelle semence ? Ma mort, agent secret d'une métamorphose, dont j'ignore tout. Mon seul vœu est d'être admis à baiser cette main qui jettera la semence appropriée à la parcelle qui m'a été impartie dans le lotissement de l'histoire. Ce n'était pas à moi, ce n'était pas encore le temps, de faire le tri entre le bon grain et l'ivraie.

J'ai écrit ces Mémoires d'un bout à l'autre, comme j'ai jadis fait la guerre : dans les corps francs. Je m'en suis donné à cœur joie et à cœur déchiré dans la franchise et dans les franchises. Maintenant, je vais mourir. La mort m'apparaît encore ainsi qu'un gracieux affranchissement : je suis affranchi, comme une lettre mise à la poste.

Au moment où ce livre paraîtra, j'aurai huitante-deux ans. C'est dire que mon temps se fait court. Cependant je ne me prépare pas à la mort, au sens où on l'entend d'habitude. Pour un chrétien, sa comparution devant le Seigneur Jésus est un événement tellement hors de toute proportion, que toute préparation à cette comparution me paraît dérisoire comme s'il ne s'agissait pas finalement de m'en remettre à lui de tout. Il est le Président de la Cour, juge de majesté terrifiante, mais il est aussi mon témoin à décharge et mon avocat, fontaine d'où s'écoule l'eau toujours fraîche de la pitié. Cela simplifie beaucoup les choses : je mourrai donc comme j'ai vécu, surpris et comblé par l'improbable, réalisé. Celui-là seul sait affronter la mort, qui aime la vie de tout son cœur, de toute son âme, de toutes ses forces. La mort n'achève rien. Elle est l'accomplissement de toute une vie, sa distillation expresse et serrée.

Un vieux paysan du Valais se meurt. Son fils est à son chevet, attentif, comme s'il découvrait pour la première fois qui est son père. Le vieil homme a la fièvre, il délire. Soudain il s'écrie :

— Il y a un monsieur derrière la porte, et qui veut entrer !

— Et quel est ce monsieur qui est derrière la porte ?

— Ce monsieur, c'est moi !

Il retombe sur le lit. Il est mort.

Je n'ai pas peur de Jésus-Christ. J'ai peur de moi. Il faudra bien pourtant que je sois à la fin confronté avec moi-même. Il y a derrière la porte un monsieur impatient d'entrer, ce monsieur, c'est moi. J'ai peur de me rencontrer tel que je suis, ces Mémoires ne sont que la répétition générale de ce qui m'arrivera. À l'angoisse que j'ai ressentie, je mesure celle qui m'attend.

J'ai peur de ne pouvoir me supporter, non seulement en tant que pécheur, mais même en tant que créature, amalgame impur d'être et de néant. N'était la sollicitude de Dieu, la pleine lucidité de tout homme devant lui-même devrait le mener au mépris de soi, qui est le vestibule de l'enfer. Au cours de cette vie, nous ne nous estimons que par distraction : mais quand rien ni personne ne nous distraira ?

Ce qu'il faut aimer en nous ne vient pas de nous.

Mais pourquoi ce monsieur est-il tout de noir vêtu, comme les huissiers de jadis, qui jetaient à la rue le pauvre monde ? Pour qui se prend-il ?

Qu'importe ? J'appartiens à un autre que lui.

Qu'il entre !

Chexbres, octobre 1988

Générique

Table

DU MÊME AUTEUR

REJOINDRE DIEU (1940), Gallimard.
LIGNE DE FAÎTE (1942), Gallimard.
LA VALEUR HUMAINE DU SAINT (1943), Cahiers du Rhône.
LES COSAQUES ET LE SAINT-ESPRIT (1950), Amyot-Dumont.
L'AMÉRIQUE DES PYRAMIDES (1951).
MARIE-MADELEINE (1952), La Jeune Parque.
LA RÉPUBLIQUE AMÉRICAINE (1958), Gallimard.
L'HISTOIRE DE JÉSUS-CHRIST (1965), Grasset et Livre de Poche.
SI GRANDE PEINE (Chronique de 1940 à 1948), Grasset.
LE MONDE RENVERSÉ (1971), Le Cerf.
SAINT FRANÇOIS ET LE LOUP (1972), Conte de Noël, Rouge et Or.
DIEU ET LA POLITIQUE (1972), Plon.
LE CHAT BOTTÉ ET LE MANTEAU DE L'ÉVÊQUE (1973), Plon.
LETTRE OUVERTE À JÉSUS-CHRIST (1973), Albin Michel et Livre de Poche.
L'ÂNE ET LE BŒUF (1976), Plon (chroniques).
L'ÉVANGILE (1976), Albin Michel (Prix Chateaubriand). Traduction de R.-L. Bruckberger et Simonne Fabien. Commentaire de R.-L. Bruckberger.
TOUTE L'ÉGLISE EN CLAMEURS (1977), Flammarion.
TU FINIRAS SUR L'ÉCHAFAUD, Mémoires (1978), Flammarion.
LE BACHAGA (1979), Flammarion.
LETTRE À JEAN-PAUL II, PAPE DE L'AN 2000, Stock.
CE QUE JE CROIS (1982), Grasset.
LE CAPITALISME, MAIS C'EST LA VIE (1983), Plon.
LA RÉVÉLATION DE JÉSUS-CHRIST (1984), Grasset.
OUI À LA PEINE DE MORT (1986), Plon.

Au théâtre :
Coauteur avec Gertrud von Lefort et Ph. Agostini du texte de Georges Bernanos DIALOGUES DES CARMÉLITES.

Au cinéma :
LES ANGES DU PÉCHÉ (1943), avec Robert Bresson et Jean Giraudoux.
LE DIALOGUE DES CARMÉLITES (1960), un film de R.-L. Bruckberger et Ph. Agostini.
TU MOISSONNERAS LA TEMPÊTE (1967), un film de R.-L. Bruckberger.

Fondateur et directeur de la revue littéraire *Le Cheval de Troie* (1947-1948).

En préparation :
RÉFLEXIONS DIFFUSES SUR LE CATHOLICISME.

Cet ouvrage
composé par Comp'Infor
à Saint-Quentin
a été imprimé en février 1989
sur presse CAMERON
de l'Imprimerie SEPC
à Saint-Amand-Montrond

Numéro d'édition : 10536
Numéro d'impression : 258
Dépôt légal mars 1989